国家社科基金后期资助项目结项书稿
（批准号：19FFXB028）

数字经济与竞争法治

Digital Economy and Competitive Rule of Law

陈 兵 著

 南开大学 出版社
NANKAI UNIVERSITY PRESS

天 津

图书在版编目(CIP)数据

数字经济与竞争法治 / 陈兵著. —天津 : 南开大学出版社，2024. 10. —ISBN 978-7-310-06650-6

Ⅰ. D922.294.4

中国国家版本馆 CIP 数据核字第 2024PP3885 号

数字经济与竞争法治

SHUZI JINGJI YU JINGZHENG FAZHI

南开大学出版社出版发行

出版人:刘文华

地址:天津市南开区卫津路 94 号　邮政编码:300071

营销部电话:(022)23508339　营销部传真:(022)23508542

https://nkup.nankai.edu.cn

河北文曲印刷有限公司印刷　全国各地新华书店经销

2024 年 10 月第 1 版　2024 年 10 月第 1 次印刷

238×165 毫米　16 开本　26 印张　2 插页　370 千字

定价:132.00 元

如遇图书印装质量问题,请与本社营销部联系调换,电话:(022)23508339

国家社科基金后期资助项目出版说明

后期资助项目是国家社科基金设立的一类重要项目，旨在鼓励广大社科研究者潜心治学，支持基础研究多出优秀成果。它是经过严格评审，从接近完成的科研成果中遴选立项的。为扩大后期资助项目的影响，更好地推动学术发展，促进成果转化，全国哲学社会科学工作办公室按照"统一设计、统一标识、统一版式、形成系列"的总体要求，组织出版国家社科基金后期资助项目成果。

全国哲学社会科学工作办公室

序　拥抱数字经济　面向未来竞争

互联网的发明人之一文特·瑟夫（Vint Cerf）在 1999 年接受采访时曾说道："1973 年，当时的主要目标是创造出一种使计算机彼此沟通的方法，尽管知道技术是非常强大的，也清楚它拥有巨大的可能性，但你很难想象当非常非常多的人能够同时利用一项技术的时候，比如互联网，会发生什么样的事。"十年转瞬如白驹过隙，有边界的世界以互联网为媒介蜕变为无边界的"地球村"，基于数字计算技术而产生的数字经济正影响和改变着人类的生产和生活方式，推动经济向前快速发展。据测算，我国数字经济进一步实现量的合理增长：2022 年，我国数字经济规模达到 50.2 万亿元，同比名义增长 10.3%，已连续 11 年显著高于同期 GDP 名义增速，数字经济占 GDP 比重相当于第二产业占国民经济的比重，达到 41.5%。申言之，数字经济已经成为我国新时代经济发展和产业转型升级的重要平台应用和支撑动能，是我国参与全球经济竞争的重要场域和竞争优势。

对此，近年来我国出台多项指导文件、法律法规以加快"数字中国"建设，例如《"十四五"大数据产业发展规划》《"十四五"市场监管现代化规划》《"十四五"数字经济发展规划》《网络安全法》《数据安全法》《电子商务法》《个人信息保护法》等。然而当下数字经济的发展仍面临困境，站在数据生态产业链的维度观察，对数据资源利用的整个纵向过程——数据收集与整理、数据分析与计算、数据使用与创新等环节进行分析，可发现现行法律规范对消费者（用户）和经营者间的权益分担并没有予以明确规定，现行规制系统面对蓬勃发展的数字经济显得有些"捉襟见肘"。具体而言，现有数字经济发展的系统藩篱可大致归结为以下两方面：一方面是现行制度供给不足，目前分散的立法结构无法为权利主体提供有效充分的保护，缺乏有针对性的统一立法；另一方面是当前实施机制乏力，"条条块块"割裂式的实施机制缺乏系统化、一体化及有机化。

与此同时，数字经济为各行业的商业模式带来了巨变和创新，引发了全球竞争模式和格局的颠覆性改变，更对现行的市场经济规制法律理论、法制体系及法治实践带来了巨大挑战，传统的市场竞争法治理论与体系及其实践方式面临着改造甚或是重构。譬如，面对数字技术革新引发的数据爬取与反爬取、流量劫持、恶意不兼容、软件干扰等新型不正当竞争行为，从奇虎 360 与腾讯的"3Q 大战"、新浪微博与脉脉数据之争再到时下抖音与腾讯间火热的"头腾大战"，互联网平台经营者充分利用动态竞争和跨界竞争等数字竞争的特点，借助大数据的传导优势和精准预测功能，打破线上线下界限，迅速成长为拥有巨大市场力量的平台经济体（Platform Group），如谷歌（Google）、亚马逊（Amazon）、奈飞（Netflix）、阿里、腾讯、百度、京东等，但其相应地也都存在滥用平台优势、降级用户隐私服务、限制用户数据转移，进而侵害用户公平交易权益的可能性，亦存在平台间算法合谋、大型平台经营者通过算法歧视等行为排除、限制竞争侵害保护消费者权益的可能性。

在架构本书的框架与内容之时，笔者希望能够全面地审视数字经济与竞争法治的内容及联系，立足当下、着眼未来，但也希望能兼顾具体的数字经济成果，结合其具体表现，做到具体分析，见微知著。本书将围绕数字经济实际运行的场景和发展阶段，兼顾各章之间的内在逻辑联系和承继关系，以数字经济与竞争法治的一般理论为基点，挖掘由互联网进阶至物联网之时代背景下竞争法治面临的挑战，聚焦时代变革下大数据与平台经济之竞争法规制进路，提出人工智能场景下竞争法治的变革与重塑，并对数字经济下消费者个人信息保护与知识产权创新的"竞争法作为"进行重点关切，以回应现实需求。最后在提炼成果观点的基础上对竞争法治的未来进行展望，即从数字经济迈入信用经济，建立以信用体系为基础的全覆盖式信用法治系统。也即本书将围绕两条线索展开讨论：一是数字经济从诞生到发展再至进阶的全象；二是竞争法治的属性、运行、规制、意义以及机遇和挑战。按章节分类别阐述数字经济的各阶段表现形态，要新、要准、要先进甚至先验，但通篇立足竞争法治的研究区间，反而要稳、要冷静、要客观，同时最终将回溯到中国当下的国情和法治，铺陈出适应中国数字发展的数字经济竞争之路。虽属不易，但愿砥砺行文。

本书主要由以下章节组成。

第一章以"数字经济与竞争法治的一般理论"为切入点展开全书内容。数字经济在我国高速发展，这不仅是科技创新发展的一部分，更为深度推进供给侧结构性改革提供了平台和通道，使各类社会资源得到了有效配给，资源利用率和科技转化率得到了显著提高。面对数字经济这股时代热潮，我们首先要厘清数字经济和数字经济发展的驱动要素，包括数据、算法、平台等相关概念的法治内涵，并在此基础上展开数字经济的竞争法治厘定，聚焦数字经济发展对市场竞争带来的影响，反思当前反垄断法的实施机理，探讨如何平衡数据保护与数据共享之间的矛盾。

第二章聚焦"数字经济下竞争行为的类型与识别"。竞争行为的类型与识别是阐释数字经济竞争法治的逻辑起点。互联网从产生至今不过几十载光阴，却对人类社会产生了颠覆性的影响，互联网不只是人类实现互联互通的一种工具，随着 IP 地址接入技术、可穿戴设备、传感器等智能科技的发展，互联网正逐渐向"万物皆可连"的物联网蜕变。由互联网带来的数字经济变革也使得新型不正当竞争行为频发，从而给现行竞争法治规制带来了挑战，对数字经济下竞争行为的认定与考察、对竞争关系的重读、竞争行为的本质与特征以及法律适用的考察均为时代之需。

第三章与第四章从反不正当竞争法与反垄断法两个角度出发，聚焦数字经济下三个重点要素，"数据""平台"与"算法"，探讨如何实现对其的竞争规制。

首先，基于数据的商业模式已成为许多行业的关键成功因素和竞争参数。例如，即使是"旧经济"的公司也越来越多地使用大数据应用来优化业务流程，降低生产和分销成本，提高产品质量。因此，数据在市场竞争中的体现是多方面的，甚至用于衡量市场力量的标准也扩大到包括为数字经济量身定制的标准，特别是网络效应和对竞争相关数据的访问取得了显著的地位，获取数据可以成为重要的竞争优势这一事实已成为竞争法和数据的主题，数据业已成为一种经济发展的关键生产要素，亦是竞争要素，故而必须明晰数据在竞争法中的属性及规制意义。

其次，如何对平台乃至超级平台展开规制也是数据经济时代下亟待回应的问题，京东、百度、阿里、腾讯等互联网企业最具探索性的创新来自他们用来构建和提供新服务的平台，每个行业都在利用平台的力量来推动新的商业模式。随着物联网和更广泛的社会数字化的不断发展，平台提供服务的场域也会更加丰富。平台的优点体现于在更广泛的生态系统中扩展和共享信息、服务、技能和技术，从而将新的合作伙伴、供应商和客户网络联系起来。平台对于未来经济环境的重要性是显而易见的，但平台经济的法律规制是问题的焦点，需要透过平台经济运行蓬勃的表现透视其本相，进行规制探索。

最后，算法可以实现对数据的深度挖掘、对用户的精准画像、对机器的深度学习，但其对竞争也可产生正反两方面的影响。从供给侧来看，算法可以提高市场透明度，优化产业结构，激励企业创新发展，为消费者提供更优质的服务，达到社会资源配置的有效化与智慧化，实现社会产能的跃升。然而算法黑箱、算法合谋、算法歧视给市场竞争秩序带来的冲击也不容忽视，如何找寻适合的规制思路与规制框架，使监管体系逐步走向层次化、智慧化，探索出竞争法与消费者法在市场规制法体系下的合作规制路径，实现创新发展、有序竞争、消费者保护三者之间的动态平衡将会是未来对算法竞争法治研究的重点。

第五章探讨"数字经济下竞争法治调整及走向"。数字经济为全球经济社会发展注入了强大活力，在深刻改变国际竞争格局的同时，各种形式的垄断和不正当竞争行为也不断涌现。特别是作为数字经济背景下参与市场竞争的典型组织形式和经营模式的数字平台企业，往往凭借强大的用户锁定效应、网络效应、巨大经济规模、海量数据资源、技术创新优势和雄厚资本优势自成生态竞争系统，不断强化和持续巩固市场地位及相关竞争行为，形成"赢者通吃、强者愈强"的市场竞争效果，因此，数字经济下市场竞争的未来走向成为当前的重大关切。

第六章和第七章重点关切数字经济时代下两个无法回避的问题，"消费者个人信息保护"与"市场竞争监管"。

第一，隐私权和个人信息保护问题以及知识产权创新问题在传统法学视阈下是隶属于民商法的范畴，采取绝对权保护范式实现法目的与法利益，与实现自由与平等的竞争法治似乎有所冲突。然而数字经济下竞争格局及利益格局的变革，使得通过竞争"提升隐私服务质量和优化隐私服务市场"，将消费者对隐私服务质量的正当需求通过规范隐私服务市场的竞争秩序予以实现；通过竞争维护和促进创新，为消费者利益保护和市场创新提供有别于私法范式的路径成为可能，并或将大有作为。

第二，以数字经济为基础实现对信用经济的前瞻，提出竞争监管的时代转型。信用在现代市场经济中已经逐渐成为一种可供利用的"资源"或"资本"，随着互联网广泛普及和数字经济的发展，电子商务、电子货币、电子支付等行为已融入日常生活的方方面面，交易双方面在对海量信息的识别黑洞及识别障碍挑战时，更需建立完善的信用规则以防治欺诈风险。此外，对于信用良好企业，其口碑的长期积累升华为信誉，使得消费者在选择过程中具有主观倾向性，产生特定的"品牌效应"进而提升产品销量、零售价格与企业利润。数字经济深度发展的结果就是实现向信用经济的转型，本书把握时代前沿，就如何在时代转型的洪流中把握住竞争监管的前进方向展开探讨。

1997 年谢尔盖·布林和拉里·佩奇注册了 google.com 域名，2007 年史蒂夫·乔布斯在旧金山推出了第一款 iPhone；2002 年华为通过了 UL 的 TL9000 质量管理系统认证，为中国移动部署了世界上第一个移动模式；2010 年中国成立"移动支付产业联盟"；2017 年腾讯市值突破 4 万亿港元，成为仅次于苹果、谷歌、微软、亚马逊后的全球第五大科技公司，成为亚洲首家市值超过 5000 亿美元的科技公司……数字经济重塑了竞争，重塑了人，重塑了世界。当前，数字化的中国正在建设，每一项数字样态的推进都是一次重大尝试，数字经济在中国正在经历着高增长、快速创新、广泛应用的过程，它带来了巨大的机遇，并充分具备可持续发展的潜力。与此同时，数字经济正处在转型期，其对政策和监管的挑战始终存在。对数字经济时代竞争的有效规制需要同网络化、信息化、智能化同步，需要利用先进技术创造更多的包容性，需要深入了解不同人口结构消费者的采用和差异，更需要厘清信任、隐私、透明度等相关问题与竞争法治的关系。未来已来，拥抱数字经济，面向未来竞争！

目　录

第一章 数字经济与竞争法治的一般理论

　　数字经济正以惊人的速度席卷全球，逐渐由互联网经济向平台经济、算法经济乃至全场景的人工智能经济发展，由信息技术（Information Tech）向数据技术（Data Tech），尤其是大数据技术（Big Data Tech）和操作技术（Operation Tech）及人工智能技术（Artificial Intelligence Tech）深度融合发展，成为新时代全球科学技术与经济社会发展的重要驱动力和新一轮全球产业竞争与创新的关键支撑。数字经济呈现为以"人工智能、区块链、云计算、大数据"（AI, Blockchain, Cloud Computing, Big Date, 简称 ABCD）等技术或要素为基础的生态产业链，围绕这些技术或者要素展开的各种各样的市场竞争客观上已经成为全球主要国家和地区间展开市场经济竞争的主要类型，数字经济竞争已成为当前和未来决胜国家经济综合实力的基础性和平台型竞争领域。

第一节　什么是数字经济

一、数字经济的内涵

　　"数字经济"这一概念诞生于 20 世纪 90 年代，1996 年美国学者泰普斯科特在《数字经济时代》中正式提出数字经济的概念。美国商务部也于1998 年、1999 年、2000 年先后出版了名为《浮动中的数字经济》（I，II）和《数字经济 2000》的研究报告。时至今日，主要国家和地区以及相关国际组织均对数字经济的含义作出相关界定。美国经济分析局咨询委员会在其报告中指出，测量数字经济除应包括电子商务的部分外，还应测量新的数字服务，如共享经济和免费互联网服务；英国经济社会研究院认为数字经济是指各类数字化投入带来的全部经济产出；韩国将数字经济定义为包括互联网在内的以信息通信产业为基础的所有经济活动；经济合作与发展组织（OECD）的定义相对简单，认为数字经济是通过电子商务实现和进行的商品和服务贸易；2016 年杭州 G20 峰会上发布的《G20 数字经济发展与合作倡议》则认为，"数字经济是指以使用数字化的知识和信息作为关键生产要素、以现代信息网络作为重要载体、以信息通信技术的有效使用作为效率提升和经济结构优化的重要推动力的一系列经济活动"；也有分析报告从内容上解释数字经济的含义，即"数字经济包含数字产业化和产业数字化两大部分，作为一种技术经济范式其已经超越了信息产业部门的范畴，是信息经济、信息化发展的高级阶段"。①

综观上述定义，共通之处在于均认可电子商务是数字经济运行的重要载体和重要表现形式，现代互联网络及信息通信技术是数字经济的核心组成部分，而本书对数字经济的考察将会在汲取该共通之处的基础上另辟蹊径，概言之，将从数字经济的全周期有轨运行入手，以宏观立体视角切入，围绕数字经济生态产业链的运行提出"数据相关行为"（Data-related Activities），强调法哲学和科技哲学意义的融合与尝试，形塑效率、公平及安全多维一体的竞争生态系统，共享科技发展红利。

二、数字经济的驱动要素

（一）数据

一般认为，数据是对于客观事物的逻辑归纳，是信息的表现载体与形式，是在计算机及网络上流通的在二进制基础上以 0 和 1 的组合而表现出来的比特形式。②数据通常与存储在计算机上的信息相结合，在线商业模式（Online Business Pattern）中的数据通常是指个人数据。③数据有两个重要特征：一是它依赖载体而存在，即它只能依附于通信设备（包括服务器、终端和移动存储设备等），无上述载体，数据便无法存在（尽管云形式打破了传统数据的存储利用方式，但依然离不开相应的载体存储数据）；二是它通过应用代码或程序自然显示出信息，但信息的生成、传输和储存均体现为通过原始的物理数据来完成。④

实践中，人们经常将"数据"（Data）与"信息"（Information）混

---

① 陈兵：《数字经济高质量发展中的竞争法治变革》，《人民论坛》2020 年第 3 期。

② ［英］维克托·迈尔-舍恩伯格、肯尼思·库克耶：《大数据时代：生活、工作与思维的大变革》，盛杨燕、周涛译，浙江人民出版社 2013 年版，第 103 页。

③ See Bruno Lasserre, Andreas Mundt, Competition Law and Big Data: The Enforcers' View, *Italian Antitrust Review*, Vol. 1:1, (2017), p.88.

④ 梅夏英：《数据的法律属性及其民法定位》，《中国社会科学》2016 年第 9 期。

用，然而信息的外延要大于数据，数据只是信息表达的一种方式，除电子数据外，信息还可以通过传统媒体来表达，[1]亦即信息因其内容而具有意义，但这些具有特定意义的信息并不仅仅由电子数据来传播，数据作为信息技术媒介只为其首要特征。[2]互联网技术系统打破了传统的信息先于媒介存在的状态，体现为网络具有通过数据产生信息的功能，如海量储存在Cookie[3]里的网络行为数据即体现为用户的网络行为信息，这种网络行为数据正是大数据的基础形式。

（二）算法

算法（Algorithms）是实现设计程序或完成任务的路径方法，具有可行性、有穷性、确定性和情报充分性，实际上是指"解决问题或完成任务的逐步过程"。公元前3500年，苏美尔人使用那个时代最强大的信息处理系统，即楔形文字来记录税收、法律等相关行政文件。这些文字的意义并不仅在作为记录，而是当文字被发明后，商业和官僚机构的存在才成为可能。正如历史学家们如哈罗德·尼斯所论证的，最古老的那些文明和他们的政治体制，例如埃及的君主制和罗马的城邦制，"本质上都是文字的产物"。现代意义上的算法的真正出现，也建立在人们对社会信息系统的不断升级上。IBM（国际商业机器）起源于1880年美国人口普查中被发明的"打孔卡"和"制表机"系统，并在一百年后发布了历史上第一台PC（计算机），将人类文明带入个人电脑时代。

然而随着大数据与人工智能时代的到来，算法的力量同样在极度膨胀，开始产生越来越大的影响。应用程序和搜索引擎产生了海量的用户数据，大科技公司以数据为资源、以算法为架构成为了庞然巨物。此外，算法也在摆脱人类的控制，事实上，基于机器学习的算法已经成为"黑匣子"，人类观察者已经难以理解算法如何通过海量数据计算出的结果背后的逻辑。以往，算法更多是数学家或程序员关注的对象，算法主要在数学运算或实验室的场景下发生作用。到了大数据与人工智能时代，算法开始在越来越多的应用场景中被用于决策或辅助决策。随着未来大数据与人工智能更深度地运用，未来算法的应用场景将更为广泛，在自动驾驶、公共

---

① 陆小华：《信息财产权——民法视角中的新财富保护模式》，法律出版社2009年版，第277页。

② 化柏林、郑彦宁：《情报转化理论（上）——从数据到信息的转化》，《情报理论与实践》2012年第3期。

③ Cookie指小型文本文件，是包括谷歌在内的部分网站为了辨别用户身份而存储在用户本地终端上的通常经过加密的数据，通常包含了用户名、电脑名、使用的浏览器、曾经访问的网站等敏感信息，极易受到盗窃、投毒等威胁。参见翟巍：《欧盟谷歌反垄断案》，《网络法律评论》2014年第1期。

管理、司法等领域与场景中，算法都将发挥举足轻重甚至是决定性的作用。算法在社会中的广泛运用带来很多正面效应，它可以大幅提高决策效率，为消费者或用户提供更精准的服务。

算法在推动信息通信技术与计算科学技术融合创新和广泛应用、积极促进经济社会发展的同时，也对现行的经济社会治理模式和方法提出了新的挑战。

第一，算法精准推送加剧"信息茧房"效应。"信息茧房"效应是指在信息传播中，公众由于对信息没有全方位需求，只关注自己关心的讯息，将自己束缚于如蚕丝织就的"茧房"中的现象。算法发展加剧了这一效应。网络平台和互联网公司通过自动化决策算法，抓取用户的网络浏览记录和访问信息，掌握用户的需要，之后针对每个用户推出"私人订制"，实现信息的"精准推送"，从而招徕更多用户资源，取得竞争优势。对于用户来说，这种方式满足了他们的特定需求，有可取之处，但也有明显缺点。具体来说，它使用户长期被同质化信息包围，被"禁锢"在固定信息笼罩的空间之中，剥夺、损害了用户全面了解和获取其他各类信息的权利和机会。但由于这种损害往往是"隐性"的，且外观中立，很难运用现有法律对其进行规范。

第二，算法数据抓取易泄露个人信息。用户访问和使用网站或平台产生的数据大多属于个人信息的范畴，但现在互联网企业往往未经用户同意就收集和提取用户私人信息，对公民个人信息权利构成了侵犯。而除了直接非法收集、使用公民个人信息的侵权行为外，还有一种间接、隐蔽的侵权行为，即算法预测。当前，通过算法分析合法获取用户数据，并预测公民个人信息，成为侵犯个人隐私的新方式。值得注意的是，与大数据结合后，算法预测的准确率越来越高。例如，全美第二大零售企业 Target公司曾根据算法分析，向一位已孕未成年少女邮寄婴儿用品手册，其法定监护人却根本不知其已怀孕。如今，日益智能化的算法，同大数据等技术相融合，不断冲击着现有的公民个人信息和隐私保护体系。

第三，算法自动化决策提高权益损害风险。随着各种新型高端算法的涌现，人工智能逐步被开发出来。依据算法进行自动化决策的人工智能一方面为人类生活提供了便利，另一方面也产生了更为复杂的权益损害责任问题，如智能投顾对金融消费者权益的损害责任问题和智能合约的损失责任问题。根据美国证券交易委员会的定义，智能投顾是基于在线算法为客户提供的资产管理服务。智能投顾依据算法自动为金融消费者提供资产管理方案，当智能投顾因算法不合理、系统故障等因素造成金融消费者资产损失时，责任由谁承担、以何种方式承担、损失具体金额如何计算，都是非常棘手的问题。智能合约的损失责任问题主要来自区块链。交易双方达成合约后，根据算法，系统会将交易记录记入区块，无需当事人操作而自动履行合约。与传统合同不同的是，智能合约一经达成，便不能变更或解除。当事人因情势变化要变更、解除合同时，如何处理系统按照算法继续执行而造成的损失，也是一大难题。概言之，算法自动化决策在提高人们的生活质量和工作效率的同时，也引发了更加复杂的风险问题，这些问题都是当下难以解决的。

第四，算法合谋引发竞争规制难题。算法合谋大致可分为算法辅助型合谋和算法自动型合谋，而后者已构成当前全球各个国家和地区反垄断法规制的一大难题。垄断协议以经营者之间存在合谋为构成要件，而随着"互联网+"经济的深度发展，算法被引入市场，成为经营者合谋新形式。算法合谋中，经营者以逻辑相同或相似的算法，借助大数据技术，收集并分析自身经营状况、其他经营者经营状况和市场行情等数据，得出各经营者利益最大化的合谋条件并传递给其他经营者，并根据市场动态变化调整经营行为，同时通过算法识别、察觉偏离合谋的经营者行为并加以打击报复以维持合谋稳定。算法合谋突破了协议、决定和协同行为等传统合谋形式，经营者间无需作出任何表示行为即可达成合谋。这样一来，反垄断法执法机关就难以识别和处理不良竞争行为。同时，合谋内容是通过算法形成的，与人的意志无直接关联，也为经营者逃避反垄断法的规制提供了借口。总的来说，算法的运用为垄断协议提供一个极为隐蔽、动态调整和精准迅速的合谋工具，使传统反垄断法面临巨大考验。

第五，算法歧视导致用户陷入保护困境。算法不可能在任何情况下都准确无误，某些情况下算法运行会产生与人类常识和伦理相违背的结果，其中一种情况就是因算法导致对不同人群的歧视。这种歧视问题的产生原因主要是内部和外部两种。内部因素是指算法自身不可避免的缺陷。现有技术本身存在局限性，所以算法在现有技术下运行会出现错误。同时，算法获取、使用的数据中还会包括问题数据，这便会造成误差，当误差积累到一定程度，就会发生质变，导致歧视。这种内部因素所导致的问题往往是不可控、无法避免的。外部因素是指算法之外人为导致的问题。基于技术中立性原则，算法本身没有倾向。但算法并非完全客观的产物，其代码是开发者编写的，开发者是有主观意识的人，所以算法自然带有人的主观意识，当主观意识中有偏私并被写入代码中，就会产生歧视的可能性。譬如"算法杀熟"造成的价格歧视，是指算法通过收集、分析消费者消费信息，了解其喜好，当消费者频繁购买某种商品和服务时，算法发出高于正常价格的要约，形成歧视。

（三）平台

从最基本的含义来说，平台（Platform）是一种居中撮合、连接拥有多种需求且相互依赖的两个或多个不同类型的用户群体，为其提供互动机制，以促进不同用户群体之间的交互与匹配，满足彼此的需求，并将他们之间产生的外部性内部化的市场组织形态。从这个意义上来看，平台并非新生事物，古老的集市、现代的商场都属于平台。但只有与互联网深度融合之后，作为生产力组织方式的平台经济才应运而生。现在所称的平台为互联网平台，是指通过网络信息技术，使相互依赖的双边或者多边主体在特定载体提供的规则下交互，以此共同创造价值的商业组织形态。

互联网平台的发展大致可分为三个阶段，从"电商平台"到"行业平台"再到"平台经济"。随着平台进入的产业领域变得越来越丰富，其对产业和产业组织变革的影响力也越来越大，平台逐步由一种商业现象发展为一种经济形态。因此，现在所说的平台经济是指互联网平台发展到比较高级的阶段而形成的一种新型经济形态。虽然关于平台经济的含义有不同的视角和表述方式，但究其本质，平台经济就是由互联网平台协调组织资源配置的一种经济形态。

在过去的 20 多年里，我国互联网产业发展迅猛，互联网平台异军突起，一大批平台企业从无到有、从小到大，成为经济生活中举足轻重的一部分。随着移动互联网的快速普及，"互联网+"向垂直领域加速融合，近年来，我国平台经济保持着良好发展态势，表现出头部平台崛起、中小平台快速成长以及越来越多行业出现平台引领的新特征，成为壮大数字经济发展的重要动能。

平台经济具有如下特征。

第一，交叉网络外部性。双边市场的一个显著特征是它的网络效果，即规模经济需求方的网络外部性，这意味着，一方客户价值的实现来源于另一方客户数量的增加。因此，用户数量越多，该平台的价值就越大，能够吸引平台双方更多用户的加入，由此获得大量用户的行动轨迹，即数据容量急剧增长，进而对已有的用户或潜在用户更具市场吸附力和竞争力，在这种网络外部性特征下，容易出现"赢者通吃"的垄断趋势，大的平台经营者日益发达，小的平台经营者则日益衰微。

第二，价格非对称性。双边市场不同于传统市场，并非只有买卖双方，其一项交易的完成通常由平台经营者、买家、卖家三方共同参与，平台经营者收取的价格总水平并不是按照价格等于边际成本的原则确定，而是在平台两方进行合理分配。因此，平台企业的经营者往往通过对一方用户采取免费的策略获得市场优势地位，而通过对另一方用户收费获得利益。此时，价格因素在评价平台经济市场竞争自由度的问题上发挥的作用不如其在传统市场上那么显著，其他市场因素，如服务质量、介入难易度等成为需要考虑的重要因素。

第三，用户锁定效应。该效应源于数字的不可携带性特征，其产生源于网络产业是以数字化、信息化为其存在和发展基础的新产业类型，在网络领域中大量存在的无形资源在现实生活中并没有物质载体，财产形态难以固化。因此，诸多平台用户很容易被锁定在某一项由平台经营者独立提供的产品或服务上，当用户进行产品或服务转换时，就会因发生一定的信息资源损失而造成转换困难，或者是转换成本与用户所要实现的目的之间不存在合理对价。在这种情况下，平台经济经营者一旦做大做强，获得市场优势力量，不断增进其流量与数据占有，进而巩固其锁定效应，实质上形成与之难以有效竞争的状态，寡头市场的结构就会出现。

综上可见，互联网平台经济表象上呈现为互联网市场下的一种虚体经济、信息经济、数字经济，其平台功能和价值的体现虽然依赖于强大的线下实体经济活动，但是其所具有的双边市场特征，使得线上资源的开发、整合、挖掘及再利用，也构成了平台经济运行的重要支点。在一定程度上讲，平台经济就是一种典型的跨界融合竞争经济模式，不仅是线上线下（Online-offline）的融合，也是相关市场（Relevant Market）与不相关市场（Irrelevant Market）的融合，最终由非同质化竞争走向同质化竞争的融合。互联网平台作为主要介质，参与主体除了传统经济活动中的生产者、销售商、消费者外，还加入了平台经营者和提供者，互联网平台的应用构成了互联网平台经济的典型特征。因此，对互联网平台经济运行的描述与评价，从表象上看，应该更加重视信息技术、大数据、物联网等概念和技术在其中的运用。互联网平台经济发展的重点方向是网络信息技术对传统经济活动的改造和创新，亟须应对的关键问题是理顺互联网平台与传统经济的有效对接，并由此加强对平台企业在市场经济运行中的监管，保障互联网平台经济的合规发展。其着力点应落在互联网平台企业之上，更多地关注平台双边所聚集的用户（流量），及由此呈现的用户行动轨迹（数据）资源，并经由大数据云计算帮助平台经营者开发出更加具有市场竞争力的个性化定制商品或服务供给，重点都在于平台经济运行的市场性和技术性，是市场与技术的完美融合，该表征与其在其他国家和地区市场上的运行并无二致。

第二节　数字经济与竞争法治变革

数字经济深度发展给各行业经济增长方式和商业竞争模式带来的冲击甚至是革新，深刻引发了全球竞争格局和模式的颠覆性改变。数字经济竞争呈现为在全球场景下的动态竞争、多边竞争、跨界竞争、（大）数据竞争、平台竞争、算法竞争、智能竞争以及信用竞争等新旧经济业态混合竞争相融合的态势。新旧不同经济业态混合存在的执法场景对现行和未来反垄断执法提出了新要求和新挑战，同时也给现行的市场竞争法治基础理论与实践方式带来了巨大挑战，现行竞争法治理论体系和实践模式面临着重大改造甚至是重构。

一、数字经济发展对市场竞争带来的影响①

在互联网市场中，不仅经营者进入市场的门槛大幅降低，而且市场竞争的主要形态和模式也发生了巨大改变，"动态竞争"和"跨界竞争"成了常态，基于创新而不断提升的竞争动能成了经营者取得竞争优势的关键要素。互联网在我国全功能介入经济社会场景，特别是移动互联终端的广泛普及衍生了各类新经济业态，给市场竞争行为和竞争模式带来了巨大改变，也对消费理念、结构及模式产生了颠覆性影响。这种改变在极大便利化经济社会生产生活的同时，也逐渐显现出互联网经济业态发展的弊端，例如，交叉网络外部性对用户的锁定效应、赢者通吃的平台聚合性排他效应以及不断演化的超级平台或平台经济体可能形成的其他竞争者进入市场的核心设施效应等，而且这些弊端的危害已经显现。故此，为更好地应对当前互联网领域的竞争集中甚或是竞争过度集中的现象及演化所形成的互联网领域竞争固化态势，应准确解析和有效消解互联网市场竞争固化的原因与危害，重点剖析互联网平台滥用市场力量的行为表现，探讨互联网市场竞争中可能或已经形成的诸类型市场壁垒，聚焦互联网竞争固化趋态演化中出现的诸如相关市场界定困难，滥用市场支配地位行为认定方法失灵等竞争法适用问题，进而从立法、司法、执法等维度提出相关应对方案。

---

① 本节参见陈兵：《互联网市场固化趋态的竞争法响应》，《江汉论坛》2020 年第 3 期。

互联网市场竞争的动态特征是相对于传统经济形态竞争的静态特征而言的。在传统经济模式下，静态特征主要源于古典经济学的静态竞争观。该理论主要考虑了传统市场所具有的静态特征，以价格竞争为主，排除其他非价格因素的竞争，将完全竞争与完全垄断视为两个完全不同的市场竞争状态。而如今互联网市场中创新等非价格因素已成为经营者之间竞争的关键要素，并且市场竞争周期相对较短，呈现出与传统经济模式完全不同的动态竞争特征。互联网市场竞争所具有的特征符合熊彼特的"创新理论"中提出的动态竞争特征，也就是说，在动态竞争环境下，市场竞争的动态特征会使竞争充满活力，此时垄断结构仅构成市场竞争的一部分，不会对市场的自由公平竞争秩序产生威胁，所以熊彼特认为市场能够实现自我调节，无需竞争法等外部制度和手段的介入。那么互联网市场是否无需竞争法等外部制度和手段进行干预呢？回答该问题首先需要对互联网市场所呈现的"动态"特征进行具体分析，在此基础上研判这类特征对市场竞争形成的促进或阻碍效果。

（一）市场准入基准降低与跨界竞争普遍

随着信息技术的飞速发展以及软硬件基础的不断成熟，互联网产品进入市场所需的资本和技术要求大幅降低，经营者的进入和退出更加灵活自由。此外，由于互联网商品（含服务）具有易获取性和较大的差异性，用户基于相同或者类似的需求，同时使用两个或两个以上的商品的现象比较普遍，用户的多归属性成为常态。用户多归属性产生的分散效应有效地降低了用户对于主导经营者的过度依赖，使新进入的经营者能够较为顺利地进入相关市场并吸引用户进而以此扩大用户基础，从客观上降低了市场准入门槛。

由于互联网市场准入基准的降低以及资源共享范围的扩大，不同行业之间的竞争边界不断被打破，互联网市场出现了新的竞争格局，关联市场甚至是不相关市场上的经营者跨界竞争的现象愈加频繁。互联网平台进行跨界融合及打造平台一体化经营，成为互联网经济下普遍且重要的竞争模式。例如，当前互联网经营者提供的商品多以软件及服务为基础，并通过互联网、物联网等工具和平台向用户提供，当其在某一端市场积累了海量用户资源后，经营者便会在已有商品的基础上叠加增设其他商品及功能，以将自身在现有市场上形成的竞争优势传导至其他关联或不相关市场上，成为其他细分市场上的跨界竞争者，从而谋取新的利润增长极。例如，腾讯在其推出的社交应用商品的基础上，将社交需求与用户的其他需求结合，形成腾讯音乐、腾讯视频等商品，迅速且有效地在在线音乐市场、在线视频市场上进行跨界竞争，占据了各相关市场的大部分份额，就消费者需求端而言，腾讯在精细化市场的进军也为广大用户提供了更广阔的选择空间。

（二）市场结构对竞争效果影响弱化

在传统市场经济中经营者在资本和生产上的集中会形成较高的市场支配力，使其能够决定市场内商品的价格和产量，很可能形成高度集中的独占或寡头市场结构，对市场竞争产生严重的限制，甚至是排除效果。在互联网市场经济中，随着去中心化的兴起与实现，削弱高度集中的市场结构对市场竞争的负面影响成为可能，弱化了市场结构对市场竞争效果的影响。去中心化得益于区块链技术的整合发展和广泛运用。其所具有的去中心化的特性有助于削弱市场结构集中化对竞争效果的负面影响，例如Coinkite 是一家位于加拿大的比特币企业，提供比特币钱包和支付终端服务。与具有中心化的贝宝（PayPal）支付平台不同，集中的数字平台提供商寻求通过紧密结合的平台层获得垄断权力，以获得难以复制的独特配置。相反，分散的数字平台提供商故意将平台层分离，以动员第三方进行创新，加速市场中心结构的破坏，由此推动了去中心化的实现。虽然就区块链技术中的数字货币形式的应用出现了较多争议，但是如今区块链技术已不再局限于比特币的运用，在公司治理、社会治理、平台运营等领域得到了广泛的适用。可以预见，区块链技术及理念在互联网市场中的广泛运用，将极大削弱垄断型市场结构对竞争效果的不利影响，可以作为从技术革新维度，推进互联网市场限制、排除竞争问题消解的一剂良药。

（三）多边市场构造上价格的非对称性

"平台"并非互联网市场所特有的产物，互联网技术的高度发达使平台能够同时为不同用户群体提供高效便捷的服务，使得平台不再单纯扮演中介者的角色，平台经营者逐渐演化成为市场交易的主导者和管理者。因此，在互联网市场中参与经济活动的主体不是仅有买卖双方，而是包括平台、广告商、消费者、内容提供商等在内的多元主体。互联网平台的双边性或多边性使得经营者的竞争策略变得更加灵活多样，经营者能够在保持收益不变的情况下，通过转移不同用户之间的成本实现不同的经营策略，由此出现了双边或多边市场价格的非对称性特征。双边或多边市场的价格非对称性使得平台能够通过调整不同端市场上的价格实现不同的经营效果。例如，谷歌作为全球知名的搜索平台，其在为用户提供免费搜索服务的同时，会在页面上显示广告，将平台赞助商的排位提前，提高用户的点击率。在这种模式中，免费的服务不仅能够吸引大量的普通消费者，而且对于广告商而言，用户越多，其通过谷歌平台得到的推广效果也越大。可见，不论是对于作为一般用户的普通消费者，还是作为企业用户的广告商，抑或第三方经营者及平台自身而言，免费模式都能够满足其需求并带来可观的利益。然而随着免费模式的推广，价格不再是消费者选择产品所主要考虑的要素，影响用户选择的往往是质量、功能等非价格要素。此时，双边或多边市场结构上价格的非对称性现象愈来愈突出。当然，这里的价格非对称性凸显并不是说互联网市场竞争不考虑定价问题，而是改变了传统的定价模式，出现了"前端让利+后端定价""单边零定价+多边整体定价"等多种定价模式。

（四）创新成为市场竞争的关键要素

在互联网市场中，软硬件设施的不断发展和完善为创新提供了良好条件，跨越式的技术变革也使得市场竞争异常激烈。平台企业要在互联网市场中保持其竞争力，则需要不断进行创新，开发出质量更高、功能更强、体验更好的领先于市场现有商品的新商品。在这一过程中，创新发挥了极其重要甚至是决定性的作用。缺乏创新对现有市场优势企业造成的影响不仅是使市场份额及盈利减少，在动态竞争的环境下更有可能摧毁其在市场上的生存基础。在传统经济下，科学技术发展相对较慢，产品的更新换代时间较长，企业间的竞争主要依赖资本及自然资源、人力资源等要素，而且这些要素往往能直接对商品价格产生影响。企业通过技术和市场规模等要素能有效降低商品的边际成本，这使得具有市场支配地位的企业能够借助对价格的控制在较长时间内保持对市场的影响力。与传统经济相比，由于互联网市场高烈度的动态竞争，即便可能在短时间内某一经营者处于市场支配地位，但这仅为竞争周期中的一个场景或一个节点，其很难在长时间内保持优势地位，除非该经营者不断提高自身的创新强度和速率。通过创新来维持竞争优势成为大多数互联网经营者参与市场竞争的基本要素和行动支持，如此一来整体加速了互联网市场上的创新，有利于消费者利益的实现。可见，在互联网市场上，经营者之间就创新引发的竞争有助于打破由价格竞争形成的市场优势或垄断结构，使垄断者无法像在传统经济模式下那样主要依凭资本和生产的积累而"坐享其成"。

二、数字经济发展对反不正当竞争法实施带来挑战

在数字经济中，以用户数据为代表的大数据成为互联网行业中的竞争重点。通过大量积累并深度分析用户数据，经营者可以掌握用户偏好、消费需求、消费水平等信息，及时推出个性化的商品、有针对性地投放广

告、创新商业模式等,从而获取巨大的经济利益。掌握更多的数据,就是掌握更大的竞争优势,经营者之间在大数据收集、存储、分析处理以及应用等阶段的竞争也会愈加激烈。特别是进入 UGC(用户生成内容)时代后,就数据收集与使用行为而言,若收集与使用方式不当,有可能涉嫌不正当竞争。

(一)互联网不正当竞争条款规制大数据竞争行为具有局限性

我国《反不正当竞争法》第十二条对互联网不正当竞争行为进行了规制,但是正如美国《侵权法重述》所强调,"列出所有的不正当手段是不可能的。总的来说,他们是低于一般商业道德标准和合理行为准则的手段",因此,互联网不正当竞争条款对大数据竞争行为的规制具有局限性,需要借助于反不正当竞争法的原则条款以及其他条款予以补足,从而使反不正当竞争法对大数据竞争行为的规制是周延的。

例如,数据污染行为就是新出现的一类互联网商业行为,该行为原指一种由人们故意的或偶然的行为造成的对原始数据的完整性和真实性的损害,是对真实数据的扭曲。由于该行为对市场竞争的影响,也引发了其是否应被认定为不正当竞争行为的讨论。在被称为"全国首例视频刷量不正当竞争案"中,原告爱奇艺公司诉称:飞益公司与吕某、胡某通过分工合作,运用多个域名,不断更换访问 ip 地址等方式,连续访问爱奇艺网站视频,在短时间内迅速提高视频访问量,达到刷单成绩(4 个月内刷量达 9.5 亿余次)以牟取利益,严重损害了爱奇艺公司的合法权益,破坏了视频行业的公平竞争秩序等。飞益公司、吕某、胡某辩称:两市场主体的经营范围、盈利模式均不相同,不具有竞争关系,并且《反不正当竞争法》明确列举了各类不正当竞争行为,涉案的刷量行为未在禁止之列,飞益公司的视频刷量行为改变的是视频的播放数据,对于平台经营者的爱奇艺公司并无任何影响,故不构成不正当竞争。该案一审法院认为,爱奇艺公司指控的涉案行为确实不在《反不正当竞争法》所列明的不正当竞争行为中,但是不正当竞争行为的现实情形纷繁多样,反不正当竞争法只对具有稳定性的不正当竞争行为作出了明确规定,而对于未显现的以及其他阶段性的非类型化不正当竞争行为,人民法院可以依据该法第二条予以认定。二审法院认为,虚构视频点击量的行为,实质上提升了相关公众对虚构点击量视频的质量、播放数量、关注度等的虚假认知,起到了吸引消费者的目的,因此,虚构视频点击量仅是经营者进行虚假宣传的一项内容,因此,虚构视频点击量的行为属于《反不正当竞争法》第九条所规制的"虚假或误导性宣传"的不正当竞争行为。

无论是适用哪一个条款对数据污染行为进行不正当竞争行为的认定，都可以表明我国《反不正当竞争法》第十二条互联网不正当竞争条款对大数据竞争行为的规制具有局限性。

（二）第二条原则条款在规制大数据竞争行为时是否会发挥核心作用？

认定大数据利用行为构成不正当竞争行为的法律标准与核心是竞争行为的非正当性，正当性与否的认定会以公认的商业道德和诚实信用原则为价值判断，关注竞争秩序的损害且从经营者利益、消费者利益和公共利益三个维度进行利益权衡，同时在具体个案中考虑技术本身、商业模式、竞争秩序、自律规范以及消费者利益等综合因素。因此，我国《反不正当竞争法》第二条原则条款在认定与大数据相关的不正当竞争行为时一定会发挥核心作用。例如，在大众点评诉百度地图一案中，百度地图抓取大众点评上其用户对商户的点评信息用于自身产品的运营，法院认为百度地图的行为具有明显的"搭便车""不劳而获"的特点，百度地图全文使用涉案点评信息的行为违反了公认的商业道德和诚实信用原则，构成不正当竞争。

我国《反不正当竞争法》依据第二条原则条款规制大数据竞争行为时要求经营者把握数据合理利用与用户隐私保护的边界，秉持商业伦理与实现商业价值的有机统一。北京市高级人民法院发布的《关于涉及网络知识产权案件的审理指南》也规定：公认的商业道德是指特定行业的经营者普遍认同的、符合消费者利益和社会公共利益的经营规范和道德准则。在对公认的商业道德进行认定时，应当以特定行业普遍认同和接受的经济人伦理标准为尺度，且应当符合《反不正当竞争法》第一条所规定的立法目的。对公认的商业道德进行认定时，可以综合参考下列内容：①信息网络行业的特定行业惯例；②行业协会或者自律组织根据行业特点、竞争需求所制定的从业规范或者自律公约；③信息网络行业的技术规范；④对公认的商业道德进行认定时可以参考的其他内容。目前，实践面临的挑战主要是关于大数据竞争的商业伦理规则正在形成过程中，还没有达成基本共识。

（三）反不正当竞争法会规制基于大数据竞争而产生的商业模式吗？

反不正当竞争法不是权益保护法，其在对大数据竞争行为进行规制时不应过多考虑静态利益和商业成果，而应立足于竞争手段的正当性和竞争机制的健全性，更应该考虑市场竞争的根本目标。反不正当竞争司法实践在对基于大数据竞争而产生的商业模式进行判断时，并不会过分纠结或关注商业模式本身的可保护性，而更多是从维护公平竞争秩序的视角判断大数据应用行为本身的合法性。例如，2020 年 4 月 29 日，杭州互联网法院在浙江蚂蚁小微金融服务集团股份有限公司、重庆市蚂蚁小微小额贷款有限公司诉苏州朗动网络科技有限公司不正当竞争纠纷判决中认定，朗动公司在企查查上发布、推送有关蚂蚁微贷清算的误导性信息的行为构成不正当竞争。在该案中，法院首次确立了公共数据使用的基本原则，厘清了公共数据合法使用的边界。审理法官认为，"作为一种互联网经济下新兴的商业模式，公共数据收集类大数据企业对于收集、发布的数据信息仍具有基本的注意义务，对于发布的重大负面敏感信息，应当通过数据过滤、交叉检验等数据处理，确保数据质量，防止因信息发布行为的不当，误导相关公众，损害信息主体企业利益"。从该案也可以看出，反不正当竞争法是市场行为规制法，其规制的对象是行为而不是商业模式，当然，商业模式与经营者的商业行为密切相关，但准确来讲，反不正当竞争法并不判断商业模式合法与否，而只是对商业行为的合法性进行判断。

三、数字经济发展对反垄断法实施带来挑战

传统经济竞争更多体现在价格与产量上，而数字经济下产品的价格和产量竞争已逐渐让位于数据竞争，数据的可获取性和可替代性问题成为对涉及数据的反垄断案中的争议焦点。美国众议院司法委员会在 2019 年已开始启动对数字市场竞争的调查，尤其是美国大型科技公司亚马逊、苹果、脸书和谷歌等都需要面临是否滥用了它们巨大的市场影响力的质疑。2019 年 9 月 9 日，美国第九巡回上诉法院对"hiQ 实验室公司诉领英（hiQLabs v. LinkedIn）案"作出判决，认定 hiQ 从领英上抓取公开的个人信息数据的行为，并未违反《计算机欺诈和滥用法案》（CFAA），维持此前作出的对 hiQ 实验室公司有利的判决，并认为选择性地禁止潜在竞争对手访问和使用公共数据，根据美国加利福尼亚州的法律，很可能被认为是不公平竞争。2021 年 6 月，美国最高法院批准了领英的复审令（Writ of Certiorari），撤销原判并要求第九巡回法院结合最新的凡布仁诉美国案（Van Buren v. United States）案判例重新审理（发回重审）。2022 年 4 月 18 日，第九巡回法院发布重申判决，维持原判，不认定 hiQ 实验室抓取领英公开数据的行为违反了 CFAA 法案。最终，2022 年 12 月，加州北区法院判决永久禁止 HiQ 在领英上抓取或使用虚假账户。

（一）大数据竞争行为的类型化研究在反垄断法中具有什么意义？

对大数据、大数据应用行为以及大数据竞争行为进行分类研究具有

竞争法上的意义。自从 2013 年美国尼尔森公司（Nielsen）并购阿比创公司（Arbitron）案后，大数据作为生产要素的反垄断案与大数据作为可出售的价值产品的反垄断案的内在区别性已正式被意识到。

首先，反垄断法可以根据大数据的用途进行类型化研究。大数据本身具有多用途性，如用户数据至少能用于三个目的：其一是作为提升服务能力和服务品质的生产要素，其二是作为出售给那些缺乏数据或数据处理能力的企业的价值商品，其三是作为平台维持优势地位，限制对手进入或诱导退出的策略性资源。大数据的用途不同，对市场力量以及市场竞争的影响也不同。

其次，反垄断法可以根据大数据本身进行类型化研究。大数据可以分为个人数据、产业数据、公共数据，目前反垄断案件大多聚焦的是与个人数据有关的案件，日本在其发布的调研报告中也是主要探讨收集个人数据的市场进入障碍、用户的锁定效应、数据可携带性的难易程度、数据管理平台的优势地位等议题。

最后，反垄断法可以从对竞争者、上下游市场经营者和消费者的影响入手，探求大数据对于市场力量的影响，如大数据对数据持有者市场力量的推动作用、大数据对既存或潜在竞争对手的影响，以及消费者的反应等。大数据可以被视为生产要素纳入反垄断法分析中，借助数据企业有能力提高产品价格或降低产品质量等。对于竞争对手的影响需从数据可得性、范围与规模要求以及数据可替代性入手，探究竞争对手获得数据的可能性、自身收集数据的成本、从第三方获得数据的可行性、拒绝开放数据是否形成封锁效应等。需要注意的是，大数据本身并不具有排他性，拥有大数据的经营者也是通过经营逐步搜集积累才获得了数据资源，同时，我们也应当明确真正造成封锁的是企业对数据控制的本身还是对数据的处理能力。当然，反垄断法还可从垄断协议、滥用市场支配地位、数据驱动型并购等垄断行为等分类视角解读分析大数据的作用。

（二）大数据是否会产生市场支配地位？

与传统的实体经济相比，在数字经济中，经营者的关注重点已不再是土地、厂房、机器设备等传统生产资料，而是数据、用户流量、知识产权等新型要素，尤其是数据，它构成了数字经济重要的能源和资源。对企业来说，通常情况下，掌握的数据越多，竞争优势就越大。加上网络效应的影响，先进入市场的经营者将在短期内聚集大量用户，获得大量数据，而后进入市场的竞争者则难以获得全部数据，或者获取成本较大，企业间的竞争力也因此产生一定差距。

　　尽管数据是一种有价值的生产要素，但是这种要素是否会单独起作用，是否必须配合企业的技术实力和组织力量才能真正发挥其作用，值得关注，这会影响大数据本身是否可能成为企业市场支配地位当然来源的判断。经济学家兰布雷希特（Anja Lambrecht）和塔克（Catherine Tucker）曾对数据与市场力量之间的关系进行探讨，结果他们发现：几乎没有任何证据可以证明在不断变化的数字经济中，仅仅依靠数据就能充分排斥更优的产品或服务的供给。也有学者认为，数据是非排他的、非对抗的、有时效的、容易收集的、不能单独带来优势的，尽管基于网络效应、用户锁定效应等影响，占据较高市场份额的经营者在数据获取、分析方面具有很大优势，但对其市场力量的影响仍然有限，至少要关注大数据对市场支配地位认定的影响是否会被高估的问题。

　　正如 OECD"大数据"竞争政策论坛（2016）所讨论的，数字市场中，大数据在商业策略里扮演着基础角色。即使在数字市场，拥有大量数据的在位企业仍在多种产品上与其他主体展开激烈竞争。同时，这类企业往往还要面对拥有创新理念的潜在市场进入者带来的动态竞争压力。在规模经济、范围经济、网络效应以及实时数据反馈循环（Feedback Loop）的作用下，企业生成和处理大规模数据集的能力对其市场力量的确会产生影响。尽管这些效应并不必然导致市场支配地位或市场倾覆（Market Tipping），但在竞争分析中应当考虑这些因素。

　　大数据可能是形成或强化市场支配地位的重要因素，但控制大数据并不是企业拥有市场支配地位的必要条件。因为，其他经营者通过销售终端、网络日志、传感器以及向第三方购买等方式也可以收集大量数据。而且，大数据转换成本较低，其所呈现的多栖性（Multihoming）使得消费者在不同企业间享有自由选择权，能够减弱市场力量，而广泛存在的数据无法成为市场进入障碍。此外，大数据还面临回报递减问题，只有当其与数据分析以及优秀的预测性算法相结合时，数据的价值才能实现最大化。只拥有大量数据并不能实现挖掘、开发数据价值的目的，数据与数据分析技术呈现相互促进的关系，通过掌握大量数据，机器学习的算法将不断优化，更加智能。更为完善的算法进行数据分析的结果可用于改进产品、提供定制化服务，从而吸引更多用户在与机器学习的互动中贡献更多数据，不断优化数据分析技术形成直接网络效应，也称直接用户反馈循环。掌握数据本身不一定能给企业带来很强的市场力量，它只是数据影响企业市场力量的前提，在掌握数据外，还要看企业的数据处理能力。反垄断法在认定市场支配地位时，不仅要关注企业"控制"数据的能力，更要关注企业

"处理"数据的能力。

（三）反垄断法如何看待隐私保护？

反垄断法是否以及如何考量隐私维度是一个存在争议的问题。如果消费者将隐私保护作为服务质量的一项内容，隐私的暴露则类似于提供的服务质量的降低，存在反垄断法考量隐私保护的可能性。美国2010年版的横向并购指南认为非价格方面竞争的不足也会损害消费者福利，包括质量降低、产品种类减少、服务减少和创新不足等，反垄断法在评估潜在并购是否可能大幅降低隐私偏好的消费者的福利时，有可能会决定阻止在市场上收购少数几家提供较大程度隐私保护服务的公司。

目前，支持将隐私权保护纳入反垄断分析框架的主要理论基础是：隐私保护是一种重要的非价格竞争维度。这种理论逻辑是：第一，价格不是商业竞争的唯一维度，反垄断执法部门承认非价格竞争；第二，隐私是一种重要的非价格竞争维度；第三，由一项并购（或其他垄断行为）导致的隐私保护程度的降低属于反垄断法的规制范围，属于反垄断法中可认知的竞争损害。隐私保护程度的降低可能意味着产品或服务质量的降低。具体而言，奥尔豪森（Ohlhausen）、奥库利亚（Okuliar）（2015）将隐私安全保护视为数字平台间价格竞争的一种表现。当然，将隐私保护视为质量竞争这种非价格竞争形式或许更好，这种竞争形式对于以免费服务为主要特征或策略的互联网各产业而言尤其重要。互联网企业通过提供更严密或更具透明度的隐私政策来促进竞争。当在位的主导企业没有获得激励去投资于隐私保护时，消费者会遭受伤害。当然，这个问题仍处在广泛讨论之中，欧盟委员会在脸书并购瓦次普（WhatsAPP）案中认为，竞争评估并不妨碍合并各方依据数据保护规则承担应当承担的义务，竞争法的适用不应当纳入与隐私相关的问题。美国联邦贸易委员会在谷歌与双击（DoubleClick）并购案中认为，反垄断法进行并购审查的唯一目的在于发现背离经济效率的并购行为，对于与反垄断法无关的隐私保护并无法定的审查权限。

反垄断法关于隐私保护问题的探讨也引发了剥削性滥用行为规制理论是否会因大数据竞争而再度复兴等议题。依据滥用市场支配地位的目的与后果不同，滥用市场支配地位行为可以划分为排他性滥用及剥削性滥用，此种划分方法来源于德国学界对滥用优势地位的划分理论。剥削性滥用（Exploitative Abuse）最初是指具有市场支配地位的经营者通过剥夺交易对方的利益来获得垄断利润的行为，剥削型滥用主要侵害的是消费者成本福利、选择权和公平交易权。在德国脸书案中，反垄断执法机构认为：

使用并实际执行脸书的数据政策，允许脸书从脸书以外的来源收集用户和设备相关数据，并将其与脸书上收集的数据合并，构成《德国反对限制竞争法》（GWB）第19（1）条的滥用社交网络市场的支配地位。

这些剥削性商业条款的形式以"通用数据保护条例"（GDPR）进行评估是不恰当的条款，不利于私人用户和竞争对手。执法机构仔细研究了GWB第19（1）条与GDPR协调的欧洲数据保护原则之间的关系，这些原则主要由数据保护机构执行。监管机构认为，根据反垄断法，在数据处理程序方面审查有支配地位的公司的行为似乎也是不可或缺的，因为从反垄断法的角度来看，在线业务的行为具有高度相关性。监管机构认为，在评估数据处理条款是否能适用于反垄断法时，必须考虑基于宪法权利的欧洲数据保护法规，或者考虑到上述德国最高法院的判例法。目前，脸书已经就该案向杜塞尔多夫高等地区法院提出上诉。当然，各司法辖区对反垄断法是否应规制剥削性滥用行为一直存在争议，尤其是美国持反对态度，在大数据竞争背景下，反垄断法关于剥削性滥用行为的规制态度有待进一步观察。

第二章 数字经济下竞争行为的类型与识别

信息通信技术和数字数据技术的深度融合和广泛应用推动了数字经济时代加速到来，数据一跃成为与劳动、资本、土地、知识、技术、管理并驾齐驱的重要生产要素，甚至是一种超越了传统工业经济时代特征的创新型要素。如今，数据在产业升级发展中的地位提升至前所未有的高度。

数字经济在发展壮大的过程中，不断衍生出新技术、新业态、新模式，其中作为底层支撑的数据和算法日益成为互联网平台企业把握市场竞争优势的关键要素。此时，商品价格已不再是市场竞争的决定性要素，企业之间的竞争行为形态也因此发生了诸多改变。譬如，在平台企业围绕数据和流量展开激烈竞争的过程中，出现了诸如数据爬取、"二选一"、封锁屏蔽等新型竞争行为，这些行为相较于传统竞争行为，其技术手段、表现形态以及竞争效果都发生了一定变化。

然而因现行法律制度及治理方式尚未及时跟进，数字经济下的竞争行为无法得到有效的法律规制，引发了诸多纠纷与争议，譬如，"腾讯封禁飞书""饿了么诉美团二选一"等案，引起了社会各界对互联网领域市场竞争问题的广泛关注。为此，首先，需要梳理当前数字经济中竞争行为的表现形式，其次，应基于《反垄断法》《反不正当竞争法》等相关法律法规中的行为类型，对数字经济下的竞争行为进行分类，以便明确判定行为违法性的标准，更精准地识别新型竞争行为的违法性。

第一节 数字经济下新型竞争行为的表现形式

竞争是经济主体在市场上为实现自身的经济利益和既定目标而不断进行角逐的过程，而竞争行为是指生产经营者在市场竞争过程中获取某种经济利益的行为。竞争行为的表现形式会随着商业模式、生产要素等因素发生改变。近年来，数字经济的高速发展并未止于互联网络和信息通信技术的广泛使用，而是走向了以互联网络为基础的信息通信技术与数字数据技术深度融合的数字经济发展的高阶形态，譬如大数据经济、平台经济、算法经济及人工智能经济等，正在或已经形成了以数据采集、储存、分析、使用及流通、交易、分享为诸环节组合的全周期运行场景。在此背景下，数字经济下竞争行为的表现形式也发生了改变，出现了不同于传统经济时期的新型竞争行为。

一、数据爬取

在数字经济时代，因特网使数据信息的采集、传播的速度和规模达到空前的水平，实现了全球的信息共享与交互，它已经成为信息社会必不可少的基础设施。现代通信和传播技术大大提高了信息传播的速度和广度。当今时代信息量不断增加，已经以几何级别增长，信息量增长的速度远比人们接收信息的速度快。在此背景下，搜索引擎应运而生，这类平台通过抓取网站的关键词构建索引和目录，使用户仅需键入关键词、高级语法等即可以快速捕捉到相关度极高的匹配信息。①搜索引擎所使用的技术为网络爬虫（Web Crawler），是数字经济一项运用非常普遍的网络信息搜索技术，该技术的本质是一套实现高效下载的系统，通过遍历网络内容，按照指定规则提取所需的网页数据，并下载到本地形成互联网网页镜像备份的程序。

通过网络爬虫技术获取数据的行为被称为"数据爬取"。在数字经济时代，随着数据要素对于市场竞争的作用不断凸显，数据爬取行为成为企业获取竞争优势的重要手段，其应用场域也不再仅仅限于搜索引擎。数据爬取行为以较低成本、较快速度从其他网页、网站等空间大规模复制目标对象数据，为企业收集和处理数据提供了巨大便利，且可获得的信息多种多样，不仅可以爬取互联网网站上的信息，还能爬取公民身份、出行、社交、电商、银行记录等多个维度的数据。通过实施数据爬取行为，后发的或者新入的企业无需通过积累用户和获取稳定的数据来源即可高效地获得大量高质量数据，可以说数据爬取行为是一种性价比很高的数据获取方式。

然而这种从其他网页、网站等空间获取数据资源的方式在满足企业对数据质量、数量和流通速度的要求，客观上实现数据流通与共享，推动

---

① 游涛、计莉卉：《使用网络爬虫获取数据行为的刑事责任认定——以"晟品公司"非法获取计算机信息系统数据罪为视角》，《法律适用》2019 年第 10 期。

数字经济发展的同时，也引发了一系列的法律问题，其中既涉及民法领域的隐私保护、财产保护，也关涉竞争法领域的不正当竞争纠纷，还涉及刑事法领域的非法获取计算机系统数据行为等[1]，涉及侵犯多个法益，易引发法律适用的竞合，是一类十分复杂且形态灵活隐蔽的数据行为[2]。如新浪诉脉脉不正当竞争案[3]、大众点评诉百度不正当竞争案[4]、"车来了" APP 网络爬虫技术刑事案[5]等[6]。

二、刷单炒信

电子商务是数字经济运行的重要载体和重要表现形式，是通过互联网等信息网络销售商品或者提供服务的经营活动。虽然电子商务突破了传统线下交易模式在时间、空间等方面的限制，为消费者带来了方便快捷的体验，但也存在一定的局限性，因为通过网络仅能以图片和视频的方式展现商品的基本情况，而这些数据信息可以进行美化甚至伪造，消费者往往难以了解商品的质量、材质等的真实情况，以致出现购买到假货或者是货不对版的情况，在一定程度上影响消费者参与电子商务的积极性。

在此背景下，信用评价机制应运而生，有效弥补了虚假商品信息以及信用风险给消费者带来的种种问题。目前，淘宝、京东商城、苏宁易购、去哪儿、美团大众点评、饿了么等电商平台皆构设了信用评价机制，包括买方售后评价、卖方声誉评级、第三方支付等信用治理技术规范引导交易行为。用户消费后可对商家的商品或服务作出评价，这些评价将成为

---

① 全国首例爬虫行为入罪案（上海晟品公司爬虫行为入罪案）清晰展示了爬虫行为从民事违法转化到刑事入罪的变化，同时也引起了相关争论。相关讨论，参见刘艳红：《网络爬虫行为的刑事规制研究——以侵犯公民个人信息犯罪为视角》，《政治与法律》2019 年第 11 期；林维：《数据爬取行为的刑事司法认定》，《人民检察》2020 年第 4 期；石经海、苏桑妮：《爬取公开数据行为的刑法规制误区与匡正——从全国首例"爬虫"入刑案切入》，《北京理工大学学报（社会科学版）》2021 年第 4 期。

② 关于数据爬取行为在私法层面和公法层面上引发的法益侵害风险的讨论，参见刘艳红、杨志琼：《网络爬虫的入罪标准与路径研究》，《人民检察》2020 年第 15 期；蒋巍：《恶意数据爬取行为的刑法规制研究》，《学术论坛》2020 年第 3 期；阮林赟：《网络爬虫刑事违法的立场、标准和限制》，《河北法学》2021 年第 7 期。

③ 参见北京知识产权法院（2016）京 73 民终 588 号二审民事判决书。

④ 参见上海市浦东新区人民法院（2015）浦民三（知）初字第 528 号一审民事判决书。

⑤ 参见深圳市南山区人民法院（2017）粤 0305 刑初 153 号一审刑事判决书。

⑥ 相关文献参见苏青：《网络爬虫的演变及其合法性限定》，《比较法研究》2021 年第 3 期；许可：《数据爬取的正当性及其边界》，《中国法学》2021 年第 2 期；丁晓东：《数据到底属于谁？——从网络爬虫看平台数据权属与数据保护》，《华东政法大学学报》2019 年第 5 期；林维：《数据爬取行为的刑事司法认定》，《人民检察》2020 年第 4 期。

消费者选择并购买商品的主要参考依据之一。①

由于商家的信用评级以及商品评价能够反映商品信息的可信度以及商品的质量，并且电子商务平台商品检索结果一般基于商品销量、好评率等进行排序，一般情况下，消费者会优先选择排序较前的商家，这使得商品的销售量以及好评率等成了电商平台内商家获取竞争优势的关键要素。一些商家为了获取竞争优势，通过雇请"网络刷手"进行刷单来提高网店的排名和销量以获取不正当利益。所谓刷单，就是指在电子商务中进行虚假交易或对商品作出虚假评价，以此作为手段进一步牟取非法利益。刷单只是一种手段行为，在互联网经济时代它与许多违法行为都有可能产生交集。②从目前情况来看，刷单炒信行为主要存在两种表现形式。

其一，商家通过虚构交易和好评的方法，提升网店的信誉评级，并伪造出商品质量较高的假象，从而促成更多交易机会，谋取不当利益。这种现象在电商平台普遍存在，甚至已成为一些新开网店生存与发展的必要手段，因为与高销量和高好评率的网店相比，新网店往往难以得到消费者的关注，尤其是在商品可获取信息有限的电子商务方式，销量和评价是消费者的重要参考依据，若缺少这些信息或信息不足，消费者往往会对商品的品质产生怀疑，而更愿意选择高销量和好评率高的店铺。

其二，商家通过恶意刷单或者刷差评的方式来使对方遭受降低评级的处罚，以实现打击竞争对手的目的。当刷单行为作用于商家自己时，主要是通过刷好评的方式进行，而当作用于竞争对手时，则是表现为刷差评。商品评价是用户在网络购物过程中筛选商品的重要参考依据之一，消费者不仅关注商品的好评，也会关注差评，因为差评可以让消费者更直观地了解到商品可能存在的缺陷以及不足。而且，差评在网店的信用评价体系中也占有非常重要的地位，差评过多会导致网店的信用评级降低。在当前刷单现象导致商品好评泛滥的情况下，有不少消费者甚至会优先浏览商品的差评。因此，刷差评也成为经营者打击竞争对手的一种竞争手段。

三、算法歧视（大数据杀熟）

随着数字技术在社会经济发展中的重要性日益增加，数据驱动型市场的经营者开始广泛引入复杂的智能算法对海量的市场数据进行自动挖掘与预测，并能够利用算法对每个消费者的支付意愿进行精准评估和预测，进

---

① 周昌发：《论网络交易中虚假信用评价的法律规制》，《江汉论坛》2020 年第 5 期。
② 王华伟：《刷单炒信的刑法适用与解释理念》，《中国刑事法杂志》2018 年第 6 期。

而设置个性化定价，这种个性化定价算法（Personalized Pricing Algorithms）可以在特定的市场环境中产生强化竞争和扩大产出等一系列积极效果，但也可能导致经营者进一步攫取消费者剩余，减损消费者福利，甚至还可能压缩其竞争对手的价格空间，造成竞争扭曲。我国近年来在酒店预订、在线票务、视频网站等行业出现的"大数据杀熟"现象就是个性化定价算法的一种典型表现。①

所谓"大数据杀熟"，是指平台及其他各种提供在线服务的互联网平台为追求自身利益最大化，赚取更多的消费者剩余，利用信息不对称优势以及老客户对平台的信任，根据消费者为其商品或服务的支付意愿进行不同定价，针对支付意愿较强的熟客单独制定和收取更高的价格，且该定价不反映成本差别的一种差别待遇行为。"大数据杀熟"是经营者异化使用消费者数据和算法的产物。"大数据杀熟"的技术路径可以总结为"采—存—算—用"，即数据采集、数据存储、数据计算、商业应用。②

大数据杀熟也被视为价格歧视的一种表现形式。价格歧视实质上是一种价格差异，通常指商品或服务的提供者在向不同的接受者提供相同等级、相同质量的商品或服务时，在接受者之间实行不同的销售价格或收费标准。

经济学将"价格歧视"分为一级价格歧视、二级价格歧视以及三级价格歧视三种类型。其中，一级价格歧视，又称完全价格歧视，是指企业或商家针对每一消费者进行的个性化定价，这意味着企业或商家需要精准把握每一个消费者的消费或其他特征然后实施差异化定价，一般而言，一级价格歧视在传统或者说非数字经济消费场景下较难实现，不过在大数据场景下，一级价格歧视有了实现的可能，也即"大数据杀熟"；二级价格歧视是指垄断厂商根据不同的购买量和消费者确定的价格，其典型是"数量折扣"，即对购买超过某一数量的产品部分给予较低的价格优惠，但不同消费者面临的是同一套价格体系；三级价格歧视，是指企业或商家在销售同一种商品时，根据不同市场上的需求价格弹性差异，制定不同的价格，例如针对不同的群体索取不一样的价格，三级价格歧视是最典型的价

---

① 周围：《人工智能时代个性化定价算法的反垄断法规制》，《武汉大学学报》（哲学社会科学版）2021 年第 1 期。

② 朱建海：《"大数据杀熟"反垄断规制的理论证成与路径优化》，《西北民族大学学报》（哲学社会科学版）2021 年第 5 期。

格歧视。①

四、算法合谋②

随着信息通信技术和数字数据技术的深度融合与各类应用创新不断出现，构筑于平台特别是超大型数字科技平台企业之上的"大数据+人工智能算法"被广泛应用于各类商业场景之中。互联网平台企业数年来一直在使用自动定价算法，其允许入驻商家通过动态定价来区分市场，这类算法在旅游业、酒店预订、零售等行业得到广泛运用。在算法支配下形成的是一种高度需求导向的价格市场，价格算法根据可用库存和预期需求来优化价格，动态价格不仅可以匹配供给和需求，还可以在需求高涨时调度增加供给。譬如，在航空和零售领域，机票的价格随着时间点与需求的变化实时调整，整个价格机制展现的是对市场需求调节的灵敏度与响应度。

算力的大幅提升和运算数据的海量供给，使得经营者一方面可以利用算法分析历史数据，以便对产品需求、价格变化、客户行为和偏好、市场风险以及可能影响市场环境的内外因素等迅速快捷地作出反应，更重要的是还可以优化业务流程，监控竞争对手的在线价格，与其他经营者实时交互来实现竞争优势。根据欧盟委员会 2017 年针对电子商务行业的调查报告显示，58%的受访经营者表示会跟踪竞争对手的在线价格，其中约三分之二已开始使用自行创建的算法程序或借助第三方提供的算法软件来搜索、跟踪、抓取竞争对手的产品价格或其他商业信息。在亚马逊公司的电商平台上，已有超过 85%的供应商使用 Buy Box 算法来自动定价。

算法显著提升了经营者之间交互的频次，引入算法后，经营者们即可便捷地监控竞争对手的价格，而无需通过冗长的价格公示来观察并形成竞争反应，仅需通过自动化决策即可及时更新自身的价格水平。高频次的交互不仅可显著降低经营者之间的沟通成本，减少价格信号暴露的风险，而且能有效避免给予消费者充足的时间对价格变化作出反应，防止在不违法的情况下因价格变动而造成客户流失。③

在实践中，算法能够有效收集可自动分析并转化为行动的详细实时数据，从而使经营者从强大的预测能力和高效的算法决策规则中受益。故

---

① ［美］哈尔·R.范里安：《微观经济学现代观点》（第 9 版），费方域、朱保华等译，格致出版社等 2015 年版，第 327 页。

② 陈兵：《数字经济发展对市场监管的挑战与应对——以"与数据相关行为"为核心的讨论》，《东北大学学报》（社会科学版）2019 年第 4 期。

③ 周围：《算法共谋的反垄断法规制》，《法学》2020 年第 1 期。

此，只要部分市场参与者从算法竞争优势中受益，行业的其他公司就会有强烈的参与动机，以避免被赶出市场。如此的结果便是所有市场参与者不断地收集和实时观察竞争对手的行为、消费者的选择和市场环境的变化，从而创造出一个容易产生共谋的行业。欧盟委员会认为，通过价格监测软件提高价格透明度可通过更容易和更直接地检测与共谋协议的偏差来促进或加强零售商之间的勾结。反之，可以通过限制这种偏离的预期收益来减少零售商偏离共谋价格的动机。

五、封锁屏蔽[①]

封锁屏蔽行为在数字经济发展初期主要存在于广告领域，主要表现为通过插件或者软件拦截视频广告或者广告弹窗等，后来封锁屏蔽逐渐发展到社交、电商等多种不同的场景之中。封锁屏蔽行为是指参与互联网运行的相关主体通过一定的技术方法使得特定信息对相关用户而言处于不可见状态，以阻碍用户（既包括消费者用户，也包括经营者用户）对该特定消息的获取或传递，是对用户信息获取与传递自由予以限制的一种行为。作为一种互联网信息过滤技术，屏蔽技术产生的原动力是为了改善数字经济"信息爆炸"带来的网络空间治理难题，以满足不同互联网主体对管理互联网不良信息、提升互联网网络信息传递效率、缓解使用过程中的信息焦虑等多重需求。但是平台具有"经营者"和"管理者"双重身份（Dual Role），封锁屏蔽行为也成了平台经营者谋取竞争优势的一种手段。

近年来，引起广泛关注与讨论的"封禁"行为主要集中在大型平台或者具备流量优势的平台封禁第三方链接，全球范围内的互联网平台封禁（屏蔽）事件层出不穷，从国外脸书限制、屏蔽开放平台应用程序编程接口（API）接口，谷歌限制非谷歌应用程序使用其 API 接口、屏蔽竞争对手的搜索广告等事件，到国内微信关闭钉钉、飞书的 API 接口，微信封禁支付宝红包链接，淘宝、京东、拼多多等电商平台之间的封禁事件，均引起了社会各界的广泛关注，对互联网平台封禁行为的违法性辨别及合理化规制方案成为社会各界讨论的重点与热点。

封锁屏蔽行为的表现形式主要有两种。其一是"不予直链"行为，即用户难以通过点击外部链接访问相应的内容。在社交平台中，用户之间会彼此分享其他平台或者网络的内容，这些内容通常需要通过外部链接获取。然而部分链接在分享给对方用户后，对用户点击推送的网址无法直接

[①] 陈兵：《互联网屏蔽行为的反不正当竞争法规制》，《法学》2021 年第 6 期。

跳转到相应页面。①例如，2019 年 5 月，字节跳动旗下社交软件"飞聊"被曝已上线，用户可以通过苹果软件商店或飞聊官网下载。但飞聊刚刚上线，就在深夜遭遇微信封杀。根据用户反馈，最初点击飞聊相关分享链接后，会直接显示"网页存在安全风险，被多人投诉，为维护绿色上网环境，已停止访问"。随后，在微信内点击飞聊官网和二维码好友邀请及分享口令，显示为"如需浏览，请长按网址复制后使用浏览器访问"。②

其二是拒绝开放 API 接口。API 是由一组用于集成应用软件和服务的工具、定义和协议组合而成。③有了这类接口，平台之间无需构建新的连接基础架构，就能让自己的产品和服务与其他平台的产品和服务进行交互。因此，若平台拒绝向部分平台开放 API，将阻碍这些平台的业务与该平台业务实现交互。据报道，抖音和微信之间的争议和纠纷，也有一部分是因为 API 接口关闭所导致，这导致某些抖音用户无法通过某些社交平台网络授权登录，④或者无法直接通过分享二维码名片、会议链接等内容的方式跳转到相应社交互联网平台。⑤

六、自我优待

互联网相关产业在资本、技术和商业模式上的独特性，使得平台的发展更容易出现无序扩张，并且在扩张过程中，平台具有"经营者"和"管理者"的双重身份，使其为获取竞争利益，凭借"管理者"地位实施"自我优待"行为，即指在上、下游市场也从事经营活动的平台经营者，相比其他竞争者的服务更加优待自己所提供服务的行为。"自我优待"行为的基本特征在于，目标企业利用自身多重身份获得的优势，进而在与其他经营者的竞争者中处于垄断地位。在实践中，自我优待行为在实践中主要存在两种表现形式。

其一是凭借市场支配地位或者相对优势地位，从第三方平台或者企业处获取利益，在数字经济场景中，这种利益通常表现为数据要素。数字

---

① 张江莉、张镭：《互联网"平台封禁"的反垄断法规制》，《竞争政策研究》2020 年第 5 期。

② 南方都市报：《飞聊遭封禁，微信涉垄断？专家称腾讯"支配地位"未被承认》，https://www.sohu.com/a/315654057_161795，最后访问时间：2023 年 2 月 7 日。

③ 徐伟：《企业数据获取"三重授权原则"反思及类型化构建》，《交大法学》2019 年第 4 期，第 20-39 页。

④ 参见《抖音新用户无法用微信登录？抖音：微信服务问题》，https://tech.sina.com.cn/i/2019-01-23/doc-ihqfskcn9583146.shtml，最后访问日期：2023 年 2 月 7 日。

⑤ 参见《字节跳动旗下办公套件飞书发布公告称：微信将其全面封禁》，https://m.chinanews.com/wap/detail/zw/kong/2020/02-29/9109146.shtml，最后访问时间：2023 年 2 月 7 日。

平台会凭借"管理者"身份从第三方处获取数据，并将数据用于自己旗下的业务同时与第三方平台和企业竞争。比较典型的事例是亚马逊"自我优待"事件。亚马逊是数据驱动的经营决策自动化公司，基于算法工具分析数据样本。调查显示，第三方卖家在亚马逊平台上交易相关的实时业务数据被系统输入到了亚马逊零售业务的算法中，亚马逊基于这些数据决定要发布的新产品、定价策略、管理库存以及选择产品最佳供应商。当第三方卖家决定在亚马逊上推出新产品时，亚马逊就会收集有关第三方卖家的信息和每笔交易的数据，包括卖方产品的订购和发货数量、卖家的市场收入、产品访问次数、有关运输的信息、卖家过往表现及投诉应对等。这些数据构成了亚马逊的算法基础，也为亚马逊实施"自我优待"行为提供了重要支撑。亚马逊收集、汇总和分析数据的能力加剧了其作为一个平台的主导地位以及在纵向一体化中反竞争的能力。对数据拥有集中控制权的公司可以使市场向有利于他们的方向倾斜，从而重塑行业生态。[1]

其二是平台将自己旗下的业务或产品排在比第三方业务或者产品更高的位置。这种情形一般存在于检索结果存在次序排列的平台之中，因为在"信息爆炸"的时代，按照特定关键词搜索的结果仍然存在上千甚至上万条，用户一般仅会选择浏览排序为位置较前的结果，这也意味着，排序较前的结果被用户浏览的机会更多。部分平台为了让自己的业务获得更多的交易机会，人为调整搜索结果的排序，将自己的业务排序提前，或将竞争对手的排序后置。这种行为在竞争法框架下的讨论始于 2015 年的欧盟谷歌在线比价服务案（以下简称"欧盟谷歌案"）。在该案中，谷歌调整了搜索结果排列顺序的算法，偏袒其自营比价服务 Google Shopping，将该业务总是置于搜索结果页面的顶端。[2]

七、"二选一"行为

"二选一"一词几乎是与"6·18""双 11"等大型网络平台促销活动共生的，可简单描述为在电商促销中，一些电商平台经营者为了保证自身利益的最大化，通过合同或者平台规则等方式，要求入驻商家只能在一家平台参加促销活动的行为。"二选一"行为的表现形式主要有两种。

其一是通过合同条款或者口头要求商户只入驻该平台，明确不能入

---

① 孙秀蕾：《从亚马逊发展模式看数字经济平台的"自我优待"行为及规制》，《南方金融》2021年第 6 期。

② 孟雁北，赵泽宇：《反垄断法下超级平台自我优待行为的合理规制》，《中南大学学报》（社会科学版）2022 年第 1 期。

驻其他竞争性平台的协议要求，譬如在阿里巴巴"二选一"案中，当事人在与部分核心商家签订的《战略商家框架协议》《联合生意计划》《战略合作备忘录》等多种协议中，明确规定核心商家不得进驻其他竞争性平台、专注于在当事人平台开展网络零售业务，或者将当事人平台作为中国境内唯一的网络销售渠道、不考虑自行或由代理商通过其他网络零售平台进行交易、改变现有网络零售渠道需经当事人同意等，达到使核心商家仅在当事人平台经营的目的。

其二是采取多种奖惩措施保障"二选一"要求实施。平台一方面通过流量支持等激励性措施促使平台内经营者执行"二选一"要求，另一方面通过人工检查和互联网技术手段监控等方式，监测平台内经营者在其他竞争性平台开店或者参加促销活动情况，并凭借市场力量、平台规则和数据、算法等技术手段，对不执行当事人相关要求的平台内经营者实施处罚，包括减少促销活动资源支持、取消参加促销活动资格、搜索降权、取消在平台上的其他重大权益等。上述处罚措施大幅降低消费者对被处罚平台内经营者的关注度，对其正常经营造成重大不利影响，同时具有很强的威慑效果，使得更多平台内经营者不得不执行当事人提出的"二选一"要求。[①]

八、数据驱动型并购[②]

面对数字经济下快速变化的市场环境和巨大的竞争压力，并购成为全球平台企业特别是超级平台企业并购中小初创型创新企业的新趋势。为有效应对动态跨界竞争下的潜在竞争对手，数字经济平台企业通常会对其"不相关市场"和"未来市场"具有潜在竞争影响的企业进行预防性并购，即所谓"扼杀式并购"或"先发制人式合并"[③]，可见，在数字经济中，基于并购行为的动机不同，可以区分为两种表现形式。

其一是数据驱动型并购。数字经济下数据驱动型并购往往直指被并购对象所持有的强大数据流。并购后的平台企业拥有海量的差异化数据资源，能有效实现数据整合并利用大数据和人工智能算法挖掘和分析数据信息，巩固和强化自身的竞争优势，在短期内迅速提高在相关市场、

[①] 市场监管总局：《国家市场监督管理总局行政处罚决定书》（国市监处〔2021〕28 号），http://www.samr.gov.cn/xw/zj/202104/t20210410_327702.html，最后访问时间：2023 年 2 月 7 日。

[②] 陈兵、马贤茹：《数字经济平台企业垄断认定完善理路》，《上海大学学报》（社会科学版）2021年第 3 期。

[③] 王燊：《数字经济发展的法律规制——研讨会专家观点综述》，《中国流通经济》2020 年第 12 期。

关联市场甚或不相关市场上的数据集中度，强化该平台企业竞争传导，产生"赢者通吃"的市场效果。譬如，在域外发生的谷歌收购双击公司（DoubleClick）、脸书收购瓦次普（WhatsApp）、微软收购领英（LinkedIn）等，以及在国内完成的滴滴收购优步（中国）、携程网收购艺龙网等并购案件，在当时都并未引起足够重视。目前相关竞争执法机构都对并购导致的数据集中，以及并购后平台企业可能实施的数据原料封锁予以了高度关注，但是对并购中数据集中的评估问题尚未有很好的应对方案。

其二是扼杀式并购行为，即企业收购新生企业或潜在竞争者以消除竞争威胁从而维持和扩张其支配地位的行为，以及在收购之后关闭该企业或中断其提供的产品或服务。合并与收购是数字市场中平台企业进行扩张的重要方式。以脸书为例，其自 2004 年成立以来至少收购了 63 家公司。其内部资料显示，脸书收购构成竞争威胁的企业，从而保护和扩张其在社交网络市场的支配地位，例如，对图片分享应用照片墙和移动即时通讯应WhatsApp 的收购。在广告技术堆栈市场，谷歌获得大量市场份额的一个重要方式就是通过并购获得了双击公司（DoubleClick）、莫伯广告（AdMob）和梅尔德广告（AdMeld）等领先广告平台。谷歌收购双击公司时承诺不会把通过双击公司与通过谷歌其他服务收集的互联网用户数据合并使用，然而最终违背该承诺。亚马逊的并购策略主要是收购竞争者和在相邻市场运营的企业，并为获得有价值的客户数据提供了渠道，在过去 20 年亚马逊至少收购了 100 家企业。2019 年苹果首席执行官在接受采访时指出，苹果大约每隔 2—3 周就会收购一家新公司，主要聚焦"人才和知识产权"的收购。[1]

值得注意的是，上述两类行为既可能独立存在，也可能同时体现在同一并购行为中，因为在某些情形中，经营者的并购行为可能同时具备以上两种并购行为的动机和效果，即通过并购行为，在获取大量数据的同时，也消除了竞争对手。因此，上述对并购行为表现形式的类型化划分并不是绝对的，需要根据个案的实际情况以及行为效果进行判定。

第二节　数字经济中新型竞争行为的类型化

近年来，数字经济正在加速引领我国经济社会步入下一个新的奇点

---

[1] 江山：《美国数字市场反垄断监管的方法与观念反思》，《国际经济评论》2021 年第 6 期。

时代，同时也引发诸多社会关注与大量法治风险，譬如平台强制"二选一"、"大数据杀熟"、平台封禁行为、算法共谋、个人数据信息泄露等，对国家、社会、个人造成了一定冲击。虽然上述问题皆与数字经济中的新型竞争行为有关，但并不能因此将新型竞争行为与反竞争行为画上等号。实际上，技术是中性的，经营者正当且合理地使用大数据定价算法、屏蔽、数据爬虫等技术进行竞争，不仅不会损害市场竞争秩序，反而能够有效提升企业运作效率、提高经济效益并激发市场竞争活力。

虽然近年来为了适应数字经济竞争带来的新挑战，我国对《反不正当竞争法》和《反垄断法》进行了修订，增加了适用于数字经济的相关规则。譬如，2022 年 8 月 1 日正式实施的新《反垄断法》第九条规定："经营者不得利用数据和算法、技术、资本优势以及平台规则等从事本法禁止的垄断行为。"此外，第二十二条专门针对具有市场支配地位的经营者强调，"不得利用数据和算法、技术以及平台规则等从事滥用市场支配地位的行为"。2022 年 11 月 22 日，国家市场监督管理总局发布关于公开征求《中华人民共和国反不正当竞争法（修订草案征求意见稿）》，虽然最终如何落地尚未定论，但此次修订显然对于未来的市场规制和实务问题提供了政策指引和解决思路。

为保证数字经济时代下市场的有序和平稳向前发展，《中华人民共和国反不正当竞争法（修订草案征求意见稿）》通过加入第四条及第十五至二十二条，在反不正当竞争法的立法层面上落实要求。第四条将"健全数字经济公平竞争规则"纳入总则，从宏观上强调了国家对数字经济市场规则的重视，并指出网络经营者实施不正当竞争行为的 5 大利用手段为数据、算法、技术、资本优势以及平台规则。第十五条明确了网络经营者禁止实施的行为，新增网络经营者的违法方式主要为"影响用户选择"，并明确其范围。第十六条至第二十二条则在此基础上分别详细定义了各类网络不正当竞争行为类型并设定法律责任。可见，一些原本由《反垄断法》单独规制的网络不正当竞争行为延伸由《反不正当竞争法》进行补充规制，使得《反不正当竞争法》与《反垄断法》形成互补关系，加强了对数字经济领域不正当竞争行为的监管，将从立法上助推我国数字经济高质量发展。

在实践中，围绕互联网新型竞争行为的司法案件和执法活动日渐增多，但围绕数字经济中新型竞争行为的争议却并没有完全消减。当前实践中所面临的困境，主要源于现有的竞争法相关规定不足以涵盖新型竞争行为，以致在行为识别和违法性判断过程中易出现分歧。为此，需要通过对新型竞争行为进行类型化分析和识别，将具有相同性质的竞争行为归为一类，确定法律适用的要件及后果，以更好地对共同特征的行为类型适用统一的规范，更准确地识别和评估行为是否具有反竞争效果。

竞争行为存在多种分类方法，需要根据当前实践的需求进行选择。虽然现行《反不正当竞争法》列举的 11 种不正当竞争行为以及《反垄断法》划分的垄断协议、滥用市场支配地位、经营者集中和行政性垄断等 4 种垄断行为，皆难以囊括所有的新型竞争行为，但是若进一步透过新型竞争行为的行为表现形式看行为的本质及竞争效果，可以发现现行立法所采用的分类仍然可以涵盖大部分的新型竞争行为。而且，现行竞争法采用的分类经过实践的检验，仍具有一定的合理性和包容性，经过对条款的改造或扩张解释可以将许多新型的不正当竞争行为涵盖在内。①因此，本书将主要基于《反不正当竞争法》《反垄断法》对不正当竞争行为以及垄断行为划分的类型，对当前数字经济中的新型竞争行为进行分类。

一、不正当竞争行为

为了适应数字经济发展的时代背景，我国在于 2017 年修订的《反不正当竞争法》中新加入了互联网专条（第十二条）来规制经营者利用技术手段，通过影响用户选择或者其他方式，实施妨碍、破坏其他经营者合法提供的网络产品或者服务正常运行的不正当竞争行为；在 2019 年 6 月 26 日国家市监总局公布的《禁止滥用市场支配地位行为暂行规定》中，则考虑到互联网等新经济业态的特点，新加入了诸如"网络效应""锁定效应""掌握和处理相关数据的能力"等适用于互联网领域市场支配地位认定的因素。而 2018 年制定、2019 年 1 月 1 日起施行的《电子商务法》则更是针对"通过互联网等信息网络销售商品或者提供服务的经营活动"，即"电子商务"而制定的专门性法律规定。

在 2021 年 8 月，国家市监总局发布《不正当竞争行为规定》，其中对《反不正当竞争法》第十二条第二款第（一）（二）（三）项规定的不正当竞争行为，即流量劫持、妨碍干扰、恶意不兼容等进行细化完善，并对反向"刷单"、屏蔽广告、"二选一"、数据爬取、数据"杀熟"等行为从反不正当竞争角度进行了补充规定。于 2022 年 3 月 20 日起施行的《最高人民法院关于适用〈中华人民共和国反不正当竞争法〉若干问题的解释》则重点对《反不正当竞争法》第二条、仿冒混淆、虚假宣传、网络不正当竞

---

① 方晓霞：《网络不正当竞争行为的类型化分析》，《知识产权》2011 年第 8 期。

争行为等问题作出了细化规定。①

结合《反不正当竞争法》及相关规定，可将不正当竞争行为划分为混淆行为、商业贿赂行为、虚假宣传、商业诋毁、不正当有奖销售、侵犯商业秘密、妨碍正常经营等 7 类行为。值得注意的是，在实践中，具有共同特征的新型竞争行为可能会有不同的表现形式，不同表现形式具有的特征和行为外观可能会被归到不同类别之中，其具体的类型需要根据个案进行判定。

（一）虚假宣传行为

在新型竞争行为中，根据《反不正当竞争法》第八条"经营者不得对其商品的性能、功能、质量、销售状况、用户评价、曾获荣誉等作虚假或者引人误解的商业宣传，欺骗、误导消费者"，刷单炒信行为的表现形式与《反不正当竞争法》规定的虚假宣传行为相符，具有相似的行为特征。

在电商平台中，存在着无数的卖家和产品，面对如此数量庞大的商品或服务，卖家的信用数值无疑是消费者最终选择是否购买的重要参考标准。从刷单炒信的行为表现来看，经营者的刷单行为并非真实的交易，而是伪造的交易，刷单刷出来的好评以及信用评分，也并非基于真实有效的交易产生的。商家刷单的目的在于通过刷高信用记录，实际上是对商品的销售状况、用户评价等方面进行了伪造，这些伪造的信息将会对消费者用户产生欺骗和误导，使其能够获得更多的交易机会从而牟取非法利益。

从竞争效果方面看，刷单炒信行为可能会对多方主体产生不利影响。其一，由于刷单者伪造的信用指标，消费者可能因此购买低于实际期望值（甚至质量低劣）的商品或服务，至少其对商品或服务的知情权也受到了侵害。换言之，消费者在一定程度上受到了欺诈。其二，刷单炒信行为造成了电子商务领域中的不公平竞争，其以非法手段吸引买家的同时也损害了其他竞争对手（卖家）的正当利益。其三，电商平台本身也会由于

---

① 2022 年 11 月 22 日，国家市场监督管理总局发布了关于公开征求《中华人民共和国反不正当竞争法（修订草案征求意见稿）》，虽然最终如何落地尚未定论，但此次修订显然对于未来的市场规制和实务问题提供了政策指引和解决思路。为保证数字经济时代下市场的有序和平稳向前发展，《中华人民共和国反不正当竞争法（修订草案征求意见稿）》通过加入第四条及第十五至二十二条，在反不正当竞争法的立法层面上落实要求。第四条将"健全数字经济公平竞争规则"纳入总则，从宏观上强调了国家对数字经济市场规则的重视，并指出网络经营者实施不正当竞争行为的 5 大利用手段为数据、算法、技术、资本优势以及平台规则。第十五条明确了网络经营者禁止实施的行为，新增网络经营者的违法方式主要为"影响用户选择"，并明确其范围。第十六条至第二十二条则在此基础上分别详细定义了各类网络不正当竞争行为类型并设定法律责任。

信用评价机制的损害而承受巨大损失，例如电商平台每年需要为打击刷单行为投入巨大的人力财力，同时也可能因信用评价机制的侵蚀而丧失平台用户。①

因此，刷单炒信行为可以归为虚假宣传行为，在判定该类行为是否违法时，需要综合考虑经营者是否作出了假或者引人误解的商业宣传，并且这种宣传会欺骗或误导消费者作出选择。

（二）商业诋毁行为

根据刷单行为的表现形式可知，刷单存在刷好评和刷差评两种方式，其中，刷好评的行为可归类为虚假宣传，而刷差评的行为则涉及商业诋毁行为。根据《反不正当竞争法》第十一条，经营者不得编造、传播虚假信息或者误导性信息，损害竞争对手的商业信誉、商品声誉。

刷好评行为作用于商家自身，其目的在于伪造出商品具有高品质高销量且商品描述符合商品实际情况的假象，从而创造出高于其他商家的竞争优势。然而随着刷好评的情况泛滥，当商家之间的好评率和信用级别差距不大时，此时刷好评难以拉开与竞争对手的差距。在这种情况下，刷差评成了商家新的竞争手段。

刷差评的行为主要作用于竞争对手。在信用评价机制下，通过虚构和编造差评的方式，这些差评所展示给消费者的信息与商品的实际情况往往并不相符，会让消费者对商品产生误解，可视为是编造、传播虚假信息或者误导性信息。从行为效果来看，刷差评将会使对方的好评率以及信用等级降低，让消费者认为对其商品质量以及商品描述的可信度产生怀疑，尤其是在当前消费者已经知晓商家存在刷好评现象时，差评则成了消费者选择商品的一个重要参考项。因此，从行为表现以及行为效果方面看，当刷单炒信行为表现为刷差评时，从行为表现以及行为效果方面看，可归类为商业诋毁行为。

目前，刷差评构成商业诋毁已在实践中得到体现，以"徐州市合浩商贸有限公司诉李某等商业诋毁案"为例，案中，李某将 A 公司的网店地址通过微信发送给案外人梁某，多次要求梁某在 A 公司经营的网店购买吉列威锋剃须产品。梁某在 A 公司网店购买产品后，李某在没有看到所购产品的情况下，将提前编写好的评价内容、图片、视频发送给梁某，梁某随即根据李某提供的内容在 A 公司的网店进行了评价。法院认为李某的行为属于编造传播虚假信息，李某在明知上述虚假信息会影响合浩公

---

① 王华伟：《刷单炒信的刑法适用与解释理念》，《中国刑事法杂志》2018 年第 6 期。

司网店商业信誉的情况下，仍通过他人进行评价，故意损害合浩公司商誉的主观意图明显，客观上降低了合浩公司网店的商业信誉、商品声誉，构成了《反不正当竞争法》第十一条规定的商业诋毁行为，应当承担相应的侵权责任。①

（三）窃取商业秘密行为

在新型竞争行为中，数据爬取行为与窃取商业秘密行为存在联系。根据 2019 年修订的《反不正当竞争法》第九条，经营者不得以盗窃、贿赂、欺诈、胁迫、电子侵入或者其他不正当手段获取权利人的商业秘密。所谓商业秘密，则是指不为公众所知悉、具有商业价值并经权利人采取相应保密措施的技术信息、经营信息等商业信息。在数字经济中，随着数字产业化和产业数字化的发展，企业趋向于数字化发展，上至宏观战略决策、下到具体业务操作都将采用数字化管理方法和手段，这也意味着涉及具有商业价值并经权利人采取相应保密措施的技术信息、经营信息等商业信息也将以数字信息的形态存在。

数据爬取行为可能会成为窃取商业秘密的手段。当数据爬取行为未取得对方明示或者默示许可，甚至采用技术手段绕开对方系统的验证机制等反爬措施。这种非经对方许可，甚至采用技术措施进入对方系统的行为，在民法上被视为一种侵权行为，甚至可构成非法侵入计算机信息系统罪。在竞争法视域下，根据《反不正当竞争法》第九条第一款第（一）项的规定中新增经营者不得实施以"电子侵入"的方式获取商业秘密，这是为顺应现行数字经济环境下依托于新技术衍生出的侵权行为类型。传统的商业秘密在载体层面表现为纸质资料，侵权行为主要是以窃取纸质材料，而网络通信的普及，实现了商业秘密的载体从传统的纸质资料到电子数据，引发了更多电子窃取行为，窃取手段呈现多样化，②而数据爬取技术就是其中之一，因为通过某些网络爬虫技术可以在未经对方许可或者授权的情况下，侵入对方的服务器中爬取数据，此时若获取到企业非公开且具有商业价值的信息，将可能构成窃取商业秘密行为。

不过，在司法实践中，目前尚未出现涉及数据爬取行为的窃取商业秘密的不正当竞争案件，法院在处理相关案件时，即便涉及商业秘密，也多适用《反不正当竞争法》第二条或者第十二条。但是从理论上看，当爬取的数据涉及商业秘密时，数据爬取行为仍可归类为窃取商业秘密行为，

---

① 详见（2020）苏 03 民初 240 号"徐州市合浩商贸有限公司诉李某某等商业诋毁案"。

② 孜里米拉·艾尼瓦尔：《试论反不正当竞争法修正案的商业秘密条款》，《科技与法律》2020 年第 2 期。

但若爬取的数据不涉及商业秘密时，数据爬取行为则不属于窃取商业秘密的行为。在实践中，需要根据数据爬取的行为方式以及获取的数据内容判定该行为是否属于窃取商业秘密的行为。

（四）妨碍正常经营行为

妨碍正常经营行为是对《反不正当竞争法》第十二条的概括，第十二条是在 2017 年的《反不正当竞争法》修订中被加入的，是专门针对互联网新型竞争行为的类型化条款，也被称为互联网专条，由概括性条款＋类型化条款＋兜底条款组成。互联网专条的出台是《反不正当竞争法》对互联网市场竞争行为变化的积极响应。由于该条款具有一定的可扩展性，可以涵盖数字经济下的多种新型竞争行为。

1. 数据爬取行为

数据爬取行为除了可能构成窃取商业秘密外，根据其爬取数据的类型以及爬取数据可能会对对方产生的影响不同，数据爬取行为还可能涉及妨碍正常经营行为。根据《反不正当竞争法》第十二条，经营者利用技术手段妨碍、破坏其他经营者合法提供的网络产品或者服务正常运行。

根据数据内容所涉及的权益属性不同，数据爬取行为对不同主体产生的影响也不同。数据权益属性主要可分为隐私权、财产权以及知识产权。在竞争法视域下，关注的并非具体的侵权行为，而是关注行为可能对竞争秩序、经营者利益以及消费者利益产生的损害。其中，经营者对消费者隐私数据的爬取，会损害消费者的权益；对具有价值的信息或知识产权的爬取，会对经营者权益产生损害。当爬取具有财产权或知识产权属性的数据，对其他经营者的服务形成实质替代，会导致流量流失、交易机会减少等后果时，则可能构成《反不正当竞争法》第十二条规定的妨碍正常经营行为。

在大众点评诉百度案中，百度地图、百度大量抄袭、复制大众点评网的点评信息，直接替代大众点评网向用户提供内容，由此获得用户和流量，削减了汉涛公司的竞争优势及交易机会。法院指出，虽然鼓励市场主体开展竞争，但是大众点评网的点评信息属于其核心竞争资源，具有商业价值，汉涛公司为维护其运营投入大量成本，百度公司利用技术手段抓取信息的行为对汉涛公司造成了实质性损害，基于诚实信用及公认商业道德的考量，应予以认定百度公司的行为构成不正当竞争。①

---

① 详见上海市浦东新区人民法院（2015）浦民三知初字第 528 号，"上海汉涛信息咨询有限公司与北京百度网讯科技有限公司、上海杰图软件技术有限公司不正当竞争纠纷"一审民事判决书。

因此，当数据爬取行为可能对被爬取方的正常经营活动产生实质性损害时，则可以将数据爬取行为归类为妨碍正常经营行为。①

2. 封锁屏蔽

封锁屏蔽行为的表现形式主要有两种，其一是"不予直链"行为，其二是不开放 API 接口。从两类行为表现形式以及可能产生的效果上看，都可能构成《反不正当竞争法》中规定的妨碍正常经营行为。

以腾讯封禁多闪事件为例，在 2019 年 1 月 15 日，字节跳动正式推出"多闪"社交产品，并召开的发布会上，抖音官方让现场观众扫码下载试用"多闪"时，"多闪"下载链接被微信屏蔽，扫描后的结果为"已停止访问该网页"，并显示"网页包含不安全内容，被多人投诉，为维护绿色上网环境，已停止访问"。②从该事件中的行为表现看，腾讯是通过"不予直链"的方式屏蔽了多闪的下载链接，并且扫描后结果页面显示的提示语具有一定的误导性，因此，从效果看，该行为客观上误导、强迫微信用户不得下载和使用字节跳动合法提供的网络产品，在行为效果上，可能构成《反不正当竞争法》第十二条中第二款第二项，即"误导、欺骗、强迫用户修改、关闭、卸载其他经营者合法提供的网络产品或者服务"。

而在腾讯封禁飞书事件中，微信开放平台无理由封禁和限制了多款飞书小程序，包括"飞书""飞书会议"和"飞书文档"等。字节跳动副总裁谢欣称，由于微信开放平台的不开放，"飞书文档"微信小程序已经在审核流程上被卡将近两个月了。在这个过程中，腾讯没有给出任何回应和理由，只是说，"此应用在安全审核中"，不作进一步处理。在该事件中，封禁行为的表现形式与不予直链存在相似之处，但也存在一定差异，因为微信开放平台对飞书相关小程序的封禁是不开放 API 的行为，可视为是一种不兼容的行为，即微信干涉飞书小程序在开放平台的正常运行。从这个角度看，该事件中的封禁行为可能构成《反不正当竞争法》第十二条中第二款第三项，即"恶意对其他经营者合法提供的网络产品或者服务实施不兼容"。

3. "二选一"行为

在现行《反不正当竞争法》所明列的不正当竞争行为类型中，未涵盖平台滥用优势地位强制入驻商进行"二选一"的行为，但是这并不意味

---

① 张悦、陈兵：《优化平台经济下数据爬取多工具规制框架研究》，《南开学报（哲学社会科学版）》2022 年第 6 期。

② FunTech：《抖音新品"多闪"遭微信屏蔽，发布会场面尴尬》，https://www.163.com/dy/article/E5JJH1BL0511FNCD.html，最后访问时间：2023 年 2 月 7 日。

着平台以强迫性的方式来进行的"二选一"行为便不属于不正当竞争的范畴。①国务院印发《"十四五"市场监管现代化规划》提出，加强反垄断和反不正当竞争协同，统筹运用电子商务法、广告法、价格法等，依法查处"二选一"、大数据杀熟、歧视性待遇、虚假宣传、刷单炒信、强制搭售等垄断和不正当竞争行为。《上海市反不正当竞争条例（修订草案）（征求意见稿）》就曾经作出过尝试，将电子商务平台经营者利用服务协议、交易规则手段，对平台内经营者与其他经营者的交易进行不合理限制或者附加不合理条件的行为，明确列举为不正当竞争行为。虽然 2020 年 10 月 27 日通过的《上海市反不正当竞争条例》中最终没有写入该"不当限制选择"条款，但是修订草案的立法尝试已反映出强制"二选一"行为的社会影响，以及从《反不正当竞争法》层面上对相关行为进行合理规制的需要。②

从强制"二选一"的行为表现及行为效果来看，该行为虽然通常表现为要求商家进行"二选一"，但是电商平台具有双边结构，并且具有交叉网络外部效应，平台商家的数量会间接影响消费者用户的数量，而要求大量商家"二选一"在客观上也将会对消费者的选择形成干预，因为消费者用户发现自己想购买的商品仅能在另一平台购买时，往往只能选择另一平台进行购买，此时则可能构成妨碍正常经营行为。③

以饿了么诉美团案为例，"美团"外卖平台针对部分同时在"美团"外卖平台和"饿了么"外卖平台经营的商家，以调高费率、置休、设置不合理交易条件等手段，强迫商家放弃与竞争对手的交易。法院认为"美团"的行为会导致"饿了么"丧失流量、丧失订单，作为网络外卖餐饮平台，其主要经营模式和业务路径系通过吸引餐饮商户与消费者进入平台达

---

① 2022 年 11 月 22 日，国家市场监管总局在官网发布《反不正当竞争法（修订草案征求意见稿）》，并向社会公开征求意见。反不正当竞争法修订草案对目前较为典型的损害公平交易行为进行类型化，列举了"二选一"、强制搭售等六类行为，并在附则中对如何判断"相对优势地位"作出指引。为填补法律空白，修订草案新增不正当竞争行为的类型。其中包括新增损害公平交易行为，强化对中小市场主体合法权益的保护。值得注意的是，修订草案对目前较为典型的损害公平交易行为进行类型化，列举了"二选一"、强制搭售等六类行为，并在附则中对如何判断"相对优势地位"作出指引。电商平台"二选一"具体是指在电商促销活动中，一些电商平台为了保证自身利益的最大化，要求入驻商家只能在一家平台参加促销。电子商务法草案也对电商平台要求商家"二选一"的行为进行了规范。

② 陈兵，赵青：《互联网平台经济竞争治理向何处去》，《第一财经日报》2020 年 6 月 17 日，第 A11 版。

③ 陈兵：《搭建多维架构　规制平台经济领域"二选一"》，《第一财经日报》2020 年 12 月 17 日，第 A11 版。

成交易，是典型的多边主体参与的网络平台，具有极强的网络效应和锁定效应。平台的正常运营有赖于商户与消费者双边的资源储备，平台商户数量直接影响到对消费者的吸引力和平台经营利益，因此商户资源是外卖平台的核心竞争资源和经营基础。涉案行为直接指向商户与平台的正常合作，系对原告核心竞争资源的不正当剥夺和基础竞争力的破坏，因此行为违反了《反不正当竞争法》第十二条。①

综上，强制"二选一"行为可能会对消费者选择形成干预，并对其他经营者的正常经营产生影响，因此可以归类为妨碍正常经营行为。

二、垄断行为

《反垄断法》历来被誉为我国市场经济的"经济宪法"，其制定和修改对于数字经济发展秩序的维护和方向的指明具有重大意义。然而与传统经济相比，数字经济的商业模式与生产要素发生了很大变化，使得在传统反垄断框架下认定拒绝交易（如"封禁"行为）、限定交易（如"二选一"行为）等滥用市场支配地位行为，以及界定数字平台构成必需设施存在困难，现行反垄断制度并没有根据数字市场结构以及数据生产要素的新特性作出及时调整，相关条款亟待进一步调适。

新修订的《反垄断法》已经于 2022 年 8 月 1 日正式施行，在总则部分增加第九条，并在"滥用市场支配地位行为"章节部分第二十二条第二款增加了对数字（平台）经济具体要素的规制，譬如数据和算法、技术、资本及平台规则等来具象化适用于数字经济竞争的特殊性，这些新条款的写入，被认为是对数字经济下平台利用数据与算法、技术、资本优势及平台规则等实施违法排除、限制竞争行为进行规制的积极响应，从中可以发现对数字经济的反垄断规制已聚焦于具体要素层面，这一精准式立法而非笼统地谈及对数字经济的反垄断规制的做法，充分体现了立法机关、国家反垄断执法机构等相关部门对数字经济反垄断立法及下一步执法的专业与专注，将具体要素、具体行为及效果连接一并评价，才能真正适应于数字经济竞争规制的特征及需求，以此区分数字经济与传统经济在适用反垄断法时的共性与差别。

虽然新修订的《反垄断法》针对数字经济变化作出了一定调整，但并没有实质性改变《反垄断法》对垄断行为的类型划分，仍分为垄断协

---

① 详见（2021）苏民终 1545 号"拉扎斯信息科技公司诉三快在线公司、三快科技公司不正当竞争纠纷案"。

议、经营者集中以及滥用市场支配地位行为等三类，其中，滥用市场支配地位行为还可以进一步剥削性滥用和排他性滥用。所谓排他性滥用是指具有市场支配地位的经营者通过从市场中封锁、排除现实的或潜在的竞争者来维持、强化市场支配地位的行为；剥削性滥用是指具有市场支配地位的经营者利用自己的市场支配地位，通过设定在有效竞争的条件下不可能维持的价格或者其他交易条件，来侵害交易相对方利益的行为。①

（一）垄断协议行为

垄断协议是指排除、限制竞争的协议、决定或者其他协同行为。在数字经济下的新型竞争行为中，算法合谋行为也主要表现为运用算法技术实现客观上的协同行为，因此从行为外观上看，算法合谋行为与垄断协议存在关联，但是并非所有的算法合谋行为都可归类为垄断协议。

一般情况下，垄断协议的成立都需要行为主体的意思表示，包括明示合谋或默示合谋。其中明示合谋通常以文字、口头等积极的形式达成排除、限制竞争的意思表示的一致，默示合谋通常以行为或以博弈论"聚点"的方式维持合谋的意思基础。算法则为企业合谋的达成提供新的途径和方法或呈现为一种新的合谋形式，即它可以通过改变市场要甚至是表达来成就相关协议，使得合谋趋向于默示化和扁平化。②

算法合谋的表现形式主要分为四大类型，包括信使型合谋（The Computer as Messenger）、轴辐型合谋（Hub and Spoke）、预测代理型合谋（Predictable Agent）、自主学习型合谋（Autonomous Machine），分别与监督算法（Monitoring Algorithms）、平行算法（Parallel Algorithms）、信号算法（Signaling Algorithms）、自我学习算法（Self-learning Algorithms）四大算法类型相对应。其中，信使型合谋与轴幅型合谋尚未超出传统的合谋形式，算法只是作为承载合谋的一种载体，提供更多的是一种合谋实现平台。③这时的算法合谋更多是对人为预设合谋行为的一种辅助，其分析方法和判断基准依据现行《反垄断法》上有关垄断协议的内容及其认定标准是可以通过解释予以涵盖，亦可以分为"明示"和"默示"的辅助型算法合谋。

算法合谋行为在归类过程中存在两种情况：一种是算法只是作为相

① 陈兵、赵青：《平台经济领域个人信息保护的反垄断法必要及实现——以德国脸书案为例的解说》，《兰州学刊》2022 年第 2 期。

② 陈兵：《法治经济下规制算法运行面临的挑战与响应》，《学术论坛》2020 年第 1 期。

③ 陈兵：《数字经济发展对市场监管的挑战与应对——以"与数据相关行为"为核心的讨论》，《东北大学学报》（社会科学版）2019 年第 4 期。

同问题的不同表达形式，现有反垄断规制理念和方法仍可适用；另一种则是算法通过机器深度学习的方式颠覆了现行反垄断法规制框架与具体方法，对反垄断法适用产生了强烈冲击。具体表现为：一方面，市场上的企业会因精准的算法提升数据的挖掘能力，使数据的获取能力大幅提升，减少数据获得成本；另一方面，算法会使企业快速预警市场潜在威胁，实施预防性打击。此外，在同类产品的集中市场中，算法可以在足够程度上监控竞争者的销售价格和销售的其他关键条件，提供稳定和预测的工具，对偏离者（竞争者）进行可靠而有效的反击。①

算法作为一项辅助经营者监督竞争信息的工具，早在 1994 年"美国联邦政府诉 ATP 案"中就引起了反垄断执法部门的关注。②该案中，美国多家航空公司共同出资成立了一家公司，旨在收集各航空公司每日的航班价格信息并通过电脑预订系统（CRS）发送给航空公司和旅行社，航空公司可使用此系统快速观察和响应竞争对手的票价。囿于高昂的协调成本，航空公司通常难以同时参与数十个或数百个航线市场的具体谈判，而基于算法的交流监督平台则能克服航空公司之间的数据交流壁垒和谈判能力缺陷，有效协调各条航线上的价格策略，使机票价格维持在较高的水平，从而提高联合利润，这比任何一家公司只用自己的规则或算法获取的利润更高。因任何显著的价格变动都可以被竞争对手快速匹配，故航空公司背叛共谋价格所获得的潜在收益远小于保持高售价的收益，从而进一步增强了共谋的稳定性。在此情形下，反竞争协议仍是由航空公司的经营者们协商、达成和实施的，算法只是促成和实施协议的一种监督机制。③

综上，算法合谋行为中的信使型合谋与轴幅型合谋可以归类为垄断协议行为，因为这两种情形尚未超出传统的合谋形式，算法只是作为承载合谋的一种载体。而预测代理型合谋和自学习型算法合谋则需要根据个案的具体情况进行判定，特别是自学习型算法合谋行为的表现形式存在更加隐蔽和复杂的特性，消费者不易察觉，且在具体执法中也由于缺乏必要的主观条件，以及难以发现其外观形式上的协议、决定或者其他协同行为等直接证据，而致使竞争执法机关在识别和认定算法合谋时难度进一步加大。在此种自动趋向透明的市场环境下，加之算法合谋表现形式的隐蔽性和多样性，将导致反垄断执法机关对此领域合谋行为的发现和认定更为困

---

① 陈兵：《因应超级平台对反垄断法规制的挑战》，《法学》2020 年第 2 期。
② See United States v. ATP., 58 Fed. Reg.3971 (1993).
③ 周围：《算法共谋的反垄断法规制》，《法学》2020 年第 1 期。

难，引致反垄断法实施的新挑战①。

（二）经营者集中行为

经营者集中是指经营者通过取得股权或者资产的方式取得对其他经营者的控制权，经营者通过合同等方式取得对其他经营者的控制权或者能够对其他经营者施加决定性影响的情形。在数字经济下的新型竞争行为中，数据驱动型并购和扼杀式并购皆可归类到经营者集中行为之中，因为从行为表现形式来看，两类新型并购行为的方式与传统经营者集中行为并没有发生实质性变化，但是我国《反垄断法》对经营者集中申报主要采取以营业额标准为主，执法机构自由裁量为辅的标准。新《反垄断法》再次强调了，经营者集中未达到国务院规定的申报标准，但有证据证明该经营者集中具有或者可能具有排除、限制竞争效果的，反垄断执法机关可以要求经营者申报。同时，执法机关有权对经营者未申报的情形主动调查。之前，市场监管总局发布并实施的《平台经济领域的反垄断指南》和《原料药领域的反垄断指南》针对平台经济和原料药领域的经营模式已指出：①经营者因商业模式特殊，如采用免费或低价模式，导致其营业额未达到申报标准，如果交易具有排除、限制竞争效果，仍可能面临审查；②评估"具有或可能具有排除、限制竞争效果"时，可能会考虑相关市场上的竞争者数量、市场集中度等因素。未来，反垄断执法机关针对未达申报标准交易的执法范围和尺度，有待后续实践观察。经营者集中审查主要是为了预防通过集中的方式扩大和增强经营者在相关市场上的力量，以达到防止不当抑制竞争效果的出现。故，可被观察的市场结构和力量的改变成为经营者集中审查机制主要考察的现象。

2022 年 3 月 25 日公布的《中共中央、国务院关于加快建设全国统一大市场的意见》（以下简称《统一大市场意见》）明确提出："健全经营者集中分类分级反垄断审查制度"，并要求"加强对金融、传媒、科技、民生等领域和涉及初创企业、新业态、劳动密集型行业的经营者集中审查"。新《反垄断法》在立法层面予以回应，新增第三十七条，"国务院反垄断执法机关应当健全经营者集中分类分级审查制度，依法加强对涉及国计民生等重要领域的经营者集中的审查，提高审查质量和效率"。

我国《反垄断法》上对经营者集中的申报标准尽管有其便利性和可操作性，但是在数字经济下参与集中的经营者的营业额尚不能真实反映其

---

① 在相对透明而又存在大量竞争者的市场上，确认企业间的协同行为或合谋行为的难度更大一些，因为这种情况下市场信息比较透明，很难判断某个企业发出的信息是否旨在向其他竞争者传递信息。见许光耀：《垄断协议的反垄断法调整》，人民出版社 2018 年版，第 60~63 页。

市场规模，导致该申报却未申报的情形出现。以增加数据拥有量和强化数据控制力为目标的数据驱动型经营者集中，这种集中往往并不会导致某经营者市场份额或营业额的显著提升，但是能够增强其市场竞争力或支配力。通过横向或者非横向的集中，在不触发经营者集中审查基准的条件下使经营者能强化对数据的掌控，形成数据优势，且将数据优势传导至其他市场，并与其他市场上所获取的数据，形成持续性的双向数据交换和开发利用，不断放大互联网领域赢者通吃的竞争效应。即某些数据驱动型企业因营业额不达标甚或存在营业额负数的情形而未实施申报，然而却可能在资本、技术及数据资源的整合作用下获得强大的市场力量，进而对市场竞争产生损害。其中，数字经济下数据驱动型并购往往直指被并购对象所持有的强大数据流。并购后的平台企业拥有海量的差异化数据资源，能有效实现数据整合并利用大数据和人工智能算法挖掘和分析数据信息，巩固和强化自身的竞争优势，在短期内迅速提高在相关市场、关联市场甚或不相关市场上的数据集中度，强化该平台企业竞争传导"赢者通吃"的市场效果。[1]

与数据驱动型并购行为相比，扼杀式并购行为则主要通过并购直接消除竞争对手，这类竞争对手往往是新创企业，由于新创企业市场份额较低，因此对新创行为的并购行为一般不会触及经营者集中审查的门槛。现有的法律制度并没有充分将数据作为一种标准考虑在内，使得一些平台巨头能够在未触及合并审查门槛的情况下顺利收购新创企业，获得数据和技术，同时扼杀新创企业带来的竞争威胁。

近年来，数据驱动型并购和扼杀式并购已成为全球平台企业并购的新趋势，譬如，在域外发生的谷歌收购双击、脸书收购瓦次普、微软收购领英等，以及在国内完成的滴滴收购优步（中国）、携程网收购艺龙网等并购案件。其中在微软收购领英案中就引起了全球高度关注数据驱动型并购交易，案中欧盟委员会分析了交易是否让合并后的企业有能力与动机通过限制下游竞争对手获得一种重要的原料去限制竞争的问题。[2]

因此，不论是数据驱动型并购行为，抑或是扼杀式并购行为，皆可归类至经营者集中类型之中，实际上，这两类行为在行为表现方式和行为效果上与传统经营者集中行为并没有实质差异，但是经营者集中行为与反

---

[1] 陈兵、马贤茹：《数字经济平台企业垄断认定完善理路》，《上海大学学报》（社会科学版）2021年第3期。

[2] 韩伟：《数据驱动型并购的反垄断审查——以欧盟微软收购领英案为例》，《竞争法律与政策评论》2017年第3卷。

竞争效果之间形成的逻辑发生了变化，可在不触及经营者集中申报门槛的情况下实现排除限制竞争的效果，成为了区别于传统经营者集中行为的新型竞争行为。

（三）滥用市场支配地位行为

滥用市场支配地位行为可以被描述为具有市场支配地位的经营者凭借该地位，在相关市场内不正当地排除、限制竞争，损害消费者利益和社会公共利益的行为[①]。依据滥用市场支配地位行为的性质与目的可将其分为排他性滥用与剥削性滥用，[②]区分排他性滥用与剥削性滥用的意义主要在于两类行为具有不同的违法性判断基准。认定排他性滥用的时候，考虑的重点在于行为人和与之有竞争关系的竞争者之间的关系，通常表现为一种横向的平行竞争关系；而认定剥削性滥用的时候，考虑的重点在于行为人和与之有依赖关系的交易相对方之间的关系，通常可限定为一种纵向的供给或需求关系，即行为人的得利以及交易相对方利益的损失。[③]

1. 剥削性滥用

剥削性滥用是以不公平高价销售商品或者以不公平低价购买商品的方式剥削交易对手，此类行为不仅可以表现为垄断价格，包括不公平的高价和不公平的低价的设定，也可以表现为其他不公平的交易条件的设定。在数字经济下的新型竞争行为中，大数据杀熟和软件（业务）捆绑行为可归至此类之中。

（1）大数据杀熟

在数字经济下的新型竞争行为中，大数据杀熟行为可被归类到剥削性滥用之中。从经济学的角度讲，价格歧视是基于用户的价值选择来设定相同产品不同的出售价格，以此来获取消费者剩余的行为。而大数据杀熟源于算法的价格歧视，与传统的价格歧视通过评估交易数量给予不同折扣条件，以提高客户忠诚度直至封锁市场的模式不同，具有数据优势的互联网企业通过"大数据+算法"得出用户支付意愿的预判，进行建模分析，划分消费者类型，刻画用户消费画像，消除了企业无法获知个体消费能力的营销障碍，[④]根据用户的不同需求采取个性化定价，对每个用户"恰

---

① 国家市场监督管理总局反垄断局：《中国反垄断立法与执法实践》，中国工商出版社，2020 年，第 115 页。

② 吕明瑜：《竞争法教程》，中国人民大学出版社，2021 年，第 122 页。

③ 陈兵、赵青：《我国剥削性滥用行为违法性判定基准审视——以非价格型剥削性滥用为视角》，《上海大学学报》（社会科学版）2020 年第 3 期。

④ 刘友华：《算法偏见及其规制路径研究》，《法学杂志》2019 年第 6 期。

好"收取"保留价格"——设定用户愿意支付的最高价格来实现利润的最大化。

价格歧视并不必然属于剥削性滥用，一般而言，价格歧视作为企业的销售策略，能够帮助企业实现利润最大化，同时增加社会福利。然而若消费者仅以其支付意愿的保留价格购买，将没有任何消费者剩余可谈，获得剩余的是生产者。大数据杀熟的经济效果是将社会剩余从消费者手中转移给生产者，损害了消费者利益。而且，大数据杀熟针对消费者实施差别待遇，会给消费者带来客观的利益损失和主观的不公平感，而消费者对差别定价的这种不公平感，会进一步影响其满意度和可能的行为，他们可能会"用脚投票"或者表现消极，或者寻求其他对抗途径，这将导致大数据杀熟产生更多的无谓损失。①

因此，对于消费者而言，平台低价吸引新客户而高价反馈老客户的行为是行使算法霸权的操作，是在交易价格上对条件相同的交易相对人实施的差别待遇，属于以不公平高价销售商品或者以不公平低价购买商品的方式剥削消费者，可归类至剥削性滥用行为之中，以便判定行为的合法性。

（2）数据爬取行为

数据爬取行为是互联网企业获取大量数据的重要手段之一，但若企业凭借市场支配地位，无视对方意愿强行通过数据爬虫等技术获取对方数据，也可构成剥削性滥用行为。因为在数字经济背景下，数据已成为市场竞争的关键要素，尤其是在数据形成的反馈回路作用下，平台企业能够通过爬取数据，积累大量数据形成竞争优势，不断强化市场力量。因此，数据爬取行为作为一种高效的数据获取手段，将可能成为企业获取或维持垄断地位的重要途径。②在特定情形中，经营者若利用其市场支配地位实施数据爬取，低价甚至免费获取合作伙伴或者第三方的数据，将会对这些经营者形成剥削，只是这种剥削与传统的价格剥削不同，表现为对数据的剥削。

以亚马逊滥用第三方商家数据为例，2022年4月，美国证监会（SEC）亚马逊展开调查，重点调查内容包括亚马逊是如何在自有品牌业务中使用第三方卖家数据，根据相关报道，亚马逊通过爬取第三方卖家的

---

① 朱建海：《"大数据杀熟"反垄断规制的理论证成与路径优化》，《西北民族大学学报》（哲学社会科学版）2021年第5期。

② 陈兵、林思宇：《互联网平台垄断治理机制——基于平台双轮垄断发生机理的考察》，《中国流通经济》2021年第6期。

数据，用于开发亚马逊自有品牌的产品。

在 2019 年 7 月，欧盟执委会初步对亚马逊展开调查，调查小组通过分析了亚马逊欧洲市场上超过 8000 万笔交易和约 1 亿个产品列表后发现，第三方卖家在亚马逊平台上的交易相关的实时精确数据，会系统性地输入到亚马逊自营的零售业务的算法中。正是基于这些算法，亚马逊自营业务决定要推出哪些新产品、报价、库存管理以及为产品选择最佳供应商。次年 11 月，欧盟发布的调查显示，亚马逊能够实时汇总和合并第三方卖家的零售数据，并从这些数据中得出准确、有利于亚马逊自营业务的商业策略。①

虽然数据爬取行为不涉及价格，但在数字经济背景下，数据作为一种与劳动、资本、土地等要素同等重要的新生产要素，②已成为是新时代的"石油"，也是企业的重要财富，从此角度看，平台凭借其市场支配地位，违背其他经营者意愿，强制爬取数据的行为，可归类为非价格性剥削行为。

2. 排他性滥用

排他性滥用也被称为妨碍性滥用，是指通过限制其他经营者的生产经营活动，将现实的抑或潜在的竞争者排挤出相关市场而损害竞争的行为。根据新《反垄断法》第二十二条对滥用市场支配地位行为的类型化细分，可被归类至排他性滥用行为的包括限定交易行为、拒绝交易行为、附加不合理条件、低价倾销等。虽然数字经济下的新型竞争行为与传统经济时期相比，在行为表现上发生了变化，且同一种行为可能涉及多类滥用行为，但是从竞争行为效果来看，仍可以根据竞争行为是否具备排他性滥用的效果进行归类。

（1）强制"二选一"

虽然法律层面尚未对"二选一"行为进行明确的定义，但是该行为

---

① 21 世纪经济报道：《亚马逊被传遭美国证监会调查，又是滥用第三方卖家数据惹的祸》，https://baijiahao.baidu.com/s?id=1729451883279508764&wfr=spider&for=pc，最后访问时间：2023 年 2 月 7 日。

② 中国共产党新闻网：《中共中央关于坚持和完善中国特色社会主义制度　推进国家治理体系和治理能力现代化若干重大问题的决定》，http://cpc.people.com.cn/n1/2019/1106/c64094-31439558.html，最后访问时间：2023 年 2 月 7 日。

对市场竞争产生的危害效果已逐渐显现。①譬如，2019 年"6·18"前夕，有数十家知名品牌商发表官方声明，表示将退出新入驻电商平台，只在某电商平台销售商品。与之对应的是，某知名电器品牌商因入驻新的电商平台，遭遇原电商平台的搜索屏蔽、限流等限制，造成该品牌商在原入驻平台上销量近乎停滞，损失重大。

事实上，因平台强制"二选一"遭受损害的并不只是入驻商和与之有竞争性关系的平台，"二选一"还可能导致可供消费者选择的平台内经营者、商品或者服务品种、数量减少，进而损害消费者比较、鉴别及挑选商品或服务的自主选择权、公平交易权。此外，平台所采取的一些屏蔽、使相关内容信息不可见等强制措施，还可能影响到消费者的知情权等。

然而平台可能存在定向扶植特定入驻商家的现实情况。在给中小经营者发展提供优质路径和精准机会的过程中，平台对商家也投入了大量资源，一些商家的快速发展亦得益于平台的助力，若脱离平台的扶持，不可能在短期内实现规模上的快速成长。在这种情况下，平台与相关定向扶植商家之间达成的独家交易安排则具有合理性。

从行为效果来看，平台凭借其市场支配地位实施强制"二选一"行为能够产生限制其他经营者的生产经营活动，将现实的抑或潜在的竞争者排挤出相关市场的效果。以阿里巴巴"二选一"案为例，阿里巴巴限定平台内经营者只能与其进行交易，不能进驻其他竞争性平台或者在其他竞争性平台开展促销活动，直接削弱了其他竞争性平台与当事人进行公平竞争的能力和相关市场竞争程度，不当提高了潜在竞争者的市场进入壁垒，削弱了其他竞争性平台的竞争能力，排除、限制了市场公平竞争。同时，由于平台经济具有跨边网络效应，相关行为在直接导致其他竞争性平台上经营者流失的同时，也会进一步减少其他竞争性平台上的消费者数量，使平台内经营者和消费者数量减少形成循环反馈，削弱其他竞争性平台的竞争能力，严重排除、限制相关市场经营者之间的公平竞争。②

因此，平台凭借其市场支配地位实施强制"二选一"行为能够妨碍其他经营者的正常经营与发展，具有排除限制其他竞争对手的效果，可归

---

① 2022 年 11 月 22 日，国家市场监管总局在官网发布《反不正当竞争法（修订草案征求意见稿）》，并向社会公开征求意见。为填补法律空白方面，修订草案新增不正当竞争行为的类型，其中包括新增损害公平交易行为，强化对中小市场主体合法权益的保护。值得注意的是，修订草案对目前较为典型的损害公平交易行为进行类型化，列举了"二选一"、强制搭售等六类行为，并在附则中对如何判断"相对优势地位"作出指引。

② 市场监管总局：《国家市场监督管理总局行政处罚决定书》（国市监处〔2021〕28 号），http://www.samr.gov.cn/xw/zj/202104/t20210410_327702.html，最后访问时间：2023 年 2 月 7 日。

类至排他性滥用行为之中。

（2）封锁屏蔽

封锁屏蔽并不是《反垄断法》中明确规定的行为，从行为外观看，封锁屏蔽可视为是对其他经营者进行数据传输或者合作请求的拒绝，符合拒绝交易的行为特征。但是从技术层面看，封锁屏蔽行为是一种互联网技术，是平台进行内部管理或者外部交互的主要手段，在合理使用的情况下，封锁屏蔽行为并不会产生排除限制竞争的效果，因此，并不是所有的封锁屏蔽行为通过封锁屏蔽的行为。

在目前发展阶段，互联网平台之间的竞争主要围绕用户数据和流量的争夺，在网络效应以及用户锁定的作用下，多数平台经营者尤其是中小平台往往难以获取用户及流量存在较大困难，因此，多数平台企业需要通过与大型平台企业建立合作关系，分享其用户资源和流量。在这种情况下，封锁屏蔽行为也能够成为平台经营者排除限制竞争的一种手段，当大型平台对竞争对手实施封锁屏蔽行为时，将会阻碍甚至封锁其竞争者获取数据或者流量的主要渠道时，此时，封锁屏蔽行为不仅能够维持大型平台的数据和流量优势，同时，也会产生排除或限制竞争对手的效果，这种竞争效果符合排他性滥用的行为特征。

因此，当具有市场支配地位的平台企业凭借其数据、算法等优势，或利用平台规则对其他竞争对手实施封锁屏蔽行为，这种行为可归类至排他性滥用行为之中。

（3）自我优待

自我优待有两种不同的表现形式，不同表现形式可产生的竞争效果也有所不同，因此，对自我优待行为的类型化划分需要考察行为的具体表现形式以及行为效果。

当自我优待行为表现为企业凭借市场支配地位或者相对优势获取不当利益时，这种行为可能兼具有剥削性和排他性，因为该行为可以视为是平台以公平的低价甚至无需支付价格，即获取了第三方以及消费者的数据，而第三方以及消费者并没有获得相应的对价或者补偿。从行为直接效果来看，平台的行为凭借地位优势获取不正当利益，具有剥削性。但若平台将获取的数据用于与第三方商家进行竞争时，从第三方获取数据将赋予其强大的竞争优势，将会产生排除限制第三方商家竞争的效果，因此，该行为也具有排他性。对于这种情形，需要结合具体的行为场景与实际效果，对行为进行类型化划分，若自我优待行为主要作为平台实现排除限制竞争的手段，则可以归类至排他性行为。

自我优待行为表现为平台凭借其管理者身份，给予自己经营的业务或者关联业务更优的待遇，通常存在于搜索引擎或者网络购物等涉及排序的平台之中。这种给予自己优待的行为具有一定的排他性效果，因为提高平台业务的排序，意味着其他经营者业务排序将会下降，尤其是平台可能会将其竞争对手放在排序较后的位置，此时，排序的降低将会直接影响消费者用户的流量，进而影响到第三方平台可获取的交易数量以及数据量，其竞争力将受到直接影响。相比之下，平台关联业务的提前将赋予其更大的优势，获取更多的数据，并提升平台的竞争力。因此，在此类情形中，自我优待行为会产生排除限制竞争的效果，可归类至排他性行为。

第三节　数字经济下新型竞争行为的违法性识别

为进一步推动我国数字经济健康有序发展，需要正确区分和识别数字经济新型竞争行为中正当竞争行为和反竞争行为，即在有效规制反竞争行为的基础上，使正当竞争行为充分发挥其积极作用，推动数字经济发展。由于互联网平台市场为多边结构，其竞争行为产生的影响会同时及于经营者、消费者等多方主体，且这些竞争行为涉及的法益相对于传统竞争行为更加复杂，这使得反竞争行为的有效规制面临困境，在实践中关涉新型竞争行为的案件易出现同案不同判的情况，引发了理论界和实务界的广泛讨论。为此，须基于新型竞争行为的类型划分，结合对应的法律法规，精准识别新型竞争行为之中可能存在威胁市场竞争秩序，消费者和经营者利益的违法行为。

一、新型不正当竞争行为的识别

（一）刷单炒信行为的违法性识别

刷单炒信行为存在两种表现形式，且不同形式所针对的对象和行为效果有所不同，可归类至虚假宣传或商业诋毁等两类行为中。因此，对于刷单炒信行为的违法性识别，需要根据刷单行为的具体表现形式以及刷单行为所针对的对象等因素，对刷单炒信行为的违法性进行判定。

1. 虚假宣传行为

当刷单炒信行为以商家为自己刷好评的形式出现时，可构成《反不正当竞争法》中第八条规定的虚假宣传行为，即经营者对其商品的性能、功能、质量、销售状况、用户评价、曾获荣誉等作虚假或者引人误解的商业宣传，欺骗、误导消费者。

在 2017 年《反不正当竞争法》修订之前，刷单炒信行为的法律适用存在困境。因为该行为与 1993 年《反不正当竞争法》中第九条规定的"虚假广告"行为并不相符。在电子商务兴起前，广告是商家进行商品宣传的重要途径，通常需要通过电视、报纸、传单等方式，对大众进行宣传。然而刷单行为与广告不同的是，刷单行为本身具有一定的隐蔽性，且并非通过传统媒体对商品进行直接宣传，其目的也并不是通过让广大消费者知晓其商品效用，而是基于电子商务平台的信用评价机制和推荐机制，达到推广的效果。因此，刷单炒信行为难以适用于 1993 年《反不正当竞争法》第九条规定。

《反不正当竞争法》在 2017 年修订之后，关于虚假广告的规定有了更新和扩展，不再局限于手段限于广告方式，扩展为宣传方式，并且"销售状况、用户评价"等被明确列为虚假宣传的因素。这一改动使得刷单炒信行为能够适用该条款，因为刷单炒信行为虽然不同于广告等传统的宣传方式，但是在电子商务平台的信用评价机制以及推荐机制的作用下，商家通过刷单的方式也能伪造商品的销售状况和用户好评率，提升商品曝光度，实现对商品的宣传。

从行为效果来看，商家通过刷好评的方式同样具有宣传的效果，因为通过线上的方式，消费者用户能够获取商品的信息十分有限，此时商品的销量和用户评价成为了商家商品介绍外的重要信息来源。在电子商务平台的信用评价机制下，销量高且好评率高的商品将被视为具有良好声誉和信誉的商品，商品的排序也能得到提升，商家也由此获得不正当竞争利益。

因此，要正确识别商家刷单炒信行为是否违反《反不正当竞争法》第八条所规定的虚假宣传行为，首先，需要考察商家刷单行为是否会改变商品的真实销售量以及用户评价等信息，且这些信息是否可能会对消费者产生误导。若商家通过刷单行为使消费者用户对商品的销量和用户评价产生的误解，误认为该商品质量得到多数消费者的认可，而产生购买的欲望，将可能构成虚假宣传行为，因为此举不仅破坏了电子商务平台的信用评价机制，同时也欺骗和误导了消费者用户，侵害了消费者的知情权等权利，属于不正当竞争行为。

2. 商业诋毁

不同于刷好评的方式，刷单炒信行为也可以通过刷差评的方式作用于竞争对手，此时可构成《反不正当竞争法》中第十一条规定的商业诋毁行为，经营者不得编造、传播虚假信息或者误导性信息，损害竞争对手的商业信誉、商品声誉。

由于电子商务平台的信用评价机制不仅包括基于好评的正反馈机制，也包括基于差评的负反馈机制，即商家若收到差评，其信用评价等级将会降低，并可能会遭受搜索降权、店铺降级甚或关闭店铺的处罚。因此，从行为效果来看，刷好评能够给消费者伪造商品销量高和评价好的假象，与之相反，刷差评的方式则会给消费者营造出该商品质量无法获得消费者认可，描述与实际质量不符的假象，从而对竞争对手的信誉和商誉产生损害效果。

在识别刷单炒信行为是否构成《反不正当竞争法》中第十一条规定的商业诋毁行为时，需要考察实施刷单行为的主体与行为对象之间是否存在竞争关系，并考察刷单所进行的评价是否是消费者用户根据自身的真实感受进行的评价，不能仅凭评价内容带有消极性质即认定行为构成不正当竞争。若商家指使或者雇佣"刷手"编造、传播虚假信息或者误导性信息，则构成《反不正当竞争法》中第十一条规定的商业诋毁行为。

以"徐州市合浩商贸有限公司诉李某等商业诋毁案"为例，案中，被告李某指使案外人梁某在合浩公司的网店购物，其在没有看到具体商品的情况下，将提前编写好的评价内容通过梁某某在合浩公司的网店上予以传播，评价内容中使用了"不是正品""性价比超低""真垃圾""骗人""假货""非常差"等明显带有贬低性质的用语，属于编造传播虚假信息。李某某在明知上述虚假信息会影响合浩公司网店商业信誉的情况下，仍通过他人进行评价，故意损害合浩公司商誉的主观意图明显，客观上降低了合浩公司网店的商业信誉、商品声誉，构成了《反不正当竞争法》第十一条规定的商业诋毁行为，应当承担相应的侵权责任。①

（二）数据爬取行为的违法性识别

数据爬取行为正当性与违法性的识别已成为影响数字经济有序竞争与高效创新的关键。实践中数据爬取行为引发的法律问题，大多数集中在反不正当竞争纠纷领域。当前，我国《反不正当竞争法》尚未对数据爬取行为的性质予以明确规定，在既决司法案件中多援引该法第二条"一般条款"对其进行调整。然而由于"一般条款"的适用存在较大的弹性或模糊性，极易引起实践中同案不同判的风险，这一情况在司法实践中已有发生。

---

① 详见（2020）苏03民初240号"徐州市合浩商贸有限公司诉李某某等商业诋毁案"。

　　譬如，北京市高级人民法院认定百度通过爬虫协议（Robots 协议）协议限制 360 搜索引擎抓取网页内容构成不正当竞争违法，而北京市海淀区人民法院一审判决字节跳动利用技术手段抓取新浪微博内容的行为构成不正当竞争，两案都是针对数据爬取行为，但判决结果迥异，不同法院分别支持了数据爬取方与数据被爬取方。究竟对数据爬取行为应采取严格禁止的态度，强调对被爬取方的利益保护—遵从经营者私益保护优先的侵权法逻辑，还是对爬取方的行为持竞争损害中立的态度—转向市场竞争秩序优先的竞争法逻辑，抑或引入其他多元利益，譬如国家利益、公共利益、用户利益等来综合权衡爬取行为的正当性，在实践中尚未达成一致意见。

　　为准确定位和解析数据爬取行为在法律实践中的情况，截至 2022 年 5 月，基于中国裁判文书网、中国市场监管行政处罚文书网等来源，分别以"反垄断纠纷""反不正当竞争纠纷"为案由，结合"数据""爬虫""抓取""爬取"等为关键词进行检索，共筛选出 32 份法律文书，主要是司法判决书，其中有 12 例案件涉及两审，共计 24 份判决书，其余 8 份判决书，各涉及 8 例案件，以上均为司法案件，未找到与数据爬取相关的竞争法执法案件。（见表 2-1）

　　20 例案件均涉及反不正当竞争纠纷。依据所适用的法律依据进行类型化整理，其中：①3 例案件同时适用了《反不正当竞争法》第二条和第十二条，具体包括 2 例案件适用的是第二条、第十二条第二款第（四）项，1 例适用了第二条、第十二条第一款以及第十二条第二款第（四）项；②1 例案件仅适用了第十二条第二款第（四）项；③16 例案件仅适用了第二条，包括 1 例原告举证不能的案件，总计 20 例案件。

表 2-1　涉数据爬取纠纷的竞争法案件基本简况表

涉及数据爬取行为的案件		20 例
案由	不正当竞争纠纷	20 例
	垄断纠纷	0 例
裁判依据	适用《反不正当竞争法》第十二条第二款（四）	1 例
	适用《反不正当竞争法》第二条及第十二条第二款（四）	2 例
	适用《反不正当竞争法》第二条、第十二条第一款及第二款（四）	1 例
	仅适用《反不正当竞争法》第二条	16 例
裁判结果	数据爬取方败诉	17 例
	数据爬取方胜诉	2 例
	举证不能驳回数据被爬取方诉讼请求	1 例

在 20 例案件中，数据爬取方行为被判定构成不正当竞争行为的案件有 17 例，认定数据爬取行为不构成不正当竞争行为的有 2 例，还有 1 例案件因原告（被爬取方）证据不足，法院未支持其主张。

结合上述司法数据，可以得知当前我国司法实践中对数据爬取行为的竞争法适用集中于反不正当竞争法领域，主要适用的法律依据为《反不正当竞争法》第二条与第十二条，其中第二条的适用频率明显高于第十二条。虽然《反不正当竞争法》第十二条为"互联网专条"，对互联网领域利用技术实施的不正当竞争行为进行了类型化处理，但是在适用于数据爬取纠纷案件时，囿于该专条对行为属性的描述缺乏明确性，譬如，何谓"恶意""不兼容""妨碍、破坏"等；对不断涌现的新型行为缺乏周延性，譬如，哪些是"合法提供的网络产品或者服务"，如何界定"正常运行"的内涵及形态等，都致该专条适用率不高。即便是在适用该专条调整数据爬取行为的 4 例案件中，也只是适用了该专条第一款概括性条款，或第二款第（四）项的兜底条款，对数据爬取行为的《反不正当竞争法》适用需进一步明晰。

在司法实践中不同法院在考察数据被爬取方遭受的竞争损害时，所采用的标准不尽相同，这在很大程度上影响了类案制度在数据爬取行为竞争纠纷领域的施行，妨碍了数据爬取行为治理的规范性与体系化。当前，法院就数据被爬取方竞争损害分析的思路，大体分为三种。第一，法院仅分析数据被爬取方，因爬取行为导致其在流量或数据等数字化商业利益方面受到的损害，仅凭借损害行为存在的事实，加上损害行为侵权因果分析，判定爬取方行为具有不正当性。第二，法院在分析竞争损害的基础上，对爬取行为的正当性予以分析，认为在自由开放的市场竞争中，允许一定程度的竞争损害发生，被爬取方需将损害作为一种竞争结果予以适当容忍，或者认定被爬取方的损失，尚未达到需要司法救济的程度。此类分析逻辑反映出法院已对数据爬取行为的正当性边界予以关注，注意到数据财产性价值只有在流动中才能得以实现的特性，不再将损害结果的认定作为直接判定数据爬取行为不正当性的充分条件，但仍然构成数据爬取行为不正当性认定的必要条件。第三，在第二种的基础上，认识到除保障其他经营者的合法权益外，还需要保护消费者合法权益与社会公共利益，在爬取行为是否违反商业道德的判断上，需从更广阔的市场环境、更多的利益主体的合理权益的维度去判断，且在分析时考虑爬取行为对消费者权益和市场整体利益的积极影响。值得注意的是，在有的案件中法院提出将爬取行为对创新的影响纳入到对行为不正当性的考量之中，指出爬取行为会抑制被爬取方的创新动力。当然，也可能出现经由正当和适度的数据爬取支持爬取方突破数据壁垒，实现有效创新的结果，这一点还需经过市场效果的验证。总体而言，目前在对数据爬取行为引发的不正当竞争纠纷案件的审裁过程中，法院仍然偏向于适用《反不正当竞争法》的侵权法属性，以权利保护为案件审理的逻辑起点，对行为不正当性的判断，依据的仍然是"行为—法益"的侵权法思路，还有待于从私法保护的行权逻辑转向行为正当性识别的行为逻辑，即从数据保护到数据竞争的转向。

　　为避免对数据爬取行为予以不当规制，有必要对现行竞争法适用理念、规则、方法以及整体框架予以适时调整，以便更好地指导对数据爬取行为的竞争法治理，避免简单地基于数据爬取的损害后果，而对行为可能存在的正当性进行"一刀切"式的否定评价，忽略甚至扼杀了爬取行为可能带来的积极效应。在这一过程中需注重个案分析，坚持竞争法的谦抑属性，重视行为正当性标准的进一步细化。此外，鉴于数据爬取行为所涉及的领域和问题并不限于竞争法治理的范畴，故还应在完善数据爬取行为竞争法治理的基础上，从单一的竞争法治理走向多部门、多领域、多工具的协同治理，突破竞争法部门的制度藩篱，以有利于竞争法的功能实现为目标，统筹整个法系统、法制度、法工具，而非是在人为设置的法部门内自给自足、自我封闭。[①]

（三）封禁行为的违法性识别

　　互联网屏蔽技术及行为的实施在发挥清洁和规范网络空间作用的同时，也可能带来阻碍正常的网络信息自由公平传播的风险，特别是超大平台对与自身有竞争关系的经营者之链接、网页、数据、信息等要素的屏蔽封锁，更有可能损害公平自由的市场竞争秩序及广大用户的合法权益。现实中，伴随平台经营者身份双重性的不断强化，以及屏蔽技术作为在合理合规场景下能为用户提供服务的一种商品，因屏蔽所引发的问题已从宪法领域的表达自由、经营自由扩充至反不正当竞争法下的市场公平竞争与消费者合法权益保护上。依托现有反不正当竞争法规制体系，构建以"监管科技+科技监管"为核心的反不正当竞争法规制体系符合时代发展之需。在此过程中，一方面需从现行《反不正当竞争法》第十二条的解释适用入手，重视立法目的在法适用中的合理彰显；另一方面需从技术及其运行本身的特征入手，探索建立规范互联网领域科技行为合规实施之基准。如此，可使《反不正当竞争法》的实施一来有利于对技术行为的合理规制，

　　[①] 陈兵：《保护与竞争：治理数据爬取行为的竞争法功能实现》，《政法论坛》2021年第6期。

使技术不被经营者滥用以破坏市场公平自由竞争之秩序，二来也不至于过度甚或滥用规制行为干涉、阻碍甚至破坏技术自由发展与创新竞争，最终实现"法价值"与"法技术"在反不正当竞争法回应互联网屏蔽行为规制需求上的融通并用。

1. 互联网屏蔽行为的反不正当竞争法规制

基于当前一系列屏蔽在线视频片前广告案例的集中爆发，我国学界及实务界对互联网企业实施屏蔽行为的竞争法属性的研究主要集中在广告屏蔽行为上，即平台经营者实施的屏蔽视频片前广告的行为是否构成不正当竞争行为。但实践中，屏蔽行为所引发的争议已从广告屏蔽领域向其他领域扩展，不同领域内的屏蔽行为性质是否相同，是否一定构成不正当竞争行为，亟待进一步研究。鉴于此，有必要将屏蔽行为从广告屏蔽领域中予以扩围，实现对互联网屏蔽行为的体系化研究，既要从技术上剖析屏蔽行为，明晰其技术本质，又要回归反不正当竞争法视阈，探讨何为违法的屏蔽行为，其能否构成"互联网专条"中所述的"妨碍、破坏行为"。表面上看，这关涉"互联网专条"第二款第（四）项之兜底条款的解释与适用，以及反不正当竞争法应以何种姿态来回应互联网平台时代技术高速创新场景下市场竞争秩序、经营者合法权益、消费者合法权益间的动态平衡。在深层次上，则是在拷问技术创新与法律治理在法理层面的关系，法律是否应对技术本身展开规制，以及应以何种范式来规制，监管科技是目的还是手段，也即反不正当竞争法在互联网技术变革下如何展开解释与适用。上述两个问题构成了本节所要探讨的主要内容，寄望通过讨论厘清或勾勒出科技与法治的基本逻辑关联，找到规制互联网屏蔽行为的基本方案。

屏蔽行为是指参与互联网运行的相关主体通过一定的技术方法使得特定信息对相关用户而言处于不可见状态，以阻挡用户（既包括消费者用户，也包括经营者用户）对该特定消息的获取或传递，是对用户信息获取与传递自由予以限制的一种行为。作为一种互联网信息过滤技术，屏蔽技术产生的原动力是改善数字经济"信息爆炸"带来的网络空间治理难题，以满足不同互联网主体对管理互联网不良信息、提升互联网网络信息传递效率、缓解使用过程中的信息焦虑等多重需求。随着屏蔽技术作为一种商品或曰服务面向互联网用户，屏蔽行为已在实践中引发了系列案件，具体体现在广告屏蔽行为是否构成不正当竞争行为。面对广告屏蔽案件的频发，学者们对屏蔽行为的研究多是从广告屏蔽行为的界定出发，但是这种界定仅揭示了互联网屏蔽行为的一种，概念上并不周延，未能完全揭示屏蔽行为之技术施行根本。事实上，屏蔽行为的类型并不局限于广告屏蔽这一种样态，在近期的司法实务中已经出现了某互联网插件服务经营者起诉某平台经营者对其实施"技术屏蔽"的案件。因此，探究互联网屏蔽行为的竞争法属性的前提就是要突破既有的对屏蔽行为的"零散式"研究，施以"整体化"思维，从源头上对互联网屏蔽行为实施的技术原理加以剖析，厘清其类型及特征，穿透屏蔽行为的技术表层，多维度分析平台经营者实施屏蔽行为的原因，通过充分挖掘行为施行的内在机理，构建起对互联网屏蔽行为"由表及实"的研究路径。

（1）屏蔽行为对市场竞争秩序的影响

从屏蔽行为的实施效果看，互联网屏蔽行为实现了对互联网信息的分筛，能有效阻挡各类不良信息及信息爆炸所致的"信息疲劳"对用户的侵扰，合理分配带宽资源，提升信息传递效率，但其在实质上则是行为人通过技术手段对互联网络信息的传播自由施加的特定限制。这种干预和限制通常必须于法有据，且符合法定程序，否则就可能构成对他人合法权益的不当干涉。美国和德国已经出现由屏蔽行为所带来的对互联网"表达自由""经营自由"限制的案例。而以广告屏蔽行为为典型的反不正当竞争司法诉讼的出现，则促使学界对"自由的限制边界"问题的讨论从宪法领域扩展至竞争法领域。

随着屏蔽行为发展成为互联网经营和施行平台生态系统维护的手段，屏蔽行为的范围也从单一的广告屏蔽拓展至其他更为宽泛的领域，在发挥清洁和规范网络空间作用的同时，也带来了阻碍正常的网络信息自由公平传播的潜在风险，特别是超大型平台对与自身有竞争关系的经营者之链接、网页、数据、信息等要素的屏蔽封锁更有可能损害公平自由的市场竞争秩序，以及作为广大用户的消费者的合法权益。故此，有关"互联网屏蔽行为是否会对互联网市场竞争秩序，以及其他经营者和消费者合法权益产生不利影响"等议题亟待阐明，尤其需要正视"通过竞争法规制对消费者合法权益予以直接保护"这一命题，也即在数字经济消费者合法权益的保护并非仅依靠消费者权益保护法律法规，竞争法对消费者的保护也应从反射模式走向直接模式。换言之，必须对反不正当竞争法对屏蔽行为规制的必要性与正当性予以释明。

作为市场经济运行之核心，公平自由的竞争秩序的存在保障了市场中每一个体能够以公平竞争方式参与市场竞争，以实现竞争自由。2017年首次修订的《反不正当竞争法》重点修改了第二条的"一般条款"，将"扰乱社会经济秩序"具化为"扰乱市场竞争秩序"，并将竞争秩序置于损害合法权益之前，凸显出新法维护竞争秩序的需要，以及对认定不正当竞争行为的限制性态度，增添了强烈的竞争自由意识和自觉。有竞争必有损害决定了市场主体对竞争的矛盾态度，当竞争对其有利时称赞之，反之则破坏之，这使得处在激烈市场竞争中的竞争秩序处于不稳定状态而需要运用法律维护之。互联网技术革命进一步加剧了该市场竞争中竞争秩序"不稳定状态"的出现，现行的立基于工业经济场景下的竞争法理念与制度受到了挑战，特别是对"竞争关系"概念及认定方法的解构与重述呈现出显著变化，更加关注行为本身的属性。互联网技术的发展使得无数网页通过计算机协议串联在一起，经由无数链接的沟通构成了一张信息网，让用户可以跨越地理的限制进行交流，这种"去中心化"模式让每个置身于赛博空间下的用户均可自由地发表及传递信息。

尽管传统的社会交往模式和权力框架正在被互联网技术及其应用所解构，基于资本逐利性带来的技术权力膨胀及滥用，赛博空间中参与者并非都能具有绝对平等的权力，这使得平台经营者利用技术手段进行操控和部署成为可能。从此意义上言，互联网不仅重塑了用户的行为模式，而且重塑了经营者的行为模式。聚焦到互联网屏蔽行为中，该行为从一开始基于法律强制性规定实施而逐步扩增为基于商业经营目的实施。当屏蔽行为放置至市场竞争中，自然也从单纯的技术行为上升为需要接受反不正当竞争法评价与规制的行为。当其与其他竞争行为发生碰撞时，市场竞争秩序必将受到不同程度的影响，尤其是当市场竞争不利于经营者利益时，兼具技术性与竞争性的屏蔽行为便会利用其技术属性对竞争进行破坏，从而使市场竞争秩序受损。

（2）屏蔽行为对消费者合法权益的影响

聚焦互联网屏蔽行为，根据屏蔽主体的不同，屏蔽行为的实施可以由用户利用平台经营者提供的屏蔽软件或屏蔽功能自主实施，或者由平台经营者直接实施。前者所隐藏的风险在于经营者以实施不正当竞争的目的，诱导用户进行选择，尽管从外观上看用户是基于自己的意愿做出的选择，但剖析其实质，这种行为将用户作为经营者实施不正当竞争行为的工具，在本质上用户的自由选择已经遭到扭曲。后者所隐藏的风险在于经营者往往不会公布其所实施的屏蔽行为的具体标准，这就导致目前可用的任何屏蔽机制都受到批评，认为它"既过度包容又缺乏包容"。

不管是基于法定原因还是基于商业目的，平台经营者往往不会就屏蔽时间、范围、方法对用户进行提前告知。即便相关信息仍然留存在互联网中，但毋庸置疑的是，这种行为确系影响到用户接受及传递互联网信息的能力，使得用户自由选择的权利实质上被直接剥夺，当消费者的选择自由被实际剥夺时，其合法权益毫无疑问受到了侵害。因此，尽管无法去准确解释何种竞争才是好的，但不能为消费者提供平等的舞台，无法为消费者提供不受扭曲的决策机制，就一定不是好的竞争。2017 年《反不正当竞争法》修订时将"消费者合法权益"正式写进一般条款，使其同样构成衡量竞争行为是否构成不正当竞争的标准。故而，实质侵害用户选择自由的竞争行为同样为反不正当竞争法所反对。

以 2017 年修订的《反不正当竞争法》的颁行为分界点，司法实践中对屏蔽行为的规制情况可被清晰地划分为"修订前时代"与"修订后时代"。

"修订前时代"因反不正当竞争法相对于高速发展的互联网经济的"滞后性"所限，1993 年通过的《反不正当竞争法》并未能预见互联网市场竞争的繁盛与复杂，亦不可能预见区别于线下不正当竞争行为的互联网新型不正当竞争行为的大量出现。因而，在缺乏具体条款的情形下，实践中对屏蔽行为的规制主要适用《反不正当竞争法》（1993）第二条。对于广告屏蔽行为的裁判，各地法院在实践中逐渐形成了一套固有的"保护静态法益"的一般侵权行为的裁判思路。具体而言，法院通常首先认定被实施了屏蔽行为的视频网站的经营模式，也即"广告 + 免费视频"并不违反法律规定，基于该模式用户与视频网站产生了约定利益，他人不得损害。其次，肯定双方在互联网竞争中基于对用户流量的争夺具有竞争关系。再次，开发屏蔽软件的经营者从主观上明知或应知屏蔽软件必然影响视频网站的正常经营。最后，屏蔽软件的开发经营者所研发的屏蔽片头广告的行为严重损害了视频广告方的合法利益，从长远看会损害消费者的利益，故而有违诚实信用原则，为利己采取不正当手段而损他人之利，构成不正当竞争行为。

尽管在"腾讯诉世界星辉案"一审中，法官开创性地拓展了裁判思路，从反不正当竞争法的社会法属性出发，主张认定竞争行为的正当与否不能仅考虑竞争者的利益，诚实信用原则也需要从社会的角度加以考量，而非仅从双方的利益出发。法院认为，法律对经营模式的保护要谨慎，屏蔽软件的存在只损害竞争对手的部分利益，影响部分网络用户的选择，尚达不到特定的、影响其生存的角度，故不存在对市场的干扰。然而此类"动态性考量竞争效果"的裁判思路并未得到二审法院的认可，二审裁判依旧秉持已有的"一般侵权行为"的审判逻辑，从侵害经营者合法权益及从长远侵害消费者合法权益的角度认为，一审原告实施的广告屏蔽行为构成不正当竞争行为。理由是：基于广告屏蔽行为使得经营者投放广告欲达之目的落空，这种行为实质上损害了经营者的合法权益，有违诚实信用原则和公认的道德，故而判决实施屏蔽行为或是提供屏蔽软件的经营者构成了不正当竞争。法院认为，鉴于屏蔽行为的技术属性，技术本身并无善恶之分，技术同样可能用于非法用途，除非经营者能够证明其在主观上没有教唆或引诱他人侵权的故意，否则应承担侵权责任。申言之，实践中广告屏蔽行为在反不正当竞争法上的合法性并未得到认可。

2018 年新修订的《反不正当竞争法》的施行宣告"修订后时代"的到来，相关研究开始聚焦数字时代反不正当竞争法的解释论问题。业界所称的"互联网专条"用以专门规制在"修订前时代"无法适用具体条款的互联网新型不正当竞争行为。尽管学界对该条的评价不一，但该条作为反不正当竞争法的重要组成部分已是不争的事实。映射到司法实践中，已经有法院开始探索使用"互联网专条"对原先使用一般条款进行裁判的屏蔽行为案件进行了审理，运用《反不正当竞争法》第十二条第四款的兜底性条款对屏蔽行为予以规制，认为屏蔽行为在本质上属于利用技术手段破坏其他经营者提供的网络产品或服务的正常运行。申言之，进入"修订后时代"，对于屏蔽行为的规制从"修订前时代"的"一般条款"正过渡至互联网专条的"兜底条款"。当然，这一过程走得并不顺利，仍需不断优化和改善现行《反不正当竞争法》第二条"一般条款"与第十二条"互联网专条"之间的关系。

值得关注的是，2021 年 1 月 1 日施行的上海市人大常委会新修订的《上海市反不正当竞争条例》（以下简称《条例》）作为地方性法规，在遵循《反不正当竞争法》基本精神和文本规定的前提下，进一步细化了互联网领域不正当竞争行为的类型和规范方式。譬如，《条例》第十六条细化和增加了妨碍、破坏网络产品或服务的行为类型，特别是针对互联网屏蔽行为的规定，细化了现行《反不正当竞争法》第十二条第二款第（二）项规定的"误导、欺骗、强迫用户修改、关闭、卸载其他经营者合法提供的网络产品或服务"的行为类型，增加了"无法获取"一项，《条例》第16条第（二）项规定为"误导、欺骗、强迫用户修改、关闭、卸载或者无法获取其他经营者合法提供的网络产品或服务"，将屏蔽技术产生的后果充分考虑其中。此外，该条增加的第（四）项"无正当理由对其他经营者合法提供的产品或者服务实施拦截、关闭等干扰行为"的规定，更是直指互联网领域频发的各类屏蔽行为。与此同时，对《反不正当竞争法》第十二条规定的所有违法类型及兜底条款规定都予以了保留。上海市率先通过竞争法制回应科技发展中出现的技术规制难题与规制技术革新的联动趋态，值得充分肯定，更鼓励其他地方能够跟上步伐。事实上，我国《反不正当竞争法》的制定与实施很大程度上是发轫于地方先行先试的创新实验的结果。譬如，改革开放初期，武汉市于 1985 年 11 月 29 日率先实施了《武汉市制止不正当竞争行为试行办法》，比 1993 年通过的《反不正当竞争法》早了将近 10 年。

（3）屏蔽行为的法律认定

基于屏蔽技术对互联网络空间治理的意义以及屏蔽技术的不当使用所引发的不正当竞争效果，使得反不正当竞争法对屏蔽行为的规制从"修订前时代"贯穿到"修订后时代"。尽管"互联网专条"的出台使得法官在审理与屏蔽行为相关的案例时多了一条选择路径，以尽量避免其在审判时频繁向反不正当竞争法一般条款"逃逸"，而致一般条款出现被"滥用"的情形。但是"互联网专条"在语言及内容上的缺憾使其面临解释论上的难题，并在法官适用"互联网专条"予以裁判的案件分析中得到体现（见表 2-2、2-3）。

表 2-2　涉互联网屏蔽行为的案件数量及适用《反不正当竞争法》第二、十二条的情况

涉互联网屏蔽行为的案件数	25
仅适用第二条	12
仅适用第十二条而未适用第二条	7
同时适用第二条和第十二条	6

表 2-3　法院适用《反不正当竞争法》第 12 条的情况

具体指明所适用的法条	案件数
第十二条第一款	6
第十二条第二款（一）	1
第十二条第二款（二）	1
第十二条第二款（三）	0
第十二条第二款（四）	5
直接适用第十二条	2

据上述数据可知当前司法实践中"互联网专条"适用的几大特点及在深层次上所暗含的适用难题。

第一，宣示性条款的适用频率不低，但起到的实际规制作用有限。首先，《反不正当竞争法》第十二条第一款规定经营者利用网络开展生产经营时，应当遵守反不正当竞争法的各项规定，这种遵守并不局限于对该法第十二条第二款的遵守，也包括对第六至十一条的遵守，传统的反不正当竞争规范依然适用于互联网领域。但是该款只是对利用网络从事生产经营活动的经营者在反不正当竞争法领域之法律义务的"宣示性规定"。即使是在没有该条款的"修订前时代"，经营者利用网络开展生产经营也当然要遵守反不正当竞争法的规定，所以，难以通过适用该款来认定互联网领域具体的不正当竞争行为，宣示意义导致其所能发挥的规制作用有限。实务中，法官在适用该条时也往往辅之以《反不正当竞争法》第二条或其他条款对诉争行为性质展开论述。

第二，第二款第（四）项兜底性条款的适用频率相较前三项的适用明显更高，一方面表现了法官正在积极探索对兜底性条款的解释与适用，更深层次地彰显了后者在立法上因案例群"类型化"的不足所带来的解释难题，法官只能寻求兜底性条款的帮助，或埋下自由裁量权不当行使之风险。"互联网专条"采取了"概括性条款 + 列举式条款 + 兜底性条款"的结构，前三项列举的立法应予规制的不正当竞争行为，大多都是基于对已有典型个案裁判的归纳总结和提炼，也即"类型化"构建思路，对既有案例群进行归纳。但这种构建思路从当前实践效果上看，显然未能达到预期，两年下来，适用其裁判的案例屈指可数。究其原因，主要在于：第一，立法并未很好地诠释案例群的选择理由，个案往往具有极强的情境性，其普遍性、普适性和稳定性还需要深入研究。比如，基于互联网技术的迭代，部分行为在某个时间段的集中爆发并不能代表其一定是互联网领域内普遍的不正当竞争行为，并且部分行为在"修订前时代"经由裁判已经得到了解决，这种行为会否继续延伸至"修订后时代"存在疑问。

第三，即便认定这些行为会延伸至"修订后时代"，但在立法语言上使用的极具技术色彩的行为描述，使得这三项内容并不满足理想类型化条款下的互斥并周延。譬如，第（一）项中对"插入链接"的规定，这可以存在两种解读，一是立法者将强制进行目标跳转行为的结果局限在了"插入链接"这种单一形式上；二是实践中出现了满足"插入链接"但是并非强制进行目标跳转的情况，这种情况严格意义上也并不属于第（一）项所规范的行为。类似情况在第（二）项的"修改、关闭、卸载"、第（三）项的"不兼容"中亦同样存在。这使得法官适用第二款前三项解决实际问题的效果有限，转而向第（四）项兜底性条款寻求帮助。

《反不正当竞争法》第十二条第二款第（四）项是"互联网专条"中所专门设置的兜底性条款，纳入该条的原因在于"互联网技术及商业模式发展变化很快，很难将可能出现的不正当竞争行为列举穷尽，建议增加概括规定和兜底条款"。司法实践中法官结合诉争行为和具体案情对"妨碍、破坏"等词语内涵展开的解释，已能达到规制实践中层出不穷的不正当竞争行为的目的。但适用兜底性条款存在的风险类比反不正当竞争法一般条款的适用，如果法官对兜底性条款的解释出现了理解上的偏差，此时，自由裁量权的行使会让个案中属于互联网市场的公平竞争行为被错误地打上不正当竞争的烙印，使得经营者对于自身行为合法性与否的预期产生判断困难，如此并不符合反不正当竞争法鼓励和保护公平竞争，制止不正当竞争行为，保护经营者和消费者合法权利之立法目的。

具体到互联网屏蔽行为上，首先，互联网领域中的屏蔽行为是通过一定技术方法使得特定信息处于不可见状态，这种状态的达成并非通过插入链接、强制目标进行跳转而实现，相反的是，后者是强迫用户对特定信息进行查看。因此，如果经营者通过屏蔽行为实施不正当竞争行为显然是无法适用第二款第（一）项对其进行规制的。其次，屏蔽行为的实施是否符合误导、欺骗、强迫用户修改、关闭、装卸其他经营者合法提供的网络产品或服务。以屏蔽行为实现的两种形式看，当用户使用经营者提供的屏蔽软件或屏蔽插件实施屏蔽行为时，经营者不存在误导、欺骗和强迫用户的行为，用户是基于自己的选择作出了"修改"视频网站经营者的广告呈现方式，使广告处于不可见状态。在现有被判决为不正当竞争行为的广告屏蔽案件中，经营者对用户严格意义上是在进行"诱导"而非"误导"。而当经营者依据法律法规对互联网络空间治理或者基于商业经营目的而实施屏蔽行为，此时用户的意愿并不体现，误导、欺骗、强迫均不存在，而是由经营者直接实现特定信息的不可见。因此，经营者通过屏蔽行为实施不正当竞争行为显然是无法适用第二款第（二）项来对其进行规制的。

第二款第（三）项所规定的恶意不兼容行为，始终饱受争议。理由是，经营者是否选择与其他经营者的产品或服务兼容属于自由竞争范畴，由经营者根据市场竞争状况而做出判断与选择，而非每一个参与竞争的经营者之"义务"，将"不兼容"问题放至反不正当竞争法而非反垄断法中评价，其实是降低了法律对市场竞争行为予以干预的门槛。另外，对"恶意"此种主观状态的认定以及对"兼容"此种专业技术术语开展法律解释也在某种程度上加大了法官适用的难度，导致当前实务中适用该款判决的案例寥寥无几。在"北京聪明狗网络技术有限公司诉淘宝（中国）软件有限公司等不正当竞争纠纷案"中，原告认为其推出的购物党比价插件无法通过淘宝浏览器在天猫网上运行，系因两公司对其实施的技术屏蔽行为所致。由于诉争的技术屏蔽所达到的效果是使比价插件在特定网站上无法运行，使得原告想要向用户传达的比价信息在天猫网上处于不可见状态，造成屏蔽行为与"不兼容"在行为结果上产生了重合，二者之间发生关联。需注意的是，法官在裁判时并未适用第二款第（三）项，而是认为仅凭现有事实无法说明软件公司实施了妨碍、破坏行为，并强调"技术、资金、市场定位等多种因素均会影响经营者的选择及兼容的效果"，原告未提供证据证明软件公司具有市场支配地位，基于恶意不兼容条款位于反不正当竞争法与反垄断法规制的模糊地带，适用不当必将降低反垄断法的适用门槛，从而不当干预市场竞争行为，故而通过恶意不兼容条款对屏蔽行为予以规制也是不可行的。最终，对屏蔽行为规制的重任落到了第二款第（四）项兜底性条款处。

如前所述，《反不正当竞争法》第十二条第二款第（四）项作为兜底性条款的立法目的是规制无法穷尽列举的不正当竞争行为，其适用本应穷尽具体条款，但因立法对案例群的类型化不足，导致前三项的周延性不足，无法对屏蔽行为展开法律评价与规制。然而兜底性条款在适用上的解释不当或者说不到位的风险要大过于具体条款，因为这直接考验裁判法官对反不正当竞争法的认识。如果法院在个案中认定屏蔽行为性质时，依旧秉持"修订前时代"的"传统侵权法益模式"，那么对兜底性条款的解释就极易出现解释不当或不到位情形，而使反不正当竞争法成为对私权的保护法。也即在"传统侵权法益模式"的影响下，法官未能把握第二款所规定的"影响用户选择"的内涵。兜底性条款作为第二款组成部分亦属于第二款的辐射范围，也即第二款所规定的"利用技术手段，通过影响用户选择或者其他方式"亦是兜底性条款的组成部分。由于竞争者实施竞争行为就是通过影响用户选择来争夺交易机会，故而对"影响用户选择"这一要件的内涵必须再进行解释，否则或将会对互联网市场的自由竞争产生不利影响。

综上，由于案例群的"类型化"不足，导致"互联网专条"在内容及语言上存在不周延问题，使其在规制屏蔽行为上面临解释论上的难题，包括技术形态上的差异使得对屏蔽行为的规制无法适用第（一）项。用户屏蔽行为的存在使得在此种情形下经营者不存在对用户的误导、欺骗、强迫。恶意不兼容处于反垄断法与反不正当竞争法的模糊地带，增加了适用难度。兜底性条款的适用基于法官裁判逻辑的差异，以及在适用兜底性条款时极易忽略对"通过影响用户选择"作出符合立法目的的解释，使得"同案不同判"的风险加大，不利于发挥反不正当竞争法维护公平的竞争秩序，保护经营者和消费者合法权益的作用。故而，依托于现有反不正当竞争法体系，吸纳借鉴知识产权法领域之技术中立思想，厘清技术与法律的关系，实现对反不正当竞争法规制体系的再造，成了理论与现实之需。

以屏蔽行为为代表的互联网技术行为中，对消费者利益的保护并非采用绝对权保护思路，单纯地从权利内涵、侵害行为、损害结果、因果关系等要件的论证去实现，而是要看该行为是否正当，是否实质性破坏了市场竞争秩序，并对经营者或消费者的合法权益造成侵害。在反不正当竞争法视阈下，对消费者利益的理解应有别于《消费者权益保护法》中各项具体的权利规定，前者更多地体现为一种宏观的视角，对消费者整体的自由决策利益的保护。在竞争秩序未被破坏、竞争机制合理运行的情况下，消费者整体的自由选择权利没有遭到实质性的扭曲，此时对个别消费者之利益侵害的行为通过《消费者权益保护法》予以规制即可。而对消费者整体的选择自由的扭曲，在实质性地侵害消费者权益的基础上，还会导致市场竞争秩序的扭曲及破坏，会使互联网经营者依赖于通过技术行为的非正当使用去变相获得消费者的选择，而非依靠技术创新、服务改善等效率因素去切实获取竞争优势。故而，在个案裁判中，应着重关注该技术行为有无实质性地扭曲最广大用户的自由选择权利。个人用户不同于经营者，并不具备专业知识来对抗技术行为的实施，因此，消费者的自由选择权利往往会因技术行为的实施而遭到实质性的扭曲，用户沦落为经营者获取竞争优势的"工具"。典型情形即是"互联网专条"第二款前三项所列举的，以强迫、误导、欺骗等为代表的不当影响用户选择方式，用户在知情或不知情的情况下被剥夺了选择自由，只能被动接受经营者所提供的产品或服务，抑或是"互联网专条"中未规定，但经营者以技术行为实现对用户选择的诱导行为。概言之，在个案裁判中既要防止"滥用消费者保护之名而行妨碍竞争之实"，也要慎重处理"消费者利益保护与经营者正当利益实现"的平衡关系，若仅是因为技术创新或服务改善过程中给用户造成些许不便，便是用户在技术进步、服务提升或个人偏好实现中应当付出的必要成本。

互联网技术之所以能够被经营者用以实施不正当竞争行为，主要原因就在于技术运行原理及技术实施标准为一般用户所不知，除了赋予用户以自主权实施的技术行为外，平台经营者实施其他技术行为往往不会向个人用户及经营者用户进行提前告知，用户往往只能在事后被动接受，这种"不透明"滋生了侵犯消费者合法权益及破坏互联网正常竞争秩序的现实风险。"监管科技 + 科技监管"理念的核心就在于认可对科技施以监管之必要性背景下，革新监管之范式。具体为了解科技运行原理及方式，以科学化、透明化、程序化的实施标准之设立去刺穿科技不透明所带来的风险，并辅之以救济渠道。对于以屏蔽行为代表的技术行为合规实施标准的拟定问题，欧盟在实践中积累了较为丰富的经验，已经做出了积极尝试，值得我国在理论上对其展开深入研究，就其合理部分予以积极借鉴，从而探索构建"监管科技 + 科技监管"理念下，以屏蔽行为为代表的互联网技术行为合规实施之标准，以平衡技术中立原则下技术实施的自由与创新发展同维护互联网市场公平竞争秩序，实现消费者合法权益之多元价值的动态平衡。

（四）"二选一"行为

目前我国互联网平台经济领域盛行且引起热议的"二选一"行为，主要发生在平台与入驻商之间。"二选一"所产生的影响波及竞争性平台及平台服务市场上的广大消费者用户，且基本上表现为具有相对优势地位的平台通过直接或者间接强制性手段，要求平台内经营者在该平台与竞争性平台之间进行选择，而完全自由的利诱型及合意型"二选一"则较为罕见。平台经营者对具有依赖关系的交易相对方（入驻商）实施强制"二选一"，会影响与妨碍相关入驻商的自主经营，扰乱市场的公平交易秩序。在国家市监总局起草并于 2021 年 8 月发布的《禁止网络不正当竞争行为规定（公开征求意见稿）》当中已经明确提及"二选一"行为可能扰乱市场公平交易秩序，构成"网络不正当竞争行为"，从而依据《反不正当竞争法》受到处罚。国务院印发《"十四五"市场监管现代化规划》提出，加强反垄断和反不正当竞争协同，统筹运用电子商务法、广告法、价格法等，依法查处"二选一"、大数据杀熟、歧视性待遇、虚假宣传、刷单炒信、强制搭售等垄断和不正当竞争行为。国家市场监管总局注意到，当前监管实践中，具有相对优势地位的市场主体，为了获取非法利益或者不当扩大竞争优势，对交易相对方，特别是中小企业等市场主体、平台内经营者的经营活动进行不合理限制或者附加不合理条件，造成中小企业创业难、经营难，严重扰乱了市场公平竞争秩序，阻碍创业创新。由此也可以看出，对经营者滥用交易关系上的相对优势地位，干涉交易相对方的经营活动，强制"二选一"行为的规制立法活动还处在进行时状态。

根据《反不正当竞争法》第十二条第二款第（二）项的规定，经营者不得通过技术手段，诱导、强迫用户修改、关闭、卸载其他经营者合法提供的互联网产品或者服务。某县市场监督管理局曾依据该条款，认定某知名外卖平台当地代理商以维持市场占有率为目的，采取调整商家配送范围等不当技术手段，强迫该平台内的商家关闭或终止在其他竞争性平台经营的行为，违反了《反不正当竞争法》第十二条第二款第二项的规定，属不正当竞争行为。

而适用《反不正当竞争法》第十二条第二款第（二）项来规制平台"二选一"的局限性在于只能适用于经营者"利用技术手段"的场景，若平台经营者没有利用技术手段，则需要考量相关"二选一"行为是否违反《合同法》第二条第一款的原则性规定。若经营者合法权益因不正当竞争行为而受损，则可依据《反不正当竞争法》第十七条第二款的规定向人民法院提起诉讼，此时，人民法院可以根据原告请求来适用《反不正当竞争法》第二条第一款来判断争讼行为是否违法。然而由于《反不正当竞争法》当中没有对该法第二条第一款的原则性规定设定罚则，行政机关则不便适用《反不正当竞争法》第二条第一款的规定来查处不正当竞争行为。

在饿了么诉美团"二选一"不正当竞争纠纷一案中，原告上海拉扎斯信息科技有限公司（以下简称"拉扎斯公司"）系"饿了么"平台的开发者和运营者，被告北京三快科技有限公司（以下简称"三快公司"）系"美团网""美团外卖"的经营者，拉扎斯公司指控三快公司金华分公司实施不正当竞争行为。

因被诉行为的发生时间处于 1993 年《反不正当竞争法》施行期间，因此，对被诉行为的违法性评价，需适用该法第二条的原则性规定进行判定。排他性交易作为一种中性的交易手段，既可能节约交易成本、提升效率，也可能会抬高市场进入障碍、排挤竞争，故既要分析本案的排他性交易在手段上是否具有反不正当竞争法意义上的不正当性，还要分析本案的排他性交易在结果上是否损害了有直接竞争关系的公司、商户和消费者的合法权益，并对市场竞争秩序造成了破坏。

在手段是否具有"不正当性"的评价过程当中，一审法院区分本案中排他性交易的实施方式，分别对以调整收费优惠比例来实施的诱导型排他性交易，以胁迫、惩罚等方式来实施的强制型排他性交易进行了分析。其中，"美团"为了锁定商户、排除竞争性平台，用优惠费率诱导商户达成长期独家交易的行为，可视为诱导型排他性交易。而三快公司利用其优势地位，违背商户的真实意愿，综合采取多种惩罚性措施迫使平台内经营者停止与其他竞争性平台合作，严重限制商户的自主选择权，该行为则构成强制型排他性交易行为。

在行为结果的分析方面，一审法院权衡了被诉行为对竞争者、入驻商户合法权益的损害程度以及对消费者利益和竞争秩序的影响程度。

从竞争者角度来看，三快公司金华分公司要求商户与"美团"达成独家交易，必然会损害"饿了么"平台已经获得的或者本应获得的商户资源，这种交易行为持续时间越久，越广泛，"饿了么"获取商户的难度就越大，且长时间的竞争封锁还会影响和改变消费者的消费习惯，消费者在独家交易结束后仍旧可能维持在单一平台上的消费习惯，如此必然会削弱拉扎斯公司的长期盈利能力。

从入驻商户的角度来看，强迫独家交易，不仅严重侵害了商户的自主交易权，还导致商户的销售渠道受限，商户们只能在一个平台上获得订单，商业利益因此严重受损，还将进一步加深商户对"美团"的依赖度，被锁定的商户将因别无选择、不得不忍受"美团"逐年增加的各类平台服务费或者抽成。

从消费者利益的角度考虑，"美团"平台的排他性交易会影响到消费者的选择权，从长期来看，基于平台经济领域的马太效应，"美团"可能实现赢者通吃的局面，丧失竞争压力与创新动力，提高佣金，最终造成消费价格上涨。

最后，从互联网竞争秩序角度来考虑，本案中大型平台的排他性交易不仅具有排除现有竞争性平台的效果，还可能引得其他竞争性平台争相效仿，导致恶性无序竞争，同时可能提高市场进入壁垒，使潜在竞争者望而却步，最终影响具有活力、创新的竞争机制的形成。

综上，一审法院认定本案涉诉行为构成不正当竞争。一审法院适用了《反不正当竞争法》第二条进行判决，针对手段正当性及损害结果进行了充分说理，尤其是从入驻商户、消费者利益以及互联网整体竞争秩序三个方面予以考量，值得借鉴，但同时也表明运用《反不正当竞争法》判处"二选一"案件仍然存在一定难度，体现出对"二选一"行为设定专门适用条款的现实需要。①

二、新型垄断行为的识别

（一）算法共谋行为的违法性识别

随着信息通信技术和数字数据技术的深度融合与各类应用创新的频发，构筑于平台特别是超大型数字科技平台企业之上的"大数据+人工智能算法"被广泛应用于各类商业场景之中。从供给侧来看，平台企业经由算法能够提高数据的收集效率，精准分析实时更新的海量数据，实现对大

---

① 陈兵、云薇笑：《平台"二选一"行为的竞争法规制再探》，《学习与实践》2022 年第 4 期。

数据的深度挖掘、用户的精准画像以及机器的深度学习，提高企业决策效率，优化产品和服务质量。从需求侧来看，算法可以强化买方力量，帮助作为消费者的用户作出更理性、更合适的消费决策，降低交易成本。然而由于算法具有不透明性，在数据的输入和输出间可能存在灰色地带，在这片地带内输入的是某类数据模型和计算程式，经由算法对数据的深度挖掘和自主学习，尤其是不断升级的人工智能算法，最终呈现的是无比精确的结果，同时，人类却无法解释这一结果的出现。①基于此，平台企业可借助算法实施无法归类于现行反垄断法律体系上的客观上的"合谋"反竞争行为。这种客观上的"算法合谋"可细分为辅助型算法合谋与自主型算法合谋，这与传统经济领域的"明示合谋"与"默示合谋"类型有交叉，然而并非同一类型的分类。

辅助型算法合谋是指在数据的采集、供给及使用过程中基于数据的可读取、过程的可解释等方式去维持合谋的反竞争行为，这时的算法合谋，更多是对人为预设合谋行为的一种辅助，其分析方法和判断基准依据现行《反垄断法》有关垄断协议的内容及其认定标准是可以通过解释予以涵盖，亦可以分为"明示"和"默示"的辅助型算法合谋。

自主学习型算法合谋是指平台企业在不需要任何明确的沟通或互动前提下通过数据采集、供给、使用及挖掘行为在客观上形成相互参照、相互认可、相互依赖的自学习型算法合谋，导致更高的价格水平，在客观结果上出现反竞争性合作。目前，自主学习型算法合谋并非真正意义上的能受到现行反垄断法律体系规制的合谋行为，然而因为这类算法合谋所导致的限定价格、限定产量的后果，与企业间公然的"勾结"极为相似，由此引起竞争法学理论界和实务界的高度重视。

从实践看，市场透明度和达成算法合谋之间呈现正相关关系，市场透明度越高，企业间可更加准确快速地互相监督和纠正相关的偏离行为，让特定行业的市场主体间更趋向于达成合谋，算法的运行在客观上有利于市场透明度的提升，亦会致使算法合谋风险的增加。②加之，算法合谋特别是自学习型算法合谋行为的表现形式存在更加隐蔽和复杂的特性，消费者不易察觉，且在具体执法中也由于缺乏必要的主观条件，以及难以发现其外观形式上的协议、决定或者其他协同行为等直接证据，而致使竞争执

---

① 陈兵：《数字经济新业态的竞争法治调整及走向》，《学术论坛》2020 年第 3 期。

② 韩伟：《算法合谋反垄断初探——OECD〈算法与合谋〉报告介评（下）》，《竞争政策研究》2017 年第 6 期。

法机关在识别和认定算法合谋时难度进一步加大。①

值得注意的是，国家市场监管管理总局于 2019 年发布的《禁止垄断协议暂行规定》第七条第一款规定禁止"约定采用据以计算价格的标准公式"，虽然与算法共谋有一定差别，并不能直接用来认定算法共谋的违法性，但是其所暗含的将对形成价格协议的方式予以禁止的立法意图表露无遗。从这一维度上来讲，虽然目前将算法共谋认定为垄断协议的一种违法类型还有待进一步研判——其核心在于由机器深度学习所达成的共同意思表示，其违法主体为何？其意思表示的主体性如何认定？但是从外观形式上来看，算法共谋确是达成垄断协议的一种方式，且从结果上来看，也可能产生了垄断协议排除、限制竞争的效果。故此，从《反垄断法》维度观察算法共谋，其限制、排除竞争的效果是不难发现的，其行为方式也是可以通过对算法公开的推演或者算法透明的要求予以认定的。那么，最为关键的就是共谋的意图和共谋实施的主体，如果认定是在机器自主深度学习的情形下导致了算法共谋，那么其违法构成要件暂时不符合现行反垄断法律体系。但是如果以设计算法的数据模型和运算程式的主体的意图为实施算法共谋的意图，那么就很有可能可以认定算法共谋的垄断协议之属性。当然，这一点还需要通过更多实证数据予以进一步验证。

（二）数据驱动型并购的违法性识别

我国反垄断法对经营者集中申报主要采取以营业额标准为主，执法机构自由裁量为辅的标准，这一申报标准尽管有其便利性和可操作性，但是在数字经济下参与集中的经营者的营业额尚不能真实反映其市场规模，导致该申报却未申报的情形出现。即某些数据驱动型企业因营业额不达标甚或存在营业额负数的情形而未实施申报，然而却可能在资本、技术及数据资源的整合作用下获得强大的市场力量，进而对市场竞争产生损害。这就对当前经营者集中的审查标准和审查思路提出了新要求。

根据《反垄断法》第二十六条，数据驱动型并购多数情况未达到国务院规定的申报标准的，因此一般情况下无需事先向国务院反垄断执法机构申报即可实施集中。但是第二十六条第二款规定"经营者集中未达到国务院规定的申报标准，但有证据证明该经营者集中具有或者可能具有排除、限制竞争效果的，国务院反垄断执法机构可以要求经营者申报"，这意味着若有证据能够证明数据驱动型并购可能具有排除限制竞争效果的，

---

① 陈兵、马贤茹：《数字经济平台企业垄断认定完善理路》，《上海大学学报》（社会科学版）2021年第 3 期。

反垄断执法机构也可以对并购行为进行调查。因此，识别数据驱动型并购行为的关键，在于如何判定数据驱动型并购行为是否具有排除限制竞争的效果。

有观点认为，数据和数据价值具有不确定性，数据收集不具有排他性，而且数据有可替代性，所以不可能形成数据独占性的垄断，认为数据垄断是个"伪命题"，数据虽然可以增加企业的竞争力，但企业不能仅仅依靠数据优势就能在市场上实现垄断。在 Facebook 收购 WhatsApp 案中，关于数据集中是否构成垄断的问题也是案件审理过程中的焦点问题，但法院最终都认为，数据集中在相关市场不会形成进入壁垒。①

结合数据驱动型并购的两种表现形式，该行为可能产生排除限制竞争效果的因素主要体现在两方面，一方面是通过汇集数据资源提高市场壁垒，形成数据垄断，另一方面是"扼杀式"并购，即通过并购行为减少具有潜力的竞争对手，实现排除竞争的效果。

首先，考察数据驱动型并购行为是否会显著提高市场壁垒，需要重点分析并购行为合并数据后可能对市场竞争产生的影响，即合并后的数据是否会使得合并后的企业在相关市场中获得更大的数据优势，以及该合并行为是否会显著提高其他竞争对手或者潜在的竞争者进行竞争或者进入市场的难度。需要注意的是，对市场壁垒提升的程度，不仅需要评估合并后企业增加的数据量，还要考察其他企业是否同样有机会获取相同或者类似的数据，不能因为数据合并行为即认定行为具有排除限制竞争的效果。

这一点在谷歌收购双击案中亦有体现，对于收购行为引发的数据合并是否会提高市场壁垒的问题，委员会认为，将搜索行为和网络浏览行为的信息结合起来，将不会在广告业务中产生竞争优势，如今许多 Google 竞争对手已经可以使用这些信息（搜索结果数据与用户网络冲浪行为数据相结合），而且这些数据还可以从第三方购买。因此，其数据合并后的组合其竞争对手也有，所以并不是必不可少的，不会显著提升市场壁垒。

其次，考察数据驱动型并购行为是否会排除竞争。数据驱动型并购除了可能会显著提高经营者的数据总量外，并购行为本身也可能会产生消除潜在竞争对手的效果，具有这种效果的并购行为，也被称为"扼杀式并购"。对于扼杀式并购的考察，重点在于被收购的企业与实施收购行为的企业之间的关系，一般情况下，排除限制竞争的行为主要针对相关市场内具有直接竞争关系的竞争对手，但是在数字经济中，跨界竞争已成为数字

---

① 傅晓：《警惕数据垄断：数据驱动型经营者集中研究》，《中国软科学》2021 年第 1 期。

企业的主要发展方向，当平台企业希望进入新的领域进行跨界竞争时，也可通过收购该领域的新生企业实现目的。此外，一些创新领域亦可能对现有的领域产生威胁。

因此，对于扼杀式收购行为是否具有排除限制竞争效果，重点在于正确评估并购行为是否会消除"潜在的竞争"，这种潜在的竞争所产生的竞争损害可能并不显著，但是从长期来看，可能会对市场产生结构性损害。为此，可重点考察行为所收购的对象是否为初创企业，且是否会产生致使未来市场可竞争性丧失的长期市场结构损害，此外，还可考察收购行为是否可能导致新产品或者服务消失。若有证据证明收购行为可能排除或者限制竞争，则可以援引《反垄断法》第二十六条，对收购行为进行调查。

（三）新型滥用市场支配地位行为的违法性识别

1. 封禁行为的反垄断法识别

从《反垄断法》的角度来说，其主要规制经营者达成垄断协议、经营者滥用市场支配地位、具有或者可能具有排除、限制竞争效果的经营者集中三大垄断行为，当然，基于我国国情，《反垄断法》还对行政垄断作出了专门规定。其中对滥用市场支配地位的禁止性规定属于对经营者单方行为进行了规制。那么，所谓微信"封禁"飞书的行为是否构成《反垄断法》中滥用市场支配地位行为，需要结合相关证据来界定相关市场的范围、认定腾讯是否具有市场支配地位、争议行为是否具有限制竞争效果或者引发限制竞争效果的可能性来进行全面综合的判断。

从哈佛学派的结构主义转向芝加哥学派的行为主义，反垄断法保护竞争秩序的核心在于其所规制的并不是高度集中的市场结构本身，而是企业滥用市场支配地位的行为。我国的《反垄断法》也并不禁止市场支配地位的存在，而是禁止具有市场支配地位的经营者从事《反垄断法》第二十二条所列举的行为。

根据《反垄断法》第二十二条所列举的滥用市场支配地位行为的特点和性质，可以将其分为剥削性滥用和排他性滥用，前者是指拥有市场支配地位的企业可以不受竞争的制约，向交易相对人提出不合理的交易条件，特别是提出不合理的价格；后者是指拥有市场支配地位的企业为了排挤竞争对手，或者为了将市场力量不合理地扩大到相邻市场而实施的限制竞争行为。一般来说，互联网市场中直接针对消费者的剥削性滥用行为并不是通过操控价格来获取利益，而是表现为迫使用户接受不平等的格式条款和服务，或者在用户不知情的情况下利用用户的信息牟利；互联网市场中的排他性滥用行为比较常见的有拒绝交易、免费捆绑、拒绝兼容和交叉补贴等表现形式。

对于互联网平台经济而言，互联网平台是基于软件的、以开放 API 为基础的互联网服务，为了获取更多的数据资源，互联网平台一般有意愿向第三方开放其平台，第三人对平台的利用其实也是希望获取平台的数据资源。这些数据资源对平台而言至关重要，在花费大量人力与资金成本建立的平台上，平台经营者一般来说有权利决定向谁来开放这些数据资源。然而如果一些超级互联网平台在被界定为平台经济领域的必需设施，或者满足《反垄断法》违法性认定要件的其他情况下，其拒绝交易行为可能构成违反《反垄断法》的行为。

《反垄断法》所禁止的拒绝交易行为的构成要件为：经营者具有市场支配地位；经营者直接或间接地从事了拒绝交易行为；拒绝交易行为没有正当理由；拒绝交易行为已经造成或可能造成排除、限制竞争的后果。在我国的《反垄断法》体系当中，是将拒绝提供必需设施作为市场支配经营者拒绝交易的一种形式来加以规制。现行《反垄断法》第二十二条第一款第（三）项明确禁止具有市场支配地位的经营者"没有正当理由，拒绝与交易相对人进行交易"。

必需设施原则（Essential Facility Doctrine）主要是指要求拥有必需设施的经营者不得恣意地拒绝交易。必需设施原则的适用可以提高必需设施的利用率、活跃竞争，从而提高效率、增加消费者的福利，但另一方面，从拥有必需设施的经营者或者潜在的投资者的角度来说，也可能会降低其投资积极性，从长远来看有可能是不利于提升效率和维护消费者利益的。如此正、反两方面的效果，哪一方面发生的可能性更大，最终的综合效果会是怎样，在很大程度上取决于经济、社会条件。因此，对必需设施原则的适用对象、规制程度存在多种多样的讨论和法理。

在美国，反托拉斯法中必需设施原则的发展已经有了相当长的时间。一般来说，1912 年最高法院的终端铁路案（Terminal Railroad）案被认为是该原则的发端，但真正对必需设施原则的适用条件作出详细阐述的当属 1983 年的有关长途电话服务经营者要求与市话网络互连的"MCI"判决。该判决指出，必需设施原则的适用需具备以下四个条件：①设施必须为占主导地位的企业所控制；②其他竞争企业缺少能够生产、复制该种设施的现实能力；③缺少该种设施将使企业无法在相关市场里竞争；④提供该种设施是可行的。在美国法院的判例中，必需设施原则曾被运用于电话系统、电力公司、铁路、电影院、铝业、影印机配件、报纸、杂志分销、滑雪山坡、体育场馆以及电脑操作系统等领域。

欧盟方面，则是在20世纪90年代初期，欧洲共同体委员会通过一系列有关港口设备的开放决议将必需设施原则引入了欧盟竞争法。欧盟委员会认为："如果没有这些设施，竞争者就无法向其客户提供服务的设施。适用必需设施原则的结果就是导致那些拥有这些必需设施的企业将承担特殊的责任和义务。如果在实践中拥有支配地位的公司以阻碍竞争为目的拒绝提供设施，或者如果竞争者没有这些设施就会遇到严重的竞争障碍，而这种障碍将使它们的活动变得不经济，那么提供设施使用权的义务就产生了。"此外在欧盟，还对机场、轨道设施、知识产权等领域适用过必需设施原则。但在有关"送报上门"系统是否构成必需设施的"Bronner"判决当中，法院则通过强调事实上的、潜在的替代可能性否定了必需设施原则的适用。

首先，从"以合理的投入另行投资建设或者另行开发建造该设施的可行性"来看，在互联网领域的平台竞争当中，网络效应、用户锁定效应明显，这就对大型平台的可复制性提出了挑战，但是互联网平台相比电信网、港口、电力网等基础设施来说，其制度上的、经济层面的市场进入壁垒还是相对较低的，而且用户多栖性、动态竞争、创新竞争特征明显，那么，对于互联网大型平台是否存在以合理的投入另行投资、另行开发建造的可能性就很难作出直观的判断，需要包容、审慎地看待。

其次，从"交易相对人有效开展生产经营活动对该设施的依赖程度"来看，被封禁的经营者开展经营活动是否高度依赖该平台，或者说，对于被封禁的经营者来说，该平台是否具有不可替代性是需要具体分析的。仅以某平台拥有海量用户为由，尚不足以认定其构成《反垄断法》意义上的必需设施，仍需按照《反垄断法》结合相关市场对其替代可能性进行判定。如果某特定平台对于交易相对人的经营活动的开展如果不是必需的，仅在该平台上开展业务会使交易相对人的经营活动更加顺畅，那么很难认定该平台属于"必需设施"。

以微信平台封禁飞书为例具体来说，若要对"在微信内无法直接打开飞书"这一行为是否适用必需设施原则，则需要考虑对于飞书来说，微信平台是否具有必需性，飞书是否还拥有通过浏览器等其他渠道打开的方式，是否还可以继续开展相关的业务，以及可否通过其他形式的广告来宣传、普及自己的服务。微信平台的开放是否更有利于飞书的发展，与飞书的经营活动是否高度依赖于微信平台是两个不同的概念。随着短视频行业的爆发，以抖音、西瓜视频等为代表所形成的字节跳动系产品矩阵，对即时通讯领域龙头企业——腾讯的流量和用户注意力产生了实质性威胁，这是否可以认为，微信是飞书等软件商品通过导流进入市场的唯一渠道的这个判断受到了挑战，对于这一点仍需作进一步的市场竞争状况分析，特别是对互联网领域在线推广宣传服务市场的界定及市场支配地位的认定作出清晰准确的判断。事实上，随着互联网市场上相关商品市场的细分化和垂直化愈发明显，这对认定经营者具体行为发生的具体相关市场及其行为竞争效果的识别和判断带来了很大难度，需要审慎细致地予以分析。①

最后，从"该经营者提供该设施的可能性以及对自身生产经营活动造成的影响等因素"来看，大型互联网平台的开放，一方面可能有利于其他经营者的业务开展，使竞争更加活跃；另一方面也可能带来平台经营者投资积极性的丧失、平台维护成本的提高、由平台承载量增加而引发的服务质量不稳定问题、用户信息流动的不确定性等风险。设施的经营者提供该设施的可能性以及对自身生产经营活动造成的影响等因素也可以看作是对拒绝提供必需设施行为是否存在"正当理由"的考察。即使争议设施被认定为在下游的市场竞争中是必不可少且不可复制的，在设施的经营者具备正当理由的情况下，也可以拒绝提供设施。譬如，主张该设施难以容纳更多的商品或服务，或者容纳更多的商品或服务会造成质量下降，从而损害消费者利益；抑或设施的负荷增加，会增加维护费用，使交易成本上升，导致效率下降；也可能是使用设施的竞争者不具有利用该设施的必要技术条件。②

另外，设施的经营者还可能主张其拒绝交易行为是因为拟使用设施的竞争者拒绝支付合理的对价，这就会牵扯到平台的合理使用费的设定问题，平台经营者通过设定过高的使用费，同样可以起到拒绝交易的效果。那么，怎样的交易价格才是合理的？在交易双方对平台的合理使用费用产生争议的情况下，无疑反垄断法执法机构抑或是司法审判机关就将直面交易价格的设定问题，此时就又涉及平台的建设成本以及合理利润等的计算。

统一后的中央反垄断法执法机构有意引入必需设施原则来回应国内外各界普遍关注的互联网超级平台涉嫌滥用市场支配地位限制、排除竞争的问题。然而必需设施原则的适用应当依据法律法规的规定，对实施后的影响进行综合评估。在未来必需设施理论适用时应严格遵循以下步骤：首

---

① 陈兵：《数字经济新业态的竞争法治调整及走向》，《学术论坛》2020 年第 3 期。
② 陈兵、赵青：《互联网平台封禁行为的反垄断法解读》，《法治现代化研究》2020 年第 3 期。

先，分析认定拥有该设施的经营者在相关市场是否具有支配地位；其次，对该设施的不可复制性进行考察；再次，对该设施的必需性进行考察；最后，查验是否存在排除事由，衡量拥有必需设施的经营者是否有"正当理由"拒绝交易相对人的申请。

简言之，对于必需设施的认定从该原则产生之日起就饱受争议，适用必需设施原则在可能具有促进竞争的积极效果的同时，也可能伴随着较大的风险，倘若轻易适用该原则，不仅会妨碍正常的市场运行机制，更会难以平衡短期的竞争和长期的创新之间的关系。对于诸如微信等大型互联网平台，是否需要以必需设施之名法定其开放义务，以及如何为其强制开放设定相对公平合理的交易条件，需要在用户利益保护、竞争自由、激励创新之间进行综合、全面的比较衡量。

我国《反垄断法》第二十二条第一款明确"禁止具有市场支配地位的经营者从事下列滥用市场支配地位的行为"，那么，仅从条款规定本身进行分析的话，经营者只要构成第二十二条第一款中所规定第（一）项至第（六）项的行为，即可以直接判定上述行为可能导致排除、限制竞争的结果，并不需要另行进行个案分析来判断具体行为是否造成排除、限制竞争的效果。但是《反垄断法》总则当中的第七条还明确指出："具有市场支配地位的经营者，不得滥用市场支配地位，排除、限制竞争。"那么，《反垄断法》总则第七条的规定是否可以看作滥用市场支配地位行为的违法性判断要件规定，即在认定规制滥用市场支配地位行为的过程中，除了相关市场的界定、市场支配地位的认定、滥用市场支配地位行为的分析以外，是否还需要另行对排除、限制竞争的效果进行分析，对此在立法解读上是存在争论的。

在奇虎诉腾讯反垄断纠纷诉讼当中，最高人民法院指出："即使被诉经营者具有市场支配地位，判断其是否构成滥用市场支配地位，也需要综合评估该行为对消费者和竞争造成的消极效果和可能具有的积极效果，进而对该行为的合法性与否作出判断。"这也就说明了，最高人民法院认为在反垄断民事诉讼当中，对争议行为的违法性判断应建立在效果分析的基础之上。另外，在原国家工商行政管理总局对利乐反垄断行为的行政处罚决定书中也表明了反垄断执法机构在滥用市场支配地位行为的认定中，对排除、限制竞争效果论证的关注。

此外，就《反垄断法》第二十二条第一款的条文设计来看，反垄断执法机构即使认定经营者从事了滥用市场支配地位行为，也需要考察行为是否具有正当理由。依据《暂行规定》，经营者可以从多方面为自身行为的正当理由提出抗辩，譬如：有关行为是否为法律、法规所规定；有关行为对社会公共利益的影响；有关行为对经济运行效率、经济发展的影响；有关行为是否为经营者正常经营及实现正常效益所必需；有关行为对经营者业务发展、未来投资、创新方面的影响；有关行为是否能够使交易相对人或者消费者获益。

经营者提出的"正当理由"具有多样性、复杂性，这就要求反垄断执法与司法机构在涉嫌滥用市场支配地位行为的认定中，对正当理由抗辩的成立与否进行权衡，关注行为所带来的正、反两方面的经济效果，并遵循个案分析原则，通过具体分析来衡量滥用市场支配地位行为的影响。更为重要的是，滥用市场支配地位行为分析框架中的界定相关市场、认定市场支配地位、认定滥用行为、评估反竞争效果的四步分析步骤，并不是各自独立甚至孤立进行的，而应当是环环相扣、相互关联，不仅相关市场界定与市场支配地位认定需要考量市场行为与市场绩效，而且在认定滥用行为是否存在正当理由的过程当中也需要将行为所能实现的积极效果与反竞争效果进行权衡。因此，滥用市场支配地位分析框架中的四步分析步骤应当系统进行，相互映照，并保持内在逻辑上的一致性。

具体到互联网领域，用户的注意力的稀缺性特点造成争夺用户注意力的平台之间普遍存在竞争关系，互联网企业之间的竞争，呈现竞争边界模糊、跨界竞争的特征。在互联网领域相关市场的边界和市场支配地位的存在与否都不十分清晰的背景下，可以在某种程度上考虑弱化对相关市场界定和市场支配地位认定明确度的要求，在相关市场界定、市场支配地位认定、限制竞争效果的判断方面，进行非隔断式的三维立体的考虑架构，将重心放在对限制竞争效果的分析上。也就是说，最终争议行为是否构成违反《反垄断法》的行为，还是要聚焦到行为所能引起的市场效果上来。

结合我国的反垄断执法和司法实践经验，并参考域外的立法经验，限制竞争效果可以将价格提升或产量减少、商品或服务多样性的限制、创新阻碍、封锁效果以及竞争者的费用上升效果等作为指标。在新兴的网络产业中，一方面，由于网络外部性，使市场呈现较高的集中度；另一方面，由于创新竞争，市场又存在激烈的竞争，市场结构特征是垄断性结构和动态性竞争的结合，可称为"动态竞争性垄断结构"。在这种市场结构下，考察行为的反竞争性应主要评估行为对市场竞争的限制与排斥、企图独占市场、对消费者利益产生损害等因素，有时还需要综合考虑更多的因素。

在考察争议行为对消费者利益所造成的影响的过程中，鉴于互联网产业的平台经营模式，传统的价格因素对于消费者而言已不是影响用户选择网络产品或服务的决定性因素，影响消费者选择的要素是用户数量、用户体验、转移成本等。因此，应更注重对消费者非经济利益方面的考察。如果企业能够证明其行为能明显增加消费者的选择自由，或者产品性能实现较大提升能明显提高消费者的满足感，那么消费者福利的提高可以视为排除互联网企业行为违法性的正当理由。相反，如果互联网企业的行为造成消费者福利减损，那么该行为则因缺乏正当理由而应被判定违法。

具体到微信"封禁"飞书事件当中，要考察限制竞争的效果，需要综合评估争议行为对消费者和竞争造成的消极效果和可能具有的积极效果，进而对该行为的合法性作出判断。从用户的角度来看，应着重考察用户自由选择权的受限程度，"封锁封禁"行为直接表现为在微信平台上不能直接打开飞书，需要复制链接，再由浏览器打开，这会给同时使用微信和飞书的用户造成不便，但这种不便是否足以迫使用户不能自由选择办公软件，或者说迫使只能使用腾讯指定的办公软件，需要结合争议行为前后的相关实证证据来加以判断，而且还需要对办公软件市场是否有充分的替代选择进行分析，和对受影响的用户范围进行分析，才能最终判断这种不便对消费者利益有无重大影响。

互联网领域的"封禁"行为是否构成我国现行《反垄断法》上禁止的滥用市场支配地位行为，通常需要从界定相关市场着手，继而认定行为人在相关市场是否具备支配地位，分析涉嫌反垄断违法行为的基本特征，最后，通过评估争议行为是否具有或者可能具有排除、限制竞争效果来判断行为是否具有违法性。

在互联网领域相关市场的界定方面，需求替代的分析方法仍然可以适用，然而考虑到双边市场的特点，各边市场存在不同的需求，在具体的争议案件当中，可以以争议行为为导向，以争议行为所指向的商品或服务为出发点，进而围绕该商品或服务进行需求替代分析，同时联合争议行为效果所发生的某边市场一并予以考察。另外还须注意市场力量的源泉市场和限制竞争效果发生的市场可能存在不一致的情况，在这种情形下，就需要细致地予以区分两个以上的相关市场，甚至涉及中间传导市场。此外，还可以结合对行为引发的限制、排除竞争效果的评价来进行反向逻辑推定，进一步分析相关市场的范围。

在互联网领域市场支配地位的认定方面，基于相关市场创新竞争、动态竞争的特点，通过市场份额来推定市场支配地位的方法需要慎重适用。正如我国反垄断执法机构所作出的相关立法回应，互联网领域市场支配地位的认定需要关注相关行业竞争特点、经营模式、用户数量、网络效应、锁定效应、技术特性、市场创新、掌握和处理相关数据的能力及经营者在关联市场的市场力量等因素。除此以外，在分析经营者的"封禁"行为是否是基于其市场支配地位而为的过程中，亦可适用反向推演的方法，结合行为效果来评价行为人的市场地位。

在互联网领域"封禁"行为是否构成反垄断法上禁止的拒绝交易行为，特别是是否构成拒绝提供"必需设施"的认定方面，应遵循以下步骤。首先，分析认定拥有该设施的经营者在相关市场是否具有支配地位；其次，对该设施的不可复制性进行考察；再次，对该设施的必需性进行考察；最后，查验是否存在排除事由，衡量拥有必需设施的经营者是否有"正当理由"拒绝交易相对人的申请。适用必需设施原则，一方面可能有利于其他经营者的业务开展，使竞争更加活跃；另一方面也可能带来平台经营者投资积极性的丧失、平台维护成本的提高、由平台承载量增加而引发的服务质量不稳定问题、用户信息流动的不确定性等风险。倘若简单地适用必须设施原则，不仅会妨碍正常的市场运行机制，更会难以平衡短期的竞争和长期创新之间的关系。对于诸如微信等大型互联网平台的开放与否，以及如何设定为开放设定公平的交易条件，需要在用户利益保护、竞争自由、激励创新之间进行综合、全面的比较衡量。

最后，在限制竞争效果的评定方面，《反垄断法》第一条表明该法是为了预防和制止垄断行为，保护市场公平竞争，鼓励创新，提高经济运行效率，维护消费者利益和社会公共利益，促进社会主义市场经济健康发展而制定的。因此，《反垄断法》对限制、排除竞争效果的考察并不着眼于单个经营者的具体利益的实现与否，而在于公平自由的市场竞争机制是否受到扭曲或者破坏，在于对消费者利益、社会公共利益以及社会主义市场经济健康发展的实现。结合我国的反垄断执法和司法的实践经验，并参考域外的立法经验，限制竞争效果可以价格上升或产量减少、商品或服务多样性的限制、创新阻碍、封锁效果以及竞争者的费用上升效果等为指标。

具体到平台"封禁"行为，需要综合评估争议行为对消费者和竞争造成的消极效果和可能具有的积极效果，进而对该行为的合法性作出判断。在考察争议行为对消费者利益所造成的影响的过程中，鉴于互联网产业的平台经营模式，传统的价格因素对于消费者而言已不是影响用户选择网络产品或服务的决定因素，影响消费者选择的是用户数量、用户体验、转移成本等要素，因此，应更注重对消费者非经济利益，譬如，自由选择权受限程度的考察。在考察争议行为对市场竞争机制所造成的影响的过程中，则需要综合考虑以下因素：①封禁行为是否造成行为人所经营的平台用户流失达到一定比例；②封禁行为是否使行为人的市场支配力可以发生转移；③在各个相关市场上是否还有其他竞争者或者潜在的竞争者、争议行为前后其他竞争者的市场份额或者市场进入情况如何。在这些效果因素的评价过程中，均需要实证证据作为支撑，具体案件具体分析，在法律没有明文规定举证责任倒置的前提下，应当遵循"谁主张谁举证"的原则。①

2. 数据爬取行为的反垄断法识别

虽然在实践中尚未出现涉及数据爬取行为的反垄断纠纷，但是数据爬取作为数字经济下新型竞争行为，在对其进行竞争法治理时，无可避免会面临该行为是否违反反垄断法的疑问。事实上，由数据爬取行为引发的滥用市场支配地位案件已在美国出现，譬如 hiQ v. LinkedIn 案。可以预见，随着数据作为数字经济时代愈发重要的创新型要素，其引发的数据竞争纠纷会越来越凸显，具有市场支配地位的数据持有者或控制者，可能会滥用其市场支配地位限制或剥削数据的获取和流动。为此，有必要针对数字经济运行的特征，基于数据爬取行为的法理解析，对现有反垄断法分析方法进行优化，提高反垄断法的适用性。

运用反垄断法治理数据爬取行为，重点关注的是数据爬取行为或（和）反爬取行为对相关市场上竞争秩序的影响及对消费者利益的影响。与反不正当竞争法下的关注有所不同，反垄断法对数据爬取行为的治理，并非对单个经营者利益的保护，而是强调对市场竞争秩序的保护，其分析逻辑与当前法院审理数据爬取不正当竞争纠纷案件的主导思路不同，其对相关市场及市场地位的分析，构成了对数据爬取行为反垄断治理的逻辑起点。

相关市场支配地位的认定，包括相关市场界定和市场支配地位认定两个环节。在相关市场界定上，重点在于相关市场界定方法的选取。随着市场竞争方式渐由传统价格竞争转向注意力竞争和数据竞争，对消费者需求的把握将在很大程度上决定经营者在市场上的竞争优势，经营者为了在注意力竞争中获取优势，需高度关注消费者用户需求，基于用户需求不断推出商品或者服务的升级。可见，对消费者需求的争夺，即需求替代是经营者竞争约束的主要来源，故仍应以需求替代性分析作为界定相关市场的基本方法。同时，需结合个案进行具体分析，根据实际竞争约束发生的情

---

① 陈兵、赵青：《互联网平台封禁行为的反垄断法解读》，《法治现代化研究》2020 年第 3 期。

况采用相应的供给替代分析。正如，2021年2月7日发布的《平台反垄断指南》中指出，"坚持个案分析原则，不同类型垄断案件对于相关市场界定的实际需求不同"。

在相关市场支配地位认定环节，关键在于细化认定相关市场支配地位的各类标准。在动态竞争和跨界竞争特征显著的平台经济领域，相对静态的市场份额标准，虽然仍在一定程度上反映经营者的市场力量，但是在衡量市场力量的诸多指标中，其权重已受到挑战。《平台反垄断指南》从平台经济发展的显著特征出发，对相关市场支配地位的认定标准，予以了细化。譬如，在确定平台经营者市场份额时，考虑活跃用户数、点击量、使用时长等可量化指标。同时，也结合平台经济中普遍存在的跨市场构造、网络效应、规模经济效应、锁定效应等，将平台所拥有的数据，以及分析和使用相关数据的能力，视为判定其市场地位的重要标准。此外，考虑到这类标准的具体数值始终处在不断变化之中，通过实时数据的运行予以反馈，表现为一种交互式的评价指标，故对这类标准的评估和使用需结合个案分析，特别是区分不同业务类型的平台在不同应用场景下的实际市场力量，不能"一刀切"。

结合数据爬取行为的技术性、隐蔽性、动态性等特征，全面评估数据爬取行为可能带来的反竞争效果是准确适用反垄断法治理的前提和基础，特别是针对数据爬取的技术中立性特征，爬取方和被爬取方都有可能通过爬取行为或反爬取行为实现排除、限制竞争的目的，当然，也有可能实现数据技术创新应用的效果，故有必要分情况、分类型予以分析。对爬取方可能涉嫌滥用市场支配地位的行为，需结合数据爬取行为的实现方式，以及数据爬取行为获取数据产生的实际效果来判断，特别是当爬取方与被爬取方在相关市场上存在横向竞争关系或处于产业链上下游，且爬取方具有显著优势的情况时，需谨防爬取方借助跨市场的传导效应滥用其市场力量，不当爬取被爬取方的数据，影响相关市场或关联市场上的公平竞争秩序，或者剥削相关用户利益。此外，还应考察爬取行为对相关市场上创新产生的影响。

除前述情形外，在处理数据爬取行为反垄断案件时，还应关注数据被爬取方是否具有市场支配地位的情形。具有市场支配地位的经营者可能会通过拒绝数据爬取的方式，保护自己拥有的数据不会被其他竞争对手或下游数据企业获取，达到维持和巩固其在数据方面的优势地位的目的，从而在其他关联市场或者相关市场上利用数据优势的传导，予以降维打击，显著情况是扼杀式并购或复刻式竞争，譬如，脸书并购瓦茨艾普（WhatsApp）、照片墙（Instagram），以及 hiQ 与领英之间的反垄断纠纷等。故需立足于数据要素的特征及数据获取、流动、使用的现实需要，对数据爬取行为的竞争法治理，并非简单地在反不正当竞争法与反垄断法之间做单选题，而需要全面评估和整体考量，特别需关注数据爬取行为的双方主体在相关市场上的地位，及其对市场竞争秩序和消费者利益的影响，准确识别在治理数据爬取行为时存在的反不正当竞争法与反垄断法的竞合情形。①

3. 大数据杀熟

"大数据杀熟"或者以大数据分析为基础的差别定价，是指基于大数据和算法，对新老交易相对人实行差异性交易价格或者其他交易条件或是基于大数据和算法，根据交易相对人的支付能力、消费偏好、使用习惯等，实行差异性交易价格或者其他交易条件。这种定价方式本质上是一种"对人不对物"的定价方式，商品或服务定价并非依据商品本身的性质功能，而是根据对消费者心理与行为的分析结果。譬如，曾有消费者反映用自己使用频度不同的两个账号登录同一平台，使用频度高的账号登录时，网页上所显示同一商品的价格反而比使用频度低的账号检索价格要高，而且价格差异还相当悬殊，这就是典型的大数据差别定价的表现。

"大数据杀熟"现象早已引起了消费者、竞争监管机构及学术界的重视，对大数据差别定价行为所带来的社会福利效果进行分析的论文也并不鲜见。大量互联网平台经营者利用现有的数据资源，设计算法对老用户的价格实行差别对待，以此获得更多的生产者剩余，更有增加社会总剩余的利好。那么，对不同用户采取不同的价格方案究竟是正常的市场定价行为，还是《反垄断法》中所禁止的滥用市场支配地位行为——无正当理由对交易对象实施差别待遇的价格歧视行为。算法所设置的个性化定制模式的合法与违法的界限应该怎么识别，仍需进一步研判。譬如，从成因上分析这种情形在一定程度上是互联网平台经营者试图把个性化推荐的算法成本转移到消费者身上的技术安排，故此，从《反垄断法》中的效果原则和合理规则的适用条件分析，价格歧视行为并不一定违法，其合法性认定还需要在个案中对行为的损害与效率进行分析。但总体来讲，此类"黑箱"确实给市场交易带来了极大的不确定性和不可预测性，显著地提高了某一类消费者的交易价格，增强不公平、不合理交易条件的隐蔽性，给整个市场竞争结构和竞争过程带来潜在的巨大风险。②

---

① 陈兵：《保护与竞争：治理数据爬取行为的竞争法功能实现》，《政法论坛》2021年第6期。

② 陈兵、赵青：《开启平台经济领域反垄断新局面》，《中国价格监管与反垄断》2020年第12期。

《平台反垄断指南》对具有市场支配地位的平台经济领域经营者,滥用市场支配地位,无正当理由对交易条件相同的交易相对人实施差别待遇,排除、限制市场竞争的行为进行了禁止性规定,并且明确指出平台在交易中获取的交易相对人的隐私信息、交易历史、个体偏好、消费习惯等方面存在的差异不影响认定交易相对人条件相同,该项说明性条款可谓直指千人千面的大数据差别定价行为。

值得注意的是,这里被禁止的大数据差别定价行为并不包括诸如出租车交通高峰时段与平常时段的差别定价,因为高峰时段与平常时段的差别定价并不是因人而异的,这种差别反映的还是市场上的需求与供给情况,也会起到平衡需求与供给的效果;也并不是指保险、信贷产品当中因交易相对方个人资信情况而进行的差别待遇行为,这种差别的存在并不是以个人的支付意愿和支付能力为基准的,而本质上是基于成本的差异性而产生的,因为个人资信情况等因素会影响到相关金融、保险产品的成本。

另外,更重要的是《平台反垄断指南》是在滥用市场支配地位行为的规制框架内对大数据差别定价进行了规制。正如既存学术研究成果当中已经指出的消费者的货比三家行为可以抑制"大数据杀熟"的负面效应,但是当行为人是具有市场支配地位的经营者,消费者便很难实现真正的货比三家。

概言之,《平台反垄断指南》中对大数据差别定价行为的规制,是以行为人具有市场支配地位为前提条件的,而且会通过分析平台经济领域经营者的差别行为是否以交易相对人实际需求为根据,且符合正当的交易习惯和行业惯例;差别行为是否属于针对新用户的首次交易在合理期限内开展的优惠活动;差别行为是否属于基于平台公平、合理、无歧视的规则实施的随机性交易等正当性理由,来最终认定差别待遇行为的违法性。这种处理方式既是对消费者要求规制"大数据杀熟"的有力回应,也没有忽视相关行业的特征与发展需要。

4. 自我优待

自我优待近年来受到各国反垄断立法的广泛关注,德国《反限制竞争法》第十次修正案、欧盟《数字市场法》及美国《选择与创新在线法》中均提出了规范自我优待行为的具体方案。我国目前尚未对"自我优待"进行定性,对"自我优待"的定性可能会挑战平台企业的底层运行逻辑。

2022年8月1日,修订后《反垄断法》正式实施。明确反垄断法在平台经济领域的具体适用规则,是新反垄断法的重要调整。新反垄断法在总则部分即新增原则性规定,"经营者不得利用数据和算法、技术、资本优势以及平台规则等从事本法禁止的垄断行为"。

平台自我优待一般是指在上、下游市场也从事经营活动（Dual Role）的平台经营者，相比其他竞争者的服务更加优待自己所提供服务的行为。在检索平台领域具有支配地位的经营者在检索排序过程中对自身商品或服务适用优待性的算法或规则就是比较典型的事例。虽然我国尚未明确将该行为纳入《反垄断法》之中，但是 2022 年《反垄断法》修订进一步明确了反垄断相关制度在平台经济领域的适用规则，尤其是在第三章"滥用市场支配地位"第二十二条中加入了第二款，即"具有市场支配地位的经营者不得利用数据和算法、技术以及平台规则等从事前款规定的滥用市场支配地位的行为。"该条款能够涵盖具有市场支配地位的平台经营者，利用数据和算法、技术以及平台规则等实施自我优待行为。

根据差别待遇的行为方式、行为对象以及行为效果等要素，自我优待行为可能构成《反垄断法》"滥用市场支配地位"第二十二条第一款所列举行为中的"拒绝交易"和"差别待遇"等两类行为。

其一是构成拒绝交易的情形。当平台经营者实现自我优待的行为是通过拒绝竞争对手的平台接入、数据收集或者设置高价等方式达成的，此时，自我优待的行为可能并不会直接表现为对其他经营者接入平台或者与平台进行交易请求的拒绝，而是通过在平台规则、算法、技术、流量分配等方面设置的不合理限制，使交易相对人难以进行交易的方式，也能够产生拒绝交易的效果。例如，平台企业禁止外部程序接入平台将导致被封禁经营者的流量供应中断，中断的效果取决于平台企业在上游市场中的市场力量。若该平台在上游市场中具有显著的市场控制能力，则被其封禁的经营者不但将失去现有的流量供应，还无法通过其他成本相当的渠道进行弥补。①

其二是构成差别待遇的情形。差别待遇除了涵盖价格歧视外，还包含非价格歧视，例如设置差异性的标准、规则、算法以及付款条件或付款方式。②该解释摆脱了传统价格歧视的藩篱，认识到平台实行非价格歧视行为也会造成反竞争效果。《平台反垄断指南》中将"实行差异性标准、规则、算法"的行为作为具有市场支配地位的平台经济领域经营者，滥用市场支配地位，对交易条件相同的交易相对人实施差别待遇的行为之一进行了列举。依据《平台反垄断指南》的相关解释，此处所提及的"交易条件相同"是指交易相对人之间在交易安全、交易成本、信用状况、所处交

---

① 周围：《规制平台封禁行为的反垄断法分析——基于自我优待的视角》，《法学》2022 年第 7 期。

② 孟雁北、赵泽宇：《反垄断法下超级平台自我优待行为的合理规制》，《中南大学学报》（社会科学版）2022 年第 1 期。

易环节、交易持续时间等方面不存在实质性影响交易的差别，这也就为规制平台的"自我优待"行为提供了依据与准则。

自我优待是一种长期存在的商业模式，在传统经济领域，自我优待的形成，与反垄断法规制下的差别待遇有一致性。而在数字经济场景下，自我优待的达成具有隐蔽性，可能存在不可被具体识别的交易条件。作为对市场经济行为规制的基本法规，应适用于所有的业态，不能为了解决平台经济领域的特殊问题，而忽视了法律的普遍适用性和稳定性。

自我优待乃至将利用平台内数据开发自身产品及辅助自身决策的行为，如果均被明确定义为滥用市场支配地位的行为形态，其巨大的威慑力将对经营者的商业决策产生重要影响。实际上，自我优待、利用平台内数据开发产品及决策恰恰是当今很多行业的惯例和交易习惯。经营者利用自身优势，推出高度整合的新产品参与跨界竞争，是中国平台领域市场竞争的重要表现形态，将经营者自我优待乃至利用平台内数据开发产品及决策认定为滥用行为，可能影响平台经济和大数据分析行业的发展，值得立法者三思。

平台自我优待的实现，通常是以对相同条件的商家或者商品给予不同待遇的形式出现，甚至是给予条件较差的商家或者商品优待，这种优待可包括价格和非价格方面，在实践中可能主要表现为给予自家商品更优先的排序、较低的审核门槛等。

因此，在反垄断法视域下识别自我优待行为时，需要首先界定相关市场，其次判定经营者在相关市场中是否具有支配地位；再次对行为的表现形式进行认定，重点考察自我优待行为采用的行为方式；最后分析行为效果，考察行为是否给行为主体带来不正当的竞争优势，是否破坏了市场秩序，又是否给竞争对手或消费者等主体产生损害。作为一个普遍的商业运行逻辑，新的规定可能将挑战平台企业的底层运行逻辑。应慎重考虑条款的体系性和整体性，以及将自我优待作为一个单独条款放进去的必要性和可行性，对于自我优待行为，建议用一般条款来进行规制。

5. 二选一

《反垄断法》虽然在认定市场支配地位的过程中会对交易相对方的依赖程度进行考量，具有市场支配地位的经营者设定不公平的交易条件也可能构成滥用市场支配地位的行为，但是《反垄断法》规制"二选一"行为仍然以经营者具有市场支配地位为前提条件。实际上，平台连接多边市场的属性以及平台上所展示商品或服务的多样性已经在很大程度上增加了明确界定相关市场的困难，即使在被界定的相关市场当中某平台经营者不具有支配地位，在特定的市场环境中其仍有可能相对于交易相对方具有优势地位，从而可以违背交易相对方的经营自主，强制设定交易条件。以外卖平台为例，若消费者存在消费偏向，具有习惯性仅使用某一特定平台的倾向，而餐饮经营者为了能够接触到尽可能多的消费者，具有使用复数平台的倾向，那么即使某平台企业在整个外卖平台市场上不具有支配地位，相对特定餐饮经营者其仍可能存在滥用相对优势地位，妨碍自主经营的可能性，此时也就显示出激活滥用相对优势地位制度的必要性。

若平台经营者具有市场支配地位，且实施了限制或禁止商家平台多归属的"二选一"行为，并由此产生严重损伤市场竞争和降低社会福利的结果，则应该受到《反垄断法》上禁止滥用市场支配地位条款的规制。《平台反垄断指南》第十五条已经将平台经济领域经营者凭借垄断地位要求平台内经营者在竞争性平台间进行"二选一"明确列举为涉嫌滥用市场支配地位限定交易的行为。此外，《平台反垄断指南》还关注到平台实施"二选一"行为的具体方式不同，会带来不同的市场竞争效果，因此，有必要具体案件具体分析，根据不同场景采取不同的规制方式。

若平台经营者通过封锁店铺、搜索降权、技术设限、收取保证金等具有惩戒性质的措施设置限制，直接损害了市场竞争秩序和消费者利益，则该行为可构成限定交易行为。若平台经营者通过提供特权、奖金等激励性方式实现"二选一"，则可能会给市场内诸如平台内经营者、消费者等多方主体带来一定的积极效果，此时，认定相关行为的违法性，需要将积极效果与限制竞争效果进行比较衡量。同理，平台经营者也可以提出诸如保护交易相对人或消费者利益所必需，为保护针对交易所进行的特定资源投入所必须等正当理由来进行抗辩。

尽管有观点认为这类限定交易行为具有积极效果，符合效率和公平原则，并不会减损消费者福利[1]，但是也有学者对其行为的合法性和合理性表示质疑，认为其具有阻碍平台商户的"多归属性"，限制商户经营自由，排挤其他竞争对手，侵害用户自由选择权和公平交易权的违法的反竞争效果。[2]

---

[1] 2020 年 10 月 17 日，吴韬教授在中国法学会经济法学研究会第 24 期"经济法 30 人论坛"上发表主题演讲时指出，"二选一"概念具有非专业性，其语义欠缺规范性和稳定性，容易被贴上"违法"标签并形成恶性循环，应防止对"二选一"概念的"标签化"。他认为，电商平台限定交易行为具有积极效果，符合效率和公平原则，且对竞争影响不明显，并不会减损消费者福利。具体参见陈兵、马贤茹、胡珍：《从监管科技到科技监管与法治监管的统合——"数字经济下竞争法实施重点与难点"研讨会综述》，《中国价格监管与反垄断》2020 年第 11 期。

[2] 王晓晔：《论电商平台"二选一"行为的法律规制》，《现代法学》2020 年第 3 期。

从阿里巴巴"二选一"行政处罚案、美团"二选一"行政处罚案来看，市监局对涉案"二选一"行为是否构成滥用市场支配地位行为的认定均建立在大量的实证性证据基础之上，且均遵循《反垄断法》的规定，对相关市场界定、市场支配地位认定、限制竞争效果分析等进行了全面阐释，在此过程中也呈现出对平台经济特点的充分重视与深入理解。

相关市场界定需分别界定相关商品市场与相关地域市场。在相关商品市场界定方面，在阿里巴巴"二选一"案和美团"二选一"案中，市监总局结合需求替代和供给替代分析方法做了界定。在相关地域市场的界定方面，市监总局认为中国境内平台服务与境外平台服务之间并不具有较高的替代性，因此，相关地域市场界定为中国境内。

在市场支配地位的认定方面，在阿里巴巴"二选一"案与美团"二选一"案中，市监总局综合分析了实施"二选一"行为期间当事人的市场份额、市场控制能力、财力与技术条件，相关市场集中度等要素，认定当事人具有市场支配地位。在认定过程中，市监总局对数据、算法及生态化布局等影响平台经济领域竞争的诸多要素均予以了关注，体现了把握平台经济特点的执法方式的现代化。

在限制竞争效果的分析方面，在阿里巴巴"二选一"案与美团"二选一"案中，市监总局均分别从其他竞争性平台、相关市场的潜在进入者、平台内经营者、消费者利益及平台经济创新发展等多角度展开了阐释。

从其他竞争性平台的角度来说，由于电商平台市场构造具有显著的交叉网络外部效应，"二选一"行为不仅会直接导致其他竞争性平台内的经营者数量减少，同时在交叉网络外部效应的作用下，也会间接导致竞争性平台的消费者减少，从而形成循环反馈，削弱了竞争性平台的竞争能力。对于相关市场的潜在竞争者而言，若要有效进入市场，就必须积累一定量的用户才能充分激发网络效应和规模经济的效果，实现正向循环反馈。而当事人的限定交易行为则会造成市场封锁效果，导致潜在竞争者难以实现正向反馈循环，不当提高市场进入壁垒。

从平台内经营者的角度来说，限定交易行为直接限制了平台内经营者的经营自由，阻碍了用户多归属，限制了销售渠道的多样化，由此还会导致平台内经营者的经营收入减损。另一方面，对独家合作入驻商和非独家合作入驻商在佣金费率方面给予差别对待，还会损害平台内经营者之间的公平竞争环境。

从平台经济创新发展与消费者利益的角度来说，"二选一"行为阻碍要素的自由流动，妨碍资源优化配置，还会削弱竞争性平台开展技术和商业模式创新的动力。而正如硬币的两面一样，竞争性平台上品牌及商品的减少，也会缩减消费者的可选择范围，限制了消费者的自由选择权，多元化服务和促销活动的减少还会直接影响到消费价格等交易条件，从而影响消费者的公平交易权，损害消费者利益。因此，从长远看本案的限定交易行为会限制竞争、损害消费者利益，最终减损社会总福利水平。

通过对上述两个行政案件的分析，可以看出市监总局在规制由具有市场支配地位经营者实施的"二选一"行为方面已经摸索出一条较为成熟的规制路径，其中相关市场的界定方法、市场支配地位的认定要素以及排除、限制竞争效果的评价与考量方式对平台经济领域的各方参与主体均具有重要的指引与警示作用，有利于平台经营者的自觉合规经营，同时也有利于平台内经营者、竞争性平台乃至广大消费者的维权与参与监督。①

---

① 陈兵、云薇笑：《平台"二选一"行为的竞争法规制再探》，《学习与实践》2022年第4期。

第三章　数字经济与反不正当竞争法

伴随数字全球化及人工智能时代的到来，互联网已成为人类社会不可或缺的有机组成部分，正深刻影响甚至改变着人们的生产生活格局与方式。依托互联网的平台经济、大数据、云计算、算法以及进阶后的人工智能技术与经济业态等已成为新时代经济发展的助推器和新的增长点，尤其是大数据已然从互联网经营者的商业技术核心进阶到了国家乃至全球经济发展新布局和新战略的顶层设计中。从 2015 年《促进大数据发展行动纲要》（国发〔2015〕50 号）的发布到 2022 年党的二十大报告，都从国家发展战略全局的高度提出了我国大数据发展的顶层设计。党的二十大报告指出，"加快发展数字经济，促进数字经济和实体经济深度融合，打造具有国际竞争力的数字产业集群"①。可以预见，在大数据及以其为基础的人工智能和共享经济成为新时代经济发展新动力的同时，围绕大数据及其相关的领域也可能会出现诸多问题。申言之，大数据不仅带来了商业竞争格局的改变，而且亦对现有的市场经营行为、商业模式及竞争秩序产生了冲击，加之平台经济对传统竞争法规制思路和框架的挑战，更加剧了大数据对传统竞争法规制理论的颠覆。在此背景下，如何在数字经济时代革新竞争法实践进路，竞争法如何回应围绕大数据广泛运用产生的市场竞争问题，正成为摆在学者面前的新时代经济社会发展中的热点和难点问题，亟须作出理论深耕。

第一节　大数据的竞争法属性及其规制意义②

当前，围绕大数据所展开的一系列法律问题已经引起了社会各界的

---

① 《高举中国特色社会主义伟大旗帜　为全面建设社会主义现代化国家而团结奋斗》，《人民日报》2022 年 10 月 26 日第 1 版。

② 本节参见陈兵：《大数据的竞争法属性及规制意义》，《法学》2018 年第 8 期。

广泛关注。法学界对大数据的研究主要集中于概念界定以及数据相关属性判断的层面，将大数据作为数据的下位概念展开递进式研究，将大数据作为一种独立现象和介质的法律属性的研究成果甚少，而将大数据置于竞争法层面的研究更是阙如。相对于理论研究的滞后，实践中已经出现了与大数据相关的竞争法问题或者是纠纷，理论与实践的不相匹配要求法学界必须对大数据与竞争法之间的关系以及相应的规范及实施路径作出有效探索，尽快形成体系化、系统化的研究成果和实用性、有效性的智库产品。

一、数据到大数据的法律属性素描

大数据一词虽广被讨论，但对其具体内涵以及相关概念的特征仍缺乏共识。鉴于此，有必要先对数据、大数据概念及相关概念的特征属性加以阐释，在此基础上进一步引申出对大数据竞争法品性认知上存在的不足或盲区，并说明此状况不利于全面准确地看待和分析大数据在实然与应然层面对市场竞争和竞争法的影响及意义。

（一）数据与大数据的界分

何谓"大数据"，学界对其并无准确定义。国外对大数据的定性虽不统一，但对部分特征已有共识，即大数据不是大量数据的简单叠加，而是具有多个维度，一般可被概括为数量（volume）、速度（velocity）和多样性（variety），甚至包括增加的价值（value-increase）。数量是大数据的最基本要素，单个数据并无过高的价值，称为大数据，很大程度上是因其所依托的数据量庞大；速度是指数据生成的速度，还包括处理分析数据的速度，若数据不能被快速处理和分析，便会很快失去价值；多样性是指信息数据种类的多样性和数据来源的多样性。在早期文献中，对大数据的核心在于预测的认识更多是从思维方式和商业模式层面来讨论大数据的功能和价值，尚未能系统地归纳出大数据的属性，尤其是其法律属性。现在有部分学者则认为，大数据是一种技术，与供给相关，而非与需求相关。我国《促进大数据发展行动纲要》对大数据的表述是："大数据是以容量大、类型多、存取速度快、应用价值高为主要特征的数据集合，正快速发展为对数量巨大、来源分散、格式多样的数据进行采集、存储和关联分析，从中发现新知识、创造新价值、提升新能力的新一代信息技术和服务业态。"

目前，大数据尚难以被视为一种类似于消费商品的存在，其在日常生活中的价值定位仍需作进一步厘清。事实上，广义的大数据强调的是思维方式，强调使用大量多样且快速更新的数据来预测相应趋势，寻找各种现象之间的相关性，而狭义的大数据被视为技术，是一种挖掘分析数据的计算机技术，运用云计算、机器学习等计算机手段，对人们在互联网上留存的信息进行收集、加工、再创造的计算机技术。笔者认为，在广义和狭义两个层面来阐释大数据的内涵与属性其实更有助于明晰大数据与市场竞争的关系，以及其在竞争法上的意义。

（二）数据的法律属性

大数据以数据为起点，学界对大数据的研究亦以数据为基础展开。目前学界对数据法律属性抑或法律品性的探索主要围绕数据的物权属性、人格权属性以及相应的刑法属性展开，关注的重点在于数据创造者与数据之间的权利归属问题，偏重私法层面，以及对应的基于对私益的严重危害达致刑事违法程度而课以刑事责任，较少涉及大数据对市场竞争秩序和消费者福利的影响的分析，更缺乏在竞争法视阈下对大数据法律属性的讨论，以及大数据对促进竞争法革新意义的评价。

针对实践中出现的数据型或者基于数据之大数据技术的运用导致的垄断现象，例如数据驱动型经营者集中行为、大数据经营者滥用市场支配力行为等，现有的竞争法实施理念和行为依据尚不能有效应对源自大数据运用产生的限制、排除竞争行为，也不能对既存的或潜在的损害消费者利益的行为予以适度且合理的事前规制。如此一来，极容易出现"管与不管"皆尴尬的局面，也容易混淆事前规制与过度规制（over regulation）的界限，也可能引发由于忌惮事前规制的滥用风险而出现规制不足（under regulation）的问题。加之大数据所依托的互联网平台存在有别于传统单边市场的双边市场特征，使其市场法律规制路径的构建更加复杂。故此，只有先梳理和比较数据在不同部门法视阈下的属性，通过描述其多元特征，才能进一步探讨在数据被大数据技术广泛适用后，衍生出的大数据于竞争法上的属性。

承前所述，数据的法律属性是多维的。关于数据的人格权属性的讨论主要集中于数据作为公民个人信息的载体，由此衍生出的公民个人信息权的定位、内涵以及相应救济机制的探索。《民法典》第一千零三十四条规定："自然人的个人信息受法律保护。个人信息是以电子或者其他方式记录的能够单独或者与其他信息结合识别特定自然人的各种信息，包括自然人的姓名、出生日期、身份证件号码、生物识别信息、住址、电话号码、电子邮箱、健康信息、行踪信息等。"《个人信息保护法》也构建了完整的个人信息保护框架。其规定涵盖了个人信息的范围以及个人信息从收集、存储到使用、加工、传输、提供、公开、删除等所有处理过程；明确赋予了个人对其信息控制的相关权利，并确认与个人权利相对应的个人信息处理者的义务及法律责任；对个人信息出境问题、个人信息保护的部门职责、相关法律责任进行了规定。

尽管如此，在大数据时代下，不断扩充的公民个人信息仍然较难通过列举式实现全覆盖。更关键的是，当前我国的权利救济体系还有待进一步完善。面对大数据时代下个人信息内涵的不断扩容，对各类个人信息实施在收集、处理、加工、存储、流转、交易上的全方面保障，是保护个人人格的必然要求。

关于数据的物权属性的讨论主要集中在数据是否具有传统民法的客体性和财产性。数据具有非特定性，且缺乏独立性，导致其难以与"物"类似作为民法的客体，但也有学者和司法裁判者力图在传统民法体系中为数据增加一席之地，以求理论与体系的完整。同样，对于数据的财产性也是争议颇多，有学者认为，数据因其非客体性，不具有独立的经济价值，而不具财产性，[①]但是随着以贵阳大数据交易所为代表的数据交易市场的开启，可以预见，相关争议可能会成为过往，抑或会变得更加激烈，也就是说，数据的经济性是否可以证成其财产性仍需要更进一步的分析论证。

至于数据在私法领域的属性映射到刑法范畴，则主要聚焦在受刑法保护的公民信息的内涵范围该如何确定上。尤其是针对通过大数据技术对看似简单无用的使用记录等数据分析出公民更多隐私信息的特点，如何界定公民隐私信息范围以及如何识别互联网环境下危害公民隐私信息的行为及其严重危害性等问题都因互联网环境而变得复杂且难以回答。但是目前我国的《民法典》《个人信息保护法》等基本上对相关制度进行了全方位的规定，体现了我国政府维护公民基本权益的决心，为个人信息的规范化收集与利用提供了保障。随着实践中的生效实施，这一数字时代的基本法也将不断发展，为我国数字社会治理与数字经济注入更为强大的动力。

（三）数据法律属性的扩围

数据尤其是在数据依托计算机技术发展成为大数据后，已在诸多部门法方向上引起激烈讨论。但是前文对数据各个面向上法律属性的梳理与分析并不能阐明大数据在影响市场竞争秩序及消费者福利中所展现出的竞争法品性。这也从一个侧面说明了部门法的范畴和特征决定了其在观察维度和解释路径上的差异。大数据在当前市场经济运行中所展现出的正向和逆向激励已不能仅将其单纯地作为数据概念的下位概念来看待，在此前提

---

① 梅夏英：《数据的法律属性及其民法定位》，《中国社会科学》2016 年第 9 期。

下，对大数据所涵盖的法律属性进行独立讨论与深入研究成为必要。如果不能对大数据本身的法律属性进行阐释，那么围绕大数据所展开的一系列法律适用探索将会发生混乱。对竞争法而言，只有明确了大数据自身的竞争法品性，才能有助于围绕大数据展开一系列竞争法规制路径的探索。例如，大数据影响下的用户为获取相应服务而支付的数据"对价"是否公平，以及"对价"的质量能否得到保证，即质量不会随时间的推移而相对下降，或在质量无法得到保证时，基于数据的不可携带性或转移成本过高而引发对用户公平交易与自由选择的不公正限制，或是出现基于滥用大数据优势力扭曲或破坏市场公平自由竞争秩序的现象等问题，都需要更多地得到竞争法理念和技术的关照。

基于此，为了厘清基于数据而发展起来的大数据在竞争法上的意义，就需要先行分析大数据于市场竞争在正向与逆向激励上的显现状态及其行为逻辑，在此基础上再进一步探讨大数据在竞争法上的属性及对竞争法革新的价值，由此得出大数据之于竞争法的现实意义。

二、大数据于竞争法上的意义

（一）大数据对市场竞争的正向激励价值

大数据之于市场竞争的功能体现在多个方面，以微软（Microsoft）并购领英、Facebook 收购 WhatsApp、TomTom 收购 TeleAtlas 等为代表的跨市场经营者兼并案，集中展现了大数据强大的市场反馈预测循环加强效应和链接传导功能。具言之，相关商品市场的经营者在海量用户数据的支持下，积极推进现有产品服务的更新换代，促使了相关技术的进一步升级，加剧了市场竞争，使得跨市场的融合导致了相关市场的竞争更加复杂多样。而且，在不相关市场上，经营者在兼并过程中所展现的链接传导功能同样对市场竞争产生了正向激励结果，推动了相关市场内的经营者通过多途径的寻求来增强自身的竞争力，促使了整个市场的自由竞争度得到极大提升。

1. 大数据的市场反馈预测价值

以微软并购领英案为例延伸展开的一系列产品（销售）经营者兼并社交软件案，甚至可延伸到产品（制造）经营者兼并互联网平台的相关案例，都显示出一个共同的特点——两个不处于同一相关市场的经营者选择合并，凸显出与传统竞争市场兼（合）并的不同。在传统竞争法视阈下，对市场竞争秩序的评价通常聚焦于某一相关市场，并以相关市场界定为前提和基础。然而随着互联网经济的高速发展，相关市场及其界定作为竞争规则中核心的基础地位开始受到挑战，尤其是在经营者集中审查案件中"不相关市场"和"未来市场"概念开始受到各界关注。其中，大数据作为技术和资源被广泛运用于市场，在为"不相关市场"和"未来市场"的竞争提供支持的同时，也给其带来了挑战。在微软并购领英案中，微软并购领英的动议及决策的作出与领英拥有丰富成熟的大数据资源关系密切，此举可视为是微软基于大数据强大的市场反馈和预测功能加强了对"不相关市场"和"未来市场"上竞争优势的争夺与整合。申言之，在大数据技术和资源的支持下，数据使用者从以往只能收集使用很少数据，到可以收集分析数以百兆或千兆计的数据量，并在高效能的数据分析处理能力的支持下，使得数据的价值飙升。过去缺乏能将需求反映到软件上的技术，而计算机算法的发展使得人类的现实需求能够更完整地反映到技术层面，配合持续的大数据反馈支撑，使得算法不断得到优化，更加贴合人类的使用需求，甚至引导使用者尝试新的体验产品。使用者在使用各种软件时会产生各种数据流，同时会不断探索软件的使用边界，并希望自身的需求能够反映在计算机技术上。作为经营者的微软通过借助大数据技术不断收集、分析这些数据，进一步优化其产品内容和体验服务；使用者与经营者则通过数据反馈预测功能开展对产品改进的互动。而大数据将这一反馈预测机制的作用加速放大，成为微软并购领英行动的一个重要支持。

2. 大数据的市场链接价值

仍以微软并购领英案为例作观察，微软的主要经营领域和主要产品及服务要想在互联网产业深度发展的今天继续保持其行业优势地位，就必须要不断优化既有产品，研发创造新产品，这些皆需依托对大量用户使用数据的研究与分析。于是，其经营者将目光转移到寻找大量用户的数据流上，而拥有大量数据流的社交软件的代表领英进入其视野。微软通过并购领英便可获取领英拥有的大量的用户数据流，而互联网平台型市场具有的用户黏性和锁定效应（社交平台的转换成本较高——用户的社交生活以社交软件为依托），使得用户难以在短时间内转向使用其他社交软件，如此一来，微软便能持续、稳定且有效地获取大量用户的使用数据，这无疑为其进一步巩固在计算机软件市场的优势地位奠定了大数据设施基础。

微软与领英两公司本无经营业务交集，前者主打职场办公软件，后者是职场社交平台，但是两者的目标受众（都专注职场）具有相似性和融合性。通过大数据技术抓取领英用户的海量数据，可形成有效的市场反馈信息，再辅以云计算和数据的自主学习技术对使用者所需信息的分析、挖掘和预测，在更新优化原有产品的基础上，研发出新产品及服务，确保其在计算机系统及软件开发市场上的优势地位。在此过程中，作为互联网技术和资源的大数据将原本不存在直接竞争关系的市场联系起来，成为原有产品市场上经营者附加的竞争优势，此时在原有的产品市场上，看似微软并没有兼并直接的竞争对手，也不存在明显的算法技术优势，但其背后依托领英平台亿级用户数据流的支持，通过大数据优化现有算法更好地收集和分析了数据，从而实现了自我优化和创新，凸显出"雪球效应"价值，同时，在看似公平自由的产品市场上，微软已经建立起了巨大的技术优势和数据资源来进一步巩固其对用户的吸附力。虽然人们对于互联网创业低门槛这一误区始终坚信不疑，但"雪球效应"积累的巨大技术优势已远远甩开了所有的竞争对手，并令准备进入的新经营者望而生畏，从客观上设置了难以跨越的新型市场壁垒。进一步言，虽然仍有不少的新进互联网初创经营者，但是这些经营者几乎最终都会被现存的互联网巨头所兼并。虽然在互联网产业中高新技术引领创新，创造了巨大的竞争机会和竞争潜能，但在很大程度上用户资源才是决定价值的核心因素。在现存互联网经营者庞大的用户数据的支持下，初创公司虽然在初期通过创新可一时占得市场先机，但最终仍需要借助庞大的用户数据的支持才能获得发展，所以说，被拥有大量数据流的经营者收购就是这些经营者得到进一步发展的终极选择。不可否认，大数据作为附加的竞争优势已对原有市场的竞争秩序产生了重大影响。

（二）大数据对市场竞争的逆向激励风险

承前所述，大数据之于市场竞争的功能展现是多维度的，在对经营者参与市场竞争起到正向激励作用的同时，亦给市场竞争及相关利益埋下了潜在风险，其中由大数据垄断引发的个人隐私安全问题已经引起了广大用户和监管当局的关注。大数据技术的逐步提升和广泛使用使得占据数据优势的经营者越来越强，进一步强化了"赢者通吃"的互联网市场竞争格局，导致独寡占市场结构的加速形成，而这很可能造成现存免费服务质量的相对下降，以及数据源封锁对相关市场内其他经营者的不利影响，并为市场潜在的进入者设置了不正当的进入壁垒。而且，大数据强大的预测功能会让现有的市场支配地位者伺机消灭市场新进竞争者所可能带来的投机性威胁，大数据对市场竞争的逆向激励会对市场竞争秩序及参与主体的正当利益产生严重损害。是故，有必要对大数据于市场竞争的逆向激励作用作出系统分析，并就由此引出的大数据市场的垄断问题展开理论与实践的研究。

1. 潜在的损害用户数据安全的风险

通常观点认为，个人隐私安全受竞争法的影响较小，甚至与竞争法无涉。当恶意使用他人的个人信息时，被侵害人往往诉诸民事法律来解决隐私保护问题，严重者甚至借助于刑事法律的保护。然而随着互联网发展向大数据阶段的深度推进，数据驱动的商业战略和行为有时会引发隐私安全与竞争法适用的关联问题。数据驱动的合并，如 Facebook 收购 WhatsApp，可能会减少提供给消费者的隐私安全保护上的非价格竞争。

传统竞争法关注的重点是市场上自由公平竞争秩序的维护与消费者公平交易资格和自由选择机会的实现，在该维度上，隐私安全并不在竞争法适用的视阈之下。但是通过仔细推演传统的消费者隐私安全法律保护逻辑展开的前提及实际发生的环境不难发现，传统市场上的消费者通常不会授权经营者采集其个人信息，即便是在某些交易服务环节提供了一些基本信息，如姓名、身份证号码、电话号码、邮箱、通讯地址等表面信息，但这种提交呈现为一次性，也就是说，信息不存在持续性更新，不存在对消费者行动轨迹（数据）的不间断记录，也不会使用大数据技术对消费者数据进行高效能分析和衍生利用。此际，当传统市场上的经营者侵犯消费者隐私安全时，通常较易锁定侵害主体及其行为，透射出的法律关系也较为明确，一般通过请求侵权损害赔偿即可实现权利救济，这些皆与竞争法实施无涉。

然而大数据环境下的平台经营者获取数据是建立在消费者授权基础上的，是其为消费者提供基础性免费服务的对价。对于该对价的性质目前法律上尚未予以明确，仅是作为使用条款存在，未与平台提供的基础性免费服务构成对价关系，这无疑给平台场域下消费者隐私安全法律保护的实现设置了障碍。因为对价关系的缺失，所以很难认定为消费损害。具言之，当消费者授权平台经营者收集其个人数据后，消费者的每一次使用都会在平台上留下数据记录，这既给经营者掌握消费者的行动轨迹提供了充分机会，也让经营者使用消费者个人数据有了正当理由，正可谓"一次授权，始终有效"。在此基础上，平台经营者借助人工智能技术，通过机器学习自主挖掘数据，可进一步锁定消费者的更多信息（隐私），此际，一旦发生信息泄露或滥用事件，由此造成的危害难以评估。可以预见，可信又可靠的隐私安全服务将成为平台经营者未来参与市场竞争的一个重要的非价格因素，必须给予高度重视。事实上，一旦平台经营者的数据垄断地位形成，其很可能妨碍消费者在同等条件下选择更优质隐私安全服务权利的实现，阻碍消费者获得更多隐私安全保护上的选择，这一结论完全可以从互联网平台用户锁定效应中推演出来。基于用户锁定效应，平台经营者一旦建立起市场垄断，即便有新经营者提供了更多隐私安全保护方面的选择，但因其市场力弱小，数据获取方面常常会受制于数据垄断者，最终会随垄断者的持续限制而消失，这实质上妨碍了消费者自由选择权的实现，明显属于市场竞争逆向激励后果。

事实上，大数据技术能够做到量化传统数据收集技术所无法收集的一切事物，将现象转化为可制表分析的量化形式，尽量将一切予以数字化。通过收集、分析各种用户在互联网上的留存信息，可归纳总结出用户的习惯偏好、行动轨迹等专属于用户个人的隐私数据，通过对隐私数据与非隐私数据界限的模糊处理，对用户隐私数据范围界定造成冲击。现有的隐私权保护范畴已无法明确涵盖大数据视阈下消费者数据利益范围的变化，以消费者数据安全保护扩容其范围，才更能体现出大数据时代竞争法实施与消费者利益保护协同发展的现实需求。以欧盟处理的 Google 收购 DoubleClick 案（以下简称"谷歌案"）为例，谷歌建立的用户数据库不仅包括了用户的 IP 地址，还包括了小型文本文件（cookie），而该种文件极易受到盗窃、计算机病毒等威胁。由于缺乏针对该数据库安全的外部措施，目前只能依靠经营者自身不断优化数据安全保护措施来提供一定的保障。"谷歌案"涉及的消费者数据安全问题是众多异议者反对 Google 收购 DoubleClick 的一个重要原因，虽然竞争当局并未就这一点否定该项收购，但是消费者数据安全已经成为数据驱动型经营者集中审查中必须要考察的因素之一。调查显示，美国有不少的消费者担忧自身的数据安全，他们不知道谁有权访问他们的个人数据，以及经营者正在使用哪些数据，数据如何以及何时被使用等。

2. 存在设置过高进入壁垒损害潜在竞争者利益的风险

大数据于市场竞争的优势在于预测，当经营者（尤其是那些已具有市场支配地位的经营者）利用大数据资源与技术进行市场竞争预测时，通常会先于其他竞争者和竞争规制者发现影响其市场地位的未来挑战和潜在竞争者。申言之，在市场竞争中大数据的使用就好像经营者发明（或改进）了一个雷达系统以追踪竞争威胁，使之可在监管机构和其他机构发现竞争妨碍威胁之前便能够拦截或者击退威胁。也就是说，由于经营者与竞争规制者所处的立场不同，即便是竞争规制机构可以或者已经发现对未来的竞争者构成潜在的（指投机性的）威胁，却苦于没有足够的证据证明市场自由公平的竞争秩序可能因此受到损害，故而也就无法提前规制现在看来不具有危害竞争秩序但未来可能存在极大竞争损害的行为。与竞争规制机构不同，经营者（特别是具有市场支配地位的经营者）并不担心"提前击落或拦截可能影响其竞争地位的竞争者会给现行市场竞争的整体福利产生的不利影响。它只管从自己的利益出发拦截或击毁他们。"客观上言，对潜在或未来的市场进入者来说，大数据资源与技术已为它们进入相关市场设置了很高的隐形的进入壁垒。现行市场上占据市场支配地位的经营者完全可以利用大数据资源与技术预测消灭潜在的或未来的威胁，这具体表现为以大数据资源和技术迫使新进入市场者接受不正当的交易条件，通过"雪球效应"在产品市场一侧建立起优势地位，阻碍潜在的或未来的竞争者自由公平地进入市场。于此情形，在当前竞争法规制理念和框架之下，竞争规制机构尚难以依法有效地介入相关的调查与审查，由此放任了对未来市场上自由公平竞争秩序的预期损害行为的发生。

在实践中，经营者（尤其是已在平台经济中占据支配地位的经营者）通过集中拥有大数据资源和技术的其他经营者，会给其他经营者带来难以预估的影响。在很大程度上，在涉及大数据市场上的经营者的集中交易都会产生竞争力聚集和竞争力传导效应，客观上较传统领域的经营者集中更易增高市场进入的壁垒，尤其是在以平台大数据为核心竞争力的经济领域更是如此。以互联网应用的开发与经营为例，由于开发十分依赖于平台的大数据优势，所以在其成功运行后反过来会支撑和巩固平台大数据的优势地位。然而现实世界中的互联网应用的开发者与大数据平台的拥有者并不总相匹配，为了获取大量的数据流，其常会通过不正当的爬虫协议来抓取大量数据。①

与此同时，由于开发需求不同，其他应用开发者二次加工的数据不具有替代性，应用开发者难以通过其他渠道获取大量的原始数据源，很大程度上只能转向专门从事原始数据收集的经营者寻求数据交易。在拥有大数据资源和技术的经营者尚未与市场上某一竞争者合并时，众多经营者可通过竞价的方式获取相应的数据，此时的交易机会对每个经营者而言都是平等的；一旦该经营者选择与某一竞争者合并，就容易出现所谓的大数据领域的核心基础设施使用问题，该经营者就有可能妨碍其他经营者获取相关的大数据资源，这无疑为其他经营者进入相关市场设置了畸高的进入壁垒。尽管在形式上其他经营者也可以向这些拥有大数据资源的经营者申请 API 端口，但是在定价及运营模式上均无法做到真正的公平公正，因为此

---

① 张平：《〈反不正当竞争法〉的一般条款及其适用——搜索引擎爬虫协议引发的思考》，《法律适用》2013 年第 3 期。

时其他的经营者尚欠缺谈判的筹码和实质上的对抗力，凸显出数据源的闭锁效应。数据源闭锁效应在微软并购领英案中一度受到欧盟委员会的高度重视，在若干市场的竞争评估中欧盟委员会深入考虑了相关数据的可获得性、数据收集的范围和规模要求以及数据的可替代性等问题。可见，数据源闭锁对市场上其他经营者而言具有十分危险和难以识别的潜在的反竞争限制。

三、大数据应具有竞争法属性

竞争法的核心在于保护市场自由竞争秩序和维护消费者利益。竞争法视阈下的竞争是指经营者之间在商品经济活动中为了获取更大的经济利益而进行较量的行为，①是在法治框架下对交易机会和资源的自由公平的争夺。虽然市场可以优化资源配置，提升经济效率，但是市场本身并不具有维持自由公平竞争秩序的能力和责任，故此，垄断及不正当竞争行为会伴随市场经济竞争的高度发展而不断涌现，这是市场经济无度展开的客观后果。

对垄断与不正当竞争的规制需要借助法律之手，竞争法即是规范市场自由公平竞争秩序的基本法律制度，该法是调整在规制垄断和不正当竞争过程中发生的经济关系的法律规范的总称。我国的竞争法以反垄断法和反不正当竞争法为核心，其中反垄断法的核心在于保护自由竞争秩序，反不正当竞争法的核心侧重于保护公平竞争秩序。综合两法之核心，竞争法的核心则在于保护自由公平竞争的市场秩序。

承前所述，大数据作为一种计算机技术和数据资源，是通过对海量用户行为轨迹的记录和快速分析来体现数据的多样性和增加值，具有一定的客观性和中立性，形式上与带有明显利益偏好的各类竞争行为截然有别，从严格意义上说，是否能直接适用竞争法的正当性与妥适性尚不明晰。然而基于大数据运行中对数据收集和算法的设计及使用，使得单纯的数据分析技术的运用正面临着价值层面的拷问，尤其是在前面分析了大数据对市场竞争秩序的各项激励功能后，大数据对于市场竞争活动的影响远比预期得要复杂，可能产生现行竞争法无法回应且不可逆反的竞争效果。基于此，在以互联网为核心和平台构建经济生态已成为时代主题的当下，竞争法理应对以大数据、云计算、人工智能、区块链为主导的新经济作出积极回应，扩展和延伸竞争法的规制范畴和规制逻辑。

---

① 杨紫烜：《国家协调论》，北京大学出版社 2009 年版，第 219 页。

虽然大数据作为一种计算机技术和数据资源已被人们广泛认可，并且认为对其的使用是技术革新的一种表现，有着巨大的创新潜能和市场价值，原则上应予鼓励和支持，但是若大数据的选择性甚至歧视性使用对广大用户和其他经营者产生了交易压迫，就会构成一个基于优势滥用而出现的妨碍自由公平交易之情势，可以肯定的是，这种妨碍将长期存在并有逐渐强化之势。当很难甚至是穷尽前文所言的私法救济皆无力改观时，我们就应该考虑从竞争法维度对大数据市场结构及其运行过程予以规制。譬如，伴随大数据的普遍运用所带来的对整体产品或服务质量的把控极易形成"雪球效应"，逐渐显现为对竞争对手尤其是未来可能出现的潜在竞争者的压制，无限制地收集数据对个人数据安全的威胁甚至是操控，对用户服务质量的相对下降等，都已无法依靠单纯的私法逻辑予以解决，引入以第三方利益或社会公共利益实现为基本价值范式的市场竞争法制度及实践模式来进一步规范成为必然。

此外，大数据作为计算机技术与数据资源共同支撑了当下互联网竞争中凸显商业价值的算法设计与算力评价。算法与算力在现实商业活动中已构成了经营者所掌握的一种商业秘密和竞争能力，而其他经营者通过对前述经营者所拥有的大量数据的爬取，甚至恶意窃取，已然实在地影响到了被侵害者的市场竞争基础，不正当地攻击了经营者的竞争能力，存在被认定为不正当竞争之可能。事实上，实践中已经出现了偷取和破坏数据和大数据被认定为违反《反不正当竞争法》并受到竞争法处罚的案件，说明竞争法已经扩展了现行竞争法规制的基本范畴，较竞争法理论已经有了实然的发展，也进一步拓展了对民法和刑法视阈下的大数据属性的辨识。

通常我们对某一对象法律属性的判定，主要是从该对象是否具有该类法律之一般意义、是否符合该类法律之主要特征入手。具体到对大数据之竞争法属性的辨识，主要应该考察大数据是否具有经营者所从事市场竞争行为之特征，即关注大数据作为一种技术和资源，在互联网经济下其技术的中立性和客观性、资源的公开性与开放性是否已转变或正在转变为一种具有价值偏好的竞争力要素，且作为技术和资源的大数据的使用是否已然构成了经营者市场竞争行为的组成部分。诚如全球研究大数据和竞争政策的著名专家莫里斯和艾伦所言，数据寡头或数据垄断（Data-monopoly）本身并不违反反托拉斯法，但是如果数据寡头为了获得或维持其垄断地位，实施了排除其他经营者获取该大数据的行为——该获取行为构成了与数据寡头展开有效竞争的必要条件——那么该排除行为就可能违反反托拉斯法。其实，作为互联网进阶时代一个不争的事实，大数据已经成为从事互联网经济的广大经营者——不论是具有市场支配地位的经营者，抑或与之可能产生竞争关系的其他经营者——参与市场竞争的重要组成部分和核心竞争力。大数据作为技术与资源的集合，理应归入竞争法规制的范畴，并由此前展竞争法规制的基本逻辑。

不可否认，当围绕互联网构建经济运行新生态已是当下主流认知的背景下，以技术中立和资源开放审视大数据运用而不加干预的观念已经落后于实然。正如前文对大数据于市场竞争的正向和逆向激励的分析所示，大数据已经对市场竞争产生了重大影响，而且对消费者利益的威胁亦始终存在，如果放任其对现实竞争利益与消费者利益的影响，着实有悖于竞争法制定与实施的基本价值目标。所以说，将大数据纳入竞争法视阈予以调整不仅符合大数据的基本特征，而且满足竞争法运行的现实价值，总体而言，大数据应该具有竞争法属性，并受到竞争法规制。

四、大数据对竞争法实施的挑战与机遇

在肯定大数据具有竞争法属性的基本判断后，接着我们需要关注的就是大数据如何影响竞争法的实施，换言之，大数据对竞争法的实施究竟带来了哪些现实挑战，与此同时亦可能基于大数据技术和资源广泛应用于法治生活而给竞争法实施带来了一定机遇，即大数据该如何促进竞争法实施的整体化系统革新？

（一）促进竞争法规制逻辑的调整

如前所述，大数据强大的市场反馈与预测功能能够让拥有大数据优势的经营者伺机消灭投机性威胁，压制"不相关市场"和"未来市场"上出现的竞争对手，通过传导大数据优势力和巩固相关市场优势地位来实现对"不相关市场"和"未来市场"的延伸，让其竞争优势在更大的时空范围内得以建立并维持，由此形成"雪球效应"。

事实上，当大数据被广泛运用于市场竞争之际，传统竞争法注重事中、事后规制相结合的理念已经受到了挑战。申言之，被视为投机性威胁的新进入或潜在进入的市场经营者原本可通过正常的市场竞争成长为保持市场一定时空范围内自由竞争度的重要力量，但由于大数据技术和资源被已具有市场优势地位的经营者广泛使用和集中掌控，越来越多的市场新进入者或潜在进入者选择依附于现有市场上的寡头经营者，主要为那些具有大数据优势的平台经营者接力顺势进入相关或不相关市场，让原本就缺乏有效竞争力的互联网市场更加缺乏新鲜血液与活力。此正所谓大数据时代"挟用户以令天下"，超级平台正在上演"顺者昌，逆者亡"的"赢者通

吃"传奇，只有靠近甚至进入占据大数据优势的平台经营者才能获得更大的发展空间。针对这一现实，传统竞争法的规制理念及其行为模式已无法及时回应上述所言及的潜在的风险，只能在危害结果发生之后施以救济，更甚者，这种事后救济也可能无力改变已经完成的市场结构和商业模式。

若将大数据对竞争法规制理念的挑战置于整个互联网时代下互联网科技对法治理论与实践带来的根本性挑战与如何回应的维度观察，其实质上就是对大数据等互联网技术引发的各类科技风险应该适用何种法治原则和分析方法的拷问。当前成本效益论和预防原则是两种主流的辨识标准，且两者间存在明显的对立。支持成本效益论者认为，预防原则不仅付出的代价过高因而昂贵，而且不具事实可行性。但也有学者认为，由于成本效益分析的反事实论证属性、无法回应价值通约的问题以及科技风险的人为属性，预防原则应成为政府以法律手段因应科技风险的主要原则。由是可见，如果将理论聚焦到竞争法对大数据所引发的规制风险的回应上，那么可以认为传统的事中、事后规制，尤其是事后规制方式则属于典型的成本效益分析方法，而基于此处所主张的大数据的强大市场反馈与预测功能，能够让拥有大数据优势的经营者伺机消灭投机性威胁成为现实甚至可能出现对市场竞争产生逆向激励风险的情况，前移竞争规制的逻辑起点更加符合预防原则实施的基本要求。但与此同时，如何保证行使事前规制的实际效果，审慎克制事前规制权力的制度风险，避免滥用事前规制的危险，则是更加重要且无法回避的实践问题。

（二）促进竞争法规则建设的完善

前已述及，基于大数据技术与资源的广泛运用，尤其是大数据优势被平台经营者所掌握，现实中出现的各类复杂的交互关系已经引起了不同法律部门的关注，目前主要集中在民事和刑事法律领域，对涉及竞争法律关系，或属于广义上的市场规制法律关系的讨论尚未进入研究者视野，相关理论研究匮乏，加之竞争执法机构和司法机关对大数据所涉及的竞争法律关系在多数情势下仍然保持着审慎的克制姿态，相关规则建设和司法解释尚付阙如，既有的规则系统亦缺乏对大数据竞争与垄断行为的体系化与一致性的文本表达，无法及时展现竞争法制的时代特征。

囿于规则体系的不健全，诸如大数据竞争法属性的辨识标准，滥用大数据技术与资源限制、排除竞争的违法认定基准及规制手段、责任承担方式，滥用大数据技术与资源侵害用户自由选择权与公平交易权的认定标准与表现形式，大数据驱动型经营者集中的审查要素，大数据企业和平台经营者或大数据企业间的纵向或横向协议或共谋行为的认定基准，大数据市场认定基准，大数据引发的用户数据安全风险的防范与救济等问题都有必要作进一步的澄清。对此，建议在多部门密切合作之下，尽快出台有关大数据竞争法适用指南，或制定更为广泛的涉及数据行业的竞争法实施规范，将行业标准的执行纳入竞争法统一适用的范畴，尽可能地协同行业发展与综合竞争执法之间的政策性与制度性冲突。在此过程中，应以竞争政策为基础，加强对新增的行业发展政策和行业部门立法的公平竞争审查，确保行业正当利益与竞争规范价值的协同并进。

（三）促进竞争法规制方式的优化

大数据技术与资源得以广泛使用与我国移动互联网的普及和互联网平台经济的高速增长密不可分。尤其是平台经济的野蛮增长，几近疯狂的用户增长和无节制、无规则的数据抓取，造就了大数据在中国以互联网为核心的新经济业态中的优势地位和迅猛发展趋态，大数据技术与资源正在成为中国经济参与世界竞争的核心竞争力之一。而这种竞争力在一定程度上与现行竞争法规制理念滞后和缺乏相应的竞争法规则体系不无关系，正可谓"无规无矩"则"无畏"的创新增长突破了交易壁垒和体制机制的巨大成本负担，或者说，这种负担相较于传统经济活动显得如此微不足道。

然而不可否认，风险也因此暗埋于下。在突破传统经济体制、创新商业模式的同时，也使得现行竞争法规制方式无法有效地应对随之而来的新型违法竞争行为和巨大的商业风险。譬如，现行竞争法规制中普遍采用的结构规制和行为规制在面对具有明显动态竞争（dynamic competition）特征的"大数据+互联网平台"经济活动时，经营者的市场行为类型及跨度变得更加复杂而难以预估，从相关市场到不相关市场，乃至未来市场上的市场地位也伴随大数据强大的市场预测与链接功能下不断增多的混合竞争和模糊竞争样式而变得难以被准确认定。

实践中单纯依靠对经营者单一行为或特定行为，以及经营者所具市场结构来判断经营者某一时段的市场行为和市场地位是否具有反竞争性的做法已然不能适应现实的需要，也无法准确反映其市场创新与市场垄断之间的敏感界限。事实上，在保护科技创新的合法垄断与滥用知识产权垄断之间本来就具有很强的模糊性，不易被实践辨识，导致了当前对涉及大数据的违法竞争行为的规制效果总是有些不尽如人意，甚至竞争执法机构自身也觉得缺乏正当性和妥适性，亟待革新现有的竞争规制方式，引入综合性的系统规制方法。

在此方面不妨可参考韩国对"高通案"的处理模式，重点关注韩国公平交易委员会（KFTC）对利用优势传导和交叉维持行为组合所结成的反竞争商业模式的规制经验。2016 年 12 月 KFTC 在裁决"高通案"所作的处罚决定书中指出，"高通公司凭借其在专利许可市场和基带芯片市场上的支配地位，对竞争对手限制或拒绝标准必要专利（以下简称 SEPs）授权，与手机制造商签订了各类不平等交易协议，巩固了高通的支配地位，增强了其在谈判中的影响力。更甚者，高通公司将以上三种行为演变成为一种反竞争的商业模式，这种商业模式形成了一种排他性的闭合系统，使得其能维持并利用在专利许可和基带芯片两个市场的支配地位。"事实上，对于处罚决定书，高通公司一直辩称其单个商业行为，如对 SEPs 的授权行为并不违反"公平、合理、非歧视"原则（即 FRAND 原则），是一种商业习惯和交易惯例，其所要求的手机制造商反向许可专利，强制接受专利打包等条款也可以解释为是出于维护自身知识产权的正当利益等。在此，笔者无意于讨论高通公司答辩意见的正当性与否，或在多大程度上具有合理性，仅对比该答辩意见与 KFTC 的处罚意见。通过对比可以发现，KFTC 对高通公司"三个单项行为有机组合成的商业模式"的反竞争性和反创新性的关注才是促使其在经过七次听证，包括两次同意命令（Content Decree）审查和一次案件深度评估（In-depth Review）后，仍然不接受高通公司的承诺整改计划，最终作出严厉处罚的根本原因所在。而且，KFTC 在处罚决定书中一直强调对高通公司的处罚措施具有开创性，首次对反竞争和反创新性的商业模式采取了矫正措施，关注经营者行为的一体化与有机化，力图建立一个开放性的促进竞争的生态系统。

虽然韩国"高通案"与本书所讨论的大数据对竞争法规制方式的挑战并不契合，甚至有些"风马牛不相及"，缺乏佐证力，但是若从该案所涉及的商业模式与单项行为之间的有机联系分析，案件折射出的对"一手托两家（基带芯片制造商和手机制造商）"式的具有市场优势力的平台型经营者的规制，绝不能仅就某单项行为或某单一市场结构而采取行为规制方法或结构规制方法，必须对经营者的诸多市场要素，如市场地位、经营行为、商业模式等采取系统规制，尤其是在大数据技术与资源的实际运用中往往关联互联网平台企业的运行，传统的以市场结构和经营行为为主要分析对象的规制思路和方法亟待升级，整体的系统规制方法有待进一步明确化、精细化及专业化。

在面对挑战的同时，值得进一步思考的问题是，由于大数据技术与资源被广泛使用的巨大影响和无限可能，其运用于当前和未来法治生活的客观现实和发展趋态，大数据对竞争法实施的促进作用及给其带来的发展机遇同样不容忽视，这主要体现在以下两方面。

其一，扩展竞争法实施维度，凸显和肯认竞争法对消费者利益保护的直接价值。有关竞争法实施维度及其对消费者利益的保护问题，我国学界素有争论，其焦点在于竞争法实施对消费者利益能否构成直接保护，消费者利益是竞争法实施的"反射式"间接利益还是直接利益，进而争论消费者利益能否单独成为竞争法实施的直接诉求。这直接影响到竞争法实施的维度和现实效用。

随着人工智能时代的到来，大数据技术和资源的广泛运用，平台经营者在互联网场域下的竞争活动已经具有了区别于传统线下市场竞争的特征，价格及其弹性作为一种基本且显著的竞争标尺和测量指标已经无法精准地描述竞争的真实境况和实际程度了。换言之，价格及其弹性对消费者利益的反应灵敏度在大数据竞争环境下不再是那么重要了。此时，消费者利益的内涵和外延已然发生了变化，消费者对非价格要素的竞争所引起的质量基准的高低提出了要求，并且对质量提供者的选择权利提出了合理期待。与之相关的解释已经在2014年最高人民法院审理"360诉QQ"一案中得到述明。更有学者明确提出，消费者（用户）隐私利益与竞争法实施的交叉点（Intersection）体现为将消费者隐私保护作为平台竞争中非价格质量竞争的主要形态和测试标准。扩展言，对基于数据驱动而出现的各类市场行为的竞争法考察，必须关注到消费者（用户）对服务质量及其可选择的权利作为平台经营者市场行为之竞争合规性的重要组成部分的认知与期待，消费者利益保护不仅包括价格维度的利益保护，还包括非价格维度的利益保护，这一点在大数据竞争环境下表现得尤为明显。甚至可以认为，消费者对其隐私保护的质量及其选择接受何种服务提供者的权利，在很大程度上只能依靠数据驱动型市场竞争秩序的自由公平维持方得以实现。进而言之，在数据驱动型市场竞争环境下，欲提升对消费者隐私的保护，必须维护相关市场上的自由公平竞争秩序，以此激励相关平台经营者不断警惕和提高对隐私（数据）的保护，如不能满足消费者对隐私保护的正当诉求，则消费者必须赋予选择转移于其他服务提供者的权利和负担公平合理转移成本的可能。此际，消费者利益已构成数据时代竞争法实施的直接目的，成为了竞争法实施的独立诉求，而非一种"反射式"的间接利益。

其二，增进竞争法实施信度，提升和巩固竞争法在维持互联网市场秩序上的基础地位。大数据技术与资源的广泛运用有助于打破"信息孤岛"困局，实现数据共享，在客观上影响到各类法律的实施。尤其是随着人工智能时代的到来，保护原则的适用范围和可能得以扩展，强调了提前预防的必要与价值，这具体到竞争法实施领域，则表现为有针对性地规制涉嫌滥用大数据优势排除、限制竞争的行为，以及在算法运用领域出现的算法歧视、算法黑箱、算法共谋等侵害消费者利益、损害公平自由竞争秩序等新型反竞争和反消费者利益的行为。这对现行规制方式和规制技术的科技含量提出了更高要求，以科技手段规制科技滥用将有利于更好地推动竞争法的实施，助力竞争法实施的智能化建设。在扩展竞争法实施维度的同时，提高竞争法的实施精度，其直接效果则在于对竞争法在互联网领域市场竞争中基础地位的维护和巩固，只有清晰地认识到大数据对竞争法实施带来的深刻变化，才能准确地判断竞争法实施在当前和未来以数据为驱动的升级后的互联网产业发展中的基础性地位，增进竞争法实施的信度。此处提及的信度，一方面是指竞争法实施的可靠性（Reliability）和稳定性（Stability），另一方面则是强调竞争法实施的实效性（Effectiveness）和信任度（Confidence）。前者源自"信度"在统计学上的意义，指测验结果的一致性、稳定性及可靠性，具体到大数据技术对竞争法实施的影响，主要体现为提高竞争法实施的可预测性和可信赖感，在扩展竞争法实施维度和延展竞争法规制环节的同时，利用大数据技术防止滥用竞争法的风险。后者对"信度"的理解更多是站在对大数据于竞争法实施的美好愿景的维度上，希望通过大数据技术和资源的广泛使用提升竞争法实施的实际效果，增进社会各界对竞争法于市场经济尤其是互联网经济健康发展的重要意义和信任程度。换言之，只有竞争法行之有效，才能提升民众对竞争法实施的依赖和信任，实现有效方有威、有威更有效的良性互动。

如前所述，虽然以数据驱动为核心的大数据平台经济的快速增长给竞争法实施提出了挑战，但大数据技术和资源的广泛运用也为革新和升级现有的竞争法实施理念、范畴、方式、效果提供了现实机遇和无限可能。在一定程度上言，以科技手段回应由于科技之于法律实施的挑战所引发的外部性变化是可能的，在法律体系的构建完善和规则适用的调整改进中，应更加积极主动地吸纳科技元素，释放科技力量。法律作为一种调节社会经济生活的外部性手段和方式，也应注意到纳入其他外部性要素对其自身更新的必要与意义。

移动互联网的普及带动了互联网经济的高速发展，给大数据技术的迅速成熟与大数据资源的巨量增长提供了物质基础和实践场域，互联网时代已正式步入更高进阶的大数据时代。可以预见，以互联网技术和平台经济的广泛适用和普遍接受为基础，融合大数据技术与资源，将会为下一阶段市场经济竞争带来全新格局与视阈。大数据作为一个聚合概念将会无限扩展和无限可能地影响市场竞争。

透过对大数据于市场竞争的正向激励价值与逆向激励风险的分析可以发现，大数据具有强大的市场反馈与预测功能，能够通过数据优势传导有效链接"不相关市场"或"未来市场"，形成在纵向与横向市场上的跨时空竞争优势，并将这类优势持续传导和交叉维持下去。然而在大数据优势被平台企业掌握或通过协议、经营者集中等方式俘获后，极易出现滥用该优势限制、排除竞争的行为，不仅损害其他经营者的自由公平竞争利益，也对消费者利益产生压制风险。特别是当现有市场支配地位者利用大数据技术和资源消灭潜在的竞争威胁、构筑过高的市场进入壁垒时，更是以牺牲市场自由公平竞争秩序为代价来维持和巩固其市场支配地位，其动机和行为的反竞争性和封闭性显露无遗，其危害之巨、影响之深必须予以高度重视。

故此，当前亟待从大数据自身特征及竞争法属性评价入手，在充分结合大数据于市场竞争的激励功能的基础上，聚焦大数据给竞争法规制理念、规则体系及规制方法等带来的挑战，适当扩展竞争法规制的逻辑链条，由强调事中、事后规制，前展至事前规制，并引入系统规制，建立具有预防性和整体性的规制系统。同时，还应充分重视大数据技术在竞争法规制实践中的运用，提升竞争法实施的科技含量和丰富科技手段，实现规制科技滥用与激励科技创新的平衡。

第二节　互联网新型不正当竞争行为的本质与特征[①]

如前述，互联网经济的高速发展在便利社会经济生产生活的同时，也滋生和诱发了诸多利用网络技术、信息技术、数据技术等产生的新型不正当行为。据 2021 年 8 月 17 日，国家市场监总局发布的《禁止网络不正当竞争行为规定（公开征求意见稿）》中的规定，互联网不正当竞争行为可分为三类：传统不正当竞争行为在互联网领域的延伸形态（利用网络手段实施的诋毁商誉等）、利用技术手段实施妨碍干扰等不正当竞争行为（恶意不兼容、流量劫持等）以及利用技术手段实施其他网络不正当竞争行为（刷单炒信、平台"二选一"等），这里研究的互联网新型不正当竞

---

① 陈兵、张宇轩：《互联网新型不正当竞争行为审裁模式检视》，《江南大学学报》（人文社会科学版）2021 年第 5 期。

争行为主要是指后两类行为。2021 年 8 月 19 日，最高人民法院公布的《关于适用〈中华人民共和国反不正当竞争法〉若干问题的解释（征求意见稿）》（以下简称《征求意见稿》）其中第二十五条对《反不正当竞争法》第十二条"互联网专条"的兜底条款进行了补充和细化，对互联网新型不正当竞争行为进行了更深层的阐释。据第二十五条的规定，互联网新型不正当竞争行为是利用网络技术，违背其他经营者意愿，违反商业道德和诚实信用原则，扰乱市场秩序并损害消费者权益的行为。

概言之，互联网新型不正当竞争行为以各类新技术应用为依托，行为与结果均与网络密切相连，通常呈现出技术创新的外观，实际上以不正当损害其他经营者合法利益或（和）消费者合法利益为目的，具有隐蔽性强、技术性高、识别度低、损害性广等特征，严重扰乱互联网市场秩序，给司法审裁工作带来挑战。

相较于传统不正当竞争行为，互联网新型不正当竞争行为更具特殊性。

第一，依托于互联网技术，技术性强。互联网技术的发展催生出了数字化产业，也助推互联网新型不正当竞争行为的更新迭代。互联网新型不正当竞争行为的表现形式由早期简单的域名抢注、刷流量、刷评论演变为数据爬取、流量劫持、数据引导、覆盖网页等一系列带有显著数字色彩的行为，竞争目的由抢夺客源演变为争夺数据、流量，司法机关的审裁工作需围绕数据、算法展开。作为底层技术的爬虫程序、协同过滤算法等代码程序算法逐渐成为了案件的主导，而传统竞争理念和评价体系在这一场域下面临现实的应用困境。

第二，发源于互联网市场，场景复杂多变。互联网技术实现了互联网产业与传统产业对接，使得不同市场之间的关联度不断增加，彼此间的进入门槛不断降低。许多互联网公司开始向衣食住行等传统产业渗透，抑或是开发互联网产业与传统产业的交叉领域，拓展商业版图。互联网市场逐步呈现多元经营、跨界竞争的特点，市场竞争行为由相关市场资源的争夺向不相关市场乃至未来市场过渡。互联网新型不正当竞争行为开始向教育、医疗、交通等领域蔓延，样态也变得多种多样，对反不正当竞争立法调整对象的广度和宽度都提出了挑战。

第三，藏匿于技术创新之下，不易识别。互联网经济是创新经济，创新是其发展的源头活水，而创新常会对原有行业产生冲击。因此，互联网新型不正当竞争行为常裹挟创新之名，行不正当竞争之实，隐秘性极强。互联网市场多表现为双边或多边市场，集合多方利益，竞争行为对各主体的影响，对市场竞争的影响都需要重新评估和分析。区分技术创新和不正当竞争行为的评判需要综合其他经营者、消费者、公众的利益、考量效能、秩序、公平等诸多价值，创新和不正当竞争行为往往一线之隔，司法机关稍有偏差便会得出错误判断。

第三节　互联网新型不正当竞争行为法律适用的变与不变①

相较于传统不正当竞争行为，互联网新型不正当竞争行为在行为逻辑、模式以及形态等方面都发生了改变，并对现行的法律适用产生巨大冲击。然而任何事物的发展都处于变与不变的辩证统一之中，随着互联网发展而产生变化的不仅仅是竞争行为，相关法律的适用也处于一个不断发展和完善的变化过程中。鉴于此，明晰法律适用在回应互联网新型竞争行为中的"变与不变"，将有助于对现有法律适用模式进行更有针对性的分析，从而为竞争法治实践提供有效指引。通过分析变化之处，能更好地把握法律适用在回应新型竞争行为变化时存在的问题，通过澄清不变之处，则能在法律适用中不偏离竞争法治的基本主线，坚持以遵循市场规律和科技规律为本，寻求法治调整互联网市场经济的主要方式与方法，发挥法治的积极引导与消极规制作用，特别是尊重反不正当竞争法作为行为禁止法的谦抑属性，给予市场竞争更多的信任与宽容。

为全面客观地分析近年来法律适用发生的变化与不变之处，笔者从北大法宝网、中国裁判文书网、中国市场监管行政处罚文书网、无讼案例网以及聚法案例网等，收集整理了涉及新型不正当竞争行为相关的法律法规文件（含征求意见）、司法案件裁判文书以及行政处罚决定书。其中，法律法规文件主要包括《反不正当竞争法》、《禁止网络不正当竞争行为规定（公开征求意见稿）》（以下简称《规定（征求意见稿）》）、《最高人民法院关于适用〈中华人民共和国反不正当竞争法〉若干问题的解释》（以下简称《解释》）、《中华人民共和国反不正当竞争法（修订草案征求意见稿）》等；司法案件裁判文书主要涉及数据爬取、"二选一""刷量"封锁屏蔽等新型不正当竞争行为，共 80 份（包含同一个实体案件在不同层级的判决书），其中有 49 份判决书涉及的行为和裁判日期皆发生在 2018 年

---

① 本节参见陈兵：《互联网新型不正当竞争行为法律适用疑难问题及完善》，《法治研究》2021 年第 6 期。

1月1日之后。在49份判决书中，共有16份判决书适用《反不正当竞争法》第二条，有23份判决书适用《反不正当竞争法》第十二条，还有10份涉及虚假刷量案件的判决书适用了《反不正当竞争法》第八条第二款。所收集的行政处罚决定书9份，其中依据《反不正当竞争法》第十二条第二款第（四）项进行处罚的案件有4份。综合上述材料，对法律适用变与不变的考查将集中于新增法律及法律文本，以及裁判文书中不正当行为类型、判定行为合法性的分析范式及标准。

一、适用互联网新型不正当竞争行为之法律变化

（一）法律适用对象发生变化

在大数据、人工智能算法以及边缘计算等数据技术，平台双边或多边结构，以及直接和（或）间接网络效应等要素和特征的赋能下，数据和算法成为驱动平台经济及其创新型商业模式高速发展的重要动因，同时也构成了驱动平台发展壮大的双轮设施。在此背景下，作为法律适用对象的竞争行为也呈现出不同于传统竞争行为的新变化。

1. 竞争行为涉及的主体发生变化

传统竞争行为一般是针对某一类型主体或群体，多为竞争对手，通过排除或者限制竞争的手段，以谋取竞争优势，然而由于互联网场景下的平台商业构造能够为两组或多组不同类型的用户群体建立数字化和智能化的联系，基于大数据和算法赋能下的交互作用改变了不同类型的用户群体间传统单边市场的结构，呈现出了双边或多边的市场结构特征，相应的，发生在多边市场结构下的竞争行为，也可能同时会对竞争对手以外的市场主体产生影响。这一变化意味着，法律在评估竞争行为的违法性时，需要综合考虑竞争行为对多方主体产生的影响，这无疑对法律适用提出了更高的要求。

特别是在平台经济领域，平台经营者不仅扮演着连接买方和卖方的中介者的角色，同时也扮演着满足两方或多方用户需求的生产者和供给者的角色。基于平台双重角色（DualRole）的特性，使其不再单纯扮演商品竞争者，还同时扮演市场管理者的身份。在此场景下平台经营者作为连接多方主体的媒介，需要制定相应的规则或采取一定的管理措施，以维持平台内部多方主体交易的秩序。平台经营者身份的改变意味着，平台经营者在经营中所实施的行为，既有可能是基于竞争者身份实施的商品竞争行为，亦可能是基于管理者身份实施的市场管理行为。该变化在一定程度上增加了竞争法律适用的难度，譬如在腾讯屏蔽抖音事件中，抖音认为，腾

讯通过微信和 QQ 限制用户分享来自抖音的内容，具有排除、限制竞争效果，然而腾讯认为其屏蔽行为是一种平台内的管理行为，主张抖音通过各种不正当竞争方式违规获取微信用户个人信息，破坏了平台规则。故此，当平台经营者认为其实施的行为是基于管理者身份实施的市场管理行为，则在法律适用时，不仅需要识别行为外观是否具有不正当竞争行为的属性，同时还需要考察该管理行为是否具有正当的抗辩理由。

2. 竞争行为的实施方式发生变化

随着新模式、新技术与新应用的出现，竞争行为形态发生的变化主要存在两种情况，其一是传统竞争行为借助技术手段，或通过线上方式实施，其行为构成要件并没有发生本质改变，仍可归类于传统的竞争行为，譬如，借助新型技术手段实施虚假刷量的行为，本质上可视为是一种通过虚构交易的方法，因此，可适用《反不正当竞争法》第八条第二款。

其二是难以被《反不正当竞争法》第二章除第十二条外的其他具体类型化条款所囊括的行为，这类行为在实施技术、实施手段以及具体形态等方面，与传统竞争行为存在实质性区别。在互联网市场中，平台企业为争夺或者妨碍竞争对手获取数据以及流量，催生出不同于传统竞争行为的新型竞争行为，譬如数据爬取、封锁屏蔽等行为，这些行为不仅在形态上与传统竞争行为不同，且行为的实施方式、实施目的以及实施效果等皆发生了实质性改变。与第一种情况相比，由于第二种情况行为难以适用现行法律规定，导致实践难以对行为的合法性作出合理判断，也由此给法律适用带来了极大挑战。因此，此处所分析的新型不正当竞争行为，主要针对第二种情况。

（二）《反不正当竞争法》文本发生变化

随着时代发展变化，《反不正当竞争法》的文本也发生了改变。自1993 年《反不正当竞争法》正式出台后，该法在 2017 年和 2019 年经历过两次修订，其中关键的变化主要在于 2017 年《反不正当竞争法》修订中对总则部分条款的修正以及对互联网专条的增加。相对而言，2019 年《反不正当竞争法》所修订的部分与新型竞争行为并无紧密联系，因此，仅重点就 2017 年《反不正当竞争法》修订发生的变化展开分析。

一方面是《反不正当竞争法》第二条发生变化。修订后《反不正当竞争法》一般条款打破了竞争关系的桎梏，引入独立的消费者利益标准，对行为不正当性的认定不再仅针对竞争者利益进行"权利化"的考量，而是依据竞争本身的结构、功能、特性来重新厘定考量因素和利益权衡框架。这个变化明确了三元利益一体的利益观，确立了"扰乱竞争秩序"这一不正当竞争行为认定的核心要素及"原则、法律、商业道德"三阶观察体系，相应地廓清了商业道德在一般条款适用中的顺位。

另一方面是在《反不正当竞争法》修订中加入了第十二条，即专门针对互联网新型不正当竞争行为的类型化条款，被称为互联网专条。该条由"概括性条款+类型化条款+兜底条款"组成，可视为是对互联网市场竞争行为变化的积极响应，在一定程度上改变了之前仅通过适用一般条款处理互联网新型竞争行为的情况。然而从实践情况看，自《反不正当竞争法》互联网专条正式施行以来，大多数法院在审理涉及互联网新型竞争行为案件时，仍然倾向直接适用一般条款。即便是在适用互联网专条的案件中，也通常结合一般条款一并适用，其适用效能有待进一步释放。

（三）行为正当性分析思路和判定标准发生变化

1. 判定竞争损害的分析模式发生变化

该变化主要源于 2017 年《反不正当竞争法》的修订，修订后《反不正当竞争法》的一般条款改变了以往仅注重经营者损害的分析模式，提升了对竞争秩序的考量，加入了对消费者权益的独立考量。这使得法院在认定行为竞争损害时的分析思路也相应发生了改变，不再单纯考量经营者权益，而是兼顾经营者利益、消费者利益及社会公共利益，对被诉行为予以综合评价。

2. 判定竞争损害的标准发生变化

该变化主要源于实践中对互联网新型竞争行为认识的不断深入，主要体现在两方面。一方面，法院意识到互联网新型竞争行为对多方主体产生的影响不仅是负面影响，可能还有积极影响。在实践中，已有部分法院明确将行为对消费者福利、市场竞争以及促进创新作为竞争行为的积极影响予以考虑。另一方面，部分法院改变了仅依据损害事实判定竞争损害的做法，意识到互联网领域的竞争具有其特殊性，在自由开放的市场经济环境中，经营资源和商业机会具有稀缺性，经营者的权益并非可以获得像法定财产权那样的保护强度，因此需要判定行为损害是否达到需要司法救济的程度。

3. 明确加入对主观要素的认定

虽然早在 2017 年《反不正当竞争法》修订前，部分案件中就已有法院基于当事人的主观恶意作为判定行为不正当性的标准，但是该标准未在一般条款中得到直接体现。在新增加的互联网专条第二款第（三）项中，明确将"恶意"这一主观要素作为判定行为不正当性的依据，这意味着主观要素被《反不正当竞争法》明确纳入部分不正当行为的构成要件之中。

（四）可适用的法律制度发生变化

近年来，随着信息通信技术和数字技术的融合创新发展，人类经济社会组织形态和日常生活消费方式发生了深刻的改变，数字技术及基础设施已经深嵌于人类经济社会结构和治理之中，数据已成为全球经济社会发展的关键要素和核心原料，与此同时，数据的处理与使用也引发了包括个人隐私泄露、国家秘密泄露等诸多风险。新出台的《个人信息保护法》以及《数据安全法》也正是法律为应对新时代发展变化所采取的积极应对方式，目的在于切实保护数据安全，尤其是个人数据、组织数据以及国家数据的安全。由于当前平台经济的市场竞争与数据和算法关系密切，因此，通过适用《个人信息保护法》《数据安全法》等法律，也在一定程度上可以起到规制互联网新型不正当竞争行为的效果，譬如通过对个人信息的保护以及对数据安全的保障，能够防治数据企业特别是超大型平台企业为谋取不正当利益，过度采集用户数据而对市场竞争秩序和消费者权益产生的损害。

除数据相关立法外，用于规范算法相关行为的有关规则制定也已踏上日程，2022 年 3 月 1 日，国家互联网信息办公室发布《互联网信息服务算法推荐管理规定》，其中第十四条就针对当前利用算法屏蔽信息、过度推荐、操纵榜单或者检索结果排序、控制热搜或者精选等干预信息呈现，实施自我优待、不正当竞争、影响网络舆论或者规避监管等行为进行了规定。不仅如此，一些新出台的相关行业立法也可成为用来规范竞争行为的规范性文件。譬如，2018 年 8 月出台《电子商务法》用以规范电子商务行为，维护市场秩序，其中第二章也有多个条款涉及电子商务领域的新型竞争行为。

可见，随着专门立法和行业规范等新规出台，可用于规制和约束新型不正当竞争行为的法律不再局限于竞争法，还包括《个人信息保护法》《数据安全法》《电子商务法》等法律规定，可适用的法律得到了扩充。

二、适用互联网新型不正当竞争行为之法律的不变

（一）对竞争行为本质的认知没变

当前，法律适用面临的挑战主要源于新型竞争行为带来的变化。虽然《反不正当竞争法》为此作出了一定调整，但是相比于高度动态变化的新型竞争行为而言，法律本身仍具有一定的滞后性，且频繁更新与法律本应具有的稳定性也不相宜。为此，需要在面对不断变化的新型竞争行为

时，找到其中的一般规律，以此提升法律应对变化的能力。

比对新型竞争行为与传统竞争行为，可以发现，虽然新型竞争行为在形态上发生了改变，但是不变的在于行为所承载的客观规律，也可谓竞争行为的本质没有发生变化。由于企业经营的目的就在于实现利润最大化，故此，其竞争行为的实施目的就在于获取更多的交易机会，即不论竞争行为的样态和实施方式如何变化，竞争行为皆是围绕如何获取更多的交易机会，或者是维持自己的交易资源，抑或是"损人利己"，限制竞争对手。通过把握竞争行为的本质，有助于在法律适用中更好地对行为进行定性，能够提供判定行为正当性的基本思路，譬如判断行为是否通过不正当的方式不合理地减少了其他经营者的交易机会。譬如某经营者的竞争行为若通过干扰消费者选择，或者欺骗、诱导消费者选择实现交易机会的增加，则其实现方式具有不正当性。当然，对行为是否可认定为不正当竞争行为，还需结合个案情况，按照现有规范分析框架予以认定。

（二）《反不正当竞争法》立法目的没变

虽然自1993年以来《反不正当竞争法》经历2017年、2019年两次修订，引发了学界广泛的讨论，在关注法律文本发生变化的同时，也应关注哪些条款没有发生变化。譬如，《反不正当竞争法》的立法目的就没有发生变化。立法目的，即立法宗旨，是指制定一部法律所要达到的任务目标。《反不正当竞争法》在历次修订中，立法目的并没有因为形势的变化而发生改变，即保护公平竞争，保护经营者和消费者的合法权益并不会因为互联网时代的到来而发生改变。

立法目的不变的意义在于，其为接下来《反不正当竞争法》及相关法律的修订提供了基石，划定了修订的基本线路，即在修订过程中，其原则和规则的设定仍需紧紧围绕如何保护市场竞争秩序、经营者合法权益及消费者合法权益展开，特别是为针对新型竞争行为的法律适用提供了指引。具体言，并不是所有新型竞争行为都需要进行规制，须是不正当的竞争行为才应受到规制。规制不正当竞争行为仅是实现法律目的的方式和路径，因此，在对新型竞争行为进行规制时，需要充分权衡行为可能对多方主体权益产生的实际影响，而非仅根据行为表征去判定行为是否需要规制。

需要注意的是，变与不变是辩证统一的，《反不正当竞争法》立法目的的表述虽然没有发生改变，但是随着修订以及近期《解释（征求意见稿）》的发布，立法目的所涉及的多元法益在法律适用中的位阶也发生了一定变化。①

（三）行为正当性的基本判定标准没变

《反不正当竞争法》第二条被称为一般条款，该条款对《反不正当竞争法》意义重大，其作为基本原则，不仅对不正当竞争行为下了定义，同时也提供了判定行为不正当性的基本标准。在历次修订中，第二条虽然发生了一定变化，但是存在一个值得注意的不变之处，即遵循自愿、平等、公平、诚信的原则（统称为"诚信原则"），以及商业道德的标准。诚信原则与商业道德虽然饱受争议，譬如，有学者认为，商业道德标准虽具有一定的合理性，但也存在难以克服的缺陷，因为我们会对于何种行为符合道德标准产生分歧。且在实践中确实暴露出一些问题，譬如，该条款存在道德泛化的情况，并仅根据竞争损害，即认定行为具有不正当性，未考虑竞争损害的程度等。然而在历次修订中，此两项标准并没有被移除，且在《解释》中得到进一步凸显，其中的缘由可能在于以下两点。

一是诚信原则和商业道德与市场竞争秩序存在紧密联系。诚信原则和商业道德是建立和维持市场竞争秩序的重要基准，市场竞争秩序是《反不正当竞争法》所保护的重要目标，且是判定不正当竞争行为的核心要件，故此，若违背诚信原则或商业道德，实际上也在一定程度上意味着对市场竞争秩序的扰乱。

二是诚信原则和商业道德标准本身虽然具有模糊性和不确定性，但是也由此具有一定的可解释性和适用弹性。特别是在对新型不正当竞争行为进行规制时，由于立法尚未跟进，此时可通过对诚信原则和商业道德标准进行合理化解释予以适当扩容，从而能够为保障市场竞争秩序有序运行，保护经营者和消费者合法权益提供正当性依据。

此外，根据实践情况看，目前行为正当性判定存在困境的原因可能并不仅仅在于标准本身，还在于缺少具体的适用指引，使得法官在适用中难以把握尺度，进而出现适用不严谨或者不充分的情况，但这并不是诚信原则和商业道德标准本身的问题。故此，当前需要考虑的关键点并非是否需要保留诚信原则和商业道德标准，而是需要考虑如何去规范化和程式化一般条款的解释和适用，使其在实践中更具有可操作性。

---

① 2022年11月发布的《反不正当竞争法》（2022征求意见稿）第一条立法目的由"促进社会主义市场经济健康发展，鼓励和保护公平竞争，制止不正当竞争行为，保护经营者和消费者的合法权益"修改为"预防和制止不正当竞争行为，鼓励和保护公平竞争，维护经营者、消费者的合法权益和社会公共利益，促进社会主义市场经济健康发展"，存在一定调整，有待后续跟进。

第四节　互联网新型不正当竞争行为审裁理路的完善①

近年来，互联网新型不正当竞争案件频发，在司法实践中仍多适用《反不正当竞争法》中的"一般条款"，选择"私益优先"和"多益平衡"两种裁判理路予以认定。"私益优先"成为司法裁判的主流，侧重竞争行为对原告（经营者）利益损害的认定，容易忽略对竞争行为正当性的考察。"多益平衡"立足于竞争法多元价值的衡平，但仍带有明显的私权循证印迹，对竞争价值、创新价值等具有社会公共性利益的关注不足，易将《反不正当竞争法》的属性及其适用逻辑定位为民事特别法和私法逻辑。

一、审裁理路述评

信息技术（Information Technology）和数字技术（Digital Technology）的快速革新及广泛适用，推动着传统商业模式和市场经营行为不断发展与重构，互联网领域的商业竞争格局已然从单纯的产品和要素竞争转向以数据资源为核心的跨界和聚合竞争，新兴技术在激活经济动能、颠覆产业竞争格局之际，也为市场经济的健康运行带来诸多挑战和风险。在实践中，囿于我国 1993 年颁行的《反不正当竞争法》没有规制互联网新型不正当竞争行为的类型化条款，司法机关通常依据第二条"一般条款"和有关基础理论对这些互联网新型不正当竞争案件展开审理，往往基于公认的商业道德、诚实信用原则等进行竞争利益的衡量，衍生出以"非公益必要不干扰""最小特权"原则为主的司法裁判规则。

经考察发现，司法实践对互联网新型不正当竞争行为在认定思路和法律适用上与传统不正当竞争案件存在较大差异，不同的新型不正当竞争案件在裁判思路和裁判标准等方面亦不尽相同。以国内首例浏览器不正当竞争案优酷诉猎豹浏览器案（以下简称"优酷诉猎豹案"）和具有指导性意义的疑难复杂案件百度诉搜狗搜索引擎案（以下简称"百度诉搜狗案"）为例，前案中，二审法院判决重点阐明了浏览器过滤视频广告的不正当性在于商业模式利益应受法律保护，认为被告开发并向用户提供具有视频广告过滤功能的猎豹浏览器破坏了合一公司（优酷视频网站的经营者）的正常经营活动，属于不当利用合一公司经营利益的行为并具有主观

---

① 本节参见陈兵：《互联网新型不正当竞争行为审裁理路实证研究》，《学术论坛》2019 年第 5 期。

恶意，违背了公认的商业道德和诚实信用原则，构成不正当竞争。[1]然而在百度诉搜狗案中，二审法院审慎适用《反不正当竞争法》第二条，考虑了该案中搜狗浏览器提供的垂直结果服务是否影响百度方对该商业机会的归属，以及用户需求与商业机会之间的关系等因素，比较被诉行为在被认定为正当或不正当两种情景下，对用户利益、手机浏览器经营者利益、搜索引擎利益可能产生的影响进行精细化、全方位的综合分析，从而判断哪一情形对社会整体利益最有利，得出搜狗浏览器未构成流量劫持的不正当竞争行为的结论。

可见，上述两个案件的审理思路和审判标准截然不同：对新型不正当竞争行为的认定，是以竞争行为损害了经营者受保护的合法利益以及损害结果违背公认的商业道德和诚实信用原则为认定思路，还是侧重于对多元利益的衡平，抑或有其他审裁思路。初步考察发现，学术界对未落入类型化条款的新型不正当竞争行为认定基准的研究，正在或已经由道德评判转向结合经济分析的评判标准，不少学者开始反思和批判法院保护单一法益，机械适用"一般条款"的非科学性，并逐渐开始寻求以多元利益衡量、客观市场效果等内容为判断标准的认定路径。[2]然而实践中的裁量理念和裁判模式并未跟进，法院认定新型不正当竞争行为时甚至过度依赖"一般条款"，但该条款高度抽象，加之互联网竞争形态的多样性和可变性，对一般性条款的适用存在着不确定性和扩张性，为互联网新兴业态下的不正当竞争行为的规制带来实践难题。故此亟待思考：竞争法如何回应围绕互联网技术广泛运用产生的新型不正当竞争问题，司法实践关于新型不正当竞争行为的认定思路和审判逻辑的真实面貌是怎样的？这些重要问题引发了学界和实务界的热烈讨论，正成为摆在学者面前的重点和难点，对其研究亦有助于对《反不正当竞争法》价值属性回归及创新性适用的理论深耕。

---

[1] 见"北京百度网讯科技有限公司等上诉不正当竞争纠纷"二审民事判决书，北京知识产权法院（2015）京知民终字第 557 号。

[2] 见王磊：《法律未列举的竞争行为的正当性如何评定——一种利益衡量的新进路》，《法学论坛》，2018 年第 5 期。反不正当竞争法立足于竞争行为的正当性，而不是立足于静态的法益，一些裁判将商业机会和商业模式作为受保护的合法权益，实际上这种做法有些简单化。见孔祥俊：《论反不正当竞争法的基本范式》，《法学家》2018 年第 1 期。张占江教授在《不正当竞争行为的认定的逻辑与标准》（《电子知识产权》2013 年第 11 期）一文中，亦对从经营者利益、消费者利益和社会公共利益三个维度的利益衡量模式予以肯定，并在此基础上对相关行为影响的市场结构、行为、绩效的指标与"不受扭曲的竞争状况"下的相关指标的对比、分析；在不正当竞争行为的认定不能仅仅依靠道德评价标准，应当以行为正当性判断为落脚点，对多维度利益和因素展开考量。见谢兰芳，黄细江：《互联网不正当竞争行为的认定理念》，《知识产权》2018 年第 5 期。

事实上，近年来针对互联网新型不正当竞争行为的司法认定已经展开了较为深入的研究和探讨，但往往针对单一认定规则或具体一类行为展开评价和反思，聚焦互联网新型不正当竞争行为认定模式或者说裁判思路的系统性研究和立体性评价尚付阙如。①鉴于此，仔细研读互联网新型不正当竞争的代表性判决书，②全面梳理和归纳法院对互联网新型不正当竞争行为的审裁理路，在总结和反思的基础上，深入剖析当前司法裁判模式背后反映的价值基准与竞争法取向，有效回应当前新型不正当竞争行为裁判模式的迷思，以期丰富理论研究并为新《反不正当竞争法》在司法实践中的科学运用提供参酌。

二、互联网新型不正当竞争行为认定模式分类

新型不正当竞争行为的快速涌现对《反不正当竞争法》的司法适用和案件审判带来挑战，基于对大量判决书的研读和分析，高度凝练新《反不正当竞争法》实施前法院在认定新型不正当竞争行为时的两类裁判思路，这两种认定模式通常单独呈现，少数情况下也会在同一案件中交织：第一类可概括为"私益优先"的认定模式，以判断"竞争行为是否损害相关经营者权益"为前提；第二类可概括为"多益平衡"的认定模式，着眼于其他经营者利益、消费者利益等多元价值的衡平，还侧重考量行为本身及其可能带来的市场竞争效果。厘清互联网新型不正当竞争行为的认定模式和基本认定逻辑，有助探究当前有关新型不正当竞争行为司法认定中存在的问题。

（一）"私益优先"模式

"私益优先"模式通常以判断与之有竞争关系的经营者，包括直接或间接竞争关系的经营者是否具有合法的竞争利益（通常是指特定经营者的竞争利益，可以是竞争优势、经营利益、商业机会和商业模式等）为逻辑

---

① 这方面较具代表性的就是史欣媛于2017年发表的《互联网新型不正当竞争案件中的行为政党性判定标准研究》（《安徽大学学报》（哲学社会科学版）2017 年第 1 期），该文讨论了当前新型不正当行为的认定标准及不足并提出了"案场效果为文"的行为正当性判定模式。

② 本文以"不正当竞争"和"互联网"为关键词，在北大法宝法律数据库和威科先行法律信息库检索 2009 年 1 月 1 日至 2019 年 7 月 1 日判决书共 3882 篇，为精确范围，采用对"互联网新型不正当竞争"的严格定义法——对于在互联网环境下引发的传统不正当竞争行为，如域名抢注、商业贿赂、商业诋毁、虚假宣传、侵犯商标权、侵权著作权等不纳入本文统计，共筛选出相关指导性案例的裁判文书、公报案例的裁判文书、参阅案例的裁判文书和经典案例共 76 件开展分析。值得注意的是，截至本文对已公开案例的整理，并未发现适用新修订《反不正当竞争法》增加的第十二条即"互联网专条"认定新型不正当竞争行为的情形，故对"互联网专条"及其可能适用的案例不予讨论。

基点，以经营者的商业利益或商业机会是否受到损害为分析核心，最终适用《反不正当竞争法》第二条所规定的违背公认的商业道德和诚实信用原则。具体看，法院在分析"损害条件"时往往着眼于经营者之间商业利益的损害，尤其聚焦竞争行为对原告经营者利益的损害，针对这一损害结果通常有两种具体认定理由。第一，竞争行为直接冲击正当的商业模式或正常经营，从而损害原告经营者利益，譬如，"行为直接干预并严重损害原告公司的经营，从而挤占原告的市场份额，危及原告的正常经营、攫取其合法的商业利益"[①]，"直接干预原告的经营行为，超出正当竞争的合理限度，损害了原告经营者的合法利益"[②]。第二，竞争行为导致原告经营者本应获得的经营利益或竞争优势丧失，譬如"被告利用网络用户对安全提示的信赖，诱导用户进行修复操作，进而达到其篡改自身开发的浏览器为默认浏览器的不正当目的，导致原告丧失了相应的交易机会和用户资源"[③]。在"私益优先"模式下，若法院掌握了"行为损害互联网经营者利益"这一评判依据后，往往较少对其他因素进一步考量，譬如是否损害消费者利益、互联网生态中其他经营者利益、公共利益，或考虑相关市场用户数量、市场占有率等非主体性要素。

事实上，以私益保护为主导的认定模式早有渊源。最高人民法院在"海带配额案"中指出了适用《反不正当竞争法》第二条第 1 款和第 2 款认定构成不正当竞争的条件包括"其他经营者的合法权益是否受到实际损害"与"此类竞争行为因违反诚实信用原则和公认的商业道德而具有不正当性或者说可责性"作为认定标准，[④]这两点通常也是认定不正当竞争行为的重点和难点。尽管最高人民法院出台的这一具体化认定路径为高度抽象的法律原则适用于案件审理提供了清晰的指引，但其仅局限于权益保护，从一定程度上狭义解读了《反不正当竞争法》第二条对不正当竞争认定的价值取向，这一具体化路径是否同样适用于互联网领域的各类新型竞争行为的认定有待商榷。

---

① 见"北京爱奇艺科技有限公司与北京四象联创网络技术有限公司不正当竞争纠纷"一审民事判决书，北京市海淀区人民法院（2017）京 0108 民初 31800 号。

② 见"北京爱奇艺科技有限公司与北京极科极客科技有限公司不正当竞争纠纷"一审民事判决书，北京市海淀区人民（2014）海民（知）初字第 21694 号。

③ 见"北京搜狗信息服务有限公司、北京搜狗科技发展有限公司与北京奇虎科技有限公司、奇虎三六零软件（北京）有限公司不正当竞争纠纷"，西安市中级人民法院（2013）西民四初字第 00529 号一审民事判决书及陕西省高级人民法院（2015）陕民三终字第 00059 号二审民事判决书。

④ 见"山东省食品进出口公司、山东山孚集团有限公司、山东山孚日水有限公司与马达庆、青岛圣克达诚贸易有限公司不正当竞争纠纷案"，最高人民法院（2009）民申字第 1065 号。

　　"私益优先"模式在完成对经营者商业利益的可保护性的分析后，将重点落入适用《反不正当竞争法》"一般条款"认定损害行为是否违反公认的商业道德和诚实信用原则，法官有时会根据新型竞争行为所属的行业领域及具体案情确定适用规则，应考虑的因素可能包括"特定行业的一般实践、行为后果、交易双方的主观状态和交易相对人的自愿选择等"。① 譬如一些判决会选择援引共识度较高的行业规则作为"公认的商业道德和诚实信用原则"的评价基准，这些行业规则可以是国家制定的法律、行政法规或部门规章，以及行业协会制定的自律公约、技术规则等。譬如，在百度诉奇虎搜索引擎案中，法院认为奇虎公司未遵守百度网站的 Robots 协议及互联网行业的《互联网搜索引擎服务自律公约》，对百度网站进行数据抓取，违背行业内的通行规则以及搜索引擎行业内公认的、应当被遵守的商业道德，构成不正当竞争；② 又如，在腾讯诉奇虎不正当竞争案中，一审法院援引工业和信息化部《规范互联网信息服务市场秩序若干规定》和中国互联网协会《互联网终端软件服务行业自律公约》用以证明奇虎公司违反了互联网经营行为标准和公认的商业道德。③

　　"法的有效性是建立在道德基础上的，因为法的目的是指向道德目标的。"④《反不正当竞争法》第二条所阐释的公认的商业道德体现的是一种不同于日常道德的商业伦理，是交易参与方共同和普遍认可的行为准则，应当按照特定商业领域中市场交易参与者的伦理标准予以评判。⑤客观而言，适用商业道德标准的合理性不仅在我国反不正当竞争法中有明确体现，从世界范围内看不正当竞争行为的认定标准，大多数国家和地区都使用了大致相同的规范性而非描述性的道德标准，将"诚实信用""善良风俗"等"一般条款"引入作为"正当性"的评判标准的方式。德国竞争法将竞争行为正当性判断的基点定位于"效能竞争"，即"是否以自己的商品或服务的优质优价及自己的经营活动的业绩去展开竞争"，德国法官

---

　　① 见孔祥俊：《反不正当竞争法的创新性适用》，中国法制出版社 2014 年版，第 67 页。

　　② 见"北京奇虎科技有限公司诉北京百度科技有限公司、百度在线网络技术（北京）有限公司不正当竞争案"，北京市第一中级人民法院（2013）一中民初字第 2668 号。

　　③ 见"腾讯科技（深圳）有限公司、深圳市腾讯计算机系统有限公司与北京奇虎科技有限公司、奇智软件（北京）有限公司不正当竞争纠纷案"，广东省高级人民法院（2011）粤高法民三初字第 1 号。

　　④ ［德］古斯塔夫·拉德布鲁赫主编：《法律智慧警句集》，舒国滢译，中国法制出版社 2001 年版。

　　⑤ 见《最高人民法院办公厅关于印发〈最高人民法院知识产权案件年度报告（2010）〉的通知》第二十五条，适用反不正当竞争法"一般条款"认定不正当竞争行为的条件与标准。该结论来源于最高人民法院对"海带配额"不正当竞争案的观点梳理。

亦在大部分判例中认为，对效能竞争和非效能竞争的区分是使"善良风俗"含义具体化的一项特别适当的标准。①《巴黎公约》在第十条之二（2）中任何违反工业或商业方面诚实做法的竞争行为都将构成不公平竞争，其他各国及地区亦在"一般条款"中相继效仿，譬如比利时和卢森堡采取"诚实商业惯例"标准，西班牙和瑞士采取"诚实信用原则"标准，意大利使用"职业道德"的标准等。②这类与诚实信用相关的认定标准带有一定的主观色彩，是各国早期不正当竞争规制理念的典型体现。然而不断出现的新型竞争行为为"诚实信用原则""善良风俗"等传统意义下的道德化评判标准设置了障碍，各国及各地区的衡量标准也需及时调整。譬如，德国反不正当竞争法于 2004 年修订，其重要内容之一即使用"不正当性"取代了"良俗"这一包含法外因素的标准，在立法层面竞争本位代替了道德评价，突出对消费者和公众利益保护的正当性标准，有关各国对不正当竞争行为的认定标准从单一目标向多元目标的转变在下文中另有论述。

（二）"多益平衡"模式

"多益平衡"模式与"私益优先"模式有较为显著的区别。少数司法机关审慎采用"权利侵害+公认的商业道德"评判标准，是从以一种多元利益衡平的维度，综合考虑被诉竞争行为对既有或潜在的竞争者、消费者其他经营者社会公共利益等多元利益的影响。如前述在"百度诉搜狗"案二审判决中，法院从行为本身正当性及其可能产生的竞争效果展开分析，"除考虑商业机会与服务内容之间的关系，判断搜狗手机浏览器是否劫持了本应属于百度搜索引擎的流量之外，还着重通过判断搜狗自营网站的流量是否会据此有所增加以进行验证"，③即将用户选择或者不选择搜索引擎图标这两种情形下对搜狗自营网站的流量可能产生的影响进行对比分析，得出搜狗浏览器并未劫持百度搜索引擎流量的结论。同时，为验证上述否定结论，以增加其正确性，法院未依据《反不正当竞争法》第二条指向的"公认的商业道德"，而是进一步在被诉行为于正当或不正当两类情况下对互联网平台双方利益、用户利益角度进行综合权衡，以明确"搜狗浏览器不构成对百度搜索引擎流量劫持"这一结论更有助于手机浏览器经

---

① 郑友德、范长军：《反不正当竞争法"一般条款"具体化研究——兼论〈中华人民共和国反不正当竞争法〉的完善》，《法商研究》2005 年第 5 期。

② 孔祥俊：《反不正当竞争法的创新性适用》，中国法制出版社 2014 年版。

③ 见"北京百度网讯科技有限公司等上诉不正当竞争纠纷"二审民事判决书，北京知识产权法院（2015）京知民终字第 557 号。

营者和用户之间的利益衡平。

事实上，类似百度诉搜狗案的审判路径，完全跳出私人权益模式甚至审慎适用《反不正当竞争法》第二条第二款"道德评价"的案件寥寥数几，更为常见的依旧是以"一般条款"中公认的商业道德或商业伦理为法律依据，根据个案情况进行综合考量、整体权衡经营者、消费者、其他市场竞争者的利益的情况。譬如，北京百度网讯科技有限公司等与北京搜狗科技发展有限公司等不正当竞争案（和前述百度诉搜狗案不为同案）一审、二审判决均同时考量了被诉行为"是否不正当地利用了原告经营利益和竞争优势，损害原告竞争利益""是否侵犯用户的知情权和选择权，侵犯用户作为消费者的合法权益""是否可能导致同行业经营者的效仿及竞争秩序的混乱，不利于损害社会公共利益"，得出被诉竞争行为因违反《反不正当竞争法》第二条中公认的商业道德而具有不正当性的结论。

可以看出，尽管上述两个案件判决结论和法律适用截然不同，但从竞争行为出发对多元利益的考量思路如出一辙，对除了案件原被告"经营者—竞争者"这一具有特定竞争关系的利益组合展开考量外，也同时考量了消费者利益和社会公共利益的衡平，暂且不论对后两者的证成是否吸收了足够充分的因素，但这一思路一定程度上破除了对竞争关系相对性的限制，即突破了"私益优先"模式下狭义保护原告经营者和规制被告竞争者的单一法益保护模式。[①]申言之，从着眼于保护特定经营者私益的审裁思路到围绕竞争行为展开的多元价值分析推动了反不正当竞争法的规制进路从"行为—法益"模式至"行为正当性"模式的演变。需要明确的是，竞争行为正当性的判断通常是经营者利益、消费者利益和公共利益这三种利益冲突和协调的结果，体现了多元利益的张力。[②]其中，消费者利益丰富和延伸了公共利益的结构，公共利益在反不正当竞争法下体现了一种不被扭曲的竞争秩序，[③]在判断竞争行为是否扭曲了竞争秩序、损害健康的市场竞争机制时往往需要综合多方面因素，包括竞争力增进、技术进步、创新价值，以及是否存在潜在竞争者的市场进入壁垒等。譬如，在"大众点评诉百度地图案"二审判决中，法院认为百度公司超出必要限度使用涉案信息的行为"可能使得其他市场主体不愿再就信息的收集进行投入，破坏

---

① 陈兵：《互联网经济下重读"竞争关系"在反不正当竞争法上的意义——以京、沪、粤法院（2000~2018 年）相关案件为引证》，《法学》2019 年第 7 期。

② 孔祥俊：《〈民法总则〉新视域下的反不正当竞争法》，《比较法研究》2018 年第 2 期。

③ 杨华权、崔贝贝：《论反不正当竞争法中的公共利益——以网络竞争纠纷为例》，《北京理工大学学报》（社会科学版）2016 年第 3 期。

正常的产业生态"，而这种行为若得不到遏制，相关主体的利益不能得到有效维护，"必然会使得进入该领域的市场主体减少，最终导致消费者未来所能获知信息的渠道和数量的减少"，损害未来消费者的利益。①

可以说，以上三个案例是法院正确解读《反不正当竞争法》多元法益和价值的保护目标、正确理解竞争法属性的良好示范，然而在实践中，许多法院虽然将消费者利益等多元价值纳入考量，但多数情况下只是象征性地提及，并未将其作为行为正当性判断的实质影响因素，对经营者商业利益的保护和对其竞争利益的损害分析依旧支配着判决的结果，更忽略对竞争价值、创新价值等客观因素的分析。譬如，爱奇艺与极科极客不正当竞争二审判决中，针对被告极科极客公司行为的正当性，法院认为极科极客公司提供屏蔽骚扰广告、恶意弹窗广告的服务让用户获得了更好的消费体验，但极科极客公司是以损害他人利益的方式自身获取利益，强行改变爱奇艺公司经营模式的方式向网络用户提供服务，亦因为威慑视频网站的生存利益而损害消费者长远利益。②此类审裁思路出现在诸多案件中尤其是广告屏蔽案，也有法院考量了技术中立等因素但最终难逃"经营者利益至上"的主导力量，这种忽略经营者行为正当性的思维方式仍带有明显的私权循证印迹，是"多益平衡"模式中亟待转型和升级的情形。

三、互联网新型不正当竞争行为审裁理路检讨

比较司法实践中对互联网新型不正当竞争行为的认定（裁判）模式，有助于进一步检讨法院在审理新型不正当竞争行为案件中存在的问题，从审判理念、审判理路、审判方法等多个环节检查互联网新型不正当竞争行为审理面临的困境，进而帮助改进对互联网新型不正当竞争案件的审理。

（一）竞争利益的特定化

竞争利益是处于竞争环境中具有广义竞争关系的竞争者在争夺交易机会的过程中所追求利益的具体体现，是对其他诚实经营者在竞争优势、客户多寡、商业信誉等方面产生影响的综合表述，因其概括性和抽象性，竞争利益能够更为全面地指代具备竞争关系中的经营者合法利益，并在具

---

① 见"北京百度网讯科技有限公司与上海汉涛信息咨询有限公司、上海杰图软件技术有限公司不正当竞争纠纷"二审民事判决书，上海知识产权法院（2016）沪73民终242号。

② 见"北京极科极客科技有限公司与北京爱奇艺科技有限公司不正当竞争纠纷上诉案"，北京知识产权法院（2014）京知民终字第79号。

体竞争行为中呈现各类样态与内容。①如前所述，当前法院在多数情况下倾向于依赖简单固化的民事侵权思路认定互联网新型不正当竞争行为，其本质就是竞争利益的特定权利化，且这种竞争利益以诉争双方存在"竞争关系"为前提。譬如"私益优先"模式通常依据以下"三步走"的形式：首先，分析案件一方经营者具有受保护的合法权益（竞争利益）；其次，竞争行为使前一正当法益受到侵害，在这一步骤中部分法院会着重论述被告的不正当竞争行为具有主观恶意；最后，被告对原告实施的损害行为违背公认的商业道德或诚实信用原则。此模式是以认定特定经营者的合法权益受到侵害推论竞争行为的非正当性，聚焦诉争双方的"竞争相对性"，对于该合法利益是否值得保护、行为本身是否具有竞争法上的不正当性、认定行为正当性的诸多相关要素并无太多实质性考量，"三步走"的固化路径在很大程度上落入了权利侵害式侵权保护的裁判模式之中。

对民事侵权的保护与竞争法上所实施的保护有着本质差别，侵权法上的思路往往重在赋予权利人私法上的权利保护，在分析逻辑上由侵害行为和权利保护两部分构成，无需作进一步的利益衡量或价值判断。然而反不正当竞争法因其"禁止行为法"的属性，更关注竞争行为本身正当与否，以及影响行为正当性的诸多因素为何，价值判断和利益衡量也更加多元灵活。申言之，反不正当竞争法中违法性认定的核心在于行为正当性判断，法益保护不能作为支撑点和立足点，其所保护的竞争利益应当是因遏制不正当竞争行为而受到保护成为一种法益，而非将其优先上升为受保护的法益来认定行为正当性，意味着反不正当竞争法尚达不到民法对专有权保护的程度，是一种对利益的弱保护，②这是反不正当竞争法与民事权利保护的重要区别。从这一意义上看，法院采取的"私益优先"模式并未充分贯彻反不正当竞争法"行为法属性"在案件审判中的主导性作用，侧重对经营者商业利益的保护，仅着眼于特定经营者之间的"竞争相对性"，一定程度上易演化为权利（专有权）保护的审判思路，不利于发挥竞争法权利补充型保护模式的独特功能，更不符合不正当竞争法的时代价值。

此外，将竞争利益特定化的侵权认定思路也代表了一种静态的、线

---

① 李友根：《经营者公平竞争权初论——基于判例的整理与研究》，《南京大学学报》（哲学·人文科学·社会科学版）2009 年第 4 期。

② 孔祥俊：《〈民法总则〉新视域下的反不正当竞争法》，《比较法研究》2018 年第 2 期。

条单一的、有违竞争损害中性原则的动态竞争观。①市场竞争具有天然的"损人利己"的特性，在日益激烈的互联网跨界竞争、动态竞争中更体现为竞争对手模糊化和损害形式的多样化，尽管损害可能无处不在，但竞争引起的损害本身不具有是与非的色彩，只要该损害并非直接针对性的、无任何可躲避条件或选择方式的特定性损害，就不单独构成评价竞争行为正当性的倾向性要件。最高人民法院在"海带配额案"中也提出"竞争对手之间彼此进行商业机会的争夺是竞争的常态，也是市场竞争所鼓励和提倡的。对于同一交易机会而言，竞争对手间一方有所得另一方即有所失"。然而当前我国法院在认定互联网新型不正当竞争行为中将原告经营者竞争利益放置于静态的"保护区"，尽可能避免让其参与复杂多元的互联网市场竞争，在具体案件审理中体现为将特定私益的损害结果作为根本性认定要件，具备原告经营者利益受损的表征就草率地推定被告经营者行为构成不正当竞争，显然有悖于竞争法对损害中性的内在要求，更不利于维护市场自由公平竞争。申言之，竞争与损害相伴相生，损害性不是认定不正当竞争行为的必要条件，竞争行为违法性的分析核心应在于行为正当性判断，意味着认定竞争行为的不正当性不能简单僵化地依赖民法思维从保护特定权利角度适用法律并套用固有审判模式，应当立足竞争法特点及多元价值判断而非依赖"大民事审判思维"。

（二）多元价值实质性保护的弱化

在"私益优先"模式下法院仅聚焦竞争行为对原告经营者的损害，认为互联网领域不正当竞争行为绝大多数甚或是全部情形下的认定理由来自对经营者合法利益的损害，即"行为—法益"基准，如果不存在对经营者权益的损害事实，则难以认定构成不正当竞争行为。同时，"多益平衡"模式下也存在象征性、摆设性提及多元价值的情形，依旧未完全突破"竞争相对性"的认定逻辑，强调对法益本身的保护而忽视了对行为正当性本身的考量。正如一再重申的，反不正当竞争法对于行为正当性的认定并非立足于特定私益，不能仅局限于竞争行为直接关联的具有竞争相对性的经营者和竞争者，而应当是代表着动态多维且具有市场竞争特色的正当性认定模式，其判断思路与一般侵权行为有根本区别。②

---

① 孔祥俊教授在《论反不正当竞争法的基本范式》一文中详细论述了"竞争性损害的中性"，提出市场竞争的损害观是以独特的观念和视角看待由市场竞争造成的损害，这是一种竞争性损害。市场竞争的本质属性决定了损害中性原理，即由竞争所产生的竞争性损害是市场经济的常态，例外情况下才可能构成不正当竞争。见孔祥俊：《论反不正当竞争的基本范式》，《法学家》2018年第1期。

② 孔祥俊：《论反不正当竞争的基本范式》，《法学家》2018年第1期。

这种带有私法相对性印记的思维不仅弱化了对被告竞争者、消费者合法利益的关注，而且也忽视了对其他市场竞争者、市场自由、市场激励创新等多元价值目标的综合考虑。当前，互联网经济已演变成为一种以跨界竞争为主的去中心化、去结构化的经济模式，聚集用户和数据成为互联网企业争相追逐的核心，基于技术创新、产品研发实时更迭的竞争主权动态化引起经营者和竞争者角色呈现动态频繁的交互，甚至有时二者的主导地位泾渭不分。在此情况下，在经营者与竞争者利益发生冲突时，单向度地静态倾斜保护经营者合法权益的裁判思路，必然会限制另外一方同质性的竞争利益，①缺乏对于竞争双方之间力量对比和力量损害的实质评估方法，不符合竞争性损害的属性。同时，市场的自由竞争生态和创新激励氛围需要对竞争对手的比量齐观，特别是对于具备同质性竞争利益的显性竞争者，而这种倾斜式的私益保护路径不利于互联网行业既有和潜在竞争者、同业和跨平台经营者之间的自由公平竞争，可能弱化或抑制市场进一步的技术创新。

从消费者利益和其他社会公共利益角度而言，单一化的认定思路亦忽视了对消费者利益、其他经营者合法利益以及其他公共利益的保护，无法满足竞争法对多元价值保护的需求。特别是在物联网、大数据、平台算法等数字技术深度市场化的当下，数字产业在极大地满足"人民日益增长的对美好生活需要"的同时，也对现行消费者权益保护带来了诸多风险与挑战，表现为消费者数据被滥用、消费者隐私受侵犯等新问题，以及传统行为在侵害消费者自由交易权、公平交易权、安全交易权等方面的进一步扩大化。故此，重视消费者保护应当成为数字时代竞争法治建设的重要内容，侵害消费者利益应当作为认定互联网不正当竞争行为的重要标准。②事实上，少数法院已经开始对消费者保护之于竞争法目的实现的重要意义予以重视，提出"消费者利益代表或者延伸了公共利益，而反不正当竞争法所追求的合法有序的竞争秩序最终必然有利于公共利益，因此，是否损失消费者权益、是否损害公共利益理应作为认定不正当竞争行为的重要标准"。遗憾的是，绝大多数法院仍然以经营者法益优先的私益保护模式，替代对消费者利益或其他多元利益主体的保护，强调对单一法益的保护而忽略对多元利益的动态平衡。

---

① 宋亚辉：《网络干扰行为的竞争法规制——"非公益必要不干扰原则"的检讨与修正》，《法商研究》2017年第4期。

② 谢兰芳：《论互联网不正当竞争中消费者利益的保护》，《知识产权》2015年第11期。

（三）正当性认定标准泛道德化

当前司法实践中法院适用《反不正当竞争法》第二条认定新型不正当竞争行为存在着重强调道德性的倾向，也就是仅对"公认的商业道德和诚实信用原则"作形式上的文义理解，将行为人主观动机和行为的道德性作为认定行为正当性的主要标准。①譬如，爱奇艺诉上海大摩案一审判决认为，"上海大摩主观上明知或应知研发运营涉诉软件必然影响他人视频分享网站的正常经营"而开发广告过滤软件，显然将主观恶意作为认定涉诉软件具有不当性的重要内容；②又如，大众点评诉百度地图案一审判决中，法院详细论述了"汉涛公司为运营大众点评网付出了巨额成本，网站上的点评信息是其长期经营的成果"，强调"市场经济中的自由竞争应当充分尊重竞争对手在信息的生产、搜集和使用过程中的辛勤付出"，而"百度公司并未对于大众点评网中的点评信息作出贡献，却在百度地图和百度知道中大量使用了这些点评信息，其行为具有明显的'搭便车''不劳而获'的特点"，最终得出百度违背公认的商业道德和诚实信用原则的结论，③这种认定思路较为简单，强调原告经营者的努力经营和因此获得的重要商业价值，而被告并未付出劳动且对原告造成了实质性损害就构成"搭便车"，基于对搭便车行为的浅层认知，将损害行为简单机械地落入道德评价中，并未进一步考量原告经营者的商业利益是否值得保护，被告竞争者的经营利益和经营成果是否也应当得到一定程度的尊重，以及可能涉及的市场进入成本、技术约束等问题，一定程度上将不正当行为认定简单化。

道德标准往往在评价竞争行为正当与否时力不从心，"一般条款"通常以人们所公认的价值观念来作为评判标准与评价体系，其标准来自社会包括法官个人的内心求证，具有较强的主观色彩，科学性和客观性尚显不足。申言之，无需考量竞争行为的客观状态及诸多利益的衡平就径直落入"违反公认的商业道德和诚实信用原则"的逻辑思维，虽然简化了司法审判的工作量，并将不正当竞争的判断标准上升为不可责难的道德高度，但

---

① 有学者在研究中得出结论：在其所统计的适用"一般条款"审判的司法文书中，93%的案件将行为人的动机是否道德纳入了判断其行为是否正当的考量因素，且有诸多案件将竞争行为的正当性完全归因于行为人主观动机。见蒋舸：《关于竞争行为正当性评判泛道德化之反思》，《现代法学》2013年第6期。

② 见"北京爱奇艺科技有限公司与上海大摩网络科技有限公司不正当竞争纠纷案"，上海市闵行区人民法院（2015）闵民三（知）初字第271号。

③ 见"上海汉涛信息咨询有限公司与北京百度网讯科技有限公司、上海杰图软件技术有限公司不正当竞争纠纷"一审民事判决书，上海市浦东新区人民法院（2015）浦民三（知）初字第528号。

经不起竞争法思维的深层拷问。当然，对竞争行为及竞争秩序的评价的确不能脱离道德因素考量，"一般条款"及多数类型化条款亦包括一定程度的道德评价，[①]但对于以市场经济关系为调整对象，以认定行为正当性为核心的竞争法司法适用，发挥主导作用的不应是主观价值认定而是理性具体的经济性分析，不是单一的道德评判要素而是立足行为正当性的综合价值衡平。在此意义上，行为人主观动机等道德标准应当只能作为不正当竞争认定的辅助性因素。

值得欣慰的是，北京市高级人民法院于 2016 年 4 月 13 日出台了《北京市高级人民法院关于涉及网络知识产权案件的审理指南》（以下简称《审理指南》），其第三十三条和三十四条中对适用公认的商业道德这一认定标准进行了具化。《审理指南》第三十三条将公认的商业道德定性为"特定行业的经营者普遍认同的、符合消费者利益和社会公共利益的经营规范和道德准则"；第三十四条提出对公认的商业道德进行认定时，可以综合参考"特定行业惯例、自律公约、信息网络行业的技术规范及其他可参考因素"。[②]该《审理指南》对法院适用"一般条款"审理新型竞争行为提供了思路指引，深层次上彰显的是审判思路的革新，亟待司法实践的充分落实。

四、互联网新型不正当竞争行为认定模式改进

当前法院在认定互联网新型不正当竞争行为时明显倾向于"私益保护"模式，单向度的权利保护进路体现出适用《反不正当竞争法》进行审判时的"大民事审判思维"倾向，弱化竞争法立足行为正当性的多元价值平衡保护的思路。进一步言，竞争法审判理路并未在司法实践中得到很好的贯彻，这与不正当竞争案件长期由民事审判庭审理、法官缺乏竞争法审判思维、行政执法和司法审判普遍缺乏竞争法理念不无关系。故此，当前司法认定亟须革新审判思维，摆脱权利侵害式的侵权审判思维，正确认识反不正当竞争法对竞争行为认定的"行为正当性主义"而非"特定权益保护主义"。[③]同时，明晰消费者利益在不正当竞争认定中的重要地位，形塑围绕行为正当性的多元利益动态平衡体系，比较经营者竞争行为正当性、消费者合法利益、社会公共利益以及可能涉及的市场自由、市场竞争

---

① 譬如 2017 年修订《反不正当竞争法》第六条所规定的混淆行为的四种类型均使用"擅自"二字；第九条侵犯商业秘密行为第二款使用"明知或应知"的表述。

② 见《北京市高级人民法院关于涉及网络知识产权案件的审理指南》。

③ 孔祥俊：《论反不正当竞争法的新定位》，《中外法学》2017 年第 3 期。

秩序、创新激励等多元价值和目标在现实和未来时空的动态衡平，确立符合竞争法视阈下新型不正当竞争行为的司法审裁模式。

（一）确立基于互联网竞争特性的竞争法审判理路

快速革新的互联网信息技术正在持续向传统经济领域渗透，不断产生新的商业模式和产业样态，形塑新的经济业态和竞争格局，在这过程中形成了动态性、跨界性和演化性的互联网竞争特性。首先，动态性是竞争的固有属性，即竞争不是作为一种静止的最终状态，而是一个动态变化的过程，是现实市场竞争过程的各种竞争要素的组合形式，以及在何种竞争形式下能够实现技术进步和创新。互联网科技企业商业模式和技术创新的此消彼长，甚或可以说互联网领域的熊彼特式"创新性毁灭"（the Creative Destruction）[1]过程正是互联网竞争动态性的集中表现。英特尔创始人之一戈登·摩尔于 1965 年提出了揭示信息技术进步速度的"摩尔定律"：处理器速度或计算机的整体处理能力将每两年增长一倍，[2]从根本上反映出互联网市场技术呈现指数型增长趋势的动态特征。其次，平台竞争中跨界性成为另一主要竞争特点，可视为动态竞争在又一轮研发创新后的重要体现。譬如，阿里巴巴从新零售跨界云计算（阿里云），美团、滴滴打响相互跨界大战，以及千万企业的线上和线下跨界联动，本质是以相互渗透的方式开展竞争围剿，以扩大用户资源、流量规模谋取新的经济增长极，可谓"跨界竞争无处不在，谁都有可能是对手"[3]。正因如此，互联网竞争的跨界性带来优厚的创新激励能敦促企业完成一次又一次颠覆式的创新。最后，互联网领域存在的动态竞争和跨界竞争，推动互联网行业竞争格局发生更具宏观意义和过程性的共生演化。

综上，对互联网竞争特性的分析显示出互联网经济已演变为一种去中心化、去结构化的动态跨界的经济运营业态，新兴技术的频繁更迭推动商业模式日新月异，互联网产业的细化以及互联网不同细化行业间的高度交叉性为新型竞争行为的正当性认定带来挑战。譬如，对竞争利益的特定权利化和静态商业利益的倾向性维护，其共性在于缺乏对竞争机制和市场

---

[1]　经济学家熊彼特提出的"创新性毁灭"（the Creative Destruction）理论，又称"创造性毁灭"理论，将竞争视为一个有周期性的动态过程，强调新技术、新商品、新的组织形式的创新对旧有经济结构的破坏性作用和市场竞争过程的动态性。见朱战威：《互联网平台的动态竞争及其规制新思路》，《安徽大学学报》（哲学社会科学版）2016 年第 4 期。

[2]　限于技术瓶颈，部分学者认为其将于 2020 年接近适用极限，但该定律目前仍然适用。见http://www.mooreslaw.org/，最后访问时间：2023 年 2 月 10 日。

[3]　方燕、刘柱、隆云滔：《互联网经济的性质：本质特征和竞争寓意》，《财经问题研究》2018 年第 10 期。

精神的考量，忽视竞争法属性及价值判断，尤其难以有效应对日益复杂和动态变化的互联网竞争格局；再如，过度注重"道德性"评价忽略"经济性"标准，限制保护静态的市场利益，亦可能阻碍市场效率的增进和技术创新的提升。鉴于此，司法实践亟须升级认定理念，革新审裁思路，注重动态效率的竞争观，限制保护静态的市场利益。市场竞争和反不正当竞争法的属性本就是基于动态或者说效率的竞争，在世界范围内关于不正当竞争行为认定的讨论存在以下两类主要标准。

第一，以欧陆国家早期的正当竞争观为典型倡导"公平""和谐"的竞争理念，禁止竞争者使用非法手段获取利益，以处理好经营者与竞争者之间的关系为核心达致维护社会凝聚力的目标，在此过程中给予消费者利益的一定维护，避免消费者因经营者的紧张关系受损。然而自 20 世纪 80 年代，传统意义上的"和谐竞争"观逐渐让步于基于"经济理论"的效率竞争观，这一发源于英美地区的基于经济效率的新观念崇尚激烈竞争和最大程度减少公权力干预，不再特别寻求对消费者的保护，默认消费者能够理性行事，对于竞争者也不会给予过度的保护，遵从支配物种进化的优胜劣汰法则。[1]从严格意义上言，当前我国反不正当竞争法的实施对消费者权益保护在理念上体现为弱者倾斜保护理念，对经营者权益保护采取单向度的权利侵害式的侵权认定，并不符合完全意义上的效率竞争观。鉴于此，借鉴经济标准下的效率竞争观和互联网竞争新特点，司法审裁应当强化法官对竞争性损害和互联网竞争特性的充分认知，在行为违法性认定时尽可能避免对已有权利的静态保护，以促进动态竞争为导向的司法审判增进竞争强度和深度，释放市场竞争新动能，亦有助于激励科技企业研发创新，营造健康平稳、充满活力的互联网竞争环境。

第二，增强市场意识，重视和充分贯彻有限干预和竞争倡导观。新型不正当竞争行为认定中的竞争利益特定权利化，表现为以公平、和谐的理念缩小竞争自由的范围，实际上亦是一种过度干预的执法倾向。法官应当具备更强的市场意识，对竞争行为和竞争自由给予更大程度的包容，注重市场自身的调节功能在行为规制中的意义，避免竞争利益保护的专有化以及机械式地依据损害推定正当性。特别需要顺应平台跨界竞争和流量争夺进程中的因应之举，采取更为审慎、具备市场精神的竞争规制方法，力求在不过度规制不正当竞争行为之时释放互联网行业的创新活力，平衡好

---

① 保罗·纽尔：《竞争与法律：权力机构、企业和消费者所处的地位》，刘利译，法律出版社 2004 年版，第 2-5 页。

竞争自由和竞争秩序的兼容性。譬如，对于法官创设的审判规则，应当避免"一般条款"的过度解读和正当性认定标准的过度限缩或扩大化，司法需要保持谦抑的态度，对于凝练的竞争规则需结合互联网行业特点和竞争局面做详细论证才可适用于竞争行为的正当性认定中。

（二）明确消费者利益对新型不正当竞争行为认定的关键作用

无论是"私益优先"抑或"多益平衡"，均存在弱化消费者利益保护的现实情形，如前所述，反不正当竞争法立法目标的多元化决定了以消费者权益为代表及其延伸的多元价值应当纳入考量，尤其在以用户（消费者）为核心和主导的互联网经济中更应重视消费者利益因素。从世界各国及地区的竞争立法来看，几乎都经历了由消费者保护法引起的反不正当竞争法从纯粹保护诚实经营者到经营者利益、消费者利益和公共利益协同保护发展转变。德国 2004 年修订的《反不正当竞争法》将消费者标准纳入不正当竞争行为的认定中，并赋予消费者集体诉权；《欧盟不正当商业行为指令》通过一系列措施直接保护消费者的经济利益免受不公平的商业行为之影响，条约第 153（1）和（3）（a）条规定，共同体应通过其根据第95 条中的措施，为实现高水平的消费者保护作出贡献；[1]2016 年跨太平洋伙伴关系协定（TPP）提出应通过禁止反竞争的商业行为，达致促进经济效率和保护消费者福利的双重目标，并认识到消费者保护政策和执法对于建立有效和竞争性市场及加强自由贸易区内消费者福利的重要性。[2]面对市场经济快速发展，商业惯例不断演变，新技术日新月异的当下，美国联邦贸易委员会（FTC）于 2018 年 6 月宣布举行竞争与消费者保护听证会，决定是否需要对竞争和消费者保护相关的法律、执法重点和政策作出调整，表明对消费者利益问题亦采取竞争法与消费者法相联通的方式予以应对。[3]此外，澳大利亚已颁布《竞争和消费者法案》，并成立了消费者法与竞争法的联合执法机构，竞争与消费者委员会正在发挥越来越积极的作用。

我国 2018 年 1 月 1 日起正式实施的新《反不正当竞争法》的亮点之

---

[1] See European Commission, Unfair Commercial Practices Directive, 2005.Also see Rogier W.de Very, Towards a European Unfair Competi-tion Law:A Clash Between Legal Families, Martinus Nijhoff Publishers, 76, 148 (2006).

[2] See TPP, arts.16.1.1&16.6.1, https://ustr.gov/sites/default/files/TPP-Final-Text-Competition.pdf, 2019-07-20.

[3] See FTC Announces Hearings On Competition and Consumer Protection in the 21st Century, https://www.ftc.gov/news-events/press-releases/2018/06/ftc-announces-hearings-competition-consumer-protection-21st, Last visit: February 10, 2023.

一在于第二条第二款对不正当竞争行为的认定中，损害的客体增加了"消费者的合法权益"，并将"扰乱市场秩序"置于不正当竞争的要件之首，进一步回应了现代竞争法对多元价值的保护和衡平原则，填补了消费者保护的竞争法律制度空白，凸显竞争法对消费者权益独立的保护价值。然而由于国内司法执法对消费者权益的竞争法保护理路尚未形成成熟认知，新《反不正当竞争法》对消费者利益的保护仍然停留在宣示性的层面，并未创设甚至试图创设竞争法视域下的消费者保护权，尽管少数法院采取消费者利益保护导向型的竞争效果判断方式，但前提往往是适用"私益保护"模式未果。正如前述，即使部分法院在认定竞争行为违反公认的商业道德时会将消费者利益作为参考因素，但最终仍以经营者合法利益为决定性因素。

故此，新《反不正当竞争法》积极主动落实消费者保护应当成为法院审理不正当竞争案件的重要内容。一方面，司法执法应当正确积极地看待消费者及其群体在新型竞争行为正当性认定中的角色定位及关键作用。以视频软件广告屏蔽案为例，有法院在判决中指出，"使用'屏蔽视频广告'插件看似符合消费者眼前利益，但长此以往必将导致视频网站经营者'免费+广告'的商业模式难以为继，从而向收费模式转变，最终也将损害消费者的长远利益"，看似是对消费者长期和短期利益保护的考量，实际仍然没有摆脱保护经营者私益的主导思维。广告过滤极大地改善了消费者体验，视频网站因其具备的巨大用户量，迫于此情形而不断创新商业模式，以更优质的服务吸引用户，而非因广告屏蔽等新技术的出现退出市场，美国 YouTube 把是否屏蔽视频广告的选择权交给用户的做法早已提供类似案件的出路。[1]进一步言，新技术的出现及其为视频网站的商业模式带来的挑战是市场竞争的正常结果，并非对视频经营者"根本性利益的打击"，一味保护互联网经营者的合法利益并打压新的竞争者，不仅使消费者自主选择权难以得到足够的尊重，亦无法满足消费者的对创新的需求。另一方面，需注意经营者和消费者的协同保护。在互联网新型不正当竞争认定中，单一的消费者或经营者保护是片面的，更不符合反不正当竞争法对多元价值和目标的维护。尤其在互联网经济逐步步入平台和算法为代表的高阶形态时，经营者与消费者的市场地位和角色发生混同甚至融合，产消者（Prosumer）的出现使对消费者的倾斜保护模式难以有效实现对市场竞争的全面评价。故此，法官亟须摆正竞争法审判思维，构建经营者正当

---

① 黄武双、刘建臣：《中美屏蔽网页广告行为法律规制比较》，《竞争政策研究》2015 年第 1 期。

利益和消费者合法利益的协同平衡保护，实现两者间的良性互动，从长远看走向经营者、消费者及社会公共利益多元联动的系统保护视域。

（三）形塑基于"竞争行为正当性"的多元利益动态平衡模式

不正当竞争行为的认定在很大程度上取决于具体的利益衡量，这是由反不正当竞争法的固有属性所决定的。[1]如前述，互联网新型不正当竞争案件的审理中所形成的"多益平衡"模式尽管已在少数法院判决中得到体现，但多数法院仍象征性地提及对多元利益的保护，淡化对竞争价值、创新价值等多元利益的关注。故此，可考虑引入多元利益的动态平衡体系，从横向上综合市场竞争秩序、经营者竞争行为正当性、消费者合法利益、竞争自由以及创新激励等多元价值和目标；从纵向上注重平衡现实利益和长远利益、个体利益和整体利益的动态平衡。[2]竞争法视阈下多元利益动态平衡体系要求对不正当竞争行为的认定应当立足行为正当性，而非着眼于对私益的静态保护。竞争的对抗性决定了一项竞争行为总是不可避免地会损害竞争对手的利益，竞争结果必然涉及不同经营者之间商业机会或经营利益的得失，而法律仅在于使竞争者免受不正当竞争之害。对竞争行为正当性的判断是以给他人造成损害为要件之一，其本质并非仅在于特定利益的损害认定，而在于"损害"行为或竞争行为是否正当，这也是竞争法"行为法"独特属性的要义。因此，经营者的竞争利益或者说合法权益亟须摆正其在不正当竞争认定中应有的位置，仅作正当性认定的辅助参考，不可言过其实。

进一步言，竞争法视域下的新型不正当竞争行为认定应从行为正当性出发，结合具体个案情况，作出符合竞争规律和竞争属性的正当性认定结论，不能忽视与竞争行为相关的价值或因素，譬如竞争效果、创新需求、技术特征、市场进入壁垒等。近年来热议的视频网站广告屏蔽案，中外在裁判理念和认定标准上出现了截然相反的结论，尤其针对"视频广告+免费"模式。正如前述介绍的优酷诉猎豹浏览器广告屏蔽不正当竞争案，我国法院通常直接认定"广告+免费"商业模式具有法律可保护的正

---

① 见孔祥俊：《论反不正当竞争的基本范式》，《法学家》2018 年第 1 期。同时，关于竞争行为正当性的认定与利益衡量的关系，许多学者提出了较有代表性的观点，譬如，不正当竞争行为的认定主要基于利益衡量或价值判断问题，其中，对企业商业行为正当性的判断主要是基于公认的商业道德和诚实信用原则的价值判断，这种价值判断可以具体化为经营者利益、消费者利益、社会公共利益三个维度的价值衡量，见张占江：《不正当竞争行为的认定的逻辑与标准》，《电子知识产权》2013 年第 11 期。

② 张本才教授在"未来法学论纲"一文中提出"多元利益的动态平衡体制"，认为"多元利益的动态平衡是未来法学研究应当秉持的利益观，未来法学应当注意国内利益和国外利益，个体利益和整体利益，现实利益和长远利益间的动态平衡。见张本才：《未来法学论纲》，《法学》2019 年第 7 期。

当利益，并结合被告竞争者的主观状态和其竞争行为对原告经营者的损害程度，认定该行为有违诚实信用原则因而构成不正当竞争，在这一过程中，我国司法裁判将经营者的经营行为是否会造成彼此经营利益的此消彼长作为判定竞争关系是否存在的重要指标。显然，这是落入了一般侵权的思路，几乎未考虑与此类新型竞争行为相关的市场特性和多元价值。

与我国司法裁判的思路和结果不同，德国法院在相似案件中认定屏蔽视频广告行为不具有不正当性。以 Adblock Plus 广告屏蔽案为例，Eyeo GmbH 公司（下称 Eyeo 公司）是浏览器插件 Adblock Plus 的开发者，该插件的重要功能之一为视频广告屏蔽，已成为火狐（Firefox）、谷歌（Chrome）、指南针（Safari）、安卓系统（Android）和苹果系统（iOS）上最受欢迎的广告拦截程序。截至 2016 年底，Eyeo 公司已历经了至少 6 起来自德国各地区互联网公司发起的诉讼，主张其广告拦截行为违反德国反不正当竞争法，然而 Eyeo 公司几乎在所有地区层面的审判中获胜。[①]除广告屏蔽行为外，Eyeo 公司还推出"可接受广告"计划（Acceptable Ads），要求大公司付款才能将其广告列入白名单，同时还要求"可接受的广告"必须符合某些标准。通常情况下，这些大公司的付款金额大约是 Adblock Plus 用户查看可接受广告所产生收入的 30%。此种针对广告商的收费模式使广告屏蔽软件的合法性进一步遭到质疑。

为此，德国联邦法院基于竞争行为正当性分析模式，结合消费者、竞争者、其他同类经营者等市场参与者的商业模式全面比较可能产生的利益冲突。具体如下：第一，Eyeo 公司通过为广告商提供将广告列入白名单的机会来获得收入，是正当追求竞争性商业模式的方式；第二，Eyeo 公司的广告拦截模式并未对互联网免费内容提供这一商业模式产生冲击，不存在通过商业惯例阻碍其他市场参与者的反竞争意图；第三，法院采取因果关系说展开论证，指出消费者可以独立决定是否屏蔽广告，Eyeo 公司仅为用户提供可能需要的工具；第四，Eyeo 公司的广告拦截软件不会严重破坏视频网站对广告拦截的任何保护措施，即视频出版商（the publishers）可以像许多内容提供商那样采取防御性"反拦截"措施，这一点强调了德国联邦法院对以用户竞争为中心的不同商业模式自由的保护。综上，Eyeo 公司没有利用其地位限制市场参与者作出终极决定的自

---

① See Adblock Plus Wins its 6th Court Case, Brought by Der Spiegel, https://arstechnica.com/tech-policy/2016/11/adblock-plus-wins-its-6th-court-case-brought-by-der-spiegel/, Last visit: February 10, 2023.

由。[1]

无论是从审裁思路还是结果看，中德对相似案件的审判大相径庭。德国法院在广告屏蔽案件中的"动态利益均衡分析"展现出一种更为宽容的态度，更多考量的是各方的利益比较和双方的竞争均衡、消费者福利以及基于技术考量的创新需求，而非受束于传统市场经济场景下竞争关系的相对性。从一定程度上讲，德国处理此类案件的思路体现出对不同利益间的动态比较，为技术创新和竞争自由预留足够的空间，同时因其更注重市场自由竞争的公平性考量，具有更强大的包容力和成熟度。[2]我国对软件干扰行为正当性的认定主要倾向于一种相对意义上的侵权法思维，重点关注"行为—法益"评价模式，直接落入道德评价之中。循此审裁思路不但容易草率地落入专有权的保护范式，造成道德标准适用门槛极低而泛滥化，而且还会为公权力行使全能或偏好干预及"家长式"关怀提供法律和道义的支持。[3]鉴于此，建议当前司法实践对互联网新型竞争行为的认定应摒弃对民事侵权逻辑的依赖，聚焦竞争行为本身的正当性判断，动态考量认定行为正当性的各类因素，如对竞争行为所涉其他经营者利益、消费者利益及社会公共利益等多元利益的动态衡平。在这一过程中，特别需要因时因地衡平私法的相对性与竞争法的开放性间的关系，进而在具体个案中处理好侵权法逻辑与竞争法逻辑之间的选择适用。

（四）细化反不正当竞争法下行为正当性的判断标准

实践中"一般条款"与"互联网专条"有关行为正当性的判断标准仍存在较大分歧，特别是"诚实信用"和"商业道德"在数据爬取中的具体表现，与传统经济业态中的要素竞争有区别。譬如，对数据要素的价值评估，数据要素具有的可复用性、不同数据要素类型的排他性与共享性不一等，以及互联网场景下"妨碍、破坏"行为的认定具有高度动态性与不确定性，都给数据爬取行为的正当性认定带来了困难。故在区分"互联

---

[1] See Germany, "German Federal Court: Unfair Competition Law No Basis To Ban Ad Blocking And Whitelisting", by Christoph Wagner andTheresa Oehm, http://www.mondaq.com/germany/x/699760/advertising+marketing+branding/German+Federal+Court+Unfair+Competition+Law+No+Basis+to+Ban+Ad+Blocking+and+Whitelisting, Last visit: February 10, 2023.

[2] 关于中外法院对软件干扰行为的不同认定思路，有学者从竞争行为正当性认定的"经济性"标准下的利益平衡结果思路作出了解释，认为以德国为代表的版权保护法律制度完善的国家，内容提供网站并不会因为商业模式受损而受到严重打击，其完全有能力通过内容提供网站以外的其他方式获利。而在中国现阶段，版权保护法律制度并不完善，视频内容制作商的利益是与视频网站的利益有重要关联，一旦其利益受损将会直接影响消费者的长期利益。见宁度、张昕：《论竞争行为不正当性的"经济性"评判标准》，《电子知识产权》2017年第6期。

[3] 孔祥俊：《论反不正当竞争法的竞争法取向》，《法学评论》2017年第5期。

网专条"与"一般条款"适用的基础上，还需对这两个条款中关于行为正当性的识别标准作进一步细化。

1. 明确"互联网专条"中"妨碍、破坏"的认定标准

由于"互联网专条"兜底条款未设定具体的适用条件，部分法院在适用"互联网专条"兜底条款时，存在仅作字面化理解和过于宽泛适用的问题，仅根据行为产生的损害来认定被告行为"妨碍、破坏"了原告产品或服务的正常运行，这使得兜底条款的适用门槛过低，易导致竞争行为"假阳性"认定过多。为此，亟须细化和具体化"妨碍、破坏"行为的构成要件，提高兜底条款的准确性和可操作性。

从立法体例上讲，"互联网专条"兜底条款是对第二款前 3 项类型化条款的补充，应在第一款、第二款前 3 项的基础上进行适当的扩展，但也不宜过度扩张。结合"互联网专条"第一款、第二款的描述可知，对其他经营者合法提供的网络产品或者服务正常运行的"妨碍、破坏"是基于通过影响用户选择或者其他方式进行，而第二款前 3 项规定的行为皆属于违背用户意愿干扰用户选择的行为方式，因此，在兜底条款中也应将"影响用户选择"作为构成要件之一。然而第二款前 3 项未体现除"影响用户选择"外的其他方式，若仅将"影响用户选择"作为唯一构成要件，亦可能导致"互联网专条"兜底条款适用面过窄。对此，可运用体系解释和目的解释的方法来构造该兜底条款的具体要件，使它的解释适用符合立法意旨，此外，还可基于实践经验对构成要件进行适当扩充。

虽然有学者认为"互联网专条"第一款明确规定，"经营者利用网络从事生产经营活动，应当遵守本法的各项规定"，由此可以推知网络环境下的竞争行为正当性的判断也应依据《反不正当竞争法》第二条"一般条款"中关于诚实信用和商业道德的一般规定。但是若将诚信、商业道德等标准纳入"互联网专条"兜底条款的适用，也可能会导致与"一般条款"混同，不利于真正实现"互联网专条"兜底条款与"一般条款"的区分适用，故此不建议将诚信、商业道德等标准纳入"互联网专条"上"妨碍、破坏"行为的认定标准之中，仍应坚持从该专条项下提炼"妨碍、破坏"的具体认定标准与表现形态。

2. 规范"一般条款"中商业道德的认定标准

当新型竞争行为不满足"互联网专条"的适用条件时，可转向"一般条款"对新型竞争行为的正当性进行判断。在适用"一般条款"对行为进行判断时，法院对诚实信用与商业道德的标准选择具有决定性作用。实践中多将考察重心放在新型竞争行为是否违反商业道德之上，但是商业道

德具有高度的抽象性与模糊性，甚至可能基于对商业道德中所包含诸要素权重的重视程度不同从而导致评判结果的不一。故有必要基于数据新型竞争行为的特征，规范"一般条款"中商业道德的认定标准。

对商业道德的判断，所依据的是商业活动中客观的或者实际的做法、惯例。例如 Robots 协议是国际互联网领域确立的通行的商业惯例和行业规范，可将其视为商业道德判断的标准之一。若竞争方绕过 Robots 协议或者违反 Robots 协议，可视为对互联网领域商业道德的违反。不过，Robots 协议仍然存在一定的局限性，因为该协议主要适用于网页，然而在实践中数据新型竞争行为与多种商业模式结合，已不再局限于网页，同时还存在于物联网、移动设备初装系统及运行之中。鉴于此，还需考虑通过制定行业规范的方式，建立数字活动中的商业道德标准。即便目前尚未建立统一的行业规范，也可通过市场监管部门或行业监管部门联席或会商的方式进行。譬如，2020 年 7 月百度、京东、快手、奇虎 360、搜狗、美团等 20 余家主要互联网平台企业代表在国家市监总局召集的"维护平台经济良好市场秩序促进行业健康发展"座谈会上签署了《互联网平台企业关于维护良好市场秩序促进行业健康发展的承诺》，这类由监管部门召集并指导的行业承诺为丰富互联网领域商业道德的具体标准提供了参考依据。当然，对"一般条款"中商业道德标准的规范，目的并不在于建立固定的标准，而是在于增强商业道德标准的可识别性与可操作性。

第四章　数字经济与反垄断法

近年来数字经济迅猛发展，互联网平台一直发挥着关键性作用。互联网平台作为一种重要的商业组织体已成为推动经济发展的新样态、新形式、新动能，各大平台企业也由初期聚焦特定场景，实现差异化的功能竞争走向多场景全周期的复合型生态系统间的竞争。基于各大平台生态系统中普遍存在的"数据+算法"双轮驱动的运行机理，双轮驱动下所形成的正向反馈回路正不断放大和强化平台生态系统的竞争优势。在平台生态系统的支撑下亿万流量和海量数据在跨市场上的交互传导，致使平台生态系统逐渐向生态型垄断演化。平台生态型垄断一旦形成，很可能导致市场过度集中、竞争固化封锁、数据安全降级等潜在风险的频发。这些潜在风险皆源于拥有海量数据资源和先进算法技术等优势的"超级平台"，这些"超级平台"为谋取垄断利益，凭借数据、算法以及平台规则等实施新型垄断行为，给数字经济领域反垄断带来了新的挑战。为此，需要正确识别数据垄断现象下"超级平台"的特性和运行规律，因应数字经济领域的反垄断挑战。

第一节　"数据垄断"：从表象到本相[①]

当前数据已成为互联网市场竞争的核心资源，也是互联网企业特别是平台企业获取竞争优势的关键要素。近年来，与数据的收集、使用相关的竞争和反竞争愈演愈烈，引发了全球主要国家和地区竞争主管机构以及理论界对"数据垄断"的普遍关注，有关企业是否能凭借数据积累获得或者维持市场支配地位的问题仍存在较大争议。本节通过对相关热点事件、案件及有关文献的梳理，从数据是否具有排他性、数据是否构成市场进入

[①] 本节参见陈兵：《"数据垄断"：从表象到本相》，《社会科学辑刊》2021年第2期。

壁垒以及企业的数据持有量是否等同企业市场力量等维度出发，对数据是否存在垄断作出初步判断。对"数据垄断"的不同认识在很大程度上源于对不同类型数据所具有的排他性的判断，数据持有量并不构成经营者进入市场的主要壁垒，且数据持有量对持有者市场力量的获取和维持的作用是有限度的，基于此，经营者持有大量数据并不必然导致对数据驱动型业态竞争的限制、并不等同于排除竞争等违法行为的发生。然而这并不意味着"数据垄断"的潜在风险和威胁在实践中不存在，因此，仍需重视数据在数字经济市场竞争中的作用，高度关注与数据相关竞争行为的合规性审查，以有效推动数字经济高质量发展。

一、问题提出

新科技时代的数据已成为企业的核心资产，尤其在全球遭受新冠肺炎病毒肆虐之际，经济社会发展缓慢，无接触经济、在线经济却异军突起，成为疫情期间各国和地区经济社会生产生活的关键通路和重要形式。此时，数据已成为人类经济社会、政治生态、教育文化、法治实践等方面的关键要素，尤其是各类以电子形式存在的、内容丰富的数据。数据不仅关乎经济发展，更关涉社会治理与国家安全，因此越来越受到重视。特别是当海量数据由巨型平台所控制和占有时，"得数据者得天下"的趋势更加明显，更有学者基于当前数据控制和占有的现实状态，提出了"得平台者得天下"的观点。[①]事实上，两者并不矛盾，反而折射出当下数据被平台所掌握的事实，特别是海量数据为少数超级平台所掌握，在形式上呈现"数据垄断"的现象，以致在有关数据收集存储、分析计算、流转分享、复用创新等过程中出现数据竞争与垄断的现象，引起了全球各界广泛的关注。数据垄断问题不仅是理论界亟待探明的学术争议，亦是实务界亟须澄清的实践困惑。

近年来与数据相关的竞争行为已引起各国和地区反垄断执法机构和司法机关的重视。譬如，欧盟委员会于当地时间 2020 年 8 月 4 日宣布，将对谷歌收购可穿戴智能设备巨头 Fitbit 的交易进行为期四个月的深度审查，以确保这起收购不会违反反垄断的规定。2019 年 11 月，谷歌宣布对Fitbit 高达 21 亿美元的收购，欧洲反垄断机构称，这项交易可能进一步巩固谷歌在线广告业务的市场地位，因为谷歌能够收集大量的用户数据进行

---

① 陈文辉：《陈文辉详解数字经济投资逻辑：得平台者得天下》，https://www.yicai.com/news/100714779.html，最后访问时间：2023 年 2 月 7 日。

个性化的广告投放。①可见，数据集中已成为当前互联网巨头市场竞争行为中值得特别关注的问题。同时，在我国 2020 年 12 月 16 至 18 日召开的中央经济工作会议中，更是明确将反垄断监管与规范数据采集使用行为联系起来，特别是在对金融创新的监管上，对于金融领域的数据巨头需要加强反垄断监管。综上，当前数据已成为主要国家和地区竞争监管机构审查互联网企业，特别是具有金融属性的科技平台企业经营者集中时，以及评估其是否滥用市场支配行为时重要的观察要素，数据竞争与反竞争行为已成为新科技时代市场竞争规制无法回避的重心与中心。

OECD 指出，数据驱动市场与其他市场相比，其市场集中度较高且更容易出现垄断。②国内外一些学者也持有类似的观点，认为企业能够通过收集大量用户数据来获得或维持市场支配地位。优势企业对大量数据的排他性支配，使它们有能力将竞争对手赶出市场。因为新进企业无法或很难获取或购买与优势企业竞争时所需的大量数据，在互联网市场竞争中数据的差距会导致企业所提供的服务或商品的质量出现差距，从而可能使新进企业无法有效进入市场，此时无形的市场进入壁垒将导致互联网市场趋向垄断。③然而也有学者持相反观点，主张"数据垄断"并不存在，因为数据具有非竞争性和瞬时性，且企业无法对用户数据形成实质性的控制，用户可以通过多归属对个人数据进行共享，所以企业积累大量数据并不必然产生竞争优势，也无法由此获得持续性的市场力量。④可见，理论界对数据垄断存在与否的问题仍然存在较大的争议，本节主要结合相关案例、事件及有关文献，从数据是否具有排他性、海量数据是否构成市场进入壁垒、企业所拥有的数据量是否等同于企业市场力量等三个维度，解析"数据垄断"的表象与本相，在此基础上评价数据集中对市场竞争产生的现实的和潜在的影响。在这一过程中，主要论及数据的非排他性、可共享性等基本特征，以及基于数据特征而展开的各类数据行为，特别是数据持有、

---

① 钱童心：《担忧数据被用作广告欧盟对谷歌收购 Fit-bit 发起反垄断审查》，https://www.yicai.com/news/100724321.html，最后访问时间：2023 年 2 月 7 日。

② Sean Howell, "Big Data and Monopolization," 2019-01-28, https://papers.ssrn.com/sol3/papers.cfm?abstract_id=3123976, Last visit: February 10, 2023.

③ Wolfgang Kerber, "Digital Markets，Data, and Privacy: Competition Law, Consumer Law, and Data Protection", https://papers.ssrn.com/sol3/papers.cfm?abstract_id=2770479, Last visit: February 10, 2023. 国内学者参见殷继国：《大数据经营者滥用市场支配地位的法律规制》，《法商研究》2020 年第 4 期；曾彩霞、朱雪忠：《欧盟数据可携权在规制数据垄断中的作用、局限及其启示——以数据准入为研究进路》，《德国研究》2020 年第 1 期；冯然：《竞争约束、运行范式与网络平台寡头垄断治理》，《改革》2017 年第 5 期；等等。

④ 任超：《大数据反垄断法干预的理论证成与路径选择》《现代经济探讨》2020 年第 4 期。

控制行为及其数据持有量和使用方式可能与其竞争力量的关系，是在基于数据全周期行为展开场景下的一种述评，目的是揭示和解释"数据垄断"的表象及其可能被误读的原因，以及不可忽视的数据行为的反竞争风险。

二、数据是否具有排他性

一般来说，数据是对客观事物的逻辑归纳，是信息的表现载体与形式，是在计算机及网络上流通的，在二进制上以 0 和 1 的组合表现出来的比特形式，[①]具有无形性、可复制性以及非消耗性等特征。对数据是否具有排他性的问题，社会各界尚未达成一致意见。主张存在"数据垄断"的学者认为，从数据的实然属性看，数据具有一定程度的排他性，特别是在强化数据权属明确及其保护优先的前提下，经营者可利用数据权属的排他性，运用合法或非法的手段在大数据市场获得或维持支配地位。[②]而否认存在"数据垄断"的学者则认为数据不具有排他性，因为数据无处不在，任何企业都无法对数据进行实质性和绝对性的支配，且数据并不是消耗品，企业对数据的使用并不会影响其竞争对手获取并使用相同或相似的数据。[③]然而上述截然相反的两种观点，对数据排他性的分析皆过于笼统，未充分考虑数据排他性会因数据类型的不同而存在差异。以近年来受到社会各界广泛关注的作为消费者的用户数据为例，依据用户数据是否经过加工处理，可以分为用户原始数据与用户衍生数据。虽然两类数据都包含可识别用户个人的信息且蕴含巨大的商业价值，但是二者具有的排他属性存在一定差异。

（一）用户原始数据

用户原始数据指包含用户身份、联系方式以及喜好等个人信息的未经处理或简化的第一手数据。此类数据一般不具有排他性，这是由该类数据所具有的特性决定的。

首先，用户原始数据具有非排他性、共享性的特点，数据作为一种无形物，不可能被某特定主体独占。[④]当前，在互联网企业特别是平台企业的用户协议中都没有规定排他性条款，也并没有限定其用户只能向该企

---

① ［英］维克托·迈尔-舍恩伯格、肯尼斯·库克耶：《大数据时代：生活、工作与思维方式的大变革》，盛杨燕、周涛译，杭州：浙江人民出版社 2013 年版，第 103 页。

② 殷继国：《大数据经营者滥用市场支配地位的法律规制》，《法商研究》2020 年第 4 期。

③ D.Daniel Sokol, Roisin Comerford, "Does Antitrust Have a Role to Play in Regu-lating Big Data? ", http://papers.ssrn.com/abstract=2723693, Last visit: February 10, 2023.

④ 程啸：《论大数据时代的个人数据权利》，《中国社会科学》2018 年第 3 期。

业提供数据的约定。①实践中在互联网场景下用户多归属是常态，用户可使用多个不同的平台，享有多种不同或相同的服务。当用户多归属性存在时，用户与多个平台之间是共享数据的关系。②

其次，用户原始数据具有非竞争性和复用性，不会因使用而发生损耗，其使用具有"无损性"和"同时性"。③即便大型平台拥有大量的数据，其对所收集数据的分析和使用并不会影响其他竞争者收集数据的质量，也不会减少其他竞争者可获取数据的数量。

最后，用户原始数据具有一定的可替代性。虽然中小型平台难以获取与大型平台相同或者等量的数据，但是大型平台所持有的用户原始数据理论上能被其他与此类数据使用目的相关的数据所替代。究其原因在于企业收集和使用用户数据的目的主要有两个：一是用于改进产品和服务的质量，二是用于提高定向广告的准确性，中小企业即便无法直接获取大型企业所持有的数据，也可通过自行收集或者向出售数据的第三方企业购买的方式获得可用于实现上述目的的用户数据。

（二）用户衍生数据

用户衍生数据指用户原始数据经算法或简化技术加工处理所获得的数据。虽然用户衍生数据所具有的部分特性与用户原始数据相同，但是此类数据在事实层面和法律层面上已经在很大程度上具有排他性。

在事实层面上，用户衍生数据具有的不可替代性以及独占性，使得企业能够对此类数据实现实质上的支配。尽管加工前的数据源于用户原始数据，但是经算法等技术加工的用户原始数据在数量、质量以及分析结果相关性等方面都会发生实质变化。实践中不同企业即便持有相同或大致类似的用户原始数据，这些数据也会因算法、算力及应用场景的不同出现差异，故此，不同企业所持有的用户衍生数据往往不具有可替代性。且由于此类数据的计算、加工及处理过程，皆在不具有开放性的系统内部运行，企业可以通过设置访问权限以及运用数字加密技术等方式禁止其他企业访问此类数据，所以用户衍生数据也具有一定的独占性。

在法律层面上，用户衍生数据所具有的排他性还源于知识产权法所赋予的产权保护。此类数据可视为一种商业秘密。商业秘密是指不为公众所知悉、具有商业价值并经权利人采取相应保密措施的技术信息、经营信

---

① D.Daniel Sokol, Roisin Comerford, "Does Antitrust Have a Role to Play in Regu-lating Big Data？", http://papers.ssrn.com/abstract=2723693, Last visit: February 10, 2023.

② 任超：《大数据反垄断法干预的理论证成与路径选择》，《现代经济探讨》2020 年第 4 期。

③ 李安：《人工智能时代数据竞争行为的法律边界》，《科技与法律》2019 年第 1 期。

息等商业信息。《关于审理侵犯商业秘密纠纷民事案件应用法律若干问题的解释（征求意见稿）》第五条规定：对特定客户的名称、地址、联系方式、交易习惯、交易内容、特定需求等信息进行整理、加工后形成的客户信息，可以构成《反不正当竞争法》第九条第 4 款所称的经营信息。可见，企业不仅能够在事实上实现对用户衍生数据的直接支配，且在法律的保障下可以排除其他竞争者对此类数据的访问或获取，因此用户衍生数据在法律层面也具有一定的排他性。

可见，不同类型的数据具有的排他性的程度存在差别，不能笼统地对数据的排他性作出认定，故在判断平台是否可基于对大量数据的排他性支配而获得市场力量时，需要结合平台所持有数据的类型进行判断。以用户数据的两种类型为例，如果企业持有的用户原始数据能被其他与数据使用目的相关的数据替代，那么对该数据的排他性控制不会导致市场垄断。[1]反之，如果企业获取的用户衍生数据在事实或法律上受到保护，且其他企业获得相同的数据存在困难，则独占这些数据的企业可能会由此获得一定的竞争优势。[2]但是需要注意的是，由于数据通常不会独立提供价值，[3]算法分析技术的加工处理才是数据发挥自身巨大商业价值的关键，所以不能简单地将企业拥有的强大市场力量归因于对数据的排他性支配。

三、数据是否会构成难以突破的市场进入壁垒

随着互联网科技巨头的规模不断扩大，新进企业进行有效竞争所需具备的规模也随之增加。有学者进一步指出，当新进企业无法收集或购买与老牌企业相同的数据时，该企业对数据数量和种类的需求可能会形成进入壁垒。[4]还有学者认为对于新进企业而言，高昂的前期沉没成本构成了市场进入壁垒，会限制潜在的竞争者进入市场。虽然新进企业的确可能会因数据持有量不足而面临竞争劣势。[5]但有学者指出，这种竞争劣势的形成并不仅仅源于数据的持有量，实际上还源于算法技术、产品质量以及经营策略等多方面因素。数据形成的壁垒往往是企业以竞争对手无法复制的

---

① Giuseppe Colangelo, Mariateresa Maggioli-no, "Big Data as a Misleading Facility," https://ssrn.com/abstract=2978465, Last visit: February 10, 2023.

② 许荻迪：《数字经济背景下广告支持型平台的反垄断治理》，《西南金融》2020 年第 6 期。

③ 任超：《大数据反垄断法干预的理论证成与路径选择》，《现代经济探讨》2020 年第 4 期。

④ D. Daniel Sokol, Roisin Comerford, "Does Antitrust Have a Role to Play in Regulating Big Data?", http://papers.ssrn.com/abstract=2723693, Last visit: February 10, 2023.

⑤ 殷继国：《大数据市场反垄断规制的理论逻辑与基本路径》，《政治与法律》2019 第 10 期。

方式提高了产品的质量导致的，①因此，不能把新进企业无法与老牌企业竞争的原因简单地归因于数据的持有量。此外，尽管老牌企业可能由于经营时间较长而拥有更多的数据，但企业之间的资产存在差距并不是形成进入壁垒的充分条件。而且新进企业对数据的要求要比老牌企业灵活得多，因为这些企业可通过创新开发满足用户需求的产品，并从由此吸引而来的用户处收集可用于改进产品的数据。所以与老牌企业相比，新进企业在数据的收集或分析方面并不会处于绝对竞争劣势。当然，数字市场中也确实存在大量被市场淘汰的新进企业，但是没有直接证据表明这些企业的失败源于缺少足够的数据量。不能仅因为其他竞争者在某个时间点没有拥有与当前竞争对手相同的数据量或内容而将数据视为进入壁垒，这实质上是将生产要素输入的差距视为构成进入壁垒的原因，这相当于断言资本可能会形成进入壁垒。②

除数据持有量不同形成的进入壁垒外，数据所形成的壁垒还源于企业对数据访问所设的各类限制。③然而否认此观点的学者指出，该观点的成立需证明用户数据是企业进入市场必不可少的输入，且是不可替代的。④关于用户数据的可替代性此处不再赘述，此处需要分析的问题在于，用户数据是否是"必不可少"的。实际上，除了专门收集个人信息的企业，用户数据并不是企业必不可少的输入。⑤譬如，DuckDuckGo 是一款定位为"把隐私放在第一位"的搜索引擎，不会以主动存储用户的 IP 地址或记录用户的搜索信息等方式获取用户信息。虽然 DuckDuckGo 同样通过广告盈利，但是其提供的广告并非基于用户数据，而仅基于用户输入的搜索词，且用户在查看搜索结果时，DuckDuckGo 不会向第三方提供任何可识别个人身份的数据。

---

① Geoffrey A. Manne, Ben Sperry, "The Problems andPerils of Bootstrapping Privacy and Data into an AntitrustFramework", https://papers.ssrn.com/sol3/papers.cfm?abstract_id=2617685, Last visit: February 10, 2023.

② Joshua D. Wright, Elyse Dorsey, "Antitrust Analysis of Big Data", https://papers.ssrn.com/sol3/papers.cfm?abstract_id=3165278, Last visit: February 10, 2023.

③ Jay Modrall, "Antitrust Risks and Bigdata", https://ssrn.com/abstract=3059598, Last visit: February 10, 2023.

④ David A.Balto, Matthew C. Lane, "Monopolizing Water in a Tsunami: Finding Sensible Antitrust Rules for Big Data", http://ssrn.com/abstract=2753249, Last visit: February 10, 2023.

⑤ Jay Modrall, "Antitrust risks and big data", https://ssrn.com/abstract=3059598, Last visit: February 10, 2023.

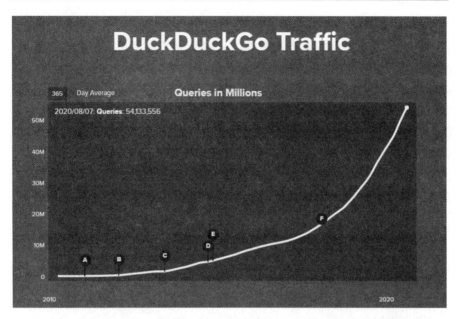

图4-1　DuckDuckGo 2010 年 4 月 1 日至 2020 年 8 月 7 日的日均搜索流量情况

如图 4-1 所示，DuckDuckGo 日均搜索流量保持逐年增长趋势且增速明显，截至 2020 年 8 月 7 日，DuckDuckGo 的日均搜索流量已达 5.4 千万，2020 年的总搜索量已突破 129 亿次。DuckDuckGo 的市场影响力也日渐扩大，是 Firefox、Chrome 等浏览器的默认搜索引擎之一，且在商业上与 Bing、Yahoo、亚马逊和 eBay 等知名企业存在合作关系。此外，据近期有关报道，DuckDuckGo 还将成为欧盟安卓（Android）设备的默认搜索引擎中的首选项。

可见，DuckDuckGo 在未获取用户数据的情况下仍取得了成功，这在一定程度上表明用户数据并不是企业进入市场必不可少的要素。除搜索引擎外，诸如视频平台、音乐平台，乃至社交平台，这些平台在向用户提供产品和服务之初，即便没有用户数据的积累，其提供的商品和服务同样也可以满足用户的基本需求。譬如，音乐平台 Spotify 即使没有数据的积累也成功超越拥有大量用户数据的 iTunes 成为在线音乐的领先平台。[①]诚如有学者主张，即使大型企业所拥有的数据是唯一且具有巨大价值的，这也

①　Ingrid Lunden, "In Europe, Spotify Royalties Overtake iTunes Earnings By 13%", https://techcrunch.com/2014/11/04/in-europe-spotify-royalties-overtake-itunes-earnings-by-13/, Last visit: February 10, 2023.

并不意味着新进企业必须获得相同或相似的数据才能进行有效竞争。①

申言之，数据形成进入壁垒的主张仅看到了成功企业拥有大量数据的事实，而忽略了企业成功是多种因素共同作用的结果，过分夸大了数据对企业成功的决定性作用。事实上，数字经济与传统经济相比，市场进入壁垒相对较低，②且实践中新进企业颠覆老牌企业的诸多例子也表明，创新，特别是高科技创新，具有强烈的颠覆市场的竞争效果，能够帮助新进企业有效突破市场壁垒。故此，数据持有量的差异及获取数据的难易度，虽然可能会给新进企业带来一定的甚至巨大的竞争挑战，但是其并非新进企业难以突破的市场壁垒，即数据很难成为反垄断法意义上的市场必需设施。

四、数据持有量是否等同企业市场力量

若要判断企业的数据持有量是否等同于市场力量，需要先对数据在市场竞争中的作用有清晰的认识。可以肯定的是，在数字经济背景下，数据对企业自身的发展以及市场竞争都具有重要作用。数字经济的技术革新彻底改变了数据运用的传统方式，《关于构建更加完善的 要素市场化配置体制机制的意见》明确将数据纳入生产要素，并提出要加快培育数据要素市场。不仅如此，企业通过向用户提供免费基础服务，将用户个人数据视为关键输入变量，实时追踪用户喜好和日常生活，及时调整和优化服务，为商家依据用户消费画像投放在线定向广告提供基础，实现数字产业化，这已构成了诸多互联网超级平台的主要盈利模式和竞争优势。由此可见，数据本身对于企业的发展与竞争具有重要意义，甚至成为企业竞争的关键资源要素。

那么企业的数据持有量是否决定市场力量呢？主张存在数据垄断的学者认为，数据已成为数字经济背景下最重要的生产要素之一，数据的积累有助于获得竞争优势和市场力量，由于新进企业难以获得与老牌企业相同数量的数据，所以新进企业往往无法进行有效竞争。随着数据差距和质量差距在老牌企业和新进企业之间扩大，老牌企业在质量和创新方面受到的竞争约束也将减少。③这种由数据差距形成的质量差距源于"反馈回

---

① Jay Modrall, "Antitrust Risks and Big Data", https://ssrn.com/abstract=3059598, Last visit: February 10, 2023.

② 任超：《大数据反垄断法干预的理论证成与路径选择》，《现代经济探讨》2020 年第 4 期。

③ Daniel Sokol, Roisin Comerford, "Does Antitrust Have a Role to Play in Regu-lating Big Data？", http://papers.ssrn.com/abstract=2723693, Last visit: February 10, 2023.

路"，即在直接和间接网络效应的影响下，随着平台用户数量不断增长，其可以收集的数据也不断增多，从而能够知悉消费者的需求并对产品进行改进和创新。而随着产品服务质量的提高，将会吸引更多用户，并由此收集到更多数据，以此类推，最终形成"反馈回路"。①在反馈回路理论下，拥有数据量较多的企业往往能够在市场竞争中脱颖而出，因为反馈回路会扩大这些企业与其他竞争对手之间差距，进而形成无可比拟的竞争优势。因此，企业能够通过获取或持有大量数据而获得市场力量。②

然而上述观点存在较大的误导性，且高估了数据持有量对企业市场力量形成的作用。实际上，数据积累对企业市场力量形成的作用是有限的。

首先，数据并不能直接用于改进产品或者提供个性化服务，比数据本身更重要的是对数据进行的加工，以及如何使用这些数据对产品进行改进和创新。③数据虽然是这个过程的重要输入，但是其作用并不是绝对的。即使企业拥有大量数据也无法确保获得成功，企业的成功往往还取决于技术、服务质量、创新速度以及对消费者需求的满足等多方面要素。可见，数据的经济效用不取决于数据本身，而是取决于公司分析数据的能力。所以，认为数据持有量等同于市场力量的学者，仅关注到成功企业拥有大量的数据并从中获得巨大利益的事实，即便这些事实是正确的，也无法说明数据就是这些企业成功的源泉，因为这些企业的成功可能源于产品创新或者更高的效率。④

其次，网络效应下形成的反馈回路效果可能被严重高估。多数互联网企业所具有的积极的间接网络效应一般是单向的，虽然广告商的确会优先选择拥有大量用户的搜索引擎或其他在线平台，但随着广告数量的增多，可能会影响用户使用产品服务的体验，进而导致用户流失。可见，这种消极的间接网络效应反过来削弱了"反馈回路"效果。而且，也没有证据表明用户在网络效应的影响下不能或不会转向使用其他产品。

最后，数据存在一定的时效性。有研究表明，随着时间的推移，数

---

① Daniel Sokol, Roisin Comerford, "Does Antitrust Have a Role to Play in Regu-lating Big Data?", http://papers.ssrn.com/abstract=2723693, Last visit: February 10, 2023.

② Josef Drexl, "Designing Competitive Markets for Industrial Data-Between Propertisation and Access", https://papers.ssrn.com/sol3/papers.cfm?abstract_id=2862975, Last visit: February 10, 2023.

③ Giuseppe Colangelo, Mariateresa Maggiolino, "Big Data as a Misleading Facility", https://ssrn.com/abstract=2978465, Last visit: February 10, 2023.

④ David S. Evans, Richard Schmalensee, "Network Effects: March to the Evidence, Not to the Slogans", https://ssrn.com/abstract=3027691, Last visit: February 10, 2023.

据价值会大大降低。数据的寿命是有限的，旧数据的价值不及新数据。[①]
数据的时效性可能在一定程度上削弱主导经营者的优势地位，[②]若忽略数据的时效性而仅考虑数据规模可能会高估老牌平台与新进平台之间存在的市场力量差距。即使在社交网络和通信应用等直接网络效应较强的市场中，也存在许多能够表明创新足以颠覆市场的经典事例。[③]

总之，虽不可否认数据对互联网企业竞争具有重要作用，但也不能高估数据持有量在市场竞争中的作用。企业能够从数据中获得巨大竞争优势的根本原因可能并不在于数据本身，而在于企业处理数据的效率、分析数据的能力以及更新数据的速度等因素。新进企业若不提高其收集和分析数据的能力，即便能够拥有与老牌企业相同量的原始数据，也难以在市场竞争中获胜，由此可见，企业的数据持有量并不等同于市场力量。

通过对国内外与数据垄断相关案例和文献的解析，可以发现"数据垄断"表象背后的本相是企业持有相对较多的数据量并不当然意味着拥有无可比拟的市场力量，这一点从 DuckDuckGo 在面对搜索平台巨头谷歌，拼多多面对电商平台寡头天猫、京东，以及抖音面对社交霸主微信的强大竞争压力下，亦取得了成功的事例中可窥见一斑。当然，这类后发平台企业的创新突破仍然面临着持续不断的竞争"围堵"，即便是这些后发平台本身亦发展为持有海量数据的企业之际，也并未因为其持有海量数据就可以高枕无忧，相反还需更加谨慎地面对业内先发者与后来者的竞争压力，更加聚焦于对海量数据的合法合规的有效采集与创新使用。

综上，数据对市场垄断的作用是极为有限的。首先，对数据排他属性的判断需充分考虑案件或事件中涉及数据的具体类型，同时，也不能简单地将企业拥有的强大市场力量归因于数据的排他属性。其次，数据并不是形成进入壁垒的主要因素，因为数据进入壁垒的表象背后是多种因素共同作用的结果。最后，数据积累对市场力量的影响是有限的，数据持有量并不等同于市场力量。概言之，虽然数据对企业的发展与竞争具有重要作用，但企业持有的数据量并不是市场垄断产生的决定性因素，因此并不存在所谓的"数据垄断"。

然而这是否意味着竞争管理机构可放松对数字经济市场的数据竞争

---

① Koren Wong-Ervin, "Assessing Monopoly Power or Dominance in Platform Markets", https://papers.ssrn.com/sol3/papers.cfm?abstract_id=3525727, Last visit: February 10, 2023.

② 殷继国：《大数据市场反垄断规制的理论逻辑与基本路径》，《政治与法律》2019 第 10 期。

③ D.Daniel Sokol, Roisin Comerford, "Does Antitrust Have a Role to Play in Regulating Big Data?", http://papers.ssrn.com/abstract=2723693, Last visit: February 10, 2023.

管控？答案是否定的，虽然持有大量数据的企业并不一定拥有强大的市场力量，但是这些企业仍然可能会对市场良性竞争产生一定的威胁，正如学者大卫·埃文斯指出的，不论是否是成功的企业，都肯定会从事反竞争行为，不能指望这些企业会像"天使"一样。①竞争监管机构应在主导企业可能实施违法行为并损害消费者的情况下，对其进行审查。尤其是在网络效应、技术优势以及缺乏外部选择等因素的作用下，主导市场的企业可能会在一定程度上免受竞争约束的影响，而更容易滥用其市场支配地位。且在某些特定情况下，数据的收集和分析可能是导致反竞争效果的一个因素。譬如，具有市场支配地位的企业限制数据的访问和共享可能限制竞争，②尤其是当独特数据集合构成市场必需设施以及竞争对手赖以生存的关键输入，且仅针对某些特定竞争对手时，这种限制行为将可能从根本上抑制竞争对手的进入或扩张，或致使其他竞争者退出该市场，造成数据市场的封锁效果，从而给相关市场带来竞争损害。③此外，竞争管理机构还需关注企业对限制用户自由移转进行不合理的锁定，④或是滥用其支配地位对用户数据进行过度收集⑤等损害用户利益的行为，也可考虑将用户的隐私保护水平视为一个非价格竞争因素，若具有市场支配地位的企业实施的行为降低了用户的隐私保护水平，也可认定企业的行为具有一定的反竞争性或剥削性。由此可见，即使"数据垄断"并不存在，也不能忽视数据在市场竞争中的作用，仍需重点关注与数据相关的竞争行为，以保障数字经济市场的健康有序发展。

第二节　算法引致反垄断法实施新挑战⑥

现阶段算法技术的水平通常作为衡量企业核心竞争力的重要标准，

---

① David S. Evans, Richard Schmalensee, "Network Effects: March to the Evidence, Not to the Slogans", https://ssrn.com/abstract=3027691, Last visit: February 10, 2023.

② 任超：《大数据反垄断法干预的理论证成与路径选择》，《现代经济探讨》2020 年第 4 期。

③ 詹馥静：《大数据领域滥用市场支配地位的反垄断规制——基于路径检视的逻辑展开》，《上海财经大学学报》2020 年第 4 期。

④ Giuseppe Colangelo, Mariateresa Maggiolino, "DataAccumulation and the Privacy-Antitrust Interface: Insights fromthe Facebook Case for the EU and the U.S.", https://papers.ssrn.com/sol3/papers.cfm?abstract_id=3125490, Last visit：February 10, 2023.

⑤ Maurice E.Stucke, "Should We Be Concerned about Data-opolies?", https://papers.ssrn.com/sol3/papers.cfm?abstract_id=3144045, Last visit: February 10, 2023.

⑥ 陈兵：《法治经济下规制算法运行面临的挑战与响应》，《学术论坛》2020 年第 1 期。

企业通过投入大幅度的科技研发成本来不断优化算法，才能在市场竞争中获得源源不断的竞争活力。互联网交易平台数年来一直在使用自动定价算法，其允许入驻商家通过动态定价来区分市场，并在旅游业、酒店预订、零售等行业广泛运用。算法所支配下形成的是一种高度需求导向的价格市场，价格算法根据可用库存和预期需求来优化价格，动态价格不仅可以匹配供给和需求，还可以在需求高涨时调度增加供给。譬如，在航空和零售领域，机票的价格随着时间点与需求的变化而实时调整，整个价格机制展现的是对于市场需求调节的灵敏度与响应度，但这种机制极易引起的是一种"多米诺骨牌效应"，一家公司的算法动态调整了价格，整个行业相应地根据其发出的"信号"，开启接力赛跑的涨价游戏，最终企业之间形成的是一种联合涨价的横向协议，其完全欺诈的是善意的消费者利益。算法可能会带来一系列的竞争问题，复杂的算法如同"黑箱"，算法可能被用于优化行为广告、个性化促销和形成整个行业的合谋协议。我们无法知道算法运用决策的相关细节，其往往会导致算法合谋等问题，降低竞争法适用的敏感度与威慑力。以深度学习算法等为基础的人工智能技术的蓬勃发展不仅需要内外部环境的支持，同时决策者有责任发现并解决随科技发展所带来的法治风险，引导它们的发展方向，以此创造并分享所带来的各种社会和经济价值。

一、针对算法合谋理念的反垄断法革新

（一）算法合谋的问题透视

合谋是竞争法领域固有的限制、排除竞争的方式，合谋从行为关系上分为横向合谋（卡特尔）和非横向合谋，也成为横向限制竞争协议和纵向限制竞争协议，其中横向合谋为竞争者之间的限制竞争协议，有着严重的不利影响，在很多国家通常适用本身违法规则。而合谋从意思表示的角度分为明示合谋与默示合谋，明示合谋通常以文字、口头等积极的形式达成排除、限制竞争意思表示的一致，而默示合谋通常以行为或以博弈论"聚点"的方式维持合谋的意思基础。算法则为企业合谋，限制竞争呈现出一种新的形式，它既可以通过改变市场要素来促成合谋的达成，也可以作为一种合谋的工具来成就相关协议的实施，使得合谋趋向于默示化、扁平化发展，总体来看算法合谋产生的问题大致分为两类，一种是算法只是作为相同问题的不同表达形式，传统的理念和方法仍可无缝衔接，另一种则是算法通过机器深度学习的形式完全颠覆了现如今的法律框架与逻辑基础，对于法律和伦理产生强烈的冲击。首先，一方面市场上竞争企业会因

为精准的算法会提升数据的挖掘能力，使数据的获取能力大幅提升，减少数据获得成本，凸显规模经济所带来的边际成本递减的本质，但另一方面算法会使企业快速预警市场潜在威胁，即时打击。但总体上来看，后者的影响会大于前者，算法会客观形成市场进入障碍，导致市场集中度提升。其次，整个市场会因为算法的创新，而形成产业的革新，各家企业不间断地收集竞争对手的信息，在竞争对手之间创造出一种自动趋向透明的环境。极高的进入障碍，减少的企业数量，竞争者之间透明化的市场环境，使得出现算法合谋的风险增加。[1]如前所述，算法合谋分为四大类型[2]信使型合谋与轴幅型合谋尚未超出传统的合谋形式，算法只是作为承接合谋的一种载体，提供的更多是一种合谋实现平台。而预测代理型合谋则发生在企业间通过独立设置算法，基于默示的表现形式，以迅速的反馈机制与极低的合谋成本捕捉市场需求与价格变动，实现企业间合谋信号的多维响应，直至企业间建立起相互依赖的互动联系。换言之，企业可以通过设置消费者无法发觉但其他相关竞争者的算法可以察觉的算法，以极低的成本预测并暗示市场上其他行为竞争者，使单边涨价行为掀起行业联合涨价浪潮。这类合谋行为对于竞争法的挑战可以说是巨大的，首要体现在此类行为由人为设置产生，却表现为算法间的互动联系，这种由算法主导的默示合谋是否应该受到竞争法规制，其次，假设需要对于此类行为进行规制，则获取算法反竞争意图的技术设计的证据极为关键，关于算法的技术认定问题将成为摆在执法人员与法官面前一道不可逾越的鸿沟，这会从执法理念到司法实践彻底突破现有的以经济分析为主的竞争法分析框架，倒逼竞争法实施理念的转型。自主学习型合谋则完全无人为意图涉入，为实现已定的价值目标，例如利润最大化，通过机器深度学习，使整个过程由算法主导，自主安排，自主执行。而算法的深度学习的智慧功能极大可能会通

---

① 参见韩伟：《算法合谋反垄断初探——OECD〈算法与合谋〉报告介评（下）》，《竞争政策研究》2017 年第 6 期。

② 参见韩伟：《算法合谋反垄断初探——OECD〈算法与合谋〉报告介评（下）》，《竞争政策研究》2017 年第 6 期。对于此类算法合谋问题，欧盟反垄断当局表示出极度的担忧，经调查，在 2017 年，三分之二的零售商通过算法来追踪竞争对手的价格，为此欧盟竞争委员会可能会建立自己的算法，抑或者成立算法委员会以找寻使用软件进行合谋，排挤竞争对手的公司（具体参见网址：https://mp.weixin.qq.com/s/3PGIZmmPo2pcJTWWGs2mrg，最后访问日期：2023 年 2 月 10 日），而各国倾向于建立专门的规制机构来控制风险，如：美国国会发起《2018 国家人工智能安全委员会法》提案，白宫宣布组建人工智能特别委员会，美国一些学者认为联邦政府应作为自动决策制定服务标准、算法设计标准、责任标准等一系列的标准制定者，同时成为以不同程度透明度为基础的算法设计的阐释激励者，以及特定算法使用的审批者〔See Andrew Tutt, An FDA for Algorithms, 69Admin. L. Rev.83 (2017)〕。

过合谋的形式实现利润最大化，且只能通过结果判断而无法得知整个过程。这与预测代理型合谋最大的不同则是关于排他性限制竞争意图的审查，而此类合谋更易通过正当理由逃避竞争法的审查。

现阶段有关算法合谋的案例较少，最为代表性的则为美国 Uber 案①，从上述分类来看其属于轴幅型合谋，即算法提供了一个平台，作为贯穿横向关系与纵向关系的连接点，能动地协调处于各个层级的竞争者，促使相关合谋的成就。单就此案来看，从合谋动机，合谋形式，相关市场界定等多个方面，法院通过援引 UnitedStatesv.Apple, Inc 一案较多地支持了原告的主张，承认横向合谋和纵向合谋的双重存在，但后来该案转向仲裁，关于具体法律事实的认定尚未得出明确结论。但这至少表明在数字经济时代算法使得合谋的方式往隐蔽化、多样化、全面化发展，它超越了传统的以相关市场的横向纵向关系划分的单一形式，充分地调动了市场上各个层级的竞争者，使得合谋在旧有的基础上不仅表现出新的特点，同时被赋予了更深层次的内涵。

（二）算法合谋反垄断规制理念的调适

对于算法合谋领域的竞争法研究刚刚起步，同时也日渐得到全球的关注与重视，算法带来的种种风险是否需要规制，如何规制，则需要进一步地考量与探讨。以问题导向审视，算法存在的风险为以下几点：以"黑箱"形式著称的算法，透明度不足，极易导致信息的不对称；算法设计本身滋生排除限制竞争的意图的概率较大，且较为隐蔽；算法能够培育出易于产生合谋、价格歧视的市场环境。相应地，国际上设定的管制方案为：首先，规制算法的透明度，实行强制公开算法与问责办法并重的方式；其次，从算法本身设计着手，切断算法之间的互动联系，通过市场调研加强事前控制，实行"早发现，早解决"的途径消灭一切可能威胁；最后，从事中事后监管的角度，对于现有的合谋行为实行价格管制等手段，借力公权力对于市场环境实行宏观政策调控。

总体来看，这种强力的事前监管的规制方式似乎过于偏激，政府的触角延伸至市场的细微末节，与我国"简政放权，构建服务型政府"的理念相左，与"市场之制，政府之手"的现代化经济方针相悖，不利于自由、协调、创新、公正的竞争生态的构建。数字经济的发展态势就决定了现阶段不能以简单粗暴，一刀切的规制手段去轻易左右市场的进程，而是

---

① Uber 案指美国居民提起的控告 Uber 集团 CEO 以 Uber 的定价算法为媒介，在司机横向之间以及 Uber 与司机纵向之间分别达成合谋协议，限制司机之间价格竞争的反垄断集团诉讼。

以一种审慎的态度逐步渗入，从国家顶层设计与顶层推动的角度出发[1]，倡导多元平衡的理念，找寻政府直接规制、社会自我规制、个人监管规制的连接、合作的多元治理渠道，建立精准规制、科学规制的长效机制，防止政府在风险面前不作为，同时也不可乱作为，阻碍数字经济的良好运行。算法的发展经历了一个漫长的反馈过程，算法的动态更新则更加重要，通过与用户的信息交互，强化学习效果、不断改进算法是促使算法减小合谋危害的核心手段。行业间形成也因此形成了基本的算法准则，对于合法的算法，须建立起配套的保护措施，以防止不正当的算法窃取行为，激励企业科研创新，而对于具有排除竞争目的的算法形式，要建立有效的算法问责机制，通过多种控制系统的构建，以确保应用者在使用过程中能够从"透明度""可归责性"与"可解释性"等维度检验算法是否依据意图工作，并进行对算法潜在危害的识别与纠正[2]。应严格区分不同的算法合谋形式是否对于反垄断法制度的底层框架结构造成了实质的冲击，仅对不能适应现实需求的部分，完成从传统的事中、事后救济向事前规训加事中事后救济的规制逻辑的改变。最后，应运用大数据、人工智能的技术探索建立算法公开的合理阈值，对于算法分层分类，使监管体系逐步走向层次化、智慧化，渐进式探讨算法相关问题在竞争法体系构建中专门化、类别化。同时转变整体的执法、司法理念，使竞争法执法、司法工作人员深入市场、走向工厂，调研科技与市场的动态，更好地助力数字经济的有序运行。

二、算法歧视引申的消费者保护思考

（一）算法价格歧视问题素描

从经济学的角度分析，价格歧视是基于用户的价值来设定相同产品不同的出售价格，以此来攫取消费者剩余的行为。但不同的价格条件设置并不是执法者适用竞争法来调整的必要理由，用户通常诉诸消费者法、价格法等途径来表达自己的合理诉求。维护市场竞争是解决此类歧视问题的基本导向，而执法者利用竞争工具进行调整的依据在于歧视行为是否破坏竞争秩序，损害消费者利益，学理上可将滥用行为分为排他性滥用和剥削性滥用，相应地其可依据对于消费者利益侵害的方式分为排他行为、剥削

---

① 杨龙、蒋欣然：《中国政策过程中的"双顶层"机制》，《南开学报》（哲学社会科学版）2018 年第 1 期。

② 算法归责体制的构建应严格区分算法设计者的责任与社会的责任，确保所有的算法都能尽量以非技术性用语向公众解释，促进算法与用户交互参与，矫正不合理、低质量的数据来源，建构前后关联的算法设计，完善反馈循环机制。

行为、扭曲行为。排他行为是指直接对下游市场以破坏竞争秩序，打击竞争对手为目的，间接侵害消费者利益的行为，包括存在于掠夺性定价中的以期待减少利润损失的歧视行为以及通过评估交易数量给予不同折扣条件，提高客户忠诚度，直至达至封锁市场等一系列的歧视行为，具有对于消费者利益侵害的压迫性，在各国反垄断法执法中属于优先规制的对象，如我国反垄断法第二十二条第六款的规定明确设定了价格歧视的违法性。剥削行为是指直接对于消费者利益进行侵害的滥用市场支配地位的歧视行为；扭曲行为是指可以剥削中间客户，特定环境下，在下游市场产生损害消费者的扭曲效应的歧视行为。①

　　基于算法层次的价格歧视，与传统的价格歧视通过评估交易数量给予不同折扣条件，以达到提高客户忠诚度，直至达至封锁市场的模式不同。企业通过数据、算法作出用户支付意愿的预判，进行建模分析，划分消费者类型，发现用户消费倾向，根据用户的不同需求采取个性化定价，且对每个用户"恰好"收取"保留价格"——他们愿意支付的最高价格。算法的价格歧视可完美形成只在教科书上存在的一级价格歧视。从成因上进行分析这种情形在数字市场中极为常见，是互联网企业企图把定向个性化推荐的算法成本转嫁到消费者身上的惯用"伎俩"，同时其导致行为本身在合理与违法之间的边界逐渐模糊，竞争法是否需要介入、如何介入具有极大的不确定性。在算法层级认定高科技企业完全排除竞争，企图获得超额生产者剩余的市场支配地位的难度则因互联网效应明显加大。特别是近日载于《人民日报》的"大数据杀熟"一文引起了广泛的关注，有网友发现大量互联网厂商利用现有的数据资源，所设计的算法对于老用户的价格实行差别对待，以此希望获得更多的生产者剩余，压榨消费者剩余，其所涉及领域波及旅游业、酒店预订、零售、体育和娱乐业等。对于不同的用户实行不同的价格方案究竟是正常的市场调节机制还是竞争法所禁止的攫取消费者利益的违法行为，算法所设置的合法与违法的界限应该怎么量化，需要进一步的考证。算法价格歧视问题单靠市场力量很难得到解决，需要政府运用竞争政策促进市场竞争来寻求问题的解决路径，因为企业总是以追求自身的价值索取为目标。同时引入社会分析程序，实现不同领域的专家代表，完成对算法的价值取向与潜在结果的评估。现阶段，所谓的算法歧视问题是商业策略在算法领域的一种新的表现形式，很难透过竞争

---

① 参见韩伟、唐要家译《OECD"价格歧视"论坛摘要》，https://mp.weixin.qq.com/s/Q-81WEK 9iurFoXKF_aoFZg，最后访问时间：2023 年 2 月 10 日。

法对于消费者进行合理保护。

同时，对个人行为依据大数据进行"评级""评估"并以此为依据分配社会资源，是自动化决策进行社会资源配置的本质，实现完全公正的分配无疑是对现阶段算法程序的苛求，但是区别于传统的商业机制，如前文所述算法的黑箱游戏确实给市场带来了极大的不确定性，它显著地提高了交易价格、交易条件不合理的隐蔽性，对于整个市场结构的特征逐渐显现出质的影响，与此同时在全球也未曾出现典型的算法价格歧视案例，仅依靠现如今出现的社会现象，来判断算法的价格歧视问题基础，更加增加了问题解决的难度，会无限陷入生产者剩余与消费者剩余的怪圈。因此在秉持严谨审慎的政策态度的基础上，仍需正视其所存在的风险，在算法出现的风险集中爆发前，必须加强相关领域的研究与论证，通过市场和政府的双向调节促进竞争来从根本上解决算法价格歧视问题，在仅当"自动化决策"加深了偏见或出现与经验相悖且无法得到合理解释的结果时，才需对该决策失误进行相应的救济。虽然现阶段算法价格歧视问题不能通过竞争法实现对于消费者利益的维护，但是其依然可以选择从消费者法的角度实现对于消费者利益保护的价值追求，故此应以算法价格歧视问题为研究基点，为消费者法注入新的活力。

（二）算法歧视问题中消费者法与竞争法的衔接

数字经济时代，用户作为数字经济时代的各家数字平台保障流量与扩大生态领域的基础，对于整个数字经济的发展起到至关重要的作用。正如党的十九大报告中明确提出"我国社会主要矛盾已经转化为人民日益增长的美好生活需要和不平衡不充分的发展之间的矛盾"[①]。因此保障消费者对于美好生活的愿景是新时代下永恒的话题[②]。虽然生产力的发展带来

①《决胜全面建成小康社会　夺取新时代中国特色社会主义伟大胜利》，《人民日报》2017 年 10 月 28 日第 1 版。

② 罗尔斯《正义论》所确立的自由平等原则、机会公正和差别原则也为现阶段消费者利益保护提供了借鉴与正当性基础，罗尔斯所希望的最少受惠者的最大利益不被侵犯，强调妥善处理市场上公平与效率的关系，为营造和建立一个公平、公正、自由竞争的市场环境以及提升消费者福利的理论依据作出了重要阐释，虽然许多学者认为保护消费者、提升消费者福利是反垄断法的终极目标，而直接目标是促进良好经济秩序的构建，但数字经济时代最明显的特征是经营者通过一系列的行为如上述的算法合谋、算法价格歧视等完成彼此之间的互通性与互惠性，经营者与消费者的关系在强大的数据与算法权力之下再次发生转化，用户不仅作为生产者产生各种数据信息，同时作为链条上的消费者反馈数据，完成算法的优化，社会经济利益已完成不公正的分配，消费者面临的是强大的经营者联盟，如何实现本身处于弱势地位，且作为最少受惠者的消费者利益最大化是目前数字经济时代需密切关注的问题与罗尔斯《正义论》的推崇不谋而合，同时符合新时代以人民的利益为追求的价值理念。参见陈兵：《反垄断法实施与消费者保护的协同发展》，《法学》2013 年第 9 期；参见张祎：《〈罗尔斯正义论〉及其现实意义》，《人民论坛·学术前沿》2011 年 11 月中期，总第 346 期。

更优的服务，更好的用户体验，更高的效率，但消费者的利益在数据与算法所引导的智识环境下，处在各种被企业不当利用以此增加商业价值的风险中。根据我国《消费者权益保护法》以及《网络安全法》规定，收集用户信息必须征得用户同意，然而现阶段每个 App 和网站基于此条款，都倾向用"选择—退出"的格式条款的形式，以全有或者全无的方式为自家的平台构建起"天然的屏障"，换言之用户希望获得服务必须付出高昂的个人隐私数据的对价，导致从数据收集阶段产生的问题延展到数据服务与数据应用层，乏力的知情同意机制①所带来的风险在数据逐渐转换成企业生产力的过程中，集中爆发。

与此同时在数字经济时代，个人信息权利意识的觉醒使得用户对于数据的安全性有了更高的期待，相关调查显示对于企业应用个人数据推出产品和服务，66.1%的受访者表示很介意，15.7%的受访者表示介意。②而同时消费者很多都希望有救济措施，他们渴望知晓全部的数据应用过程，但面对强势的平台力量，只能选择默默忍受。这种循环收集数据的商业模式折射出数字经济时代个人数据隐私的痛点企业不仅在用户使用企业相关产品、服务过程中，收集用户信息，更体现为通过开放接口（open-API）以及数据库交易共享的方式实现数据的扩张。数据所覆盖广度和挖掘深度在多种数据的交流与共享中不断增加，那么何为《消费者权益保护法》第二十九条规定的合理必要收集、使用用户信息的边界？

申言之，如何在保障用户获得更优的定制化服务的基础上，实现对于用户信息数据获取的克制，达到保护用户的数据隐私的目的，这是数据驱动企业不得不面对的问题。从"3Q 大战"，思索构建多元的保护消费者利益的路径，反垄断法实施与消费者保护协同发展，到"3B 大战"确立

---

① 如大众点评网的用户协议"任何会员接受本注册协议……表明将……著作权财产权无偿独家转让给大众点评网运营商所有"，脉脉用户协议"用户一旦使用第三方平台账号注册、登录、使用脉脉服务，淘友公司对该等第三方平台记录的信息的任何使用，均将被视为已经获得了用户本人的完全同意并接受"。从此处的用户协议的规定来看，用户的知情同意权完全被架空，从欧盟的人工智能战略白皮书来看，文化因素以及弱化的隐私监管环境造就了中国的数字经济的繁荣，相较于美国和德国，95%的中国人更愿意与互联网厂商分享他们的位置信息，百度公司的董事长李彦宏更表示"中国人对隐私问题的态度更开放，也相对来说没那么敏感。如果他们可以用隐私换取便利、安全或者效率。在很多情况下，他们就愿意这么做"。然而对此大部分用户则表达出强烈的反对，他们并没有换来显著的效率提高，与之而来的是十几个的骚扰电话和垃圾短信。参见"北京百度网讯科技有限公司与上海汉涛信息咨询有限公司、上海杰图软件技术有限公司不正当竞争纠纷"二审民事判决书，案件字号：（2016）沪 73 民终 242 号

② 王忠，赵惠：《大数据时代个人数据的隐私顾虑研究——基于调研数据的分析》，《情报理论与实践》2014 年第 11 期。

的"非公益必要不干预原则"，再到新浪微博与脉脉一案中确立的"用户+平台+用户"的三重授权原则①，直至近期欧盟《欧盟数据保护条例》的公布以及欧盟人工智能战略所确立的"以人为本"（HumanCentric）的核心构想，无不凸显出消费者利益因素的考量在案件裁量中的重要地位。对于消费者问题的及时高效回应更是衡量现代化经济体系构建过程的一个基础指标。

随着数据、算法、用户从三种层次作为企业间竞争的必需资源，与之而来的是消费者问题的复杂化与多元化，消费者问题与市场竞争问题的彼此交织，为市场规制法体系中竞争法与消费者法的适用，消费者福利提升这一共同目标的实现带来的是多维度的挑战。在实践中，关于消费者隐私权利是否纳入竞争法的制度保护框架中，理论上存在较多的争议②，而缺乏从消费者权益的层面出发对消费者诸多问题的思考。面对目前存在的诸多问题，如何在大的市场规制法体系下，科学实现竞争法与消费者法深层次的协作与共进，切实构建起最利于保障消费者的公平交易权、自由选择权以及消费者隐私等的制度设计，在全面落实用户授权机制的基础上，建立个人数据信息的分类保护，赋予消费者除了传统的民事侵权诉讼的多重救济渠道，在数字经济时代被赋予了新的要求与目标定位。

消费者法与竞争法作为大的市场规制法体系下保护消费者利益的这一目标的两种进路，是一个问题的两个面向，二者之间具有天然的一致性。从消费者选择分析这一范式出发，竞争法实现的是对于消费者选择范围的保护，而消费者法则旨在提升消费者选择能力，二者在功能上具有互补性。③然而现阶段，学理上从竞争法方面考量，由于我国竞争文化的不足，竞争规范中反垄断私人执行等制度的不完善，竞争法尚未发挥出对于

---

① 新浪微博与脉脉一案中所确立的关于数据的二次利用原则具有前瞻的指导意义，虽然有学者指出如此烦琐的用户同意机制会带来企业对于数据效率利用的降低，但近期爆出的 Facebook 事件则体现出此原则对于用户利益保障的重要性。Facebook 上超过 5000 万用户信息数据泄露，被一家名为剑桥分析的公司获取并用于在 2016 年美国总统大选中针对目标受众推送广告，从而影响大选结果的事件将 Facebook 推到风口浪尖的顶端。而我国自 2018 年 5 月 1 日开始实施的国家标准《信息安全技术个人信息安全规范》对于此种一揽子协议所引发的问题，明确了"核心功能+附加功能"的区分模式，对于核心功能的授权机制与附加功能的弹框形式分别作了规定，以此希望解决数据的二次利用问题。具体参见北京淘友天下技术有限公司等与北京微梦创科网络技术有限公司不正当竞争纠纷二审民事判决书，案件字号：（2016）京 73 民终 588 号，http://www.gov.cn/fuwu/bmfw/zggjbzhglwyhgjbzxxcx/index.html，最后访问日期：2023 年 2 月 10 日

② 韩伟、李正：《反垄断法框架下的数据隐私保护》，《中国物价》2017 年第 7 期。

③ 马辉：《反垄断法与消费者法的合作规制研究——以消费者选择为分析范式》，《竞争法律与政策评论》2017 年第 3 卷。

消费者保护的全部力量；而从消费者法角度出发，有些消费者权益具有宣示性特征，难以量化为消费者的某些具体损失，①导致无法给予消费者最实际的保护。实践中，从"3Q 大战"，到近期的"新浪诉脉脉""大众点评诉百度""顺丰与菜鸟纠纷"等案例的爆发，更加凸显出数字经济时代数据的竞争性与消费者数据隐私之间所存在的问题，彰显出对于消费者利益保护的缺位。故此面对数字经济时代日益交织的竞争问题与消费者利益保护问题，从理论上协调好竞争法与消费者法的规制范围与规制冲突，创设出最优的消费者利益保护方案，使竞争法与消费者法双重维度合作发挥出其应有的功效，是时代的现实需求。

首先，对于消费者公平交易权、自由选择权的内涵需要进行全新的诠释，主要体现为以下两个维度上：第一，数字经济的消费需求已经从以往传统的大众化向定制化发展，而数据、算法、用户三者之间的有机结合形成的是一种基于深度学习的个性化服务，在这种供给和需求的模式下，经营者基于数据应用层所作的"用户画像"与精准推送是用户选择商品的基础。如何在推送的商品广告服务中，保障整个过程的公平性与用户的自由选择度，而不以诱导广告的形式刺激用户在某个特定品牌的产品进行消费，并对其他品牌产生排他性的效应则是亟须重点关注的问题；第二，经营者通过算法分析来获取数据是建立在消费者授权的基础上，是换取免费服务的对价。从公平交易、自由选择的视角来看，交易必须给予消费者可信可靠的数据服务。在目前经营者只需获得消费者一次同意，即可永久使用其数据隐私的环境下，显然不能满足消费者对于加强数据隐私保护的合理诉愿，数据的风险与价值决定了经营者理应给予消费者隐私以全周期的保护，否则重复、叠加、过度的数据利用将跨越消费者权利的边界，对于消费者福利造成实质损害。进一步分析，由于互联网用户锁定效应的存在，消费者所拥有的在某个市场垄断平台经营者的数据、社交资源以及基于数据分析所获得的定制化服务，其高昂的转换成本和忽略不计的转换收益，钳制了消费者转向其他即使拥有更具创新力、更优服务企业的选择意志。长此以往，创新型公司因得不到用户与数据的供给，在整个市场竞争中逐渐败退，最终导致市场上仍无其他具有竞争力的企业，使用户继续陷入无从选择的无限循环，这实质上妨碍了消费者自由选择权的实现。

其次，在数字经济时代对于消费者的安全权应进行一种扩大的解释，我国消费者权益保护法所列举的第一项权利即为：消费者安全权，对

---

① 陈兵：《反垄断法实施与消费者保护的协同发展》，《法学》2013 年第 9 期。

所有消费者而言在购买和使用商品或接受服务并提供对价后，经营者就被赋予了保护消费者的人身、财产安全的义务。在数字经济时代，非价格维度作为互联网双边市场乃至多边市场上的主要竞争点，在消费者支付个人隐私数据的对价后，理应获得人身、财产安全的保障。虽然现阶段对于数据人格权、财产权的构建在不同国家及地区呈现出不同的态势，数据的基础权利研究仍有待完善①，但至少表明，消费者隐私数据随着数字经济的发展其权利属性的强化将会是时代发展的潮流，无论从以上哪种权利构建角度出发，消费者隐私的保护纳入消费者安全利益的保护框架之中是其应有之义。

最后，尝试探索构建多元的市场规制法体系，厘清竞争法与消费者法的合作规制机制，在协同发展的理念下，实现二者的统筹推进，强化现阶段对于消费者法的作用，减少宣示性的制度供给，使消费者法在市场规制法体系下，起到对于消费者利益保护的统率作用。

高新科技的飞速发展，给数字经济的成长提供了肥沃的土壤，更为法治经济实践注入了新的活力。中国已经迈入了数字经济时代的大门。可以预见，数字经济将成为未来经济发展的新动能，在国家的顶层设计中发挥不可磨灭的作用，其不仅给数据资源的高效整合、算法算力的飞速提升带来了无限可能，更将对未来市场竞争的格局带来一系列变革，与此同时现有的市场经营行为、商业模式及竞争秩序将在数字经济的无限冲击下逐渐走向覆灭。

通过对数字经济时代这个完整的闭环生态系统的底层算法与算法黑箱的深度剖析，发现数字经济的时代特征决定了数据、算法、消费者的机制在万物互联时代的逐步推进，数据采集层、数据计算层、数据服务层、数据应用层的四个层级在逻辑发展上的交相呼应，市场规制法体系下各部门法与算法层分层对应。数据采集层、数据计算层所体现的算法之战的数据爬取问题，引发了新反不正当竞争法的互联网专条与一般条款适用的深思，同时不断探索 Robot 协议、协同过滤算法等的必要界限；数据服务层所对应的算法合谋问题，不仅带来了传统问题的新的表达形式，更有逐步颠覆现有的法律框架与逻辑基础的趋势；数据应用层所展现出由算法价格歧视引申出新型的从消费者公平交易权与自由选择权到消费者安全利益的构建。故此从算法底层的不同的层级维度出发，聚焦数字经济对整个市场规制法体系的挑战，找寻最适合的规制思路与规制框架，强调科技本身作

---

① 龙卫球：《数据新型财产权构建及其体系研究》，《政法论坛》2017 年第 4 期。

为解决问题的第一要义，逐步由事中、事后监管走向事前监管，并使监管体系逐步走向层次化、智慧化，尝试探索出竞争法与消费者法在市场规制法体系下的合作规制路径，突出消费者法的作用，实现创新发展、有序竞争、消费者保护三者之间的动态平衡，达致在法治经济语境下，立足基本国情，创设中国法治与算法之治深度融合的特色之路。

第三节 "数据+算法"双轮驱动下互联网平台生态型垄断规制[①]

近年来，互联网平台经济迅猛发展，互联网平台作为一种重要的商业组织体已成为推动经济发展的新样态、新形式、新动能，各大平台企业也由初期聚焦特定场景，实现差异化的功能竞争走向多场景全周期的复合型生态系统间的竞争。基于各大平台生态系统中普遍存在的"数据+算法"双轮驱动的运行机理，双轮驱动下所形成的正向反馈回路正不断放大和强化平台生态系统的竞争优势。在平台生态系统的支撑下亿万流量和海量数据在跨市场上的交互传导，致使平台生态系统逐渐向生态型垄断演化。平台生态型垄断一旦形成，很可能带来市场过度集中、竞争固化封锁、数据安全降级等潜在风险的频发。为合理约束"生态型垄断"引发严重且难以恢复的市场竞争损害，需从系统观念出发，结合平台生态系统特征及其运行规律，解析平台生态型垄断演化的成因，重点从驱动平台生态系统运作的数据和算法的双轮运行机理出发，规范平台企业收集、使用数据及算法优化的行为，必须认识到无约束的算法优化存在着极大的社会治理风险，科技的发展需在法治的框架运行。在此基础上，完善和增强现行竞争法律法规对基于科技创新发展所带来的平台生态型垄断的规制框架与回应能力，充分发挥平台生态系统中多主体的力量，实现协同监管和系统监管。

一、问题提出

在互联网经济发展初期，"流量"一直被视作互联网企业，特别是具有优势的平台企业，获取和维持其竞争能力和地位的关键要素。伴随互联

[①] 本节参见陈兵，林思宇：《"数据+算法"双轮驱动下互联网平台生态型垄断的规制》，《知识产权》2021 年第 8 期。

网经济在广度和深度上的高速发展，各行业的头部平台企业逐渐凸显，其在资本和技术的加持下对流量获取和维持的能力不断增强。当流量到达一定量级，平台通过流量变现进一步融资，在资本支持下扩大自身规模，以平台现有的核心业务为基础，在横向和纵向市场上不断扩围；在充分实现规模经济效应的同时，也吸引了更多流量和数据，加大了对流量的锁定效应和对相关数据的控制和处理能力。由此，头部平台完成了"资本加持流量，流量吸引资本"的早期积累过程，进而努力打造基于平台核心业务的生态系统。然而此刻的互联网平台经济领域，并非格局已定，其正在或已然迎来了新一轮的更加激烈的互联网经济下半场竞争，从流量竞争步入以数据和算法为核心的生态系统竞争。随着大量资本及其控制的平台企业涌入市场，各大平台消费者用户的数量增速放缓，平台经济早期发展中的流量红利逐渐达致上限，多数平台由此陷入发展停滞的"瓶颈期"。概言之，平台单纯依赖资本积累和规模扩张的模式，已难以推动平台经济可持续发展，无法突破互联网经济步入"下半场"所面临的"发展陷阱"。

当前，大数据和算法等数字数据技术的普遍应用，已推动互联网经济发展由"上半场"步入"下半场"。通过早期流量、数据积累所凸显的头部平台企业，已由资本驱动转入跨市场、跨领域的互动与合作，由早期提供单一场景和单一功能逐渐走向开放式、多场景、全场域、多功能的复合型生态型平台。平台通过构建生态系统，满足不同用户群体的多种需求，实现对消费者用户流量以及注意力的长期锁定，尤其通过将广告商等第三方商家转化为合作伙伴，使原本外部于平台的商品或服务内化为生态系统中的一部分，即出现了高度集中的聚合型平台（Group Platform）或涵盖型平台（Covered Platform）。以谷歌等涵盖型平台为例，这些平台在激烈的市场竞争中长期处于头部地位，且仍存在不断上升和固化的趋态，其共性在于这些平台并没有专于单一领域，而是通过平台收购或者API，吸收互补品，跨市场衍生到其他领域。此时，平台不再单纯满足特定群体的单一化需求，而是呈现出多样化、系统化的生态性运行特征。

虽然平台可通过搭建生态系统突破发展瓶颈，但是那些聚合型或涵盖型平台所拥有的强大的生态系统也对市场公平竞争产生了极大威胁。譬如，近年来谷歌平台的自我优待，苹果应用商店限制 Spotify，腾讯屏蔽抖音等。同时，各国竞争监管机构对上述平台的监管力度也正在逐步加强。譬如，德国竞争监管机构对谷歌的数据使用行为展开调查，亚马逊公司价格条款被指控抑制创新，脸书面临来自欧盟的反垄断调查，阿里巴巴"二选一"行为受到行政处罚等。这些事件的发生不仅引发了人们对生态型平台限制、排除竞争与正当竞争之间界限模糊的隐忧，同时也引发了学者们对平台生态系统垄断的思考。有学者认为，平台生态系统能够带来"生态优势"；①也有学者指出，数据跨市场多功能使用，使同一组数据可以在多个市场上转化为竞争优势，能形成自我强化的"反馈环"，这将出现"新型企业集团效应"，推动形成集成数字生态系统。②还有学者指出，超级平台之所以谓之"超级"，关键在于其搭建了一个平台生态系统，且不断优化和强化这一系统，成为该系统的控制者和监管者，对参与该系统的所有主体及人员有着"生杀予夺"的绝对权力。③可见，多数学者已意识到平台生态系统的运行能赋予平台强大的市场竞争力量，同时也暗埋或显现了平台可能引发的排除、限制竞争危害。

综上，为有效回应平台生态系统运行可能引发的生态型垄断问题，设置具有针对性且系统全面的规制框架与方法，需从系统观念出发，从整体视角研究平台生态系统具有的特征及运行规律，分析平台生态系统向平台生态型垄断演化的内在逻辑，找出关键环节，以此为据优化并更新平台生态系统健康发展的可行方案。同时，应科学有效地规制平台生态型垄断问题，实现对平台经济的有效监管与科学发展之间的平衡。

二、类型化视角下平台生态系统的运行规律

系统观念是马克思主义基本原理的重要内容。它强调系统是由相互作用、相互依赖的若干组件结合成具有特定功能的有机体，若要实现整个系统的优化，就需要从事物的总体与全局上、从要素的联系与结合上，研究事物的运动与发展，找出规律、建立秩序。因此，若要促进和维护平台生态系统的健康发展，预防平台生态系统趋于垄断，需对平台生态系统进行解析——从类型化视角出发，识别不同类型平台具有的共性，把握平台生态系统的运行规律，以进一步探析平台生态系统的发展趋势及其潜在的问题。

（一）平台生态系统类型化解析

近年来，互联网大型科技平台趋于生态化发展，理论界对平台生态系统的研究日渐增多，然而就"平台生态系统"的内涵尚未达成一致。有

---

① 张锰等：《商业生态圈中平台企业生态优势形成路径——基于京东的纵向案例研究》，《经济与管理研究》2018 年第 9 期。

② 李勇坚、夏杰长：《数字经济背景下超级平台双轮垄断的潜在风险与防范策略》，《改革》2020 年第 8 期。

③ 陈兵：《因应超级平台对反垄断法规制的挑战》，《法学》2020 年第 2 期。

学者认为，平台生态系统是由众多生产者和消费者依托一大批互联网平台形成的多个网络生态系统。①还有学者认为，平台生态系统是"由平台及参与者构成的生态"，这里的平台可以视作多主体的集合，共同参与到同一项生产活动中，且这些主体的选择和行为是相互依赖的。②归纳现有学者观点可知，平台生态系统是指以一个（或多个）主导平台为核心，由平台关联业务、合作商家、消费者等多元主体组成相互关联和交互的系统，构成彼此相互联结、实时互动的价值链。③

在实践中，平台生态系统存在多种运行样态。若要分析平台生态系统具有的运行规律，不能仅笼统地依据某一类型的平台进行分析和认定，应从类型化视角出发，分析不同类型生态系统所具有的特性与共性，进而从事物的总体与全局上找到运行规律。目前，已有学者尝试对平台生态系统进行分类，安杰伦（Angehrn）将互联网平台分成信息型、交流型、分发型以及交易型等四类，指出越来越多的网站综合多种功能、形成更高级的模式。④有的学者将平台生态系统分为价值网络型、社交网络型和信息网络型等三大类。⑤然而这种以基础功能为标准的分类方式，难以回应当前平台生态系统功能多元化的发展现实。此外，还有学者将生态系统分为两类：其一是多商品生态系统，由许多不同的商品和服务组成；其二是多角色生态系统，即由一个作为协调者的平台为一系列合作伙伴和互补者搭建由多主体组成的生态。⑥这种分类具有一定的参考性，但从平台本身所具有的双边或者多边市场结构的特性看，以平台为核心组成的多商品生态系统也必然具有多重角色的特性，故这两种类型存在较高的重合性，该分类方式也并不是类型化的最佳方案。

回归到"生态系统"概念本身，其本是一个生物学术语，⑦所描述的

---

① 熊鸿儒：《我国数字经济发展中的平台垄断及其治理策略》，《改革》2019年第7期。

② 陈兵：《因应超级平台对反垄断法规制的挑战》，《法学》2020年第2期。

③ 参见刘源、李雪灵：《数字经济背景下平台型组织的价值共创》，《人民论坛》2020年第17期。

④ See Angehrn A., Designing Mature Internet Business Strategies: The ICDT Model, *European Management Journal*, Vol.15: 4, (1997), p.361-369.

⑤ 参见戎珂、肖飞、王正勇等：《互联网创新生态系统的扩张：基于并购视角》，《研究与发展管理》2018年第4期。

⑥ See Michael G. Jacobides, Ioannis Lianos, "Rethinking Competition: From Market Failures to Ecosystem Failures", https://promarket.org/2021/04/12/competition-market-failure-digital-platforms-ecosystem-regulation/, Last visit: February 10, 2023.

⑦ 生物学中的"生态系统"指在一定的空间内生物的成分和非生物的成分通过物质循环的能量流动互相作用、互相依存而构成的一个生态学功能单位。参见尚玉昌主编：《普通生态学》（第三版），北京大学出版社2010年版，第365页。

是自然界中包括植物、动物、气候等多种要素在内的可以持续运作，甚至不断扩张的循环系统。其强调组成部分之间的关系。互联网平台之所以被称为"生态系统"，就在于其以平台为载体，搭建起联系包括消费者、经营者在内的循环交互系统。不过，消费者和第三方合作企业都不宜作为划分平台生态系统类型的依据。虽然两者都是实现生态系统运作的重要组成部分，但并不是生态系统中的"关键种"（keystonespecies），①对平台生态系统运行机制不具有决定性作用，且当前头部平台企业的生态系统所吸纳的第三方合作企业具有多元化特征，故难以成为平台生态系统分类的参考依据。为此，本文将主要以头部平台及其关联业务的形态为依据，对平台生态系统进行类型化分析，重点分析不同类型生态系统实现生态价值链循环的运作机理。（见表4-1）

表4-1　头部平台企业核心业务与关联业务关系梳理表

头部平台	核心业务	旗下关联业务	核心业务与关联业务的关系
元宇宙	社交	Messenger、Instagram、WhatsApp、Workplace、Portal、Novi	皆属于同类业务，相互之间既具有一定的竞争性，也具有一定的互补性
谷歌	搜索引擎	Android、谷歌地球、谷歌邮箱、YouTube、谷歌浏览器、LifeScience	不属于同类业务，属于非竞争性、弱互补性的关系
苹果	iOS 操作系统	苹果手机、笔记本、平板等电子设备、APPstore、iCloud、iTunes	属于产业链上下游关系，相互之间具有较强的互补性
亚马逊	亚马逊商城	Shopbop、AmazonFresh、Amazongo、亚马逊物流（FBA）、Kindle、PrimeMusic、Amazon Appstore、AmazonPay	Shopbop、AmazonFresh 和亚马逊商城属于同类业务；亚马逊物流、AmazonPay 属于产业链的下游业务；Kindle、PrimeMusic 等属于非竞争性、弱互补性的关系
京东	京东电商平台	京东京造、京东自营、京东物流、京东金融、京东钱包、京东售后	属于电子商务业务产业链的上下游关系，具有互补性

---

① 关键种是指在生物群落内起关键作用的物种，对其他物种的分布和多度起着直接或间接的调控作用，决定着群落的稳定性、物种多样性和许多生态过程的持续或改变。平台生态系统的主导平台能够对生态系统运作起决定性作用，而关联业务是主导平台的分支，也可视为同一"物种"。关于"关键种"的概念，参见葛宝明等：《生态学中关键种的研究综述》，《生态学杂志》2004 年第 6 期。

头部平台	核心业务	旗下关联业务	核心业务与关联业务的关系
阿里巴巴	淘宝	天猫、一淘网、聚划算、阿里国际、支付宝	属于同类业务且具有一定互补性，支付宝属于产业链下游
	支付宝	余额宝、相互宝、芝麻信用、余利宝、花呗、蚂蚁保、借呗	不属于同类业务，属于非竞争性、弱互补性的关系
腾讯	QQ	QQ 音乐、QQ 游戏、QQ 旋风、QQ 管家、QQ 商城、QQ 钱包	不属于同类业务，属于非竞争性、弱互补性的关系
	微信	微信公众号、微信游戏、微信视频号、微信搜一搜、微信朋友圈、微信小程序	不属于同类业务，属于非竞争性、弱互补性的关系

综上，结合现有学者研究及当前头部平台生态系统中平台及其旗下关联业务之间的主要形态，可将平台生态系统分为三类：横向生态系统、纵向生态系统以及多元生态系统。其中，横向生态系统是指主要以同类业务为主搭建而成的生态系统；纵向生态系统是指由产业链上下游业务组成的生态系统；多元生态系统则是以跨市场、跨领域的多种不同类型关联业务组成的"生态圈"，并不局限于核心业务所在横向或纵向的产业链。

1. 横向生态系统

横向生态系统，是主导平台与旗下关联业务以横向产业链为"纽带"，并与第三方合作企业以及消费者等主体共同构筑而成的价值生态链。所谓"横向产业链"是指平台旗下关联业务与基础业务属于同类商品（见图 4-2）。

当前，在互联网头部企业中，脸书属于横向生态系统。脸书旗下关联业务多为脸书社交的同类业务，即社交服务。理论上，同类商品存在一定的竞争性，但生态系统使得同类商品或服务不但不会出现相互竞争的情况，反而能形成互补关系，实现社交服务的全场景化、多功能性及全周期运行。吸纳更多的用户群体，增强用户黏性。这种横向生态系统之所以能够让同类竞争性商品或服务实现生态性共存，主要源于以下两种策略。

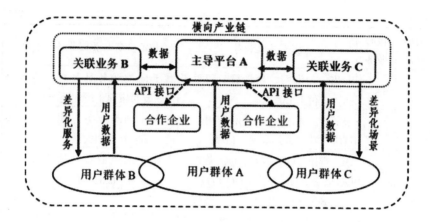

图 4-2　横向生态系统示意图

其一，同类功能的差异化需求。这种策略主要是基于用户需求的日益多样化，在基本需求的基础上，不同用户群体的需求会存在一定差异，此时可以通过功能细分，满足不同群体的差异化需求。譬如脸书与照片墙（Instagram）皆为满足人们社交需求的商品，但是照片墙将社交功能中的图片传输功能单独提取出来，从而满足了希望通过图片方式进行社交的用户群体需求。通过这种方式，生态系统能够在满足人们差异化需求的同时，最大限度吸纳拥有同类需求的差异化群体。根据马斯洛需求层次理论，社交是人的基本需求之一，[①]因此，脸书通过对社交产业链的横向整合，在实践中能将所有网络用户纳入其生态系统，为其生态系统提供海量数据采集及算法加工保障。

其二，不同应用场景下的功能差异化定位。即便是同类甚至具有替代性的功能，通过应用场景的差异化策略，可避免同类商品之间产生竞争，反而形成互补关系。以脸书和工作空间（Workplace）为例，两者虽然在功能上具有高度相似性，然而适用场景存在明显差异——前者主要用于非特定场景的社交，而后者则主要应用于工作场景的社交。由于应用场景不同，用户在选择使用商品时，并不会因两者功能相似而产生竞争或作出替代性选择，相反，用户完全有可能同时使用两种商品。这种差异化场景策略对横向生态系统运行的意义在于，可实现对用户数据的深度挖掘。譬如，同一个用户在不同场景中，其所涉及的社交关系链存在一定差异，脸书中存在和发生的社交关系链往往是亲人和朋友等熟人，而工作空间则可进一步获取该用户在工作交往中的社交关系链数据。可见，通过场景差

①　参见彭聃龄主编：《普通心理学》（第五版），北京师范大学出版社 2019 年版，第 347 页。

异化策略，横向生态系统可实现对用户数据信息的深度挖掘。

上述策略不仅可避免竞争性商品相互之间产生冲突，还会赋予平台生态系统数据在广度和深度方面的优势，从而实现更精准的内容推送，进而获得维持系统运作及研发技术的资金，形成稳定的生态循环。此外，基于生态系统内部的数据共享安排，可以实现功能的复合叠加。平台算法不仅能够为用户提供个性化服务，优化信息内容的推送，同时还可以通过对用户数据的分析，预测各类用户群体的潜在需求，实现下一步生态系统组件的构筑和扩张。由此可见，通过多种不同场景的数据采集、挖掘及共享，以及更精准的算法推送，使得横向生态系统中看似存在竞争性的商品能够实现价值的聚合共创，产生"1+1+1>3"的效果。

2. 纵向生态系统

纵向生态系统，指主导平台与旗下关联业务以纵向产业链为"纽带"，并与第三方合作企业和广大消费者用户等主体共同构筑的产业及其价值生态链。"纵向产业链"指基础业务产业链的上下游（见图4-3）。

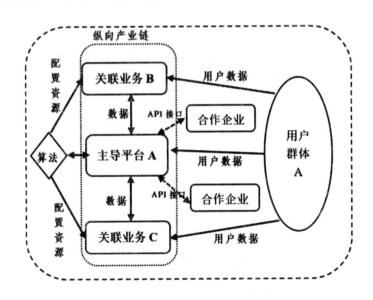

图 4-3　纵向生态系统示意图

与横向生态系统相比，纵向生态系统中各个组件相互间不存在直接竞争关系。相反，由于生态系统中各部分分别处于产业链的不同环节，属于紧密的协作关系，故其生态系统运作机理也与横向生态系统存在一定的差异。以京东平台为例，京东在早期就以纵向一体化为主要战略，其在电子商务的基础上，提供京东自营服务（由京东负责采购销售和售后的商品）、京东物流、京东金融等，贯通电子商务产业链，打造全价值生态链，实现"采购—销售—支付—配送—售后"的纵向产业链的一体化整合。这种纵向生态系统价值链的形成主要源于以下两种机制。

其一，数据共享机制。与横向生态系统的数据共享机制不同的是，纵向生态系统的数据共享主要注重的是各个组件之间数据的精准传输。这种方式能够提升整体产业链的质量和效率，电商平台企业在既有的渠道信息流传递功能的基础上，进一步实现了渠道资金流、物流、商流以及信息流的统一。①此机制的运作能够形成一个纵向的数据价值链——不同环节中各类用户群体间的交互，以及用户在此过程中录入的信息，有助于平台进一步提升其生态系统的质量和效率。譬如，消费者用户购买行为可以反映消费者用户的偏好，有助于预测消费者存在较高购买意向的领域，帮助商家用户或平台自身做好商业布局和资源要素的高效配置。同时，通过商品售后的情况可以反馈商品存在的质量问题，并向生产者或经营者用户直接反馈。与横向生态系统不同，上述机制虽然无法使纵向生态系统获得差异化用户群体的数据，但是在不同用户于不同环节的交互反馈中，能充分激发数据所蕴含的潜在价值，提升用户的整体体验。

其二，算法协调机制。在算法技术的支撑下，通过纵向产业链的数据共享，可以实现对全产业链的优化配置。②算法可根据生态系统组件所需，对应地推送资源和数据，由此可避免系统组件因大量数据堆积，导致重复处理数据而耗费算力的弊端，或者是在数据传输过程中出现错误的问题。同时，通过对产业链的纵向一体化整合，平台可以在保障商品质量的同时，摊薄电子商务体系的物流成本，为消费者用户提供更准确且实时的信息。这有利于提高消费者用户对平台的信赖，以及优化电子商务服务全周期的体验。以京东物流为例，京东在电子商务全产业链方面的数据以及算法优势，使得京东物流能实现准时且快速的配送服务，提升了京东物流的用户体验，实现其在物流领域优势的传导。同时，京东物流的优势服务也会促使更多的用户选择使用京东平台，由此为京东物流带来更多的交易机会，由此实现了交易机会的交互传导。

可见，与横向生态系统下多场景、多功能、多群体的生态化运行不

---

① 参见李世杰、李倩：《产业链整合视角下电商平台企业的成长机理——来自市场渠道变革的新证据》，《中国流通经济》2019 年第 9 期；李晓宇：《大数据时代互联网平台公开数据赋权保护的反思与法律救济进路》，《知识产权》2021 年第 2 期。

② 参见《京东物流配送负责人王辉：数据和算法驱动新一代物流智慧化发展》，《经济参考报》2018 年 1 月 4 日，http://www.chinawuliu.com.cn/zixun/201801/24/328110.shtml。

同，在上述两种机制的作用下，纵向生态系统的生态化运行主要源于交易机会的传导。尤其是对交易型平台言，其盈利的实现需基于交易机会的争夺，通过纵向一体化整合，可将其在产业链上下游中某一环节具有的优势快速精准地传导至整个产业链，促使消费者用户选择该平台，提升用户的忠诚度和黏性，确保交易机会的长期获取和维持。

3. 多元生态系统

多元生态系统，指生态系统包含多元化的关联业务，并与第三方合作企业以及消费者用户等主体共同构筑而成的生态圈。其"多元生态性"体现在主导平台的关联业务既可能包含横向或纵向产业链上的业务，也可能包含产业链以外的跨行业、跨领域的其他业务（见图4-4）。

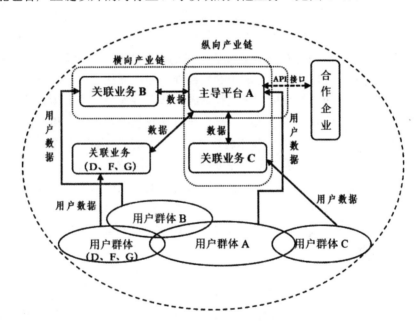

图4-4　多元生态系统示意图

在头部平台企业中，腾讯平台是多元化生态系统的典型代表。腾讯在发展初期以社交平台为基础，随后逐渐向游戏、影视、音乐、支付等领域扩张。通过融入社交元素以及系统内的数据流通和共享，这种多元化生态系统使原本与社交服务间不存在关联的服务得以实现多元化商品和服务的互联，形成不断发展壮大的生态圈。基于多元生态系统的多元特性，其运作机制与上述两类生态系统虽然存在相似之处，但是仍存在一定的差异。首先，与横向生态系统类似，多元生态系统可通过提供多元化的功能，满足多个用户群体的需求，由此获得大量数据。但不同之处在于，多元生态系统通过多功能、多场景、多维度扩张，联动平台各个消费场景，形成交叉销售，增强用户黏性和活跃度。①平台可获取的数据种类更加丰富，数据内容更加饱满，能够实现对用户信息的深度挖掘，弥补了横向产业链可获取数据在种类和范围上的局限性。此外，与横向生态系统仅满足用户某一类的差异化需求相比，多元化的商品或服务能多方位地满足用户的差异化需求。而且，多元生态系统通过将多元功能整合于同一入口，能够为用户带来极大的便捷，不仅在很大程度上降低了用户转换不同平台所耗费的时间成本和学习成本，同时也极大提高了用户对生态系统的依赖性。

其次，与纵向生态系统类似，多元生态系统可通过数据共享机制及算法优化来高效配置数据、资金、物流等资源要素，实现交易机会的传导和争夺。但其不同之处在于，这种交易机会的传导和争夺可以突破生产链的限制，在多领域内进行传导和竞争，进而实现"平台包络"。所谓"平台包络"是指平台提供者通过利用通用部件（如标准化接口等）或共同用户，将平台自身功能与目标市场进行捆绑，从而进入另一个市场。具体而言，通过构建多元化的生态系统，平台可以摆脱基础业务横向和纵向生产链的束缚，利用重合的用户群体进行多维度"包络"，激发需求端价值性协同产生，从而实现需求端范围经济，并通过算法技术，对用户数据资源进行深度解析和优化配置，实现全系统协同，最终完成竞争优势构建。因此，平台发起包络战略的过程也是平台向平台生态系统演化的过程。②

可见，多元化生态系统不仅具有横向生态系统和纵向生态系统所具有的生态特性，同时还将两类生态系统的优势进一步放大和提升，能够获取更多更广的用户数据，并且在数据的"喂养"下实现生态系统资源优化配置和系统生态圈的进一步扩张。这种多元生态发展模式摆脱了产业链纽带的束缚，形成了多维立体化的价值生态圈。正是因为多元生态系统所具有的独特优越性，当前头部平台企业正逐渐摆脱其原有的横向或者纵向生态模式，逐渐向多元化生态系统模式转型。譬如，近年来脸书开始向购物、游戏等非社交类产业进军。

（二）平台生态系统运行规律："数据+算法"双轮驱动

平台生态系统虽然存在不同形态，且其生态化的实现机制也存在一

---

① 葛安茹、唐方成：《基于平台包络视角的平台生态系统竞争优势构建路径研究》，《科技进步与对策》2021年第16期。

② 葛安茹、唐方成：《基于平台包络视角的平台生态系统竞争优势构建路径研究》，《科技进步与对策》2021第16期。

定差异，但是通过对平台生态系统的类型化解析，分析影响其实现生态化运作的关键要素，可从中总结和归纳平台生态系统发展的运行规律。从上述平台生态系统运行的基本机理出发，可以发现平台生态系统运行主要围绕"数据+算法"及两者之间的联动等关键要素展开。即平台生态系统是基于数据的流动和循环反馈，优化算法练习，并在算法的协调下实现多元主体的相互作用、相互依存的有机体。若无"数据+算法"双轮驱动的赋能，多商品或服务形成的聚合市场将难以实现平台的生态化运行。①

1. 数据共享实现生态系统价值的聚合共创

在平台生态系统中，不同组件上的数据是共享的，且拥有实时、精准、高效的数据传输系统。这使得数据能够在平台生态系统的各组件间实现畅通无阻地流通，使平台生态系统能够实现更有效的协作，避免出现数据错误或数据延迟等情况而影响商品或服务的生产效率和质量。平台生态系统各组件间的数据流通与共享，是平台生态系统实现价值聚合共创的重要保障和实施进路，且不同类型的数据对平台生态系统运行产生的作用有所不同。

首先，消费行为数据。虽然不同类型生态系统对消费者用户数据收集的程度存在一定的差异，但是与单一化商品或服务供应相比，平台通过收集并整合来自不同组件的消费者用户数据，可以使用户消费行为数据在数量、种类、质量等方面得到提升。这使得平台将能从中提取更多能进一步创造价值的信息。当前，平台企业与用户关系的理念，经历了从流量思维到产消者思维，②再到超级用户思维的转变，超级用户思维成为实现组织与用户间高价值连接和生态化构建的基本逻辑，企业处理用户关系的侧重点，也从外部获取新用户和留存已有用户，转向对已有用户关系的深度经营与人均用户价值创造。③故，平台生态系统获取更多的用户消费行为数据，将有助于通过为用户量身定制个性化服务网络，与用户建立深度联系。譬如，用户消费行为数据能反映用户需求，平台根据用户实际需要，不断优化和完善商品或服务的功能和质量，以更好地满足用户需求，增加用户对平台生态系统的依赖度。

其次，系统运行数据。在生态系统运行过程中，有助于实现价值聚合共创的数据并不仅限于消费者用户行为数据，各个组件在运行中产生的

---

① 近年来，脸书增加了 Oculus、脸书 Shops 等非竞争性服务作为其关联业务。

② 有关产消者概念及其运行的解释，参见陈兵：《人工智能场景下消费者保护理路反思与重构》，《上海财经大学学报》2019 年第 4 期。

③ 刘源、李雪灵：《数字经济背景下平台型组织的价值共创》，《人民论坛》2020 年第 17 期。

系统数据也发挥着重要作用。所谓系统数据，指平台或者其他经营者在经营中产生的数据，包括由系统运行而生成的日志、任务清单等记录。系统数据通过生态系统可以进行高效传输和共享，实现多组件协同运行。这种效果在纵向生态系统中尤为明显，以电商平台为例，通过系统数据共享，销售部门可以第一时间获取订单数据并反馈仓库，商品在出库中信息传输至物流，使得物流得以第一时间进行配送。这些数据清晰明了地通过电商平台反馈给用户，能极大提高用户线上购物体验。这是同类未实现纵向一体化的平台难以实现的。这是因为当其中任何一个环节处于生态系统外部时，其数据传输往往会因为外部网络系统的传输效率而存在滞后，易导致处理效率低下，影响其或妨碍用户体验。

综上，即便不同类型的平台生态系统中流通数据的类型、范围和种类都可能存在一定的差异，但是平台生态系统通过建立不同组件之间数据高效流通和共享的桥梁，使生态系统总体的数据规模不断增加。而且，平台数据规模越大、维度越多、更新越快，数据边际价值越会成倍增加，从而能够打破传统要素有限供给的束缚，为产业链群生态体系演化提供充分的要素支持和驱动力量。①数据会对经济、社会、环境、资源等系统资源要素产生强大的聚集力和配置力，有效增加人才、技术、信息、设施等核心资源存量，实现资源共享，消除资源结构性短缺。故此，平台生态系统的运行能使数据实现资源汇聚和多组件之间的价值聚合共创。这就是平台生态系统实现生态化发展的基本运行规律。

2. 算法加工实现生态系统资源优化

数据对平台企业以及平台生态系统发展的重要性毋庸置疑。与数据相比，算法在生态系统中的作用似乎并不那么明显。实际上，平台生态系统运行和发展仅靠数据的持有和控制是无法实现的，平台获取的海量数据所蕴含的价值需要通过算法挖掘出来，且整个生态系统资源的配置也需要借助算法实现最优化。

首先，算法可以为平台生态系统筛选有价值的数据。平台是互联网的网络数据信息中台，汇聚和处理大量的数据信息，其通过大数据技术和云技术来支撑平台商务的顺畅高效运营。②平台生态系统运行中所收集的海量数据中，包含许多重复以及价值含量低的数据，若不对数据进行清理、筛选和提炼，不仅无法获取海量信息中所蕴含的价值，甚至还可能影

---

① 余东华、李云汉：《数字经济时代的产业组织创新——以数字技术驱动的产业链群生态体系为例》，《改革》2021 年第 7 期。

② 唐要家：《数字平台的经济属性与监管政策体系研究》，《经济纵横》2021 年第 4 期。

响数据传输和使用的效率，故此，平台生态系统需要借助算法提炼有价值的数据。

其次，算法能为平台生态系统"生产"有价值的数据。基于算法技术的应用，平台可实现对消费者用户偏好和需求的分析，通过对用户进行分类管理以及了解用户的消费偏好与用户行为轨迹，进而精准地实现定制化、个性化的价值主张，并有效定位平台企业所链接的有效与潜在用户群体。[1]不仅如此，自学习算法还可分析消费者需求的动态变化规律，对用户潜在需求进行预测，并将这些信息转化为数据提供给生态系统的决策层，使得生态系统在扩张过程中能够根据预测的信息抢占市场先机。

最后，平台算法能够优化生态系统中各个组件之间的协同度，提高生态系统总体运作效率。在平台生态系统中，算法不仅能够对数据进行分类和筛选，还提升了数据生产要素参与价值创造和分配的能力，使系统可根据不同组件的具体功能以及需要提供数据资源，避免数据冗杂而产生负面影响。同时，算法可以通过对生态系统实时动态数据的分析，根据实际情况对多部门进行协调，并制定进一步优化和改良生态系统运作效能的配置方案和方法，进而实现对生态系统数据创新资源和要素的整合，促进协同创新和持续创新。[2]

综上，"数据+算法"双轮驱动是平台生态系统运作和发展的核心运行规律，是平台生态系统实现边界扩张，多组件价值共创的关键所在。数据和算法犹如驱动生态系统运作的双轮，共同驱动平台生态系统发展。在双轮驱动的加持下，平台生态系统打破了传统平台管理中条块分割的数据壁垒，建立起多源数据交换汇集的跨部门、跨主体协作机制；搭建数据要素集成平台，在整合多方数据基础上提炼有效信息，并实现不同主体间数据信息的实时动态交互，引导各利益相关主体的行为决策。[3]

---

① 阳镇、陈劲：《平台情境下的可持续性商业模式：逻辑与实现》，《科学学与科学技术管理》2021年第2期。

② 余东华、李云汉：《数字经济时代的产业组织创新——以数字技术驱动的产业链群生态体系为例》，《改革》2021年第7期。

③ 蔡跃洲：《数字经济的国家治理机制——数据驱动的科技创新视角》，《北京交通大学学报》（社会科学版）2021年第2期。

三、平台"生态型垄断"的演化及潜在风险

（一）平台生态系统向"生态型垄断"演化的趋势

1."数据+算法"的双轮驱动放大竞争差距

即便是单一化的商品和服务，其商品质量的提升和个性化服务的实现也需要通过算法和数据实现。故数据和算法不仅是驱动平台生态系统运作和发展的关键要素，其对于传统平台的运行也至关重要。这表明平台经济下市场竞争主要是围绕数据和算法展开博弈，谁能够在市场上把握最优质的数据和算法，谁就能处于"不败之地"。

平台生态系统的运行机制使其能够整合多组件的数据，其算法在大量的数据"喂养"下，对消费、生产数据使用也将更加精准，从而更有效地提供个性化商品或（和）服务。可见，在"数据+算法"双轮驱动下的生态系统，往往能够拥有其他单一化平台难以企及的竞争优势，并且这种优势会在"数据+算法"形成的反馈回路不断放大，最终形成绝对的竞争优势，产生垄断的风险。

一方面，"数据+算法"反馈回路具有正向反馈。因为在平台生态系统中，数据与算法并非孤立发挥作用，而是在交互传导不断强化，即平台生态系统通过整合海量且多样化的数据"喂养"算法，完善和优化算法的精准度；而算法的完善和优化，又能提高对数据的抓取和分析效率，进而优化和提升商品和（或）服务的质量。这也给平台生态系统带来了积极的"生态效益"——吸引更多的新用户，并增加已有用户的黏性。在这一过程中从流量到数据再到算法，形成一个持续正向反馈的生态循环。

另一方面，"数据+算法"反馈回路也存在负向反馈。由于数据与算法是平台经济市场竞争中的关键要素，平台在数据或算法方面的某些缺陷将可能放大平台的竞争劣势，进而对平台发展产生负反馈影响。[①]譬如，平台拥有先进算法，但用户数量严重匮乏，算法将因缺少数据"喂养"而失去优势；再如，平台拥有大量用户，但平台不注重研发和创新，导致算法技术滞后，也可能使商品或（和）服务质量下降，造成大量用户流失，数据流量和质量持续下降。传统平台的单一化业务使其在可获取数据的广度和深度上都难以与平台生态系统相比，其算法也往往由于缺少充足数据的"喂养"而逊色于平台生态系统下的算法。因此，"数据+算法"的负

---

① Justus Haucap, Competition and Competition Policy in a Data-Driven Economy, *Intereconomics*, Vol.54: 4, (2019), p.201-208.

向反馈机制使传统平台往往难以与平台生态系统抗衡，且不断放大两者间的竞争差距。

综上，数据与算法间交互作用形成并不断强化的双轮驱动机制，使得生态系统在正向反馈中不断得到发展和强化，而加速了在数据和算法方面存在劣势的平台的衰落。这将导致平台经济中竞争者间市场力量的悬殊差异放大了平台间的竞争差距。并且，负向反馈作用加速淘汰了劣势竞争者，最终使生态系统能够不断汇聚市场资源，形成近乎绝对的竞争优势，长期占据市场垄断地位。

2. "数据+算法"反馈回路对用户形成锁定

平台对消费者用户的锁定效果一般取决于网络效应。在平台经济显著的网络效应与交互作用的影响下，对用户个体而言，拥有大量用户的平台的价值是难以被用户量较小的平台所替代的，较高的转换成本能够阻止用户转移到其他替代性平台。[1]不过，瑞斯曼（Rysman）指出，互联网平台具有用户多归属性的特征，对于类似的商品或服务，用户可以选择多家平台，这种现象表明用户在选择不同商品或服务时转移成本可能较低。[2]夏皮罗（Shapiro）也根据市场垄断者频繁更迭的现象，指出锁定效应对用户的影响是有限的。[3]然而这是否意味由于平台经济的多归属性，用户就不会被平台生态系统锁定呢？其实不然，即便在形式上用户存在不承担金钱成本就进行转换的可能性，但平台生态系统的用户在转换使用或同时使用新平台时，仍然会面临以下两方面问题。

一是转换成本。平台用户在转向新平台时，需要承担一定损失，主要体现为学习成本及数据成本等。其中，学习成本是用户在转向新平台时，需要额外耗费时间、精力甚至金钱去学习和适应新的产品所产生的成本；[4]数据成本则是由于用户无法转移平台生态系统中数据而产生的损失，其也会对用户产生锁定效应。而且，用户所使用的平台生态系统服务越多，其在留存在生态系统内部的数据也越多，转换平台所需承担的成本也越高。这些成本并不会因用户多归属而消失，即便多归属用户不会真正失去其在原有平台留存的数据。但是当其在使用其他平台服务时，仍会因

① Obear J., Move Last and Take Things: Facebook and Predatory Copying, *Columbia Business Law Review*, Vol.2018:3, (2019), p.994-1059.

② Rysman M.,Competition between Networks: A Study of the Market for Yellow Pages, *Review of Economic Studies*, Vol.71:2, (2004), p.483-512.

③ Shapiro Carl, Exclusivity in network industries, *George Mason Law Review*, Vol.7:3, (1998), p.673-683.

④ Spulber D F., Unlocking Technology: Antitrust and Innovation, *Journal of Competition Law and Economics*, Vol.4:4, (2008), p.915-966

数据无法转移和共享，不得不承担原有平台上的数据使用对价和付出因使用新的平台而必须分担的数据成本。

二是用户黏性。用户黏性的形成主要基于用户的行为惯性。特别是多元生态系统能够在全商品或服务类平台生态系统不断完善的场景下，为人们提供衣食住行全方位的商品和服务，其在给用户带来极大的便利的同时，也使用户对平台生态形成强烈的依赖。此时，即便存在其他能够替代该平台核心业务的替代品，对用户而言，也无法真正形成有效的需求替代。①尤其是平台基于用户数据，通过相关算法为用户提供的个性化定制商品，会增强用户黏性，进一步强化平台对多边市场上的锁定效果。②

当然，锁定效应并不意味着用户一旦选择了使用平台生态系统就不会发生转移，只是转换成本和用户黏性会在很大程度上削弱用户进行切换的动力和能力。斯宾塞·韦伯·沃勒（Spencer Weber Waller）指出在网络效应和用户黏性的影响下，脸书很可能基于对用户的锁定而掌握市场力量，即便脸书在社交网络平台市场尚不具有市场支配地位，但是其足以对既有的脸书用户形成"支配"。③可见，即便平台尚未形成"生态型垄断"，也很可能会由于转换成本和用户黏性的作用，形成对用户近乎于"支配"的锁定效果。

3."数据+算法"优势在多元市场形成交互传导

平台生态系统的"数据+算法"双轮驱动机制，使其在数据和算法方面具有的优势得以相互传导，并在交互传导过程中得到不断的巩固和强化。基于"平台生态系统"模式的流通与共享体系，其不仅能在跨界竞争中扩大经营范围，节约运营成本，实现利润最大化，还能形成传导效应，将平台在原有领域的优势传导至相邻市场。譬如，平台核心业务用户数量和数据的积累优势基础以及云服务器等硬件基础。在网络效应的加持下，传导效应亦形成交叉传导而非单向传导，生态系统扩张中相邻市场的商品服务也可以反过来为平台核心业务带来新的用户和数据。

传导理论（leveragetheory）也称"杠杆理论"，一般指垄断企业能够利用在该领域相关市场上的支配地位，来获得该领域其他市场或者是另一

---

① Spencer Weber Waller, Antitrust and Social Networking, *North Carolina Law Review*, Vol.90:5, (2012), p.1771-1804.

② Katz Michael L., Multisided Platforms, Big Data, and a Little Antitrust Policy, *Review of Industrial Organization*, Vol.54:4, (2019), p.695-716.

③ Spencer Weber Waller, Antitrust and Social Networking, *North Carolina Law Review*, Vol.90:5, (2012), p.1771-1804.

领域其他市场的支配力量。在生态系统独特的运行规律下，平台在数据或者算法方面具有的优势并不是一种单向的传导，而是一种多向交互式的传导。通过算法优化配置和数据资源的交互共享，不仅使平台生态系统能够获取多样化的海量数据，而且还可以将数据多样性以及算法高效性优势传导至生态系统组件部分所涉及的市场领域。当生态系统的组件凭借优势成功在该领域获得一定市场地位时，又可提供更多的数据反哺平台生态系统。

同时，平台生态系统的算法优越性也往往是传统单一化平台所难以企及的。生态系统的交互传导机制，使得各组件能够充分发挥生态系统整体所拥有的数据和算法的优势，并在直接和间接网络效应的作用下，凭借数据算法的交互传导优势，不断扩张平台"生态版图"，从规模经济和范围经济中获益。不仅如此，与传统单一化平台相比，生态系统的传导效应会因数据与算法的在生态系统中的共享和交互显得更加显著的优势。在进行跨界竞争时，生态系统能够将其所拥有的数据和算法等优势迅速传导到其他市场，在新的市场上形成"数据+算法"的双轮驱动，吸引更多新的数据，持续优化算法，扩张并巩固平台的生态系统，推动平台发展壮大。具言之，数据的价值取决于数量、种类和速度，[①]而平台积累的数据数量和种类，在应用过程中不会发生损耗。平台的算法也可用于处理新领域的数据。因此，即便是在新市场，平台也能够将其在数据和算法等方面的优势近乎零损耗地传导到新的市场领域。

可见，平台能够基于传导效应，将其在数据与算法等方面具有的优势迅速传导到其他市场。这种传达并非仅将其原有市场的垄断力量传导到新领域，而是通过数据与算法等累积的显著优势，在新市场中形成平台发展和创新的驱动力，迅速提升其在新领域的市场力量和市场地位形成第二轮垄断乃至多轮垄断，加速推进平台在新领域的发展。

综上，平台生态系统在动态扩张过程中，会在"数据+算法"的驱动下形成多轮、多向交互，向各市场传导数据与算法优势，不断强化对各端用户的锁定，利用重合的用户群体进行"包络"，激发需求端价值性协同产生，从而实现需求端范围经济，并通过用户数据资源的积极共享与深度使用，实现全系统协同，最终完成竞争优势构建。生态系统之间的组件相互捆绑，用户在网络效应的交互过程中不断叠加，使得越来越多的用户选

---

① Allen P. Grunes, Maurice E. Stucke, No Mistake about It: The Important Role of Antitrust in the Era of Big Data, https://ssrn.com/abstract=2600051, Last visit: February 10, 2023.

择使用生态系统内部的商品服务。系统围绕消费者的多样化需求形成"包络"，使得用户仅通过使用一个平台即可满足大部分甚至全部的需求。此时，用户将被"锁定"在生态系统中，平台生态系统也由此引发了不断强化其市场力量和支配范围的"生态型垄断"。

（二）平台生态型垄断带来的风险

1. 生态系统扩张引发市场集中风险

平台生态系统在发展过程中，会通过收购、合并等方式吸纳其他领域的商品服务，由此实现对生态系统的扩张。此过程不仅是其实施经营者集中的过程，同时也是对数据以及技术聚合的过程。因为平台生态系统不仅能够取得对其他经营者的控制权，同时还汇聚大量用户数据以及先进的技术，由此实现生产要素的大量聚集，并会引发以下两方面风险。

一是使市场过度集中，呈现出中心化和结构化样态。生态型垄断是一种将垄断力量通过数据和算法不断传导至其他领域的过程，生态型垄断一旦形成，将会导致在多个领域内市场上出现垄断威胁。并且，这些市场皆处于一个主导平台的控制之下。与传统的垄断相比，生态型垄断对市场结构的影响更加深远，影响范围也更广。

二是形成过高的市场壁垒。"生态型垄断"会使各类要素不断向主导平台汇聚，不仅会导致市场过度集中，还会形成较高的市场壁垒，阻碍新创企业进入市场。[①]虽然在平台经济场域下，新企业的研发、生产等软硬件成本不高，但由于头部优势平台拥有大量数据、算法及资本，新企业的生存难度极高，难以真正有效进入市场。尤其在缺少初始用户的情况下，新企业无法获得足够数据和资本支持，极易被市场淘汰。譬如，在英国竞争和市场管理局在 2020 年发布的报告中，强调了用户数据对于社交平台提高"新闻订阅源"和定制个性化广告具有至关重要的作用，然而新企业对用户数据处理缺乏经验，难以建设高质量社交平台，可能无法有效地进入市场。[②]

可见，新的平台企业难以获得与平台生态系统抗衡的数据和算法。这将导致新进企业真正有效地进入市场存在一定困难。市场结构在经历中心化后逐步趋于固化，对市场竞争秩序造成严重的负面影响。而有效竞争

---

① See David S. Evans, The Antitrust Economics of Multi-sided Platform Markets, *Yale Journal on Regulation*, Vol.20:2, (2003), p.325-382.

② Filippo Maria Lancieri, Facebook's Enduring Control Over Social Media Markets, PROMARKET (14 February 2020), https://promarket.org/facebooks-enduring-control-over-social-media-markets/, Last vist: February 10, 2023.

约束的匮乏，将导致市场丧失应有的竞争活力，以头部平台为中心的生态系统将可能丧失进一步提升商品质量或降低价格的动力，进而导致市场失去应有的"竞争红利"。

2. 平台双重身份引发反竞争风险

在平台生态系统中，主导平台往往具有双重身份，其既是"管理者"又是"经营者"。双重身份可以使主导平台更好地掌控生态系统的运作，但同时也可能会损害生态系统的开放性。平台作为"经营者"时，其根本目的在于实现利润最大化，因此可能会利用其作为"管理者"的权力，对竞争对手实施不正当的干预行为。

一方面，主导平台的"经营者"因其身份很难保持中立。主导平台在凭借关联业务向其他领域跨界经营的过程中，可能会基于私利实施反竞争行为限制竞争对手。由于平台生态系统拥有大量用户和海量数据资源，其可通过封锁、屏蔽等行为阻止竞争对手访问数据或排除竞争对手获得类似数据的机会，以阻碍竞争对手的发展。[1]例如，当推特（Twitter）推出与脸书竞争的短视频应用程序 Vine 时，脸书阻止了推特访问其某些功能。[2]

另一方面，主导平台的"管理者"身份使其成了生态系统的规则制定者。平台生态系统内部的其他经营者须遵守其制定的规则，而这些规制往往是基于主导平台的利益制定，可能会牺牲平台内其他经营者的利益。例如，曾有多家亚马逊平台内的商家投诉亚马逊平台"公平定价政策"（fair pricing policy）。该政策使亚马逊平台能够对在线市场上以较低价格提供商品的卖方施加"制裁"。[3]且由于平台生态系统拥有大量用户，在间接网络效应的作用下，其他经营者往往会为谋取交易机会加入平台，由此被牢牢"锁定"在平台生态系统内。在这一过程中，平台生态系统对其他经营者的支配范围也在不断扩张，主导平台可凭借其管理者身份对平台内的经营者施加限制，甚至能够排除和限制竞争。

---

① Allen P. Grunes, Maurice E. Stucke, No Mistake about It: The Important Role of Antitrust in the Era of Big Data, SSRN (28 April 2015), https://ssrn.com/abstract=2600051, Last vist: February 10, 2023.

② Filippo Maria Lancieri, How US Regulators Allowed Google and Facebook to Become Dominant, PROMARKET (18 March 2020), https://promarket.org/2020/03/18/how-us-regulators-allowed-google-and-facebook-to-become-dominant/, Last vist: February 10, 2023.

③ See CPI, DC Attorney General Sues Amazon On Antitrust Grounds, Competition Policy International (5 July 2021), https://www.competitionpolicyinternational.com/dc-attorney-general-sues-amazon-on-antitrust-grounds/, Last visist: February 10, 2023.

3. 生产要素聚集和竞争约束缺乏引发抑制创新风险

平台生态型垄断的形成将可能对生态系统内部和外部的经营者创新产生抑制效果。

首先，平台生态型垄断会抑制生态系统外部的创新，即在平台生态型垄断下，其他竞争者因市场结构、竞争行为干涉等两方面外部原因难以开展有效创新。其一，由于数据、资本等要素会不断向平台生态系统聚集，限制了其他经营者获得进行创新的必要资源，致使这些经营者难以获取用于创新研发的充足数据和资金。其二，平台生态系统在扩张过程中会实施收购和合并行为，以消除创新型平台对其产生的威胁。伊安尼斯·利亚诺斯（Ioannis Lianos）指出，当前"杀手式收购"行为是平台为了获取更加先进的算法和不同种类的数据而对初创企业进行的收购，其将潜在的"颠覆式创新"扼杀在摇篮之中。①

其次，平台生态型垄断也会抑制生态系统内部的创新。当平台生态型垄断形成时，由于市场缺乏有效的竞争约束，平台生态系统在不通过创新维持竞争优势的情形下，亦能获得大量利润。同时，生态系统内的其他合作企业，由于受作为"管理者"的主导平台管控，其创新活动往往会受到限制。一旦主导平台发现其创新活动可能对平台生态系统产生威胁，将会采取行动对该企业进行惩罚；即便有企业成功进行了创新研发，其成果也极有可能被主导平台吞并甚至被窃取。

4. 数据大量采集和使用引发数据安全风险

数据是驱动平台生态系统运作的关键要素，但利用与保护本是一对矛盾概念。平台生态系统对用户数据的大规模采集和不受约束地使用用户数据，必然会引发数据安全风险。

一方面，平台生态系统会采集大量消费者用户数据。数据不仅是实现生态系统运作的主要驱动力，同时也是其获取竞争力的关键要素。因此，平台生态系统为实现或维持"生态型垄断"，可能会过度采集消费者用户的数据。尤其是当消费者用户对平台生态系统形成依赖时，生态系统将能够通过多元化多场景化的商品服务，采集不同消费者用户群体的数据，实现对消费者用户个人信息全方位的深度挖掘。被采集的用户信息往往包含了大量的个人隐私，大规模的采集产生了巨大的数据安全隐患，且这种安全隐患的程度会随着消费者用户隐私数据的数量而提升。一旦平台

---

① Ioannis Lianos, The Future of Competition Policy in Europe - Some Reflections on the Interaction Between Industrial Policy and Competition Law, SSRN (5 July 2021), https://papers.ssrn.com/sol3/papers.cfm?abstract_id=3383954, Last visit: February 10, 2023.

生态系统服务器出现安全漏洞或系统防火墙被攻破，将会发生重大数据安全事故，直接导致大量的消费者用户隐私泄露，对用户产生不可逆的损害。

另一方面，平台生态系统的开放性增加了数据泄露的风险。因为平台生态系统会共享其所收集的消费者数据，并将有价值的数据，按需配置到各个组件中。随着数据主体的增多，发生数据安全事故的风险也就越大。尤其当平台生态型垄断形成时，生态系统内部会存在大量的第三方合作企业，这些合作企业并非直接受主导平台管控。生态系统内部的第三方合作企业越多，其发生不可控的数据安全事故的可能性也越大。一旦第三方合作企业基于私利擅自出售数据，或利用平台 API 接口爬取数据，将直接导致大量消费者用户数据流失，对消费者隐私权益造成严重侵害。譬如，脸书超过 5000 万的用户数据被一家名为"剑桥分析"（Cambridge Analytics）的公司泄露。①

5. 算法技术滥用引发算法歧视风险

算法技术滥用引发的算法歧视问题已经引起了人们的关注。②当"生态型垄断"形成时，算法歧视产生的危害将更加严重。具有歧视性的算法技术可能被广泛运用到生态系统中的各个组件，从而导致多维度、多群体、多场景的算法歧视，若不重视，将可能对消费者福利产生不可逆的损害。

首先，在生态型垄断下，平台对歧视性算法的运用会加大对消费者用户的"剥削"。平台已积累海量数据和优质算法，平台运用算法能够清晰掌握消费者的实际需求，甚至能够精确到每个人对特定商品的需求。平台为实现利润最大化，可能会采用价格歧视等手段，基于消费者个体特征制定个性化价格策略，导致消费者剩余减少。一旦"生态型垄断"形成，消费者用户将受到转换成本、用户黏性等锁定效应在反馈回路中效果不断增强影响。即使用户对歧视性算法的"剥削"不满，往往也会因平台的锁定效应，或市场内已经没有同等质量的替代性选择，而不得不继续使用原有平台。

其次，算法歧视对其他经营者带来负面影响。主导平台会对影响其利益实现的平台施加歧视性的限制。这种歧视不仅可能会影响生态系统内部的经营者，同时还可能会影响生态系统外部的经营者。对于平台内部的

---

① 朱传戈、董菁：《美国 5000 万社媒用户数据失窃》，http://industry.people.com.cn/n1/2018/0319/c413883-29874858.html，最后访问日期：2023 年 2 月 12 日。

② 华劼：《自动版权执法下算法合理使用的必要性及推进》，《知识产权》2021 年第 4 期。

经营者，当主导平台打算开发新领域的服务时，其可能会通过算法，对涉及该领域的平台系统内部的其他经营者进行一定的限制。例如，通过算法定位歧视对象，随后在算法对资源进行配置时，对限制对象的资源分配施加限制，或是在原先规定的基础上调高门槛。在"生态型垄断"的情况下，平台生态系统是内部经营者获取交易机会的重要渠道。这使得内部经营者即便受到歧视，往往也只能默默接受。对于平台外部的经营者，主导平台则会基于自身利益对算法设置一定的条件或者运行机制，对可能对其平台生态系统构成竞争威胁的企业进行封锁或者屏蔽。例如，腾讯通过微信和 QQ 限制用户分享来自抖音的内容，抖音认为该行为构成了《反垄断法》所禁止的"滥用市场支配地位，排除、限制竞争的垄断行为"。①

四、规制平台生态型垄断的策略

在"数据+算法"双轮驱动下，平台生态系统的市场力量会不断积累，并在市场机制以及网络效应等作用下不断放大，最终将可能使平台生态系统逐渐演变成由单一市场的垄断，传导至相邻市场形成第二轮乃至多轮的生态型垄断。一旦平台生态型垄断形成，其对于市场竞争以及市场内多主体带来的风险是多方面的，将可能产生难以挽回的实质性损害后果。因此，基于系统观念把握平台生态系统运行规律，分析其生态型垄断的形成机理，需对现行竞争法治理体系予以更新，对数据与算法要素及其双轮驱动模式进行多维治理，避免平台生态系统趋于垄断无序扩张。同时，生态系统中包括消费者以及经营者在内的多元主体应积极配合，实现多元共治，以真正促进和维系平台生态的健康有序发展。

（一）完善平台生态型垄断的法律识别与认定方法

平台生态系统基于"数据+算法"双轮驱动，实现多种非竞争性商品服务的联动式运行和发展，颠覆了传统竞争法相关市场的识别与认定方法。根据现行《反垄断法》，相关市场的界定是由具有替代性的商品或服务组成的。新《反垄断法》第十五条指出"相关市场是指经营者在一定时期内就特定商品或者服务进行竞争的商品范围和地域范围。"在分析生态系统是否具有支配地位时，仅能界定生态系统主导平台或关联业务所在领域的市场力量，容易低估平台生态系统整体具有的力量。因此，需基于平台生态系统的特性以及发展趋势，对现有的竞争法识别方法进行优化。

---

① 中国新闻网：《字节跳动与腾讯"宣战"，巨头"火拼"谁能赢？》，http://www.chinanews.com/cj/2021/02-03/9403174.shtml，最后访问日期：2023 年 2 月 12 日。

目前，我国正积极完善因应平台经济新发展的科学合理监管体系。2021 年 2 月 7 日，国务院反垄断委员会发布《关于平台经济领域的反垄断指南》（以下简称《指南》）。《指南》从平台经济特点及运行规律出发，对 2019 年 6 月 26 日国家市监总局发布的《禁止滥用市场支配地位行为暂行规定》第 11 条有关"认定互联网等新经济业态经营者具有市场支配地位"的规定进一步细化和调整，更加聚焦数据行为动态过程对平台市场力量评估的影响。譬如，《指南》第 11 条"市场支配地位的认定"第 1 项和第 2 项规定，判定平台是否具有市场支配地位，可以考虑"活跃用户数""点击量""使用时长""控制市场的能力"等。然而现有法律规定仍存在可操作性较弱、明确性不足等问题。这不仅使监管执法部门无法对平台生态型垄断进行精准规制，还可能"误伤"平台生态系统的正常运行，挫伤其发展的动力。

对此，可将当前平台多种非竞争性商品服务聚合形成的生态系统视为集群市场，并采用更直接评估市场力量的工具进行评估。有学者指出，平台生态系统形成的市场并不是因为各种商品服务之间的需求交叉弹性很高，而是因为聚合或联合提供经济模式中存在显著的客户便利和偏好，并且聚合难以复制。[1]在这种情况下，单纯通过界定相关市场、评估市场份额并不能量化生态系统具有的市场力量。若将具有差异化的商品纳入考量范围，则会扩大相关市场的范围，低估平台生态系统的市场力量。反之，若不将这些商品纳入考量范围，则有可能会高估平台的市场力量。因此，可采用更直接评估市场力量的工具进行评估。

若要实现对市场力量的直接评估，可采用更为直观的评估标准。具体评估标准可结合和参考《欧盟数字市场法》中对守门人的识别方式，即在分析评估市场力量时，对主导平台所涉及和支配领域的多方面因素进行整体评估，尤其是基于平台生态系统运行规律，对主导平台控制市场能力的评估，可将其平台生态系统的组件以及组件的关系考量在内。其中，用户黏性还可以通过分析生态系统多归属用户的数量以及使用时长进行评估。譬如，在国家市监总局对阿里巴巴"二选一"的行政处罚决定书中，充分考量了淘宝对上下游市场的控制力其所拥有的海量用户和数据，以及先进的算法等情况，[2]符合阿里巴巴生态系统纵向一体化的形态和"数

---

① Herbert Hovenkamp, Digital Cluster Markets, SSRN (5 July 2021), http://ssrn.com/abstract=3820062, Last visit: February 10, 2023.

② 国家市场监督管理总局：国家市场监督管理总局行政处罚决定书（国市监处〔2021〕28 号），http://www.samr.gov.cn/xw/zj/202104/P020210410285606356273.docx.

据+算法"双轮驱动的运行规律。

综上所述，市场支配地位识别标准的优化，需基于生态系统的运行样态以及运行规律进行具体界定。这不仅能够进一步细化和补充现有竞争法的规定，同时也能使竞争法有效识别平台生态系统所具有的市场力量，在"平台生态型垄断"成型前进行法律干预。

（二）强化数据动态安全和数据滥用风险的防范

针对平台生态系统的数据治理，应从两方面着手。一方面，应加强对数据安全风险的防范。通过对数据安全的保障，能够在一定程度上推动平台生态系统内数据的合法且合理使用，避免出现平台滥用优势地位强迫用户分享数据的情况。另一方面，应加强对滥用数据行为的监管，避免平台基于生态型垄断地位而实施的数据拒绝交易和限定交易等限制、排除竞争行为的发生。

1. 数据安全风险防范

目前，我国对数据安全问题的重视程度不断提升，《数据安全法》已于 2021 年 9 月 1 日正式施行。其多条规定均有助于加强对平台生态系统数据安全风险的防范。譬如，《数据安全法》第三条对"数据处理"和"数据安全"进行了定义，强调数据处理的动态性、数据的合法使用以及保持数据安全持续状态。这将有助于改变传统静态的监管模式。传统监管模式仅关注数据在某一时段、某一环节的静态安全，而生态系统中的数据是动态的，对应的数据安全应当是动态、持续、多环节，且须同时注重数据合法使用的情况。此外，《数据安全法》也强调对数据的分类分级保护。由生态系统运行规律可知，在生态系统内部运行的数据包括消费者用户数据、商家用户数据、系统本身的运行数据等多种类型。不同类型数据所需保护的程度也存在区别。分级分类的数据保护机制在加强对特定类型数据保护的同时，也能实现数据要素的有效流通和配置。

《数据安全法》也存在可操作性方面的问题。其一，《数据安全法》尚未明确数据分类分级的明细或分类标准，尤其是未明确"重要数据"的内涵。这在一定程度上会阻碍《数据安全法》的落实。其二，该法第三条虽然提及了数据的"合法利用"，但并未划分合法与非法利用之间的法律界限。这在一定程度上也会影响其可执行度。尤其是目前生态系统对消费者用户数据大量使用的情形中，平台通过格式条款强迫消费者用户同意其数据在生态系统内共享，虽然在形式上符合用户授权原则，但实质上可能已经侵犯了消费者的知情权和选择权。因此，有关法律还需进一步制定数据分类分级的方案，加强对数据动态保护程度的监管，同时需要明确数据合法使用的规范标准。此外，还需明确数据安全负责人和管理机构，落实责任，尤其是要锁定生态系统主导平台的责任。这是因为主导平台在生态数据生产链中既是直接受益者，也是生态系统数据的控制者。

2. 规制数据滥用

对于平台生态系统数据封锁或者屏蔽等滥用行为，国内学者多提出要适用必要设施原则，要求平台共享数据。①其出发点是合理的，但必要设施原则的适用以及实际影响，并不一定符合实际需要。虽然平台生态系统确实掌握了大量数据，同时也掌管着生态系统数据流通的关键渠道，但生态系统本身可能并不满足必要设施原则的适用条件。若强行适用可能会影响平台生态系统的运行，甚至威胁数据安全，得不偿失。对此，可区分以下两种情况。

第一，数据的获取。这可以适用《数据安全法》第十九条，实现数据价值市场化分配。当然，由于还存在为排除竞争而封锁数据的情况，因此这种方式不能彻底解决问题。对此可借鉴《欧盟数字市场法》，对具有相对优势地位的主导平台施加义务，例如要求其拒绝其他平台的数据接入需基于正当理由，否则不能拒绝交易。

第二，数据的传输。这可以通过设立数据的可移植性实现。通过赋予消费者用户数据可移植权，不仅能够强化消费者用户的选择权，同时也可以在一定程度上削弱平台生态系统数据成本对消费者用户形成的锁定效果。②

（三）建立算法解释权和算法场景化监管

实践中不乏利用算法技术实现不正当目的的行为。正如《数据安全法》第二十八条所指出的，开展数据处理活动以及研究开发数据新技术，应当有利于促进经济社会发展，增进人民福祉，符合社会公德和伦理。平台生态系统算法技术的开发与应用，也应当基于对生态系统优化配置，以及对消费者福利的增进，而非通过算法排斥竞争者，或是通过算法剥削消费者剩余。对此，需要借助一定的监管手段确保算法技术在生态系统中的运用能够走在正确的道路上，真正促进经济社会发展，增进人民福祉。

目前，监管算法的最大阻碍在于算法本身的秘密性，即"算法黑箱"，同时算法的功能可能会因具体场景发生变化，从而增加算法监管的难度。对此，可从以下两方面着手。

---

① 殷继国：《大数据市场反垄断规制的理论逻辑与基本路径》，《政治与法律》2019 第 10 期。

② 王珊珊、闫文军：《数据迁移权及其本土化路径研究》，《知识产权》2021 年第 2 期。

1. 确立算法可解释权

"算法黑箱"的隐喻表达了由于算法不透明而引发人类失去对决策过程控制这一风险的担忧。人类将影响自身权利义务的决策赋予了自己无从理解的黑盒子,这似乎意味着算法透明的困难乃至不可能。①不过,算法透明并非要求平台企业公开算法代码以实现"透明"。算法本身具有高度的技术性和专业性,并且算法本身涉及企业的核心竞争力,若要求完全公开算法的底层运算代码或者运算机制,不仅消费者、监管者难以理解,且还可能被竞争对手解析而丧失竞争力。对算法透明度的落实,应该通过算法解释权实现。算法解释权在 2018 年 5 月 25 日生效的《欧盟通用数据保护条例》中被明确下来,成为了一项实证化的权利。这一权利在欧盟范围内得到了广泛认可,并在各国通过政策标准予以具体化。由于算法存在难以理解(inscrutability)和非直觉性(non-intuitive)两大特点,平台需要对算法作出决策所依据的基本规则和标准进行阐述。譬如,当消费者用户要求外卖平台提供商品价格差异化的解释时,平台可公布导致算法定价差异化的因素,即外卖商品价格由配送距离和配送时段决定,而无须提供算法的实际运算过程。

在解释算法的基础上,监管部门还应核实算法解释与实际结果的一致性。因为不能排除存在平台提供虚假解释的情况,此时可通过算法沙盒技术,通过控制变量进行实际演算,对比理论结果和实际结果之间是否存在偏差。同时,也可以通过权利配置的方式,提高消费者个人以及经营者对抗生态系统算法滥用的情况,增加算法解释请求权,增加数据被遗忘权,同时赋予数据主体反对自动化决策的选择权,并建立和健全算法的归责和惩罚机制。

2. 建立算法的场景化监管

由于平台生态系统在应用算法技术时,存在多种场景,即便是相同的算法,由于不同场景所输入变量以及数据内容等均存在差异,算法所产生的结果可能截然不同。因此,建立算法的场景化监管意义重大,需对算法技术以及算法技术应用的具体场景进行分类和分级监管。例如,当算法用于平台生态系统内部的优化资源配置时,若仅牵涉到平台生态系统内部的资源配置,且不涉及非平台旗下的其他经营者,此时存在的算法滥用风险较小;但当算法在进行资源配置时,同时涉及主导平台旗下和其他平台内经营者时,则属于高风险场景,需要重点监管。

---

① 汪庆华:《算法透明的多重维度和算法问责》,《比较法研究》2020 年第 6 期。

在具体监管方案方面，2020 年《欧盟人工智能白皮书》就明确提出应当在应用场景、部署目的、安全保护、消费者利益和基本权利五个维度建立基于风险的五级监管体系，清晰区分各类人工智能应用的评估标准，实施差异化监管。①对平台算法的监管不能是单一化地监管，而是需要区分具体的场景，尤其是算法在关键环节中的情形（例如购物场景，以及社交平台的信息过滤场景），避免以过滤不良信息之说辞，实排除竞争之实，应采用场景治理和精准治理的思路，以影响主体、影响范围、影响程度为基础，建立基于影响维度的评估指标体系。在影响维度指标的设定过程中，各国立法者还嵌入了算法治理实践所要维护的社会核心价值。围绕透明度、合法性、公平和公正等核心价值，应建立基于算法问责制维度的评估指标体系。

除借鉴上述制度外，还可进一步优化针对算法的监管思路。在平台生态系统中，由于实时且大量的数据"喂养"，算法是不断动态变化的。因此，亟须开发和尝试新的思路，合理设定监管阈值，在科技创新与风险控制之间寻求良好的平衡。应设置"事前+事中+事后"全周期的智能监管体系，同时要加强对算法的问责机制，并明确算法黑名单，要求企业在设置算法时避免出现歧视，设置一定的补救机制以及处罚机制。此外，在监管策略和技术上，由于人力监管难以应对算法高度动态化，可以通过以算法监管算法，通过算法技术收集平台生态系统在高风险场景中的决策情况，识别算法是否存在违规情况。

（四）构建平台生态系统内外圈层的多元协同共治

系统观念要求从事物的总体与全局上、从要素的联系与结合上，研究事物的运动与发展，找出规律、建立秩序，实现整个系统的优化。"数据+算法"双轮驱动的生态系统运行过程中，涉及平台、平台内经营者以及消费者等多方主体。因此，治理平台"生态型垄断"不仅需要政府有为，还需充分保障平台、消费者用户等多元主体积极参与平台治理，构建多主体、多维度、多层级、多场域、多价值、多要素的多元共治理念与模式，结合平台生态系统运行规律，探索建立平台生态系统内外双圈层的治理格局。

平台生态系统内部圈层包含主导平台及其旗下业务，消费者以及平台内商家等主体。

---

① 张欣：《算法影响评估制度的构建机理与中国方案》，《法商研究》2021 年第 2 期。

1. 主导平台

平台生态系统中的主导平台兼具企业与市场二重性，其作为管理者在管理平台事务时，可能会基于自身利益需要损害平台内用户的利益。因此平台自治非常关键，平台只有能够自治，才能够为平台竞争合规提供保障。与此同时，由于主导平台掌控着平台生态系统的数据和算法，主导平台若要避免数据安全风险，需加强对包括《数据安全法》在内的相关法律的合规审查，应在平台生态系统内构建数据的分类分级管理制度，同时强化对数据安全传输流动过程中技术防护措施，定期进行风险评估，并建立数据安全风险应急预案。对于生态系统算法技术，主导平台应当定期对平台内算法进行自检，区分场景评估算法技术存在的违规风险点，避免算法在自学习过程中纳入的要素触犯相关法律。同时，主导平台作为生态规制的制定者，其有义务确保制定的平台生态规则不会扭曲平台内部的市场竞争，在缺乏合理的客观效率理由的情况下，其不能利用规则制定权影响和扭曲平台内商家之间的竞争，以及剥削性占有商家或第三方合作商的正当利益。[①]

2. 商家

对于商家而言，其可能受到主导平台的不正当干预，或遭受"数据霸权"减损商家利益。对此，亟待进一步明确生态系统的"管理者"应当承担的责任和义务清单，使平台生态系统内的合作经营者在受到不正当限制时，向有关部门进行申诉有理可据、有章可循。

3. 消费者

对于消费者而言，行政机关应当积极组织开展消费者数据安全等教育活动，提高消费者自身的保护意识和维权意识。由于消费者本身力量薄弱，因此还需进一步畅通消费者投诉举报机制，完善消费者公益诉讼制度，并参照《数据安全法》第十二条的规定，为举报和投诉的人提供一定的保障，使消费者能够消除后顾之忧，对平台生态系统违法行为形成有效的监督和威慑。

平台生态系统外部圈层包含执法、司法部门以及社会组织等治理主体。对于国家主体而言，其监管的重点在于防范平台生态系统对市场竞争者以及经营者、消费者等主体产生威胁。然而当前平台经济反垄断的执法和司法面临专业性较强、工作量较大等问题，在人员配置及执法资源分配方面存在不平衡、不充分的问题，因此在执法、司法过程存在相当的难

---

① 唐要家：《数字平台的经济属性与监管政策体系研究》，《经济纵横》2021年第4期。

度。为此需要进一步加强对相关执法、司法工作人员培训，引入更多具有专业技术知识的人员，为执法、司法工作提供技术指导。

此外，相关组织也是平台生态系统的外部治理主体。正如《数据安全法》第十条所规定的，相关行业组织按照章程，依法制定数据安全行为规范和团体标准，加强行业自律。因此，亟待增强社会组织对平台治理的参与。在缺乏明确法律依据时，可以鼓励行业协会等社会组织发挥正向自律管理职能，通过制定行业规范维护市场公平竞争秩序，尤其是针对平台生态系统数据的采集和使用等多环节的规范，以及算法技术应用的行为规范，切实保护消费者合法权益。

平台生态系统的出现并非偶然，是基于平台经济以及市场运行机制选择的结果。原有基于资本聚集和前期流量吸引的平台发展模式难以突破发展瓶颈，而基于"数据+算法"双轮驱动的平台生态系统，能够实现对多样化数据的汇集，同时满足消费者用户的多样化需求，实现对消费者数据和注意力的深度挖掘，围绕消费者需求打造可持续发展的平台生态圈，实现范围经济。但在网络效应形成的反馈回路、用户锁定效应以及传导效应等作用下，平台生态系统能够凭借数据和算法优势获取竞争优势，以及其"管理者"和"生产者"的双重身份的相对优势，使其能够获取对市场的支配力，并能够将其支配力传导至多个市场，最终形成"生态型垄断"。

为有效规制平台生态型垄断，须基于平台生态系统整体的运行规律，对驱动平台生态系统发展，也是催化其向"生态型垄断"演化要素的数据与算法双管齐下，并对现有的竞争法规定进行更新，强化对生态系统支配力量的识别。此外，基于平台生态系统运作的形态，可通过平台生态系统内外双圈层多元主体治理模式，实现对平台生态系统全方位监管。但是在加强对平台生态型垄断的预防和监管过程中，需要把握干预的力度，避免矫枉过正。因为结合平台生态系统的运行机制可知，平台生态系统通过数据与算法驱动，将多样化商品服务聚集，形成生态系统，不仅能够提高系统整体和各个组件的运作效率，同时也为其他经营者提供大量的交易机会，满足了消费者多样化需求，提升其服务体验。

鉴于此，在规制过程中，要纠正"大即是坏"的思维定式，正确认识平台生态系统健康发展与促进平台经济发展目标实现的一致性与协同性，有效监管和科学执法的目的不在于限制平台生态系统的创新发展，而是要避免其陷入生态型垄断的"发展陷阱"。堕入这一陷阱后平台自身的创新动能将会得到抑制，看似一段时间内平台利益的稳定增长，事实上是以牺牲整个行业长远创新利益的增长为代价的，最终亦会使在位平台企业的创新利益因无法持续而不得不减损。同时，为保障平台生态系统的正相关性的有效发挥，相关执法部门应谨慎采用拆分等结构性手段影响平台生态系统结构优势，或者不分场景地强调数据安全，而过度提高用户数据采集的门槛，从而抑制平台生态系统基于数据有效供给的优化，这客观上将导致平台生态系统持续健康地运行。《数据安全法》第七条明确提出，国家保护个人、组织与数据有关的权益，鼓励数据依法合理有效利用，保障数据依法有序自由流动，促进以数据为关键要素的数字经济发展。最后，需要明确指出的是，"科学规制平台生态型垄断的现实风险和潜在危害，保障市场公平竞争、维护经营者和消费者的合法权益"与"维护和优化平台生态系统运行"之间并不矛盾，在这一过程中通过增进数据与算法的合法合规利用，能实现市场竞争效益的增进，激励平台企业高水平创新发展，最终有利于消费者长期福利的增进，实现平台经济领域多元主体利益共赢。

第四节 因应超级平台对反垄断法规制的挑战①

随着全球数字经济的持续高速增长，以互联网为依托的线上线下的市场要素和市场力量不断集聚，超级平台从市场要素发展为要素与市场的联合体。在互联网市场动态竞争的场景下，现行反垄断法规制的目标、逻辑及方法正面临巨大挑战。建议引入多元利益动态平衡机制，更新反垄断法规制理念，关注互联网市场生态竞争系统的健康运行，主张对超级平台施行"强监管、早监管、长监管"的规制模式，探索建立审慎科学的"预防＋事中事后＋持续"的规制逻辑，革新假定垄断者测试方法（SSNIP）和临界损失分析方法（CLA），结合小幅度但是重要的非临时性质量下降的假定垄断者测试（SSNDQ）和小而显著的非临时性成本上涨的假定垄断者测试（SSNIC），强调非价格因素和用户体验在超级平台反垄断法适用时的实际价值和作用。与此同时，激励超级平台自身建立和完善开放型生态竞争系统，积极主动参与由政府主导的反垄断合作规制项目，培育和提升超级平台的自治能力和社会责任。在此过程中，应总体抱持对超级平台包容审慎的规制态度，既要持续激励超级平台的竞争动能与效能，也要防

---

① 本节参见陈兵：《因应超级平台对反垄断法规制的挑战》，《法学》2020年第2期。

治超级平台走向竞争固化所带来的弊病，最终实现互联网市场上开放型生态竞争系统的稳定运行。作为新兴科技产业与新兴经济业态的典型代表，超级平台还需特别关注竞争规制与产业促进之间的互动，以增进整体经济的高质量发展。

一、问题提出

平台（经济）并非一种全新的商业存在（模式），其在诸多熟悉的产业，如信用卡、购物中心、媒体广告、电力与通信等行业中一直扮演着重要角色，是一种现实或虚拟空间，该空间可导致或促成双方或多方客户之间的交易。近年来在"互联网+"行动计划的推动下，信息通信技术和数字数据技术大量商用和广泛民用将平台经济的发展推向了新高潮。互联网使平台摆脱了物理条件的束缚，借助大数据、算法等新兴技术得以迅速发展。研究显示，依托互联网、物联网及大数据技术和设施的各类平台在全球主要国家和地区的发展已呈现高度聚集化，互联网场景下的平台经济体或曰多边平台（Multi-side Platform）已现端倪。[1]该类平台聚合体（Platform Group）可被描述为：通过线上线下要素和资源的积聚，依凭数字数据技术和商业模式创新自成生态竞争系统（Eco-competition System），借助对用户海量数据的收集、整理、分析及运营反哺自身发展，实现同行业与跨行业联合或集中的实质控制，以增强和巩固其市场力量的多边平台构造，呈现多边整体性、系统生态性、超算智能性等特征。[2]美国的微软、亚马逊、奈飞及谷歌，中国的百度、阿里、腾讯等具有高度市场影响力和市场统合力的互联网场景下的市场全功能经营者均可认为是该类平台经济体的领军者。为行文方便，本文将使用"超级平台"（Super

---

[1] 阿里研究院在 2017 年 1 月 7 日发布的《数字经济 2.0 报告——告别公司，拥抱平台》中使用了"平台经济体"概念，指出平台经济体是"基于数字技术、由数据驱动、平台支撑、并由高度协同的经济活动单元所构成"，且不再局限于互联网企业。据统计，在 2016 年发展历程仅有二十年左右的平台经济体市值已经超过发展近百年的传统跨国公司。（参见阿里研究院：《数字经济 2.0 报告——告别公司，拥抱平台》，载搜狐网 2017 年 1 月 8 日，https://www.sohu.com/a/123707582_505891）对于多边平台的描述多见于美国和欧盟的竞争法文献，其基本内涵和主要构成与平台经济体相似，典型特征都是基于数字驱动和平台支持的跨多边市场经营与资源整合、数据共享等。

[2] 有关超级平台的描述，有的文献使用了"新兴互联网平台"这一概念，以区别于传统一般平台，认为平台概念古已有之，从传统集市到大型商城，从婚介所到房产中介，从游戏平台到操作系统。然而新兴互联网平台通过设立平台规则，降低了客户间的交易成本，维持了平台内的交易秩序，是一种新型市场组织，该组织是基于数据和算法提供信息服务或内容服务的在线持证平台，构成了数字经济生态系统的关键环节，其超算能力和生态系统是典型特征。具体论述，参见王磊、马源：《新兴互联网平台的"设施"属性辨析及其监管取向》，载微信公众号"国宏高端智库"2019 年 8 月 12 日。

Platform）来统一表达"平台经济体""多边平台"或"平台聚合体"的形式和内容。

超级平台中心组织的运营规模和经济体量相对较小，呈现高度聚合样态，同时基于动态竞争的特征，其经营活动辐射面宽广，体现出去结构化与强组织化叠加的特征。该类平台使社会资源得以重新分配，在弱化"科层化"和"集中化"的同时，随着超级平台的逐渐成形，各类资源又呈现出更甚于以往的聚集，"强中心化"发展趋势已现。①建立在数据流、资金流、物流等基础上的平台经济呈现出有形与无形的双重特点，其经济体量、市场影响力及行为控制力始终处于浮动状态，所涉及的市场边界模糊，表现为强烈的动态竞争特质，从而赋予了平台经营者不同于其他经营者的竞争优势，同时也使互联网市场竞争呈现愈发集中之势，这种过于集中的市场力量无形中加剧了滥用市场力的风险，极易放大"赢者通吃"的互联网场景下的竞争法则，若不加以适当监管则会使这种动态最终走向固态，形成并固化"顺者昌、逆者亡"的互联网市场结构，最终抑制动态竞争、损害科技创新、减损消费者利益。

更甚者，当前全球主要超级平台已突破了虚拟网络界限，将触角延伸至实体经济领域，互联网场景下的混业跨界经营已成常态。2019 年 2 月6 日德国联邦卡特尔局（FCO）就脸书滥用行为作出的裁定在很大程度上就是对现行反垄断规制理念及实施机制适用于超级平台时可能遇到问题的一次创新尝试，②但尚未彻底回答超级平台给反垄断规制体系及实施带来的挑战。鉴于此，有必要通过对国内外主要反垄断理论与实践的梳理，总结归纳超级平台对反垄断法规制带来的主要挑战，在此基础上结合我国现实之需，尽快建立包容审慎的适宜激励和规范超级平台发展的分级分类的开放型生态竞争法治系统。

二、主要国家和地区对超级平台疾速发展的响应

随着数字经济在全球的迅猛发展，主要国家和地区均出现了线上线下高度融合的超级平台，其竞争法学界和执法机构已就该类平台可能或已经引发的排除、限制竞争行为，损害消费者行为展开了研讨或调查。譬如，美国自芝加哥学派占据反垄断理论与实践主流地位以来始终主张效率

---

① 参见李安：《人工智能时代数据竞争行为的法律边界》，《科技与法律》2019 年第 1 期。

② See Peter Stauber, Facebook's Abuse Investigation in Gennany and Some Thoughts on Cooperation Between Antitrust and Data Protection Authorities, *Competition Policy International Antitrust Chronicle*, February. 2019, p.1-9.

优先，对市场力量愈发集中的超级平台持较为宽松的态度。然以亚马逊为代表的超级平台在实践中所展现出的具有垄断嫌疑的经营模式引发了学界和实务界对传统理论的反思。欧盟市场上虽然较少有超级平台的出现，但是近年来的案例显示欧盟市场的竞争始终在遭受来自美国超级平台的冲击，故其率先出台被称作"数据保护宪章"的《通用数据保护条例》（GDPR），而专门规制平台经营者行为的立法草案也在酝酿之中。我国自"人人诉百度案""奇虎诉腾讯案"以来，尽管对互联网平台企业或双边市场相关法律问题的研讨逐渐丰富，但对规制由超级平台引发的限制、排除竞争行为的系统性研究成果鲜见，亟待补强。

（一）超级平台动摇了美国反垄断理论的基石

美国很早就开始了对平台企业反竞争行为的讨论，最初的研究（可追溯到 2000 年左右）主要集中在经济学领域。经济学家罗切特（Rochet）和蒂罗尔（Tirole）率先展开了对平台经济的研究，[①]大卫•埃文斯（David S. Evans）[②]等学者紧随其后，探讨了平台企业区别于传统企业的双边或多边运行模式，总结出平台具有的交叉网络外部性会导致进入壁垒，从而出现"赢者通吃"的局面，[③]由此引发人们对平台垄断问题的关注。虽然此后对平台垄断问题讨论的热度逐渐降低，但时至今日，因互联网全功能介入人类生活，物联网得以出现并迅速发展，超级平台逐渐形成，又促使人们开始对平台经济有了新的思考。大卫•埃文斯总结了互联网平台与传统平台区别的四个特征，并指出这四个特征将动态竞争引入了数字经济时代。[④]尽管其对互联网平台的垄断持怀疑态度，但概括的四个特征却可用来描述比平台企业更高阶的超级平台的基本状态。

经过多年的发展，美国主要互联网平台企业（如谷歌、微软、脸书

---

① See Jean-Charles Rochet, Jean Tirole, Platform Competition in Two-Sided Markets, *Journal of the European Economic Association*, Vol 1:4, (2003), p.990-1029.

② See David S. Evans, The Antitrust Economics of TWo-Sided Markets, *20 Yale Journal of Regulation*, Vol. 20, (2003), p.325-381.

③ 陈永伟：《平台反垄断问题再思考："企业—市场二重性"视角的分析》，《竞争政策研究》2018年第 5 期。平台的跨边网络外部性使平台可通过在一侧市场上着力来影响另一个市场，如网约车平台用对消费者的补贴增加用户数食从而可吸引更多司机使用。

④ 四个特征分别是：（1）基于互联网的创新浪潮撼动传统商业模式并为市场进入和竞争开辟新的通道；（2）在某一领域具有领导者地位的平台可同时在其他领域参与竞争；（3）平台更易遭受来自新进入者的冲击；（4）尽管不同平台往往专注于某一领域，但这些企业实际上都在争夺用户的注意并以此赢得广告商。See David S. Evans, "Why the Dynamics of Competition for Online Platforms Leads to Sleepless Nights But Not Sleepy Monopolies" (Dec. 3,2019), Available at SSRN , https://ssm.com/abstract=:3009438, Last visit: February 10, 2023.

等）在不断遭受（接受）各国和地区反垄断调查（审查）的过程中变得日益强大，更加关注线上线下跨行业的融合与集中，围绕这些平台巨头而形成的平台经济体不再仅追求赢取广告商的交易机会，已显示出抵御新进入者的能力，正发展成为具有强大统合能力、创新能力、引导能力的兼具市场主体和市场本体的超级经济体。这无疑对自芝加哥学派以来一直奉行效率主义或曰消费者福利至上的美国反垄断理论及实践带来了不容忽视的挑战，引发如下热议，一定程度上动摇了美国的反垄断法理基础。

热议一：构筑于信息和数字技术之上的超级平台是否会构成垄断威胁？

超级平台往往借助信息和数字技术的发展不断创新、优化用户体验，预测甚至引导用户行为来强化和固化超级平台的聚合力和传导力。大卫·埃文斯通过梳理 1995—2016 年间互联网平台的动态竞争情况得出的结论是，越成功的平台面临的挑战越大，虽然技术的发展会给互联网产业带来颠覆性改变，但是动态竞争始终保持着新进入者进入相关市场的可能性，如 Airbnb 平台的出现就给 Booking 及 Expedia 等旅游服务平台造成了意想不到的冲击，所以说，超级平台的垄断问题会随着创新自然而然地解决，无需过多的干预。然而以莉娜·汉（Lina Khan）为代表的新布兰代斯运动（NBM）倡导者将超级平台视为对美国当前反垄断理论的最大挑战之一。以电商巨头亚马逊为例，一方面，其也如普通互联网平台一样依赖于大数据、算法技术等与同行开展竞争；另一方面，其构建了自成一体的生态系统，借助线上获得的优势实现了对线下产业的实质性影响。以"亚马逊收购母婴产品企业 Quidsi 案"为例，起初 Quidsi 拒绝接受亚马逊的并购，但是亚马逊在采取更优定价外，借助自建的两日达物流体系免费为消费者提供配送服务，成功吸引了消费者流向自己，最终迫使 Quidsi 同意了收购。①由是可见，超级平台虽具备普通平台之特性，但已不能再将其与一般平台等同看待，超级平台将线上积累的力量延伸并成功传导至其他领域，特别是实现了对线下产业的进入和控制，其与其他平台的竞争已不再只局限于同一市场，还可利用在其他不相关市场的优势轻松战胜其他经营者，这是一般平台企业难以企及的。所以说，超级平台已超越了单纯依靠技术创新发展的阶段，其限制、排除竞争的风险及危害远远超过一般意义上的平台企业，有垄断威胁之嫌。

热议二：超级平台市场力量的高度集中是否必然损害竞争？

---

① See Lina M. Khan, Amazon's Antitrust Paradox, *Yale Law Journal*, Vol. 126:3, (2016), 710-805.

以美国司法部为代表的观点认为"大并不是坏",然此观点近年来正不断受到挑战。美国国内关于平台企业垄断问题的担忧大多源于超级平台市场力量的过度集中,对此司法部首席副助理检察长安德鲁·芬奇(Andrew Finch)在2018年12月的论坛上回应了人们对宽松反垄断执法态度造成集中问题的批判。他认为,第一,动态竞争是基于效率的;第二,网络外部性使消费者从这种集中中获利,市场上的竞争也许会减弱,但是对市场起到促进作用的竞争则得到了强化;第三,政府的过多干预反而会限制竞争、遏制创新。①因此,不必过分担心超级平台市场力量的集中问题,这种集中是市场优胜劣汰、留下更具效率企业的结果。此一回应并未完全得到认可,超级平台的存在已在实践中产生了反竞争效果。数据显示,在过去几年里超级平台企业的高度集中已经弱化了竞争,使企业降低了创新研发的投入。此外,新进入者的减少、市场活力的降低很可能是由于一些处于顶端的企业占据了大部分市场份额从而升高了市场进入壁垒。对个体影响而言,大多数消费者并未享受到应有之福利,企业所获利润也并非源自效率,而是来自强大的市场力量,即消费者承担了更高的定价。

热议三:消费者福利主义难以对超级平台进行竞争评价?

美国反垄断法采取的理论学说历经了由注重市场结构的哈佛学派向主张效率的芝加哥学派的转变,后者虽被称作消费者福利主义,但实际上是以价格或产出作为衡量是否损害竞争的标准,归根结底是将效率作为首要的考察因素。消费者福利主义在裁判中作为法律规则予以适用,对美国当代反垄断法体系产生了深远影响,实践中对效率的追求通常表现为对大企业的宽容,由此形成了美国当下宽松的反垄断规制局面。

如何对超级平台进行竞争评价,有学者认为,消费者福利主义已难以为继,亚马逊就是在遵循着反垄断法规则而从事着反竞争行为,其商业模式违背了消费者福利主义下对企业反竞争行为的认知。详言之,亚马逊依靠大量的激进投资,长期对消费者采用低价销售,这些行为如采用传统理论分析,消费者没有福利损失,企业也无理由长期亏损经营,所以反垄断法不应对此作过多干预,而事实是,亚马逊的目的在于扩大规模、积累用户,随着时间推移用户在平台间的转移成本也在不断增加,其在线上线下产业中所聚集的外部网络交叉效应不断增强。比如,成为亚马逊 Prime

---

① See Principal Deputy Assistant Attorney General Andrew Finch Delivered Keynote Address at Capitol Foram's Fifth Annual Tech, Media and Telecom Competition Conference (February 2, 2019), https://www.justice.gov/opa/speech/principal-deputy-assistant-attorney- general-andrew-finch-delivers-keynote-address-capitol ,Last visit: February 10, 2023.

会员不仅可享受线下两日送达服务，更能同时获得电子书等优惠套餐。初始亚马逊只收取每年 79 美元的会员费，随后费用调至 99 美元，即便如此，还是有95%的会员一边抱怨涨价行为，一边仍选择继续使用其服务即是佐证。

而且，消费者福利主义本身在实践中也难以适用，原因如下：一是"消费者"概念难以界定；二是消费者福利无统一的量化标准；三是超级平台海量数据交易带给消费者的损害难以再依据传统的经济学原理计算；四是消费者福利缺乏可预测性和客观性，如对刚起步的企业被排斥出市场的情形就无法证明消费者福利被损害。①于是，有不少美国学者分别主张调整反垄断法的适用基准，或是要求重新审视竞争过程与市场结构，②或是强调回归反垄断立法本意关注有效竞争，③或是重读以《谢尔曼法》为基础的反垄断法体系的政治内涵。④

可见，超级平台新型商业模式的创新适用已对传统的消费者福利主义提出了挑战。在外观形式上，此类经济体的经营活动完全符合消费者福利主义对竞争价值的设定，然在现实中，其却朝着反竞争的方向运动，这无疑对再读或重构美国反垄断法的基本理论提出了新要求。

（二）欧盟竞争法多元价值体系对平台经济体的回应

承前所述，近些年来欧盟的竞争法体系不断受到来自美国微软、谷歌、脸书等超级平台的挑战。比如，微软自 2004 年起被指控拒绝分享 Windows 系统操作信息构成垄断，2008 年又因 Office 软件兼容问题及浏览器搭售问题遭到两项指控，2016 年"微软收购领英案"与 2018 年审查通过的"微软收购 Github 案"又涉及数据并购和用户隐私问题。又如，遭到欧盟委员会审查的"谷歌比价案"（Google Shopping Case），其中涉及的平台中立性问题于 2017 年方才结案，⑤2018 年其又因在安卓系统中

① See Marshall Steinbaum, Maurice E. Stucke, The Effective Competition Standard: A New Standard for Antitrust (August 2, 2019), Available at SSRN, https://ssra.com/abstract=3293187, Last visit: February 10, 2023.

② See Lina M. Khan, Amazon's Antitrust Paradox, *Yale Law Journal*, Vol. 126:3, (2016), 710-805.

③ See Marshall Steinbaum and Maurice E. Stucke, The Effective Competition Standard: A New Standard for Antitrust (August 2, 2019), Available at SSRN, https://ssra.com/abstract=3293187, Last visit: February 10, 2023.

④ See Tim Wu, After Consumer Welfare, Now What? The Protection of Competition Standard in Practice, *Competition International Policy*, April 2018, p.1-12; Joseph V. Coniglio, Hayek as a New Brandeisian? The Need to Distinguish Theory from Practice in Hayekian Competition Policy, *Competition International Policy*, October. 2018, p.1-6.

⑤ See Zingales Nicolo, Google Shopping: Beware of Self-favoring in a World of Algorithmic Nudging, *Competition Policy International Europe Column*, February. 2018, p.1-6.

搭售浏览器被处以高额罚金。①再如，2019 年脸书因涉及滥用市场力被德国 FCO 处罚。这些案件不断挑战着欧盟及其主要成员国的竞争法体系，超级平台对竞争的损害直接促使欧盟多元价值体系的回归与升级，例如，对于数据并购、隐私保护方面的需求推动欧盟颁布了 GDPR，奠定了其对数字经济发展予以严格监管的基调，而不断涌现的案件正敦促其规范互联网平台企业专门法案的出台。

　　在竞争立法上，欧盟并未遵从单一的评判标准，而是强调多元价值的考量，其竞争法制定之初的首要目的就是维护欧盟（欧共体）的一体化，竞争政策需要服务于政治需求。②牛津大学教授阿里尔·扎拉奇（Ariel Ezrachi）也在时隔半个多世纪后认为，在数字经济下仍要将欧盟竞争政策的多元宗旨置于核心位置，即不仅要保护竞争者与消费者，更要注意市场结构和竞争环境，以此来维持欧盟的稳定，尽管消费者福利是首选因素，但其他因素同样重要，为此，其主要罗列了六方面的考量因素：一是消费者福利；二是有效竞争结构；三是效率与创新；四是公平；五是经济自由、多样性和民主；六是欧盟国家间特定的市场一体化等。这些考量因素在数字经济下被赋予了新内涵，以欧美都提到的消费者福利为例，首先，消费者应包含多边市场上所有参与经济活动的主体，包括生产者、零售商等；其次，很多商品与服务是免费提供的，故而不能再以价格因素为中心，相应的评判标准应改为商品或服务质量是否降低；再次，数字经济下对消费者福利的挑战主要集中在作为消费者的用户的信息追踪和隐私保护降级方面；最后，个人数据和先进算法的结合可能产生针对消费者的算法歧视问题。诸如此类的问题只是冰山的一角，更多的难题将伴随数字经济的发展继续显现。在分析这些问题时，阿里尔·扎拉奇教授反对芝加哥学派将促进消费者福利作为反垄断法唯一目标的主张，认为不应单纯运用经济学分析来否定竞争法的多元价值评判体系，欧盟应该采取更多元化的评判标准。

　　实践中，欧盟竞争执法机构对超级平台的监管态度也逐渐由宽松转向严厉。欧盟之前也曾认为具有支配性地位的经营者可合法排斥效率较低的经营者，有学者指出 2018 年的"谷歌安卓案"如同 2004 年"微软案"

---

① See Antitrust: Commission Fines Google £ 4.34 Billion for Illegal Practices Regarding Android Mobile Devices to Strengthen Dominance of Google's Search Engine (March 1, 2019), http://europa.eu/rapid/press-release_IP-18-4581_en.htm, Lastvisit: February 10, 2023.

② See Rein Wesseling, The Modernisation of EC Antitrust Law, Hart Publishing, 2002, p.2.

的翻版，代表了欧盟对科技平台一向秉持的开放态度，①近期一些迹象却显示欧盟开始对平台经营者采取严格的监管态度。其一，对科技平台的监管倾向于事前监管（ex ante regulation）。2018 年 4 月欧盟发布了关于促进网络平台公平性与透明性的立法草案，明确指出当前欧盟竞争法及消费者保护法中均缺少能够适应当前网络平台规制需求的条款，亟待出台相关立法。②其二，平台内竞争同样需要关注。譬如，在 2017 年欧盟认为谷歌浏览器提供的比价服务存在不正当竞争行为时，只是利用了现有数据而并非比价服务的发明者，对谷歌开出了天价罚单。其三，对科技平台的信任问题。欧盟在 2017 年和 2018 年针对谷歌的调查也是因谷歌浏览器向使用者展示出了具有倾向性的结果，失去了一个平台应保有的中立性。

尽管欧盟对谷歌等平台的反垄断法规制还处于个案规范阶段，但可以想见的是，随着规制平台经营者相关法案的出台，欧盟将会对互联网平台经济展开更加严格的治理。这一判断从 2019 年 2 月 6 日德国对脸书在收集、合并和使用用户数据时滥用市场支配地位行为的裁定中可见一斑。

（三）中国对超级平台反垄断法规制研究亟待补强

从平台经营者整体营收规模及在互联网市场上的持续优势地位存续的时间观察，平台第一梯队以百度、阿里、腾讯及京东为代表，第二梯队以后续发展起来的今日头条、美团、滴滴及拼多多为代表，表明超级平台在我国已基本成型，市场格局和竞争形态渐趋固化。然而现行国内法律规范最接近规范平台经济的法律仅有 2019 年 1 月 1 日起施行的《电子商务法》，其中规定的电子商务平台经营者的相关权利义务主要集中在"信息的收集管理、平台的服务协议和交易规则制定，知识产权保护、责任承担以及证据采集"等方面，可见该法重点规范的是基于平台而展开的各项活动，平台本身不是其重点规范对象，更未在市场竞争秩序层面作出规定。所以说，虽然该法涉及对现行反不正当竞争法和反垄断法规制内容的补充规制，甚至是出现了独立施行竞争规制的倾向，但是其总体定位仍属于商事法，更多遵循的是"行为—法益"的私权逻辑，对于超级平台的准公共属性及由此可能引发的对创新、安全等社会公共利益的风险和危害，无法发挥反垄断法作为兼具公私法特征的具有社会法属性的、可提供及时有效

---

① See Nicolas Petit, Competition Cases Involving Platforms: Lessons from Europe (July 3, 2019), Available at SSRN, https://ssm.com/abstract=3285277, Last visit: February 10, 2023.

② See Regulation on Promoting Fairness and Transparency for Business Users of Online Intermediation Services (Feb. 2, 2019), https://ec.europa.eu/digital-single-market/en/news/regulation-promoting-faimess-and-transpaFency-business-users-online-intermediation-5eTvices, Last visit: February 10, 2023.

的预防性和整体性规制的作用。

所以，调整平台经营者（特别是超级平台经营者）的竞争活动仍需依靠《反垄断法》和《反不正当竞争法》。但是超级平台的诸多特征决定了传统分析方法具有局限性，特别是自"3Q 案"以来，现行竞争法理路表现出对平台经济规制的乏力和无奈，亟须探索和创设新的应对方案。

整理近十年来我国学者公开发表的与规制平台经济或双（多）边市场垄断相关的主要文献可以发现，关注点相对分散化，尚未能将平台经济体视作整体来展开系统的规制研究。在既有的研究中，平台经济或双（多）边市场上的相关市场界定一直是关注焦点。2009 年"人人诉百度案"拉开了互联网领域的反垄断大幕，双边市场下相关市场界定问题进入人们视野。①有学者从剖析平台的特征入手，指出平台具有间接网络效应，平台各端的互补依赖性产生了交叉网络外部性，故在涉及平台经济相关市场界定时要充分考虑平台双边或多边市场联动的特殊性。②特别是2013 年的"3Q 案"，由于部分学者对法院两审判决均持意见，再次引发对平台经济相关市场界定问题持续深入的讨论。③学者们意识到传统的需求替代分析方法和供给替代分析方法已无法充分反映双边或多边市场的特点，应该拓展相关市场界定的新思路。例如，有学者认为，应先确定平台的盈利模式，从利润来源的角度界定相关市场；④有学者主张，应以产品界定为出发点，依据供给特征选定独立产品作为相关市场界定的起点；⑤有学者认为，依据双边市场的特征，传统相关市场界定和市场份额分析方法存在局限性，需要正确对待可证明反竞争行为的直接证据；⑥也有学者

---

① 李剑：《双边市场下的反垄断法相关市场界定——"百度案"中的法与经济学》，《法商研究》2010 年第 5 期。

② 苏华：《多边平台的相关市场界定与反垄断执法发展》，《价格理论与实践》2013 年第 8 期；赵莉莉：《反垄断法相关市场界定中的双边性理论适用的挑战和分化》，《中外法学》2018 年第 2 期。

③ 参见王先林：《互联网行业反垄断相关商品市场界定的新尝试——3Q 垄断案一审法院判决相关部分简析》，《中国版权》2013 年第 3 期；张江莉：《互联网平台竞争与反垄断规制以 3Q 反垄断诉讼为视角》，《中外法学》2015 年第 1 期；许光耀：《互联网产业中双边市场情形下支配地位滥用行为的反垄断法调整——兼评奇虎诉腾讯案》，《法学评论》2018 年第 1 期。

④ 参见蒋岩波：《互联网产业中相关市场界定的司法困境与出路——基于双边市场条件》，《法学家》2016 年第 6 期；孙晋、钟琪婻：《互联网平台型产业相关产品市场界定新解》，《现代法学》2015 年第 6 期。

⑤ 参见张江莉：《多边平台的产品市场界定——兼论搜索引擎的产品市场》，《竞争政策研究》2018 年第 1 期；张江莉：《论相关产品市场界定中的"产品界定"——多边平台反垄断案件的新难题》，《法学评论》2019 年第 1 期。

⑥ 参见宁立志、王少南：《双边市场条件下相关市场界定的困境和出路》，《政法丛论》2016 年第 6 期。

坚持传统的分析方法依然适用，需求替代性分析仍可作为标准，只不过在双边市场情形下需要同时界定三个市场，需要考虑以网络效果、锁定效果形成的用户转移成本来替代传统分析思路中考察市场份额的方法。①

除此之外，围绕超级平台市场结构和商业模式也出现了如下热议。第一，重点关注价格垄断行为的讨论。其一，针对平台通常对用户端提供免费服务，存在掠夺性定价之嫌问题，普遍观点认为，平台不构成掠夺性定价，因其受到网络外部性制约，单边定价需参考另一端的经营情况，故两端市场的定价均不能反映边际成本。②其二，对平台可能存在的价格垄断嫌疑进行讨论，比如电商平台对销售商设定转售价格维持的限制，或者对不同用户群采取差别待遇（如网约车平台或者旅行软件的定价"杀熟"等）。③第二，针对平台经营者勒令销售商统一销售策略这种类似于行业协会决定性质的协同行为，当前我国反垄断法对平台经营者尚无有效回应。④第三，滥用市场支配地位的行为可能以"二选一"的方式出现，比如，2018 年滴滴外卖在无锡推出后，一些商家因在滴滴外卖上线，而被饿了么和美团强制在自身平台下线；又如，京东与天猫在"双 11"电商促销期间的"二选一"之战，自 2013 年一直持续到 2017 年。⑤第四，除平台本身外，作为平台发展的要素，如数据相关问题也需要得到重视，数据（特别是大数据）在运行过程中也具有巨大的商业价值，部分地区已经出现了将数据作为商品直接交易的情形。⑥近些年，以数据作为驱动力的经营者集中行为逐渐增加，数据聚集在带来规模效益的同时也产生了限制竞争的效果。

在平台经济（特别是超级平台）反垄断法规制研究的不断推进中，有学者明确提出平台本身作为一个整体——既作为市场，又作为产品，平台经济体既作为平台市场的管理者，又作为平台产品的提供者——也存在诸多需要规制的问题。⑦以网约车平台为例，平台与注册司机之间，包括

---

① 许光耀：《互联网产业中双边市场情形下支配地位滥用行为的反垄断法调整—兼评奇虎诉腾讯案》，《法学评论》2018 年第 1 期。

② 苏华文、王宇：《双边市场中价格行为的反垄断法分析》，《价格理论与实践》2014 年第 5 期；黄勇、杨利华：《第三方支付平台企业掠夺性定价的反垄断法分析》，《河北法学》2016 年第 4 期。

③ 参见高翔：《电商平台价格垄断行为规制初探》，《价格月刊》2018 年第 11 期。

④ 参见焦海涛：《平台经营者统一销售策略行为的反垄断法适用》，《法学》2015 年第 7 期。

⑤ 参见焦海涛：《"二选一"行为的反垄断法分析》，《财经法学》2018 年第 5 期。

⑥ 参见陈兵：《数字经济发展对市场监管的挑战与应对——以"与数提相关行为"为核心的讨论》，《东北大学学报》（社会科学版）2019 年第 4 期。

⑦ 陈永伟：《平台经济的竞争与治理问题：挑战与思考》，《产业组织评论》2017 年第 3 期。

平台自营模式下的注册司机与开放模式下的注册司机之间的关系如何厘清，给予不同类型的注册司机及广大用户公平自由的交易权利，形成公平、公开、透明的平台经济运营秩序等问题亟待回应。进言之，此时的平台既是网约车业务开展的线上市场，也构成了网约车业务运营的产品要素，如何区分平台滥用市场力限制注册司机最低服务价格行为，即实质上的单方面限定最低服务价格，与平台和注册司机之间共谋形成的最低服务价格之间的差异性，则是一个十分棘手的问题，其证据获取和违法性认定基准的厘清十分困难。

尽管当前我国以平台经济为核心的互联网经济发展走在了世界前列，在全球十大平台体中占有三席，但相关竞争法规制的理论研究却未能跟上实践的需求，目前的研究主要集中在相关市场界定、价格垄断行为等传统的基础问题上，尽管也有部分学者注意到平台的传导效应或辐射作用，但对超级平台是否需要反垄断法规制，即规制的正当性和必要性，以及如何规制，即规制的可行性与操作性的基础理论研究和实践模式设计尚处于起步阶段，亟待理论深耕。

三、重读反垄断法的目标：从单一评价走向多元融合

以平台经济为核心的互联网经济在带来新经济高速增长和新科技快速创新的同时，其模糊传统竞争边界、呈现为大规模跨界动态竞争的态势也给反垄断法规制体系带来了新挑战。传统的反垄断法定位及价值目标正在受到质疑，互联网使得作为用户的消费者利益遭受更为直接的冲击，互联网场景下的消费者保护，尤其是消费者隐私（信息）保护问题引起了更多关注。同时，超级平台的虹吸效应显著，其发展所伴随的角色转变使平台从起初作为一种产品（或服务）兼具了产品与市场的两重属性，使平台经营者或提供者与经由平台进行交易的（其他）经营者逐渐演变为与之对立的竞争者，其他经营者对平台（特别是超级平台）产生了强烈的依附关系，导致了竞争能力被平台削弱或抑制的风险。

针对平台（特别是超级平台）垄断问题进行竞争立法或制定相关配套规范时，理应回归反垄断法的本源，厘清平台体从事市场竞争的本相与实质。超级平台高度的市场集中度和极具动态的竞争特点冲击了反垄断法的谦抑理念，面对可能存在的垄断行为，竞争执法或司法活动应以更加灵敏的触觉来回应数字经济下的平台经济竞争，在遵循包容审慎规制原则的

大前提下，适当前移规制链条，设立保护性预防规制阈值和安全区。①应该看到，现行的以价格和产出为分析框架的评价模式在平台经济场景下并不足以反映平台经营者的综合竞争能力，所以对平台经济运行中垄断行为的认定标准不应拘泥于传统的衡量标准，而应探索多元的评判标准。

在美国，自联邦最高法院对"布朗鞋案"作出裁决后，通过对该案的不断解读，反垄断法学界接受了反垄断法保护的是竞争、所保护的价值目标应服务于竞争秩序的观点。②在其反垄断法的早期演进中，存在着各类价值目标的并行，直至20世纪70年代中后期才融合统一至消费者福利和经济效率上来，且在这一漫长的演进过程中也并未做到各类价值目标的完全平衡，通常会据社会发展所需调整倾斜度。在我国，反垄断法起草时，有学者主张应将"经济效率作为终极价值目标"，因为当时我国需要应对的是全球经济一体化的挑战，回应行政垄断盛行的问题。③

随着平台经济的出现和快速成长，经济发展中规模效益已然实现，从经济活动的去中心化到竞争的趋中心化，从动态竞争到显现竞争固化端倪，这一时间过程越来越短，促使人们开始警惕规模效益或曰以此为基础的消费者福利价值作为反垄断法实施唯一价值目标的正当性和合理性，新布兰代斯运动的出现即是极好的例证。反垄断法应回归其根本，在此基础上探索当前社会经济发展下应侧重于何种价值的维护。以超级平台为例，由于兼具产品经营者和市场提供者（准规制者）双重身份，对平台上存在的终端消费者、经营者等多元主体的利益都存在直接的实质性影响，仅凭单一适用反垄断法、反不正当竞争法或消费者权益保护法皆难起到有效规制和救济的作用。尽管超级平台所具有的强大虹吸效应使得相关产业链上的各行业都能享受到平台红利，一定程度地提高了经济效率，但其同时又在不断挤占竞争对手的发展空间，时刻存在限制或削弱竞争者竞争能力之可能。故此，亟须结合平台经济发展的现实，调整反垄断法适用的价值选择，从有利于消费者利益和创新激励的角度审视反垄断法的实施。进言之，消费者利益应成为反垄断法保护的直接利益，在其实施中必须要重新审视市场结构中中小经营者存在的必要性和现实性，而非仅仅以效率或产出最大化下的单一价值目标为标准。

---

① 陈兵：《互联网平台经济运行的规制基调》，《中国特色社会主义研究》2018年第3期。

② 虽然国内外竞争法学界普遍接受反垄断法实施是保护竞争本身而非保护竞争者，但是对这一观点并非没有异议，而且对这一观点自"布朗鞋案"的判决也有学者持不同的意见。具体参见吴宏伟、谭袁：《保护竞争而不保护竞争者？——对主流反垄断法观点的审视》，《北方法学》2013年第4期。

③ 参见折喜芳：《论我国反垄断法的价值目标》，《河北法学》2006年第4期。

（一）实现对消费者利益的直接保护

反垄断法旨在促进市场经济效率的提升，维护市场公平自由的竞争秩序，对消费者福利的保障处在间接或终极的层面，并不赞成将消费者利益作为反垄断法直接保护的法益，更多情况下反垄断法对消费者利益的保护是一种反射保护。然而在经济社会发展从"生产者主导型社会"向"消费者主导型社会"转向的过程中，数字经济的发展使得以消费者需求为中心的市场结构和产消格局逐步形成，在交易中消费者扮演着越来越重要甚至是支配者的角色。消费者自由选择权与公平交易权的有效实现日益凸显，正成为对市场资源配置起决定性作用的市场机制法治化运行中最基本和最重要的权利束，是沟通从消费端到生产端，实现以消费引导生产，深化供给侧产业结构改革的关键所在。因此，高度重视消费者利益保护的竞争法逻辑的证成与确立，特别是肯定反垄断法对消费者利益直接保护的价值，是回应互联网经济深度发展的时代要求。必须认识到，在平台经济的高速发展中，作为消费者的用户更易遭到平台经营者（尤其是超级平台）的直接侵害，譬如，近年来在反垄断法治发达的德国和美国，对脸书这一发端于美国本土的全球性超级平台存在滥用市场支配地位侵害用户隐私的行为不断提出了反垄断法规制的呼吁，甚至是具体的反垄断法规制实践。尽管我国现行《反垄断法》从行为禁止法的维度确立了对消费者的保护进路，①但司法实践中这种保护制度尚未得到落实。②

在互联网场景下，消费者可能遭受的直接侵害首先体现在隐私保护服务上。互联网经济中数据成为一种重要的消费和生产要素，围绕其采集、储存、计算、分析、使用及分享形成了一系列与数据相关的要素市场上的竞争与反竞争行为，其中某些行为或者某种商业模式对用户隐私的影响带来了难以用现行私法系统予以回应的痛点。③由此引发了全球范围内呼吁使用竞争法保护用户数据利益，将数据时代隐私问题作为一种竞争法调整对象的浪潮，其正当性和论证逻辑都选择了从消费者利益的直接保护展开。在实践中，超级平台呈现集中化趋态，消费者数据由单纯的平台收集发展为平台间授权分享和（或）附条件交易。较为典型的是近些年数据

---

① 我国《反垄断法》第 1 条、第 7 条、第 15 条、第 20 条、第 50 条均对消费者权益的保护作出了规定，将对消费者的保护纳入了反垄断法立法宗旨，规定了垄断协议、经营者集中等情形下对消费者利益的保护，甚至规定了消费者举报权、赔偿请求权等权利。参见李小明、任宇馨：《论互联网用户消费者权益之保护》，《湖南大学学报（社会科学版）》2016 年第 1 期。

② 例如，"3Q 案"中自主选择权受到影响的消费者在最终判决中并未得到应有的体现。

③ 进一步讨论，参见梅夏英：《在分享与控制之间数据保护的私法局限和公共秩序构建》，《中外法学》2019 年第 4 期。

驱动型经营者集中案件的增多，如在"脸书并购瓦次艾普（WhatsApp）案"和"微软并购领英案"中，收购、整合、利用、挖掘用户数据构成了合并的核心动议，有利于收购企业通过大数据预测市场上的竞争动向，提早着手进行竞争优势的培养和提升，并在很大程度上规避了当前反垄断法对经营者集中可能实施的限制。现行反垄断法对大数据是否能形成一个单独的相关市场，以及如何界定在大数据相关市场上的支配地位等问题尚无清晰的答案。在此过程中，超级平台利用既有竞争优势在持续获取数据，且在运用大数据技术不断挖掘和计算的过程中会放大"赢者通吃"的效果，即数据会不断向超级平台归集，其后果会使超级平台拥有更强大的数据抓取和挖掘能力，循环往复地强化消费端和其他端上用户对平台的黏性，致使用户（消费者）的转向成为不可能或是成本过高，从而深层次巩固了超级平台对用户的锁定效应。

　　如此一来，相对于超级平台而言，用户的自由选择权、知情权、公平交易权，乃至于平等对待的权利都将受到挑战和侵害。比如，超级平台的"二选一"行为就存在滥用市场支配地位侵害用户自由选择权和公平交易权的可能。又如，平台间基于算法共谋导致的价格协同最终可能使价格上涨，侵犯消费者的知情权和公平交易权。以京东、淘宝为例，同一产品代理方所销售的商品定价往往是相同的，多次尝试比对不同平台以确定同一商品的最优价格，最终发现即使定价略有不同，定价高的一方平台也会通过提供优惠券或"满减"活动使得价格与其他平台持平，对这类定价行为及效果该如何认定，是否构成价格协议或是协同行为，是否存在协商一致的意思表示，还是仅仅是基于算法协同而出现的客观上价格趋同，这在互联网平台定价过程中已经显现，主要的超级平台通过大数据和算法优势拥有协同定价的能力，存在实施共同涨价行为的潜在可能。消费者对于此类情形无法选择也无力应对，甚至基于对主要超级平台的依赖，以及与线下实体商店定价信息的脱节，其很难意识到平台定价行为的不公平性，超级平台利用大数据"杀熟"的行为即是佐证，如 2018 年携程被曝"酒店同房不同价"的定价行为，倚仗老顾客的信赖对不同客户群进行区别定价，这种侵犯消费者知情权的行为损害了交易的公平合理性，[①]同时也引发了对客户的不平等对待问题，也就是说，不仅仅是价格歧视，还存在其他交易条件基于大数据算法设计上的不平等问题。[②]

---

① 《携程的辩解能洗白"杀熟"嫌疑吗？》，《深圳商报》2018 年 5 月 29 日，第 A05 版。

② 崔靖梓：《算法歧视挑战下平等权保护的危机与应对》，《法律科学》2019 年第 3 期。

（二）新布兰代斯运动推动对市场结构的关注

在"互联网"向"物联网"进阶过程中，全球经济社会深刻且真实地实现了"万物相联"基础上的"去中心化"和"去结构化"转向，而超级平台的出现又使得经济社会结构和行为模式以另一种方式呈现"聚中心化"和"强组织化"趋势。在平台经济发展的初期，平台所具有的开放性、透明性及扁平化特征给平台及其用户都带来了发展红利。研究显示，京东初期以家用电器自营为主，销售额大幅增长困难，自 2010 年推出"为中小企业提供一站式电子商务解决方案"的 POP 开放平台后，利润实现了高速增长，2013 年京东开放平台前三季度交易额增长率超 100%，2014年四季度交易额同比增长220%，在2014年全年平台交易额突破1000亿元，[①]实现了平台与中小企业的共赢。

随着市场力量围绕平台的不断聚集，超级平台展现出了强大的虹吸效应。平台利用网络外部性积累用户，以此吸引广告商或销售商，而广告商和销售商的增长又带来了新的用户，在用户数量积累到一定程度时超级平台对广告商或销售商的依赖会相对降低，相较于为他人服务，超级平台开始自己扮演起销售商的角色，平台上广告商或销售者所享受到的服务质量大不如前。以超级电商平台为例，一方面，通过长期积累，几大电商平台借助用户黏性固定了属于自己的用户群，而外部交叉网络效应和数字锁定效应的存在，大幅降低了用户转换平台购买商品的可能性，平台以此当做挟制其他作为销售者的用户的筹码，如在"双 11"等促销中，作为销售者的用户就面临着在几大平台间"二选一"的不公平条款，平台为了增强自身竞争优势而挤压用户，用户本有权选择对自身最优的平台进行交易，最终却要为平台间的竞争承受压力；另一方面，受到利益驱动，超级平台自身也具有销售需求，其他作为销售者的用户通常需要向平台支付一定的对价以换取销售席位，殊不知，作为销售者的用户需为此付出的代价远不止于此，通过攫取作为销售者的用户的销售数据，平台能够分析市场需求从而有针对性地进行生产销售，已有很多平台陆续推出了自营商品。因作为销售者的用户是在依赖竞争对手提供的平台销售商品，故结果可想而知，例如，亚马逊就曾借助自身平台收集的数据计算用户需求推出 Kindle 阅读器，此举给纸质书产业造成了巨大冲击。[②]在此过程中超级平台不断增强的虹吸效应还导致各种优质资源都流向平台，致使在平台上与

---

① 叶秀敏：《平台经济的特点分析》，《河北师范大学学报》（哲学社会科学版）2016 年第 2 期。

② See Lina M. Khan, Amazon's Antitrust Paradox, Yale Law Journal, Vol. 126:3, (2016), 710-805.

之有竞争关系的其他用户的竞争能力被不断削弱，长此以往将会恶化相应的各相关市场上的市场结构，最终扭曲和破坏自由公平的竞争秩序。

平台表象上为各类用户提供交易机会和交易场景，保障交易安全，提高交易效率，单纯从经济学原理上讲是有效率的，能够增进社会总剩余，然实质上看，平台（尤其是超级平台）构成了对用户最强有力的竞争对手，也构成了对用户长期可持续发展的最大威胁。此际，超级平台已从单纯经济学意义上的一种市场要素演变为一种具有经济和社会意义双重性的要素市场及其管理者。换言之，超级平台的发展最终会使其成为具有准管制主体身份和权力的要素经营者和管理者，这对其用户来说，无疑是在市场结构上设置了竞争妨碍。虽然这种结构性和制度性的竞争机制在很大程度上具有效率性和便宜性，但是会损害除了经济效率价值外的其他社会价值。现今主要的超级平台兼具市场和社会的结构性特征，如同在竞技场上运动员和裁判员的身份混同，对自由公平的市场竞争秩序及激励创新都可能产生极大威胁。从长远看，甚至会损害现代文明社会之多元结构和多元价值的保有和实现，出现经济社会的独寡占结构，影响整个经济社会的和谐与稳定。

从此意义上言，当前在美国兴起的新布兰代斯运动为重新审视以消费者福利或者社会总剩余等经济价值为唯一导向的反垄断法实施提供了难得的视角。事实上，反垄断法实施目标的多元化在世界主要国家和地区的反垄断法或竞争法制定和实施中是一种常态，都可在历史上找到典型例证。我国现行《反垄断法》第一条规定"为了预防和制止垄断行为，保护市场公平竞争，鼓励创新，提高经济运行效率，维护消费者利益和社会公共利益，促进社会主义市场经济健康发展，制定本法"，明确了反垄断法实施在我国的多元价值和多元目标。从此维度讲，我国反垄断法为规范超级平台的竞争行为提供了充分而有力的依据和抓手。

四、重塑反垄断法的规制逻辑

传统经济学认为"政府应当在市场经济中充当'守夜人'角色"，然而事实表明市场会出现失灵，此际政府干预就构成了经济法学诞生的逻辑前提和研究基调。[①]而谦抑理论的出现进一步推动了对政府监管与市场调节关系的研究，明确了市场的第一性。在市场调节优于政府调控的前提下，国家干预应"以一种克制和谦逊的方式嵌入市场失灵的边界划定当

---

① 刘大洪：《论经济法上的市场优先原则：内涵与适用》，《法商研究》2017 年第 2 期。

中"。在平台经济下，特别是在互联网经营者集中案件中，有学者仍主张坚持谦抑理念，注重扶持互联网产业的发展，充分发挥科技创新之优势。①但同时也要注意到，平台经济相较于传统经济具有明显的动态性、多边性及跨界性竞争特征，结合方式具有多样性，发展方向和竞争风险难以预测，特别是跨界竞争优势的多维传导给相关市场的界定带来了极大的不确定，既有的竞争优势使得平台（特别是超级平台）具备强大的排斥和妨碍其他竞争者的能力，对那些初创型的创新企业或潜在的竞争者的成长十分不利。若仍恪守效果主义与事后规制，很可能无法及时有效地回应激励科技创新和维护自由公平竞争的时代要求。进言之，构筑于信息科技和数字科技颠覆式创新之上的平台经济的发展使得市场竞争正负效果的不可预测性显著增强，即便在负向效果发生后及时引入规制，其对市场结构和竞争秩序的损害已恐难改变。故此，建议在坚持包容审慎的大前提下，因应引入"保护性预防规制"来防治不可挽回的风险。②

（一）"数据竞争"加剧"动态竞争"推动规制理念更新

随着数字经济进阶至平台经济，数据成了重要的生产要素和竞争要素，数据资源尤其是大数据资源和技术在很大程度上已成为决胜的关键。近几年出现了不少数据驱动型经营者集中案件，③以"脸书收购瓦次艾普案"为例，按当时的反垄断审查规则判断，该收购尚未达到触发经营者集中审查的标准，被收购的瓦次艾普其时只是一个初生的创新型企业，所占市场份额小，两者的合并未能引起竞争执法机构的警惕。客观上，这种以数据整合和挖掘为目标和内容的收购极大地增强了超级平台的竞争力和控制力。

在实践中，数据是任何平台企业（尤其是超级平台）巩固和维持其市场力量的核心要素和重要基础。然依反垄断法的规制逻辑，很难在数据规模、质量与企业规模间建立起周延的正相关关系——缺乏评价数据力量与企业市场力量之关联的有效工具，这就导致了竞争主管机构很难及时、精准地审查和规制数据驱动型经营者集中，以及其他以数据为基础和媒质的可能存在限制、排除竞争和直接损害作为消费者的用户的正当利益的现

---

① 詹馥静、王先林：《反垄断视角的大数据问超初探》，《价格理论与实践》2018 年第 9 期
② 陈景辉：《捍卫预防原则：科技风险的法律姿态》，《华东政法大学学报》2018 年第 1 期。
③ 譬如，微软并购领英、滴滴收购优步中国、阿里收购饿了么、美团收购摩拜等，都是以获取数据资源和计算成果为目的的集中，有的甚至是跨界集中，这种现象用现行反垄断法的一般理念、原则及方法恐难作出准确的评估。从反垄断法的谦抑性出发，不予审查或即便审查亦会作出批准或附条件批准的决定。换言之，对数据驱动型经营者集中适用现行反垄断法很难对其起到有效调控的作用。

象。故当前面对平台（特别是超级平台）的竞争规制，不能只一味地关注所涉及的经营者的规模和已发生的行为效果，还应多维度考察和评估动态竞争发生的可能性和其他经营者在未来市场上创新的空间和效能，以及消费者的体验感、获得感及安全感等多元价值。换言之，在数据竞争的推动下，数据的瞬时性和复用性加剧了互联网市场动态竞争的特征，改变了对市场竞争静态认知的惯性，市场结构和效果之于竞争行为正当性的意义需要被重新认识，即通过两维空间定格竞争行为的做法有待改进，需从结构到效果，或从效果到结构的过程维度来判断竞争行为的正当性，实际上就是引入了动态竞争的观察视角。

动态竞争下的竞争主管机构倾向于事中事后规制，通过采取包容审慎的监管态度和原则，给新生事物更多的成长空间和时间，此举符合当下简政放权的市场化改革理念和市场监管战略。①然而平台经济的发展超乎了竞争主管机构的想象，这一点已反映在 2019 年美国联邦贸易委员会（FTC）和美国司法部（DOJ）针对本国科技巨头的各项执法调查中，其态度转变之快，也让其他国家和地区的竞争主管机构瞠目结舌，总的趋势是"强监管、早监管、长监管"。特别是面对超级平台经营者损害结果一旦形成则难以通过事中事后监管予以矫正和恢复的危险，需要采取科学审慎的预防性监管，辅以长期的跟踪监管，尤其是对超级平台的商业模式和运营系统的可持续性和生态发展予以实时监管，及时发现问题并予以纠正。

这使传统的基于静态竞争场景下的注重行为效果和市场结构的反垄断法规制理念受到了挑战，事中事后规制已难满足对超级平台的有效规制，反垄断法作为行为禁止法的谦抑性面临拷问，对可预知的明显难以恢复竞争秩序和对消费者利益造成严重损害的行为是等待其损害结果发生，还是及时和科学地采取预防性监管和持续性监管，以确保超级平台不至于作恶，如何调整竞争规制理念，强调对未来竞争秩序和潜在竞争损害的关注是一个待解难题。可以肯定的是，全球数字经济的深度发展已经深刻改变了传统的商业模式和竞争方式，对竞争理念、目标、行为及效果的认知和辨识带来了前所未有的改变，反垄断法规制理念和内涵正在发生演化，非竞争性多元价值评价标准的引入和预防性反垄断规制及持续性竞争监管模式的尝试，都预示着伴随超级平台的急速发展，传统的反垄断法规制理

---

① 陈兵：《简政放权语境下政府管制改革的法治进路——以负面清单为突破口》，《法学》2016 年第 2 期。

念和逻辑亟须更新。

（二）"跨多边市场竞争"和"未来竞争"呼吁规制链条前移

超级平台快速成长的一个显著特征是线上线下市场资源和要素的生态融合和自动增进。在此过程中，交易规模无限扩大，交易数据海量归集，数据计算和处理能力急剧提升，数据中央体愈来愈集中，不断维持和巩固以数据中央体为核心的市场力量，使之成为互联网场景下竞争的中心和基础。超级平台的多边市场特征使得不同市场的边界逐渐模糊甚至消失，由其引发的竞争（关系）无处不在，①互联网市场正在成为一个以数据及计算能力为核心和基础的整体市场。特别是通过传导效应在纵向市场上甚至是在不相关市场上，超级平台的强大数据力量及预测反馈功能使其很容易拓展到之前从未涉足的竞争领域并迅速取得竞争优势，超级平台的市场竞争行为已步入一个随时随地被控以涉嫌反竞争之虞的高致敏期，现行的竞争规制理念正面临时代与科技的挑战。

在传统的线下场景下，相关市场通常包括商品市场和地理市场，受到物理因素的限制，经营者很难实现大跨度的不相关的市场进驻，其所在的相关市场相对固定，现存竞争规制模式和方法可以较好地预知并应对市场力量集中行为。从传统视角上看，纵向集中尽管是市场力量集中的一种形态，然而这种集中往往代表着一个新兴行业的出现和发展，通常被认为有助于提高效率，相应的监管态度一般较为宽松。但是就互联网场景下的超级平台的兴起而言，平台体为纵向整合提供了便利桥梁，平台极易利用已有的优势实现纵向进驻。比如，谷歌利用浏览器收集的信息开发出谷歌地图，在极短时间内一跃成为导航市场的巨头。可见，超级平台在任何市场上的进驻都是迅速、剧烈且全方位的，即便在此过程中存在巨大创新的可能或事实，但其所带来的对现有市场结构的颠覆性打击及可能导致的从长远看来对创新的抑制也是相当明显的，仅依靠事中、事后的反垄断规制对已遭受毁灭性破坏的市场结构和创新机能而言，其恢复和再塑可能为时已晚。

事实上，当前反垄断法基于行为禁止法的定位，强调事中、事后的规制逻辑本无可厚非。然而实践中却显露出规制系统存在漏洞，产生了实际危害和潜在风险，为此有的地方竞争主管机构尝试设置预防性合规审查机制，虽然其具体效果还有待进一步观察，但是由竞争主管机构引导和推

动事先规制的实践却颇值肯定，对积极因应超级平台的预测性和反馈性竞争行为有着重要意义。超级平台利用自身优势可以事先对存在竞争威胁的初创企业进行"竞争审查"和"风险评估"，根据风险等级对其采用"雪藏""封杀"，或直接用丰厚的条件收购等，从源头上消除现实潜在或未来可能的竞争对手，这种行为存在扰乱竞争秩序和阻碍创新之风险，也不易被现行竞争主管机构觉察。正如美国众议院反垄断、商业和行政法小组委员会主席大卫·西西里尼（David Cicilline）在 2019 年 7 月 16 日由众议院司法委员会反垄断小组委员会举行的针对亚马逊、苹果、脸书及谷歌四大科技公司的反垄断听证会议上所言："美国联邦机构没有充分审查科技公司的权力，称缺乏监管行动已经为这些互联网公司创造了'事实上的免疫力'。""批评 FTC 和 DOJ 自 20 年前微软反垄断诉讼后，就没再对科技公司提出过反垄断诉讼，还批评联邦执法机构最近这些年没有更仔细地审查科技公司的上百项收购。""互联网正在变得'越来越集中、不开放，越发不利于创新和企业家精神'，进一步声称他观察到了一个'杀戮区'，科技巨头正在阻碍新公司与他们竞争。"①蒂莫西·吴作为专家证人明确表达了对平台经济的担忧，认为"经济结构很重要，担心美国正在失去一个至关重要的能力——成为新兴产业起步的最佳场所。""应该为重启创业经济做出广泛努力"。他重点评价了发生在 2012 年的脸书收购照片墙案，认为"脸书通过收购照片墙——支付了先前出价的两倍，并设法使这项合并通过 FTC 的审查，尽管有书面证据表明该合并旨在排除一个初生的竞争对手，那一刻证明了收购能够消除竞争威胁，其结果是在今天，2019 年旧的口号'竞争只是一键之隔'，似乎是一个坏笑话。与 2008 年不同，大公司似乎没有在小竞争对手的攻击下衰落的危险。相反（通常违反反垄断法），大多数潜在的竞争对手都被收购或者有效地控制了"。同时，他还强调了互联网市场是一个生态系统，而非仅是一个产业，故在互联网场景下是不能容忍垄断的。为此，为了恢复互联网场景下的生态运行，有必要对导致反竞争效果的合并进行有追溯效力的审查。②综上，在美国，不论是实务界还是学术界，都有部分代表旗帜鲜明地表达了对超级平台反竞争行为及强大的反竞争能力的担忧，不再认为"巨大的企业"都是友好的大公司，主张及时调整竞争执法机构的监管权力及构造已迫在眉睫。

---

① 承天蒙：《美国会反垄断听证火力全开：怼脸书垄断社交，要苹果解释抽成》，https://www.thepaper.cn/newsDetail_forward_3937083，最后访问时间：2023 年 2 月 18 日。

② 参见蒂莫西·吴：《美国国会反垄断听证会——Timothy Wu 教授提交的证言》，载微信公众号"武大知识产权与竞争法"，2019 年 7 月 22 日。

面对互联网科技巨头尤其是那些已经成长为超级平台的科技公司，若只关注其市场结构及对初生企业成长创新的威胁尚不够，还需从其多边竞争的具体行为可能产生的反竞争危害或潜在风险入手，强调科技本身特别是已具有科技创新能力的超级平台运用科技进行反竞争的新形态。诸如部分平台会使用独特算法对搜索结果进行排序已是众所周知的事实，比如前些年我国发生的百度与"莆田系"医院事件，又如近期欧盟委员会对谷歌利用比价功能显示对自己有利而对竞争对手不利行为的高额处罚，通过将与自身有利益关系的广告商或自家经营的商品搜索结果的排名展示在前列，而对与平台存在竞争关系的经营者通过算法人为调整搜索结果，把对手隐藏在无边无尽的网络信息中，此一做法，一方面剥夺了竞争对手的交易机会，是对平台（尤其是超级平台）双重属性的一种滥用，很可能构成滥用市场支配地位行为；另一方面是对消费者知情权和自由选择权的一种损害，严重情况下甚至会构成欺诈。然而导致这种结果的根因通常是算法技术所直接呈现的，是计算机直接运算之结果，其程序设计有可能因涉及商业秘密而不予公开，其算法行为因具有很强的隐蔽性，故而使得相关证据的获取和固定很难。

承前所述，超级平台所拥有的不断增强的大数据优势致使其在未来市场上通过人工智能算法从容应对竞争对手，"雪藏""封杀"直至"彻底消灭"抑或排除或合并对手都任凭超级平台的单方意思或许只是时间问题。超级平台有一种赢者通吃下"顺者昌、逆者亡"的生杀决断大权，且这种权利（力）的拥有和行使在现阶段还披上了创新保护和自由竞争的合法外衣，其危险性尤其是潜在危害依照现行反垄断法规制逻辑难以被及时发现，等到发现时其危害后果已很难被消除了。正所谓"舍我其谁"的超级平台致使竞争主管机构陷入两难境地，这一点已从近期的两个案例中看出端倪：2019 年 7 月 13 日脸书被罚 50 亿美元，与 FTC 达成和解；2019 年 7 月 17 日 FCO 与亚马逊就其同意全面修订为第三方商户提供的服务条款达成和解协议，作为条件 FCO 同意放弃为期 7 个月的调查。无论是美国 FTC 还是德国 FCO，在面对诸如亚马逊之类的超级平台时，都无绝对把握，而是采取签署和解协议的方式将竞争规制与竞争促进的比例做到最佳。换言之，竞争主管机构在监督和纠正这类科技巨头的竞争模式和行为的同时，也会基于效率和效果的维度，从这类巨头的积极作用、若采取长期调查可能会引起的激烈对抗和强烈反弹等方面加以考量，这很大程度上都源于超级平台的强大实力和巨大影响力。

类似利用科技手段排除、限制竞争的现象还发生在超级平台基于社会公共利益的考量，对与之有竞争关系的经营者采取看似合理的约束或限制。譬如，2019 年年初三款新推出的社交软件被微信平台迅速"封杀"，腾讯称屏蔽这三款软件是出于安全的考量，根据《微信外部链接内容管理规范》，在微信平台上禁止通过利益诱惑分享、传播外部链接，或提供匿名社交服务等行为，故将三款社交软件屏蔽的做法有一定的合理性。同时，三款社交软件借助微信登录市场的行为也存在"搭便车"之嫌，利用微信已建立的平台推出自己的商品不仅可节省宣传费用，更能享受已有的用户基数福利，在此场景下微信并无义务帮助现实和潜在的竞争对手开拓市场。然问题的关键在于，微信平台自定管理规范及实施评价的行为是否是一个正当的商业行为或者是一个基于授权的准公共行为？对既当裁判员又当运动员的微信平台是放任其任性成长，还是需适当规制以给予更多的初创企业同台竞争的机会和发展空间？从此维度讲，诸多超级平台所遇到的问题是相似的，各竞争主管机构所面临的挑战也是类似的，在面对激励创新发展与维护自由竞争之间应做怎样的选择，在何种情形下启动竞争规制才是恰当的，皆为亟待回应之难题。对此目前尚无令人信服之答案，但可以肯定的是，全球主要竞争主管机构正在以更加积极的态度面对超级平台引发的各类反竞争行为和现象，正在努力探索新型、有效的规制方法来因应超级平台奇点式发展所带来的挑战。

五、重建反垄断法的规制方法

在 20 世纪 70 年代中后期，美国反托拉斯法理论与实务界受芝加哥学派的影响，提出了对经营者具体行为的效果进行考察，建立了以消费者福利为基准的反托拉斯法适用框架。当互联网经济迅速发展之际，从双边市场结构的搭建到多边市场平台的运行历时不长，竞争法理论界和实务界还在考虑是适用传统的需求替代法还是适用假定垄断者测试方法（SSINP）去回应互联网经济双边市场特征时，多边市场平台或曰超级平台的出现着实让现行的反垄断规制方法遭遇巨大挑战。[①]

超级平台除了具备双边市场结构的所有特征外，还体现为强烈的多边性、闭合性及生态性，尤其是通过多边市场上的相对优势、交互传导，形成了一个封闭的市场竞争系统，放大了其具有市场要素和要素市场双重性的组织构造对互联网经济"赢者通吃"的强化作用，最终发展成为超越了多边市场之上的整体聚合型经济体。换言之，一旦平台企业成长为超级

---

① 参见王健、安政：《数字经济下 SSNIP 测试法的革新》，《经济法论丛》2018 年第 2 期。

平台，其交叉网络外部性将转化为对多边市场力量的整体控制，超级平台开始摆脱对多边市场上各要素的依赖，相反，多边市场上的各要素会不断强化对超级平台作为要素市场的依赖。此际，交叉网络外部性对超级平台的影响渐趋减弱，随之而来的是超级平台对多边市场构造的整体的系统控制。如此一来，超级平台的闭合性和生态性便可不断地得到巩固和强化。

诚如蒂莫西·吴教授所言，当前超级平台对作为一种生态系统的互联网市场经济的发展产生了一种持续的反竞争效果，是对创新的一种抑制。故此，主要竞争主管机构已着手对全球主要的超级平台展开调查，监督和督促其回归到正常的市场自由竞争和公平交易的轨道上来。但遗憾的是，近年来全球主要竞争执法区尚未就超级平台的反垄断规制作出清晰明了的方法设定，多数情况下仍是对现有反垄断法规制方法的一种改进或批判，难逃现有规制方法之窠臼。比如，对超级平台涉嫌滥用市场支配地位行为调查的前提必须先行界定相关市场；又如，对超级平台参与市场经营者集中审查时，仍会虑及市场份额和影响力问题，进而提出界定相关市场；再如，对超级平台反竞争违法性的认定仍以其市场份额或市场价格等传统反垄断场景下的市场量化指标为主要考量要素，忽视了非价格因素，如用户数据安全、数据可携带、数据平等、数字科技创新等与数字经济发展相关的要素。当然，对方法的选择或更新很大程度上与对数字经济下超级平台反垄断法规制理念和规制逻辑的认识密切关联，所以如何改良和建构现行反垄断法规制方法，以及未来可能的反垄断法规制整体框架需着力讨论。

（一）重新审视超级平台反垄断法规制中相关市场界定的方法及现实意义

现行反垄断法规制超级平台的反竞争违法行为时通常遇到的问题之一是如何认定其构成滥用市场支配地位行为。其中的困难，一方面源于互联网市场竞争中普遍存在的动态性和创新性，支配地位的形成和丧失在时间维度上存在瞬时性，主管机构对此类竞争更倾向于鼓励创新过程、保护创新利益，问题交由市场自身解决，换言之，在界定超级平台可能涉及的相关市场及地位时，更倾向于在动态中消解界定相关市场的尴尬；另一方面在于超级平台竞争中特殊存在的多边性和整体性现象，使传统的需求或（和）供给替代分析方法（侧重定性分析和 SSNIP）与临界损失分析方法（CLA）（侧重根据价格变化进行定量分析）在超级平台相关市场的界定中出现失灵。①究其原因主要有二：一是超级平台的多边市场构造和交叉传导特征使其具有要素市场的功能，从早期的差异化竞争最终走向同质化聚合型竞争，传统的需求替代分析难以真正实现锁定相关市场之目的；二是超级平台的多边性通常包括多个免费端和收费端，且相互间交叉传导影响力，利用价格测试对免费端的相关市场无从界定，不考虑超级平台在免费端上的影响力，忽略其整体性和交互传导特征，仅对收费端采取 SSNIP 分析其结果并无实质意义，难以说明超级平台在收费端上的支配地位。故此，无论是从时间维度上还是在现行界定方法上，对超级平台相关市场的界定都出现了问题。

　　"3Q 案"的判决便是例证。2012 年 4 月 18 日被誉为我国互联网反垄断第一案的"3Q 案"在广东省高级人民法院开庭。2013 年 3 月 28 日广东省高级人民法院一审判决，原告北京奇虎公司的全部诉讼请求被驳回。法院认为，综合性即时通讯产品及服务并不构成一个独立的相关商品市场，该案的相关地域市场为全球市场，认定深圳腾讯公司并不具有市场支配地位。原告不服一审判决，上诉至最高人民法院。2014 年 10 月 16 日终审判决维持一审判决。"3Q 案"虽已尘埃落定，但是相关争论并未停止，从中引发的问题更值得思考。其一，对相关商品市场的确定，确切地说是双边或多边市场结构下如何锁定对经营者竞争利益产生实质影响的关键的商品市场；其二，对相关市场界定方法的选择，该问题很大程度上取决于对第一个问题的回答。有学者认为，"3Q 案"对相关商品市场的确定应划分为三个市场，一是即时通讯服务及软件市场，二是杀毒软件及服务市场，三是互联网在线广告市场，这种根据相关商品的功能及供给替代可能对平台竞争中相关商品市场的细分，将有助于对真实的市场竞争秩序及经营者竞争利益予以近距离观察。可以想见，若法院在"3Q 案"中采取了细分相关商品市场的做法，该案的审理结果可能会出现翻转。②

　　而更深层次的影响在于对相关市场界定方法的选择和使用上。"3Q 案"的二审法院引入了 SSNDQ 分析法，"以服务质量部分下降是否导致用户转向或者是流失"的定性分析来划定"即时通信服务及软件"这一免费市场的边界，以及界定深圳腾讯公司在该相关市场上的地位的做法赢得

　　① 参见张晨颖：《平台相关市场界定方法再造》，《首都师范大学学报》（社会科学版）2017 年第 2 期。

　　② 许光耀：《互联网产业中双边市场情形下支配地位滥用行为的反垄断法调整—兼评奇虎诉腾讯案》，《法学评论》2018 年第 1 期。

了部分好评。[1]SSNIP 和 CLA 分析方法对免费端相关市场的认定过分依赖于价格数据和定量分析，存在明显不足，导致在处理免费市场和多边市场构造时无法准确划定相关市场边界，缺乏定量分析的说服力，而 SSNDQ 则起到了很好的补充作用，其更多地关注用户体验，利于处理模糊市场下的经营者市场力的评估，但同时该方法也引起了诸多不确定性，甚至可能动摇现行反垄断法实施的基本原理与原则——容易脱离对市场竞争秩序是否受到竞争行为影响的分析，过多关注用户体验这一非量化性指标，使反垄断法增加了不确定性和不稳定性。假设当时北京奇虎公司采取先细分相关商品市场的方法，将双方争议的焦点聚集于互联网在线广告市场，那么接下来划定相关市场的具体方法就较易确定了。譬如，传统的替代分析法、SSNIP 及 CLA 在一定程度上都可用来分析互联网在线广告市场这一细分商品市场以及经营者在相关市场上的实际地位。

然而随着平台经营者的不断壮大，从双边市场结构发展为多边市场平台，此时虽然在外观上仍表现为多边市场构造，但是各市场之间的相关依存及超级平台对多边市场的控制，以及多边市场对超级平台的影响却出现了质的变化，动态性的跨界竞争成为超级平台不断扩展影响力和控制力的一种模式，其中维系该模式呈现"雪球效应"的不再是某一边市场上的具体商品或服务，而是融贯于整个超级平台上的数据和算法，此时的数据优势与算法优势已经不再专属于某一边或多边市场。换言之，超级平台所拥有的数据和算法是源自其平台的整体性、聚合性及生态性。譬如，支付宝平台作为国内主要的超级支付平台之一，其所拥有的数据和算法并不完全来自其自身，还包括与之发生交易的其他电商平台（天猫、淘宝）、物流平台（菜鸟）、生活平台（饿了么、哈罗单车）等，多个平台的数据在经由共享和复次利用实现对数据的深度挖掘后，会产生巨大的数据价值，此时谁拥有数据，谁就拥有市场和未来竞争优势。在这种基于与数据相关行为而引发的对相关市场及支配地位的分析，已从本质上区别于某一边或多边市场上具体商品和（或）服务的界定，尤其是数据的复次利用特征，使数据价值的挖掘和创新更依赖于算法，特别是经由数据的机器自主学习发展的人工智能算法更是对数据生态系统的建设和扩展提供了无限可能。在此意义上，传统的替代分析、SSNIP、CLA 都很难适用数据场景下超级平台反垄断法规制的要求。

---

[1] See Bing Chen, Hansim Kim, Identification on DMP Under Internet Economy Focusing on 3Q Case, *Journal of Korean Competition Law*, Vol. 33, (2016), p.314.

那么这是否意味传统的相关市场界定方法完全不适用于数据场景下超级平台相关市场的界定呢？答案是否定的。现在的问题是需要再次重申或再塑反垄断法在数据时代适用的基本目的和价值追求（前文已作讨论），即以消费者利益的直接保护为反垄断法实施的价值目标来考量对超级平台的反垄断法规制。如此不难发现，站在消费者利益直接实现的维度，保障消费者的交易安全权、自由选择权、公平交易权、知情权等传统权利，并在此传统权利上，基于数据时代新兴特征而衍生出来的消费者的数据可携带（转移）权、数据被遗忘权、数据平等权等的顺利实现，将是规制超级平台反竞争行为的主要目标，据此引入以关注消费者体验感和主体价值为主的 SSNDQ 和 SSNIC 分析法则正当其时，有着充分的正当性和合理性。前者强调消费者的用户体验，注重服务质量的变化，后者关注消费者的转移成本，凸显消费者主体价值在超级平台经营中的核心定位，两者的结合集中体现了以"便宜消费者利益直接实现"为目标的反垄断价值的重塑。鉴于此，以有利于消费者利益的直接实现为分析的逻辑起点和终点，结合传统的替代分析、SSNIP 及 CLA 等方法，通过细分超级平台多边市场上主要的盈利端及经营模式，锁定具有核心竞争力的市场边（主要体现为数据归集和运算能力轴心市场端），在此基础上导入消费者体验和主体价值实现的成本考量，综合性地衡量超级平台的市场影响力和控制力，实现对超级平台整体力量的评估，同时聚焦轴心市场端的数据能力，主要是对元数据的复次利用和深度挖掘力。

当前还有一种观点或者说比较激进的建议是放弃对相关市场的界定，弱化价格分析在经营者市场优势地位或支配地位认定上的作用，注重"黏性"体验，包括多边市场上的其他经营者与消费者之间的"黏性"通过平台予以强化，以及他们分别对平台本身的"黏性"不断强化的事实作为认定平台具有竞争优势，甚至是支配地位的重要依据。[①]在此过程中，认为界定相关市场只是认定经营者是否存在反竞争行为的过程，仅是确定该经营者是否有能力损害竞争秩序和消费者利益的一个方面，[②]是用来评估被指控的反竞争行为及可能产生的市场效果的一个主要组成部分，并不是能直接用来认定反竞争行为的结果。换言之，如果已经存在明确的事实和证据证明经营者的行为或（和）结构已构成了反竞争结果的事实，那么

[①] See Hon. Katherine B., Forrest Big Data and Online Advertising: Emerging Competition Concerns, *Competition Policy International Antitrust Chronicle*, April 2019, p.1-7.

[②] See Steven C. alop, The First Principles Approach to Antitrust, Kodak, and Antitrust at the Millennium", *Antitrust Law Journal*, Vol.68, (2000), 187-202.

可跳过界定相关市场的这一环节也应该不是问题。这一点可从在僵化地适用传统反垄断分析法使得"运通案"①在美国国内引发激烈争议的事实中得到验证。

在"运通案"中，被告美国运通公司作为全球知名的支付平台，是典型的双边市场构造，两端分别由持卡人和商户构成，被诉与其商户签订的"反转向条款（anti-steering rules）"②具有反竞争效果，直接导致不合理地增加了商户的费用，也损害了持卡人的利益。尽管原告州政府已提供直接证据证明被告从事了反竞争行为，但法院仍坚持要求原告界定被告业务的相关市场，理由是根据现行反垄断法原理，对纵向限制构成违法竞争行为的认定需证明被告具有相关市场支配地位，而这一步的前提则需明确界定相关市场。③无论是联邦最高法院认为应将"持卡人端和商户端"共同构成的平台市场作为一个整体来考虑其相关市场，还是持反对意见者主张在运用合理规则评估反竞争效果时，应仅从被限制操作的商户端去发现"反转向条款"是否具有反竞争效果的直接证据，特别是"反转向条款"导致商户费用增加的事实，以此将相关市场锁定于单边市场，都是将界定相关市场作为整个案件分析的逻辑起点和焦点，由此引发了诸多问题。譬如，平台的两端是否应被视为是相互替代或补充的关系，或者平台两端所遭受的损害或获得的利益是否应在分析的初始阶段便加以抵消等。④各方不同观点引起了激烈争论，没有清晰一致的答案。所以，2018 年联邦最高法院就"运通案"所作的判决意见也被称为美国现代反垄断法史上最重要、最具争议的反垄断裁决，其意义将是全球性的。据此可言，在现行反垄断法原理和原则下，界定相关市场仍是平台领域反垄断法适用绕不过的一个关键，除非局部突破或全面革新现行反垄断法的基本价值和分析框架。

不得不承认，遵循现行反垄断法原理和原则完成对相关市场的界定

---

① See Ohio v. American Express Co., 138 S. Ct. 2274 (2018).

② 这类"反转向条款"的规定，严格限制了商家与客户（持卡人）沟通有关接受信用卡成本的真实信息的能力、提供使用低成本信用卡的折扣的能力以及表达对任何特定网络卡的偏好的能力。参见［美］约翰·纽曼：《俄亥俄州诉美国运通公司案：得、失与丑陋》，载微信公众号"武大知识产权与竞争法"，2019 年 8 月 9 日。

③ See Timothy Snyder and Farrell Malone, Vertical Restraints in Two-Sided Markets After Ohio v. Amex: Lessons from the FTC Competition Hearings, *Competition Policy International North America Column*, November 2018, p. 1-7.

④ See Benjamin Klein, Antitrust Analysis of Vertical Contracts in Two-side Platforms: The Amex Decision, *Competition Policy International Antitrust Chronicle*, June 2019, p.1-8.

是认定反竞争行为是否具有反垄断法上可归责性的重要前提。然而如果结论一开始就已展现在眼前，那么也就无必要恪守一个可能已不合时宜的僵化的反垄断信条，而是应积极创新、转换思维，祛除对相关市场界定之于市场支配地位或力量认定的盲目信奉，从多元主体价值和主体行为方式的角度看待数据场景下超级平台市场支配地位的表现形态，更多地从消费者体验和实现成本方面直面超级平台的市场地位及影响力和控制力。申言之，在超级平台呈现数据化跨界动态智能竞争的场景下，已出现独立于多边市场构造之上的区别于具体市场边所提供的商品，如果将前述消费者之于超级平台的"黏性"作为一种体验，将此"体验"认定为一种相关商品，那么这种商品应该是由超级平台这一整体所提供的，此际相关市场的界定似乎更加接近于"运通案"中美国联邦最高法院的意见。从此意义上言，相关市场界定之于超级平台的意义是存在的，其界定方法需要引入SSNDQ、SSNIC 等注重消费者体验及实现成本的方法。如果再大胆一点，直接以结果为导向，即若明确存在对消费者权益损害的行为及效果，可以弱化甚至略去对相关市场，特别是对相关商品市场的探寻，转向更直接、更具效率的参考标准，直接考察其行为的正当性。具体观察与之有竞争关系或潜在竞争可能的经营者，尤其是初生型经营者的生长空间和竞争能力——这一方法已在美国司法部向硅谷派出的高级别官员，以征询与谷歌有竞争关系的那些中小创新型公司，以及与谷歌有业务往来并对之有不满感受的第三方公司的举措中窥见一斑——同时直接考察消费者体验及实现成本的变化——这里的消费者不仅可指作为用户的消费者，也可是作为商家的消费者，因为此时的超级平台既是一类不可或缺重要的市场要素，更是一个举足轻重的要素市场。譬如，在谷歌具有优势地位的在线数字广告和搜索业务领域，其既是市场要素的提供者，也是要素市场的管理者，这方面在我国主要体现为超级平台制定的"二选一"排他交易乱象。

故此，对超级平台竞争行为的反垄断法规制应从大局入手，着眼于整体平台市场力量的评估，引入结果导向型的分析法，注重对消费者体验及实现路径、成本、方式的综合考量，弱化对价格因素及量化分析的依赖，考虑以新布兰代斯运动为肇始的多元利益和多元价值的再塑，推动对数据场景下整个反垄断法治的变革。

（二）构建适宜平台经济持续发展的分类治理的法治化生态竞争系统

超级平台的聚合诞生与裂变生长在带来营收巨额增长和科技跨越式创新的同时，也给人类经济社会的组织形态和生产消费行为带来了颠覆性改变，尤其是超级平台对大数据、超级计算、人工智能算法等技术的需求适用与创新开发，引领人类经济社会步入下一个奇点式发展。毫不夸张地说，全球的各大超级平台正以一种不可预知的强度和力度拥抱整个人类社会，已然或正在成为人类社会组织结构中不可或缺的重要组成部分，已从一种市场要素发展为兼具市场要素与要素市场双重属性的综合体，也从原初关涉的经济领域扩展至社会发展与治理的诸方面，俨然对各国和地区当局的治理权威与管制行为发出了挑战。中国作为世界上主要的超级平台运营国家，紧跟其后顺应全球数字数据化发展及治理的大趋势，于 2019 年 8 月 1 日由国务院发布了《国务院办公厅关于促进平台经济规范健康发展的指导意见》（以下简称《指导意见》），充分体现了我国下决心治理平台经济，特别是规范超级平台高质量发展的重要性与紧迫性。

《指导意见》明确提出，"聚焦平台经济发展面临的突出问题，遵循规律、顺势而为，加大政策引导、支持和保障力度，创新监管理念和方式，落实和完善包容审慎监管要求，着力营造公平竞争市场环境"，"尊重消费者选择权，确保跨平台互联互通和互操作"，"依法查处互联网领域滥用市场支配地位限制交易、不正当竞争等违法行为，严禁平台单边签订排他性服务提供合同，保障平台经济相关市场主体公平参与市场竞争"，"建立健全协同监管机制"，"加强政府部门与平台数据共享""推动完善社会信用体系""保护平台、平台内经营者和平台从业人员权益"，"加强平台经济领域消费者权益保护"，"完善平台经济相关法律法规"，等等。[1]可以说，该《指导意见》充分考虑了平台经济发展的现实，以问题为导向，从领域科学、系统科学及工程科学的维度为下一步明确有效规范平台经济，特别是超级平台高质量运营提供了全方位指导。

具体到超级平台对现行反垄断法规制的挑战，建议综合对超级平台多边市场构造及数字数据化运行的基本特征与竞争方式展开分析，搭建由政府主导规制、社会多元主体合作规制及超级平台自我规制相融合的多层级的全面覆盖数字数据全周期运行的科学合理的反垄断法规制系统，实现超级平台的高质量创新发展及市场公平自由竞争环境的养成与维护之间的动态平衡。

超级平台之所以谓之"超级"，关键在于其搭建了一个平台生态系统（Platform Ecosystem），且不断优化和强化这一系统，成为该系统的控制

---

① 参见《国务院办公厅关于促进平台经济规范健康发展的指导意见》，国办发〔2019〕38 号，2019 年 8 月 8 日发布。

者和监管者，对参与该系统的所有主体及人员有着"生杀予夺"的绝对权力（利），如断流量、封端口、锁链接等。平台生态系统是"由平台及参与者构成的生态"，这里的平台可以视作多主体的集合，共同参与到同一项生产活动中，且这些主体的选择和行为是相互依赖的。该生态系统具有高度协同性，系统中的每一个体相互扶持、共同服务于平台，特别是体现在平台所具有的强大的杠杆（传导）效应上。在同一平台生态系统下，A市场的优势地位可以传导到B市场或其他任何市场，其产出和供给能力趋于无限，因此平台并非与某一竞争者或某第三方在某一单独商品市场上展开竞争和交易，而使用其整个生态系统与现实的或潜在的竞争者或第三方展开竞争和交易，其竞争优势呈现在整个生态系统之上。为此，在对超级平台的反垄断法规制中应将其多边性和整体性构造视作一个生态系统，给予联动的一体化规制。

1. 强化平台自我规制与准公共规制的联合

超级平台作为聚合线上线下交易场景的中台，在数据无限归集和使用上拥有其他经营者无法比拟的优势，具有强大的数据挖掘与超算能力，在大数据、人工智能算法等技术的应用和开发上具有相当超前性，在一定程度上甚至超越监管当局的信息控制能力。正如《指导意见》中所提及的"积极推进'互联网+监管'""实现以网管网，线上线下一体化监管""加强政府部门与平台数据共享"等，都在强调平台作为重要的互联网主体，一方面是经营者，另一方面也具有管理者属性和功能，故此应充分重视平台，尤其是超级平台的自我规制建设，鼓励平台根据自身特征建立自治章程，实现系统自治，合规竞争。在此过程中，加强与政府部门的合作，畅通政企双向合作交流机制，积极探索超级平台经政府核准授权的在一定程度上享有的平台内准规制权力，在实现平台自我规制的同时，担负起平台内监管责任。犹如《指导意见》中所提及的"科学合理界定平台责任。明确平台在经营者信息核验、产品和服务质量、平台（含App）索权、消费者权益保护、网络安全、数据安全、劳动者权益保护等方面的相应责任。"

2. 畅通社会多元主体共治渠道

政府应积极推进"数据治理"建设，建立健全数据分类共享机制，抓住"数据治理"这一牛鼻子，实现"平台共治与善治"，激励"平台竞争与创新"。平台尤其是超级平台，在数据场景下最为显著的竞争力来源于数据，这不仅是巩固和维持其市场地位和力量的基本原料，也是可能涉及其限制、排除竞争及损害消费者利益的重要工具。故此，理顺平台竞争秩序，规范平台竞争行为的逻辑起点应立基于数据治理，由此推动和实现平台的共治和善治。依据数据来源、属性及功能等特征，科学、合理地对平台数据予以分级分类，在不涉及国家安全、商业秘密及用户隐私的前提下，平等开放平台数据。同时，建立与平台交易相关的第三方数据比对系统，确保数据的客观性、真实性、实时性及有效性，使公众、其他社会主体及政府监管机构合理、合规地分享和使用平台数据，实现平台数据的无限归集与有限分享间的利益平衡及有效保护与创新使用间的动态平衡。进言之，通过推动和实现数据领域的多元共治与善治，预防和规制超级平台基于数据不正当归集、原料封锁、拒绝交易、附加不正当理由交易等行为实施的限制、排除竞争及损害消费者利益的违法行为。

3. 坚持和完善政府主导的包容审慎监管

政府需更新监管理念，创新监管方法，建新监管队伍，注重激励与约束的平衡，施行分级分类监管，推动平台经济高质量发展。当前对以超级平台为代表的新兴互联网平台经济的监管总趋势是"强监管、早监管、长监管"，特别是通过反垄断法恢复和维护整个互联网市场的自由公平的竞争秩序和利于创新的市场环境。该竞争倡导在我国有着同样的期待和必要。然而我国目前正处在经济社会高质量发展的转型升级期，既要保持足够战略定力，克服现实困难持续推进经济社会转型，也要保障经济社会平稳过渡，维持国民经济在合理区间的持续增长，这就需要一分为二地看待政府对以超级平台为代表的平台经济的市场监管的现实选择，这点在《指导意见》中已有阐明。在坚持包容审慎的大前提下，中央政府明确了我国现阶段"分类监管、强监管、早监管、持续监管"的总体思路，与前文主张的"强监管、早监管、长监管"规制模式不谋而合。

其一，作为互联网经济大国，我国正在历经从大到强的质量跃迁。在此过程中实现了从数字大国到数字强国的升级，实现中共十九大报告提出的"加快建设制造强国，加快发展先进制造业，推动互联网、大数据、人工智能和实体经济深度融合，在中高端消费、创新引领、绿色低碳、共享经济、现代供应链、人力资本服务等领域培育新的增长点、形成新动能"的强国理念和战略部署需要激励和巩固强大的创新能力和竞争实力，对新兴的经济业态和经济组织抱持包容审慎的态度，防止"一管就死、一放就乱"的怪圈再次上演。故此，对超级平台的治理并不能完全跟随其他国家和地区的做法，还需充分考虑我国经济社会发展的现实，特别是当前国内外政经局势，保持稳定的市场竞争监管，施行分级分类分领域的有序监管，从国家、社会、平台、用户四维空间搭建动态利益平衡分析框架，做到多元利益的共存共赢。

其二，在坚持包容审慎监管的同时，应充分关注超级平台滥用市场力量损害互联网市场整体生态系统的现实危害和潜在风险，重塑反垄断法的基本价值目标，引入多元的反垄断法规制方法，聚焦超级平台限制、排除竞争和损害消费者利益的主要面向，积极主动发挥政府的规制权威及力量。在我国，政府作为市场经济改革的重要领导者和主要推动者具有不可替代的作用，这是一个不争的事实。当前我国正历经着经济社会组织和结构的高度的数字数据化，这集中体现为各类新兴的互联网平台的出现和发展。在此过程中，政府对其他新兴平台的态度必须是积极的，同时也是复杂的。从"要不要管，如何管，到怎么管好"，政府作为主要的监管主体不断更新监管理念和思路。同时，也针对超级平台限制、排除竞争和损害消费者利益的行为，展开了积极的调查活动，主动出击规范市场，引导超级平台合规经营，实现数字数据技术的创新发展。

4. 关注竞争规制在平台经济发展中的重要作用

需要着重强调的是，在对超级平台的反垄断法规制中，施以各种矫正措施，恢复市场自由公平的竞争秩序固然重要，但仍远远不够，还需考虑竞争规制作为一种重要的经济建设与发展机制在整个国家经济发展中的时代定位和基础作用。犹如 2018 年 11 月陈荣隆教授在评价我国台湾地区"公平交易委员会"与高通公司达成反垄断和解时所指出的，"和解是对产业脉动、经济发展等公共利益的考量。通过和解，高通公司承诺对台湾地区移动通信标准必要专利授权采取无歧视性待遇，并投资一定数额美元协助台湾地区人工智能、大数据及云计算等领域的研发创新、人才培育及国际市场拓展，在一定程度上有助于提升台湾半导体、移动通信及 5G 技术发展等。"从此意义上讲，一国或地区竞争主管机构应在具体个案中权衡各方利益，究竟选择反垄断处罚还是和解，保护竞争抑或保护竞争者都应综合考量，还主张在维护竞争秩序的过程中不仅要注重竞争政策，也应考虑产业政策，两者如同车之两辕，相互促进，协同发展。换言之，通过完善竞争规制助力产业发展，以竞争政策的制定和实施推动产业结构的优化和升级，为面向市场化的经济体制改革提供科学合理的制度保障。特别是在涉及高新技术创新开发的领域，从规制科技到科技规制乃至科技治理，既要考虑对整个行业乃至整个市场竞争生态秩序的维持，也要考虑对整个行业乃至未来整体经济的可持续创新动能的激励。超级平台作为当下和未来新兴科技产业与新兴经济业态的典型代表在引发诸多竞争规制问题的同时，也正在激励各类数字数据技术向纵深发展，揭开了人类经济社会奇点式发展的序幕。可以预见，未来人工智能技术和产业的发展离不开超级平台的高质量运营，事实上这一状况已然发生，故此对超级平台的反垄断法规制必须从竞争治理与产业促进两个维度共同考量。

随着信息通信技术和数字数据技术的深度融合，以互联网、物联网、大数据、超级计算、算法设计与优化为基础技术和重要支撑的数字数据时代的平台经济得到了飞速发展，正在推动数字经济向更高形态的人工智能经济蓬勃进发，人类社会首次深刻地感受到科技对生产生活结构和模式的颠覆性改变，人类正在高速迈向并跨越以人工智能算法为核心的下一个奇点式发展的关口和风口。在此过程中，以数据、大数据及算法为核心的超级平台的生成和发展构成了人工智能奇点式发展的重要支撑和关键设施，引发了一系列关于激励抑或约束超级平台及商业模式发展的争论，特别是自 2019 年起在全球主要竞争法司法和执法区域内爆发了大量的针对超级平台的争诉和调查，挑战着主要国家和地区的竞争法理论与实践。然而受到传统竞争法理念、理论、原则、规范、逻辑及方法等整套成体系化建制的约束，现行竞争法的价值目标、规制逻辑及实施方法尚未能及时、有效地回应超级平台带来的突如其来的严峻挑战。

超级平台作为科技巨头庞然大物在依循现行竞争法基本理论、逻辑及施行方法的场景下显得游刃有余、得心应手，一次次挑战各主要国家和地区的竞争主管机构及当地司法机关。缘何如此，是竞争主管机构杞人忧天还是超级平台本身无害，可能尚需假以时日，但可肯定的一点是，造成这种窘境——竞争主管机构不放心、超级平台不买账、广大用户不满意的根由则在于现行竞争法从理论到实践整体环节上出现了解释乏力和行动迟滞的症状。这在很大程度上都揭示出当下竞争法特别是反垄断法亟须因应以超级平台为代表的数据科技巨头的挑战而作出重大改变，包括对自身价值目标的重新审视，从单一评价走向多元融合，校准以反垄断法为基石的竞争法治的运行目标，更多地关注对消费者利益的直接保护，正视非竞争性价值目标的客观影响；对现行规制逻辑的重新建构，从注重事中、事后规制走向因应数字经济发展特征的全周期联动；对现有规制方法的重新构造，从严格恪守消费者福利主义的经济分析方法走向自主创新的吸收定量与定性评价方法在内的整体分析方法，建立因应超级平台特征的分类治理的生态化竞争法治系统，注重竞争规制与竞争促进在当前我国经济社会高质量转型升级阶段的特定时代意义，即对超级平台的反垄断法规制要遵循"虽坚持包容审视监管，但不等于放任不管，要合理设置观察期，防止一上来就管死"。也就是说，我国对超级平台的反垄断法规制需要做到动态平衡，实现科学规制、合法规制及创新规制的三融合。

第五章 数字经济下竞争法治调整及走向

互联网的发明人之一温特·瑟夫（Vint Cerf）在 1999 年接受采访时曾说："1973 年，当时的主要目标是创造出一种使计算机彼此沟通的方法，尽管知道技术是非常强大的，也清楚它拥有巨大的可能性，但你很难想象当非常非常多的人能够同时利用一项技术的时候，比如互联网，会发生什么样的事。"时间如白驹过隙，以互联网为媒介，有边界的世界蜕变为无边界的"地球村"，基于信息通信技术和数字计算技术而产生，通过互联网、物联网拓宽和发展的数字经济正以前所未有的速度颠覆性地改变着人类社会的生产生活方式，推动经济高速发展。根据《中国数字经济发展研究报告（2023 年）》，2022 年，我国数字经济规模达到 50.2 万亿元，同比名义增长 10.3%，已连续 11 年显著高于同期 GDP 名义增速，数字经济占 GDP 比重相当于第二产业占国民经济的比重，达到 41.5%。按照测算，到 2030 年，数字经济占 GDP 比重将超过 50%，将全面步入数字经济时代。数字经济业已成为我国新时代经济发展和产业升级的重要平台和支撑动能，是参与全球经济竞争的重要力量和竞争优势，基于数字经济各类新业态展开的市场竞争已然成为当前和未来全球经济发展的主要表征和关键动力。由此引发了围绕数字经济新业态发展对现行竞争法治的诸多挑战及调整，譬如竞争法治的适用场景、适用逻辑、适用技术规范等等，已成为当前理论界与实务界普遍关注和亟待回应的热点与重点，现行竞争法治需要因随数字经济新业态发展而调整。

第一节　数字经济下反垄断监管的全球动向[①]

近年来，伴随 5G、物联网、大数据、人工智能、云计算等新一代信息通信技术和数字数据技术的快速创新发展与深度应用，诞生了数字经济这一新型经济形态。其以数据资源为关键要素，以现代信息网络为主要载体，以信息通信技术融合应用、全要素数字化转型为重要推动力，正在成为重组全球要素资源、重塑全球经济结构、改变全球竞争格局的关键力量。然而在数字经济为全球经济社会发展注入强大活力，深刻改变国际竞争格局之时，各种形式的垄断和不正当竞争行为也不断涌现。特别是作为数字经济背景下参与市场竞争的典型组织形式和经营模式的数字平台企业，往往凭借强大的用户锁定效应、网络效应、巨大经济规模、海量数据资源、技术创新优势和雄厚资本优势自成生态竞争系统，不断强化和持续巩固市场地位及相关竞争行为，形成"赢者通吃、强者愈强"的市场竞争效果，因而更加容易产生损害市场公平竞争的行为。

鉴于此，包括美国、中国、欧盟、德国、英国、法国、日本在内的全球主要经济体纷纷开展数字平台相关领域的反垄断行动，加快制定和出台数字经济相关竞争立法，以促进数字经济领域公平竞争和创新发展，最大程度挖掘数字经济的内在潜力，打造竞争新优势。尽管由于国家利益、经济发展、文化背景、产业政策、竞争价值取向等不同，各国和地区在数字经济领域的反垄断立法态度和规制措施存在差异，但自 2020 年以来掀起的全球反垄断风暴已表明，强化平台反垄断规制已拉开序幕，立法体系化、监管常态化、执法严厉化已成为全球主要经济体针对大型数字平台企业的普遍规制态势。

一、欧盟：严格监管与创新立法并举

欧盟竞争执法机构一直以来对数字平台企业都秉持较为严格的监管态度，诸多执法实践经验对全球数字经济反垄断监管起到了重要示范和引领作用，特别是《通用数据保护条例》（General Data Protection Regulation，简称 GDPR）的出台，在大型数字平台企业在用户数据收集、使用和消费者隐私保护等方面提出了更高的要求。欧盟委员会自 2019 年 7 月起，分

---

① 本节参见陈兵、马贤茹：《全球视阈下数字平台经济反垄断监管动态与中国方案》，《统一战线学研究》2022 年第 2 期。

别针对亚马逊的"自我优待"及利用其市场上的第三方卖家数据来开发自己的商品或者业务进而牟利的行为展开调查。相比之下，欧盟针对谷歌开展的反垄断调查则体现出更加强势的态度。仅在 2017—2019 年的三年时间里，欧盟就对谷歌开展了三轮反垄断处罚，罚款总额高达约 82 亿欧元。①此外，欧盟也对脸书和苹果开启了反垄断调查，主要聚焦平台是否利用组织、服务市场属性以及数据资源的收集和利用优势，对自身商品或服务适用优待性的算法或规则。②

同时，欧盟委员会开始寻求欧盟竞争法的革新，准备出台适应数字经济领域的创新性立法和政策，对各大数字平台企业予以全面监管。2020 年 12 月 15 日，欧盟委员会正式提交了《数字服务法》（Digital Services Act）和《数字市场法》（Digital Markets Act）两部针对数字平台企业的法律草案，成为欧洲数字市场竞争法律政策和规则的重要补充。其中，2022 年 3 月，《数字市场法》已在欧洲议会和欧盟各成员国谈判代表之间达成一致，进入审批程序的最后与决定性阶段，预计于 10 月正式生效。《数字市场法》规定了大型平台作为单一数字市场"守门人"的认定标准及其广泛的责任和义务，包括针对具有特定市场力量的大型互联网平台（数字平台）企业，提出了严格限制其实施不公平竞争行为的系列措施，以保障中小型初创企业拥有开展竞争与创新的机会，并致力于促进大型互联网平台（数字平台）企业数据流转和利用，确保数字服务或者数字市场的开放性。此外，2022 年 2 月 23 日，欧盟委员会正式公布的数据治理立法《数据法案》（Data Act）草案，对数据共享和数据持有义务、数据访问、数据互操作性等内容的规定，实际上也是以此对具有数据规模和数据技术优势的大型数字平台企业附加更多竞争约束条件。

总体而言，欧盟在针对数字平台企业垄断和不公平竞争行为的监管中，除了注重对传统竞争要素的考察，也开始关注数据收集和使用的正当性、国家数据安全、消费者隐私保护、技术创新等因素对市场竞争秩序的影响。欧盟委员会的这一思路也对该区域内的其他国家产生了深刻影响。

---

① 2017 年，欧盟委员会因谷歌滥用搜索引擎市场支配地位，给自身比较购物服务提供非法优势而将竞争对手的搜索结果降级的行为，对其罚款 24.2 亿欧元。2018 年 6 月，谷歌因滥用其安卓操作系统在移动领域的市场支配地位，被欧盟判处 43 亿欧元巨额罚款。2019 年 3 月，谷歌旗下互联网广告服务业务"AdSense"要求其客户拒绝显示来自谷歌竞争对手的搜索广告，被欧盟反垄断监管机构处以 14.9 亿欧元罚款。

② 譬如，2017 年 5 月，欧盟委员会宣布对脸书处以约合 1.1 亿欧元的罚款，因该公司在 2014 年收购 WhatsApp 时向欧盟提供误导性信息，即脸书在收购 WhatsApp 交易审查中，曾表明其平台和 WhatsApp 上无法做到自动匹配用户账户、共享相关信息的技术可能，但这一服务在两年后得以实现。

譬如，2019 年 2 月，德国联邦卡特尔局（FCO）对脸书滥用市场支配力违法收集和使用用户数据的行为颁发了禁止命令，认为其违反《德国反限制竞争法》上的剥削性滥用条款。这是竞争执法机构首次就数据隐私保护问题与个人信息保护机构展开合作，开辟了全球竞争执法的新路径。2021年 1 月 19 日，《德国反限制竞争法》第十修正案正式生效。此次修订是德国为适应数字经济时代规制平台垄断行为的现实需求而进行的数字化改革，其将"获取竞争相关数据的能力"作为市场支配地位、市场相对优势地位的重要考察因素，以及对具有市场支配地位的经营者实施数据接口拒绝开放行为可能构成拒绝交易的严格规定，在全球范围内具有领先性[1]。

二、美国：反垄断监管从宽松监管走向积极监管

20 世纪 90 年代以来，美国一直实行着较为宽松的反垄断政策，在打击垄断行为方面比较谨慎。即使谷歌、脸书、亚马逊、苹果等数字平台企业在欧盟频繁遭遇竞争监管机构的查处，但在美国基本未受到干预。其很大原因是受到美国 20 世纪七八十年代以来广泛盛行的芝加哥学派（Chicago School）的影响，该学派主张以降低价格、促进市场效率、保护消费者福利作为反垄断的核心目标。在此思想的主导下，大企业的市场规模扩大和市场力量增强是其市场效率提升的体现。因此，尽管在 1998 年美国联邦政府联合 20 个州对具有强大市场力量的微软展开了反垄断诉讼调查，指控微软将其 IE 浏览器等程序强制与 Windows 操作系统捆绑，违反了反垄断法，但该案最终以微软和美国政府于 2001 年和解告终，微软取得了此次反垄断案的重大胜利[2]。

然而伴随着数字经济快速创新发展和平台企业影响力日益增强，新布兰代斯运动（New Brandeis Movement）逐渐兴起，美国的反垄断监管思路和政策选择发生了深刻转变。该学派主张"反垄断是在民主基础上构建社会的关键工具和哲学基础"，经济权利的集中会助长政治权利的集中，须警惕和防止私人权利的过度集中，倡导关注市场结构和竞争过程，而非仅关注竞争结果[3]。在该思潮的影响下，美国众议院于 2020 年 10月 6 日就四大科技巨头涉嫌垄断发布了《数字市场竞争调查报告》。该报告

---

① 袁嘉：《德国数字经济反垄断监管的实践与启示》，《国际经济评论》2021 年第 6 期。
② 孔祥俊：《论互联网平台反垄断的宏观定位——基于政治、政策和法律的分析》，《比较法研究》2021 年第 2 期。
③ Lina Khan. The New Brandeis Movement: America's Antimonopoly Debate, *Journal of European Competition Law and Practice*, Vol. 9:3, (2018), p.131-132.

认定谷歌、亚马逊、脸书、苹果分别在其相关市场具有垄断势力，美国众议院于 2021 年 4 月 15 日正式批准了这一报告。

此前，美国司法部已于 2020 年 10 月 20 日联合 11 个州对谷歌提出反垄断诉讼，谷歌被指控在美国通用搜索服务、搜索广告和通用搜索文本广告市场具有垄断力量，并实施了诸多反竞争行为不断巩固其市场垄断地位，进而产生了降低通用搜索服务在隐私和数据保护、消费者数据使用等方面的质量，减少消费者在通用搜索服务方面的选择，损害广告商利益，妨碍市场创新等竞争效果。可以看到，此次诉讼与前述"美国政府诉微软案"十分相似，如今谷歌案的诉讼结果是否会与上世纪微软案保持一致，抑或美国政府会在新布兰代斯学派的影响下对谷歌重拳出击，备受全球关注。

2020 年 12 月 9 日，美国联邦贸易委员会（FTC）联合 40 多个州在华盛顿特区联邦法院正式起诉脸书，指控脸书通过长达数年的反竞争行为非法维持其个人社交网络的垄断地位，并向软件开发者施加反竞争条件。然而 2021 年 6 月 28 日，美国哥伦比亚特区联邦法院的博斯伯格法官驳回了美国联邦贸易委员会（FTC）针对脸书的诉状，认为其没有足够充足的理由和事实依据证明脸书在美国个人社交网络服务市场构成垄断力量，且实施了限制竞争对手互操作性的行为。同年 8 月，FTC 在补充证据、修订诉状后再次对脸书具有主导地位提起诉讼。对此，脸书已提出两次反垄断申诉但均被驳回。由此看到，尽管 FTC 针对脸书的诉讼结果悬而未决，但其行动已经表明美国政府向遏制本土大型数字平台企业市场主导势力、采取积极措施规制数字经济市场竞争秩序迈出了重要一步，当然，美国政府在其中仍面临着司法证据证明力不足、支配地位认定困难等多重挑战。

在竞争立法和执法领域，美国也已经开始展现出针对大型数字平台企业的严格监管态势。2021 年 6 月 23 日，美国众议院司法委员会审议批准了 6 项反垄断法案①，其中《美国创新与选择在线法案》已由美国联邦参议院司法委员会在美国时间 2022 年 1 月 20 日，以 16 票赞成、6 票反对

---

① 该 6 项反垄断法案分别是《终止平台垄断法案》《美国创新与选择在线法案》《平台竞争和机会法案》《收购兼并申请费现代化法案》《通过启用服务切换（ACCESS）法案》以及《州反垄断执法场所法案》。

的压倒多数通过①。这类法案旨在加强规制大型数字平台企业过度扩张的技术权力和经济影响力，降低数字市场进入壁垒，维护数字市场竞争秩序。这六部法案已经较为明确地传递出美国针对数字平台企业，尤其是巨型数字平台企业趋向严格的规制态度。此外，美国政府已于 2021 年 6 月任命科技巨头的批评者、新布兰代斯学派代表人物——莉娜·汗（Lina Khan）担任 FTC 主席，这一举措被认为美国未来将会加大对大型数字平台企业的打击力度，并可能会采取更严格的立法和监管措施来应对垄断和日益增长的企业力量。

三、中国：从包容审慎到常态化监管

我国是全球数字经济发展领先的国家之一，2020 年数字经济总规模稳居全球第二，增速位居全球第一。②我国亟待通过科学有效的反垄断规则和监管措施来促进行业健康发展，为构建新发展格局打下坚实基础。目前，我国针对数字平台企业的反垄断政策和法律也在密集迅速地制定、出台之中，反垄断执法开展力度和强度不断升级，监管方式日益完善。自 2020 年 11 月以来，中央政治局会议、中央经济工作会议、中央财经委第九次会议等一系列重要会议，已明确表明我国强化反垄断和防止资本无序扩张的态度和决心。2021 年 8 月召开的中央全面深化改革委员会第二十一次会议审议通过了《关于强化反垄断深入推进公平竞争政策实施的意见》，强调"坚持监管规范和促进发展两手并重、两手都要硬"，以监管规范保障发展和促进发展。2021 年 12 月召开的中央经济工作会议明确提出"要提振市场主体信心，深入推进公平竞争政策实施，加强反垄断和反不正当竞争，以公正监管保障公平竞争"，为落实常态化、规范化反垄断工作指明了方向。

在反垄断立法方面，2021 年 2 月 7 日，《平台经济反垄断指南》正式发布，全面详尽地回应了平台经济领域广受关注且备受争议的平台"二选一"、"大数据杀熟"、相关市场界定、最惠国待遇条款的违法性认定、新兴创新型企业收购审查等热点问题，对加强平台经济领域反垄断规制，引

---

① 《美国创新与选择在线法案》（American Innovation and Choice Online Act）旨在禁止超大型线上平台企业在制定和实施平台政策时，对其产品和服务给予"自我优待"，从而使其在竞争中获得优于使用平台的其他企业的地位，严重损害平台竞争秩序。该法案的监管对象需满足相当高的平台市值和月度活跃用户（商业用户）要求，因此被认为直指美国国内亚马逊、谷歌、苹果和脸书四大数字平台企业，甚至也可能将符合监管标准的中国大型数字平台企业纳入管辖。

② 中国产业经济信息网：《全球数字经济白皮书发布 我国数字经济增速位居全球第一》，http://www.cinic.org.cn/xw/schj/1134421.html，最后访问时间：2023 年 2 月 12 日。

导平台经济经营者依法合规经营，促进平台经济规范有序创新和健康发展具有重要意义。新《反垄断法》将"具有市场支配地位的经营者利用数据和算法、技术以及平台规则等设置障碍，对其他经营者进行不合理限制"作为构成滥用市场支配地位的情形之一，充分回应了数字经济下反垄断监管的法治需求。

此外，国家市监总局于 2021 年 10 月 29 日公布了《平台分级分类指南》以及《平台主体责任指南》，全方位、多维度、分层次地对不同类型平台的经营行为和主体责任予以规范。可见，从党中央政策定位、定向转入国家政策、法律制定及其落实落地阶段，强化数字经济、平台经济领域反垄断已成为当前中国市场竞争监管的重中之重。2022 年 1 月 18 日，国家发改委等 9 部门联合发布《关于推动平台经济规范健康持续发展的若干意见》（以下简称《意见》），从健全完善规则制度、提升监管能力和水平、优化发展环境、增强创新发展能力、赋能经济转型发展和保障措施六方面提出要求。从《意见》的整体内容来看，高质量发展是主线，在发展的同时严守的是安全线，失去安全基础，数字经济持续健康发展便无从谈起；而协同治理则是保障和推动平台经济发展的基线，数字经济发展影响面广，需要各方主体共同参与治理，以实现平台经济规范健康持续发展。

在反垄断监管政策和立法的指引下，我国也开始密集开展强化数字平台企业反垄断的相关监管举措。2020 年 12 月 14 日，国家市监总局公布对阿里巴巴投资收购银泰商业股权、阅文集团收购新丽传媒股权、丰巢网络收购中邮智递股权等三起未依法申报违法实施经营者集中案作出顶格行政处罚决定[①]，这是我国反垄断执法机关首次对数字经济领域的经营者集中交易做出的行政处罚。2021 年 4 月 10 日，国家市监总局发布对阿里巴巴集团实施"二选一"垄断行为的行政处罚决定。同年，7 月 24 日，国家市监总局发布对腾讯控股有限公司收购中国音乐集团股权违法实施经营者集中案的行政处罚，责令腾讯及其关联公司采取措施重塑相关市场竞争秩序，处以 50 万元罚款，并依法申报经营者集中[②]。该案是自《反垄断法》实施以来对违法实施经营者集中采取必要措施恢复市场竞争状态的第一起案件，对积极维护公平竞争、推动行业创新发展有重要意义。

---

① 国家市场监督管理总局：市场监管总局依法对阿里巴巴投资收购银泰商业股权、阅文集团收购新丽传媒股权、丰巢网络收购中邮智递股权等三起未依法申报违法实施经营者集中案作出行政处罚决定，http://www.samr.gov.cn/xw/zj/202012/t20201214_324335.html，最后访问时间：2023 年 2 月 12 日。

② 国家市场监督管理总局：市场监管总局依法对腾讯控股有限公司作出责令解除网络音乐独家版权等处罚，http://www.samr.gov.cn/xw/zj/202107/t20210724_333016.html，最后访问时间：2023 年 2 月 12 日。

除强化反垄断执法外，国家市监总局联同其他行业监管部门多次召开针对数字平台企业的行政指导会，以事前监管的方式对规范数字平台企业竞争行为、依法合规经营提出具体指导和要求。譬如，在近两年的"双11"前夕，国家市场监管总局会同其他部门，都召开了由各大数字平台企业参加的"规范网络经营活动行政指导座谈会"和"规范线上经济秩序行政指导会"。各行业主管部门也对行业内落实强化反垄断执法、规范行业内新业态规范健康发展提出相关工作要求①，各地方市场监管部门也陆续组织执法辖区内的数字平台企业开展行政指导会，督促其依法合规经营。

四、全球竞争格局下中国数字经济反垄断监管展望

针对数字经济领域存在反垄断现实问题和挑战，特别是大型数字平台企业竞争行为对市场竞争秩序和消费者权益带来的影响，全球范围内的国家和地区都在积极努力探索应对方案，其中，欧盟、美国、中国等主要司法辖区的反垄断实践为全球数字平台企业竞争监管提供了丰富的立法、司法和执法经验。可以说，各国在数字经济、平台经济反垄断方面遇到的问题几乎是相似的②，只是各国数字经济发展阶段和需求有所区别，加之历史传统、文化背景、法律体系、价值取向等方面的不同，数字经济反垄断政策目标、监管态度、实施策略和监管重点呈现多元性和差异性。

2022年中央经济工作会议明确提出，要加快建设现代化产业体系，大力发展数字经济，提升常态化监管水平，支持平台企业在引领发展、创造就业、国际竞争中大显身手。2023年2月，中共中央、国务院印发《数字中国建设整体布局规划》，明确提出要支持数字企业发展壮大，健全大中小企业融通创新工作机制，发挥"绿灯"投资案例引导作用，推动平台企业规范健康发展。在2023年3月召开的全国两会政府工作报告中提出"大力发展数字经济，提升常态化监管水平，支持平台经济发展"。同时，两会期间，市场监管总局罗文局长，在"部门通道"接受采访时，强调指出持续优化营商环境，使监管规则更加明确，执法程序更加清晰，要提升常态化监管水平，特别是在数字经济、民生保障等重点领域，强化预防性监管，帮助提高企业合规管理水平，为企业发展提供帮助。

基于此，在中国下一步支持平台经济发展的工作中须着力提升常态

① 2021年7月30日，交通运输新业态协同监管部际联席会议召开2021年第二次全体会议指出，"要加强反垄断监管和反不正当竞争，依法查处网约车和货运平台垄断、排除和限制竞争"，"进一步加强网络与数据安全管理，切实保护消费者个人信息安全"。

② 王先林：《论反垄断法对平台经济健康发展的保障》，《江淮论坛》2021年第2期。

化监管水平，明晰监管目的与主线，支持平台经济发展，以此促进数字经济高质量发展。为此，应坚持分类分级监管，以数据、算法、技术、平台规则等要素为抓手，统筹好安全与发展的关系，充分发挥平台经济在推动经济发展、助力技术进步、稳定社会就业中的作用。

（一）常态化监管的基本内涵与现实意义

在当前阶段，常态化监管有利于提振市场主体信心，在充分释放市场创新活力的同时，保障平台经济安全运行，确保各类市场主体在安全发展的道路上行稳致远。

1. 常态化监管的基本内涵

常态化监管，是指在法治的框架下依据明确的法律法规，统筹考虑安全与发展的基本理念，依托多元主体协同治理、多元工具系统运用，开展敏捷监管、精准监管、透明监管与规范监管。与常态化监管相对应的是专项监管、运动式监管。

随着平台经济专项整改工作的阶段性结束，前期治理取得了显著成效，平台经济中不规范、不健康的经营行为得到了及时有效的规制。在此基础上，政府应及时调整监管策略，由专项监管转变为常态化监管，通过实施科学精准、透明规范的监管政策，稳定市场主体预期，提振市场主体信心，为平台经济相关主体的经营行为画定"安全红线"，提供"绿灯指引"，实现平台经济规范持续健康发展。

2. 常态化监管的实践特征

一是监管措施精准化。基于平台经济领域生产、经营、流通、消费等各环节、各要素、各主体间存在多元价值与多元利益共存的现实状态，要避免采取"一刀切"式监管，例如对安全程度较低的要素采取较为严格的监管措施，必然会限制平台经济的发展。因此，应科学界定平台类别、合理划分平台等级，针对不同平台的特点，开展敏捷监管与精准监管。

二是监管主体多元化。平台经济领域监管主体呈现多元态势，除政府部门外，平台企业、行业协会等组织在该领域均具有不同层次、不同类型的管理职责，同时其更加了解平台经济领域的底层逻辑、经营模式。因而，常态化监管意味着多元主体共同参与到监管过程中，助力实现科学监管。

三是监管规则明确化。在早期监管中，对于平台经济这一新兴领域，传统部门法难以提供有效的规制方案。随着《个人信息保护法》（以下简称《个人信息保护法》）、《数据安全法》（以下简称《数据安全法》）、《平台经济领域的反垄断指南》等法律法规的出台，以及 2022 年《反垄断法》的修订，监管依据更加充分，相关规则更加细化。在常态化监管中，应当寻求更为明确的条款作为规制进路，避免对"兜底条款""原则性条款"的过度依赖。

四是监管行为规范化。平台经济具有强网络效应、超规模效应，一旦发生不当经营行为，风险很容易传导至各行业、各领域。因此，应当保持监管行为的日常化、全面化、持续化，从事前、事中、事后等全周期展开对平台经济的监管，对于平台经济领域的风险随时发现，随时处理，随时解决。

五是监管过程透明化。在执法过程中，应当及时公布处罚情况与企业违法行为，并将执法依据等信息公开；在司法过程中，应当及时公开司法裁判文书，为平台经济相关主体规范经营行为确立明确的预期。

3. 常态化监管的意义

第一，有助于激发平台经济对经济发展的引领作用。对平台经济进行常态化监管有利于规制大型平台企业基于数据、算法、技术、资本及平台规则所实施的违法违规行为，在规范市场经营活动的同时，也给予了平台企业明确的市场预期，有利于促进各类生产要素特别是数据要素的有效有序流通。充分释放要素动能。

第二，有助于激励平台经济发挥促进创新的正向效用。当前平台经济从模式上看依然停留在从流量资本到短期变现的阶段，从技术上看存在关键领域创新能力不强的问题。而常态化监管有助于及时精准地规制市场上的不公平竞争与垄断行为，建立科学合理的长效机制维护公平有序的市场竞争，通过对平台竞争行为配置适度的激励措施来促进创新动能的充分释放，促进相关主体转向"产业资本+技术创新+持续发展"的新模式。

第三，有助于夯实平台经济创造就业的法治基座。常态化监管所具有的敏捷性、精准性、持续性、规范性等特征，能很好地回应平台经济领域大量灵活用工带来的问题，引导平台主体为灵活就业人员设置规范的各类要求，并提供的相应对价行为，这既有利于充分发挥平台经济在保障就业方面的积极作用，也有利于保障广大灵活就业人员的合法权益。

特别是针对平台经济领域广泛适用的"数据和算法"的驱动机制，平台主体相对于广大灵活就业人员言，具有在数据和算法上的绝对优势，当出现算法滥用、算法歧视的现象时，灵活就业人员有被困在系统里沦为算法囚徒的风险。①事实上，由于平台无限归集数据的现实，以及基于海

---

① 田野：《平台用工算法规制的劳动法进路》，《当代法学》，2022年第5期。

量数据所形成的算法计算能力，平台主体在控制灵活就业者大量行为数据的同时，客观上也增加了对其隐私权保护和救济的难度。[①]常态化监管有助于防范平台主体利用在数据、算法、技术、资本及平台规则等方面的优势，侵害广大灵活就业人员合法权益的行为，净化平台经济领域的就业环境。

（二）当前平台经济常态化监管的难点与堵点

当前，平台经济监管发展面临着创新发展质量待提升与安全发展基础需夯实的现实挑战，包括常态化监管思路需进一步理清，平台企业、行业协会等监管主体过度依赖政府，监管工具内部缺乏协同等。

1. 平台经济常态化监管需回应的难点

（1）如何以常态化监管促进科技创新发展

目前，世界数字经济主要国家和地区在平台经济监管方面均关注一个重要问题：监管力度与态度对平台经济为代表的数字经济创新影响。美国作为数字经济发达国家，一直对相关领域采取包容监管态度，甚至采取"长臂管辖"等多种方式，保护美国企业在世界范围内扩张，因此诞生了以 GAFA（谷歌、亚马逊、脸书、苹果）为代表的一批科技巨头企业。欧盟作为数字经济规则制定引领地区，加上对于个人隐私保护的强监管态度，对于数字经济监管一直保持较强态势，并且一直在探索数字经济监管新规则的建设，但也因此导致欧盟区域内缺乏强有力的数字企业。

比较而言，对于我国平台经济领域常态化监管，既要防止资本无序扩张，又要保护平台企业的创新动力，以在国际竞争中取得领先地位。客观讲，前些年我国平台经济发展过度依赖商业资本，商业模式侧重在从流量数据到短期变现，未能实现关键技术领域的原始创新，平台间的"流量圈地""生态封闭"等现象较为严重。因而，如何引导平台企业摆脱规模效应的路径依赖，转向通过自主创新以提升市场竞争力，是常态化监管面临的首要难点。

（2）如何以常态化监管夯实安全发展基础

安全是发展的重要前提，没有安全就没有发展的基本支撑。平台经济创新特别是商业模式的创新时常伴随着系统性、扩散性风险，在以往平台经济运行中以"创新"之名谋取不正当利益甚或危害国家金融市场系统安全、数据信息公共安全的现象时有发生。尽管，经过近两年来的专项整改，平台治理取得了阶段性成果，但是面对内外部巨大的不确定性风险，

---

① 邹开亮、丁隐：《大数据时代劳动者隐私权保护路径构造》，《价格理论与实践》，2022年第10期。

监管部门在支持平台经济发展过程中，要避免对新业态包容过度而缺乏审慎，埋下系统性的风险隐患。①鉴于此，如何从国家总体安全、社会公共安全以及用户安全等多维度筑牢平台经济安全发展底线，是常态化监管面临的一大难点。

2. 平台经济常态化监管待疏通的堵点

（1）分类分级监管规则待细化

全面、准确、系统贯彻和落实分类分级监管的理念和规则，有助于实现常态化监管的精准化与规范化，对于不同场景下的平台主体营商发展精准施策。目前，尽管《数据安全法》《互联网平台分类分级指南（征求意见稿）》（以下简称《分类分级指南》）对平台、数据的分类分级作出了初步的规定，但是仍需进一步细化，提升可操作性。从《数据安全法》看，只是根据数据安全等级建立起了初步的数据分级体系，其中也大致划定了数据分类，譬如国家核心数据、地方和行业重要数据，然而尚未建立更为细致的数据分类体系，这一缺漏需要在实施中进行填补；②从《分类分级指南》来看，其在分类上存在类型交叉，在分级上缺乏对商业用户、年营业额等因素的考量，且分类与分级之间的区别尚不清晰，上述问题都对敏捷监管、精准监管、规范监管带来了制约。

（2）多主体协同监管待优化

首先，当前监管依然以政府部门为主，尚未形成平台主体、科研机构、社会专业团体等多元主体共同参与的协同监管模式。政府主体监管具有执法快、效率高的优势，然而对平台经济的商业模式、底层逻辑、关键技术及经营实况的掌握较之平台主体、科研机构、社会专业团体等处于弱势，其监管行动往往由于信息偏在具有滞后性，且政府部门监管力量有限。因而，依赖政府部门的单一主体监管不符合常态化监管的内在要求。

其次，政府监管的系统性、协同性、整体性也待提升。为有效应对平台的混业经营属性，常态化监管需要对平台经济运行进行全方位、系统性、整体性的监管。当前政府监管面临牵头部门层级不高、不同部门间配合力度不够的问题，部门间的职能交叉、权责交叠情况较为突出，往往出现多部门监管单要素的监管冲突与单部门监管多要素的监管盲区，难以满足常态化监管的要求。

第三，多学科多场景科学监管能力待提高。常态化监管要求对平台

---

① 刘权：《数字经济视域下包容审慎监管的法治逻辑》，《法学研究》2022 年第 4 期。

② 陈兵，郭光坤：《数据分类分级制度的定位与定则——以〈数据安全法〉为中心的展开》，《中国特色社会主义研究》2022 年第 3 期。

经济进行敏捷、精准及规范、持续的监管。这要求监管队伍应当进一步强化其运用科学技术进行监管的能力。当前，监管部门及有关人员在应对平台信息流、资金流、物流过程中缺少全局意识和系统观念，在很多情况下，监管仅停留在数据指标的采集、统计上，甚至存在外包的情况；①监管人才队伍建设不够完备，缺少具有经济学、法学、管理学、计算机学等复合学科背景的专业性人才，导致监管工作中无法综合运用多学科知识和方法予以科学有效监管。

（3）多工具监管体系待完善

当前平台经济领域监管工具的设置和使用，仍然受制于行政部门的条块格局，工具之间的协同性和整体性较弱，缺乏足够能力应对竞争政策与产业政策、结构政策与规制政策之间的协同实施，在实践中易出现工具失灵、失效、失范等弊端。鉴于此，2021 年 12 月，国务院印发的《"十四五"市场监管现代化规划》明确提出，建设科学高效的市场监管体系，全面提高市场综合监管效能，更大激发各类市场主体活力，持续优化营商环境。具体到平台经济常态化监管，需要基于平台经济运行的特征，形成多工具相互配合的综合监管体系。

（三）推动平台经济常态化监管的进路

落实平台经济常态化监管，应进一步明确促进健康发展是目的，促进创新是主线，筑牢安全是底线；同时，坚持依法监管，聚焦要素监管，着力协同监管，以实现敏捷、精准、持续、规范的常态化监管。在具体措施上，要进一步细化优化相关法律法规及其他规范性文件，落实落地分类分级监管原则和规则，在夯实竞争政策基础地位的前提下，做好政策、制度及工具之间的系统协同工作，着实提升监管能力与水平。

1. 以促进创新发展为常态化监管主线

常态化监管首要目的是促进平台企业创新发展。数据、算法、资本、平台规则等要素是平台经济的重要组成部分，也是实施常态化监管、释放创新动能的重要抓手。

一是促进数据要素流动。常态化监管应以促进数据要素的流动为重点，打破数据垄断，扩大数据要素的应用场景，赋能中小企业实现创新驱动发展，促进数字经济和实体经济深度融合。建议围绕和落实《中共中央国务院关于构建数据基础制度更好发挥数据要素作用的意见》的相关精

---

① 陈兵：《平台经济的"常态化监管"，应该怎么管》，财经 E 法，https://news.caijingmobile.com/article/detail/459947?source_id=40&share_from=moments，最后访问时间：2023 年 2 月 18 日。

神，加强数据交易规则建设，构建规范高效的数据交易场所，设立数据要素登记平台等，加快数据要素统一市场的形成，及时回应数据资源持有、数据加工使用、数据产品经营中出现的监管需求。

二是促进算法要素创新。常态化监管要保留一定的宽容度与精准度，为算法治理和算法发展预留足够的创新空间，以突破产业发展过于依赖开放源代码的藩篱。

三是规范资本要素发展。常态化监管要为平台经济领域投资行为设好"红绿灯"，引导资本向"专精特新"企业加速流动，使资本要素更好赋能平台经济创新发展。

四是健全平台规则管理。《落实主体责任指南》中明确规定，超大型平台负有促进创新方面的义务，要充分利用自身优势，加大创新投入，促进技术进步，释放平台经济领域的创新动能。这一义务较为原则，尚需具体化以提升其可操作性。

总体而言，常态化监管应当为平台经济的创新发展预留充足的空间，对于出现的新业态、新产业与新模式应保持包容审慎的态度，同时应注重发挥监管的示范效用，形成有为政府与有效市场的更好结合。

2. 以筑牢安全发展为常态化监管底线

应对数据业务、算法开发、重点民生行业领域的新兴业态予以关注，从个人、企业与国家等层面出发，推动平台经济安全发展。为保障数据安全，一方面，平台企业应避免不正当收集、使用公民个人信息等行为；另一方面，要求平台企业强化对数据要素的保护，避免因数据交易、数据共享、数据传输带来的数据泄露造成企业经营权益受损；同时，应重视平台企业国际合作中数据跨境传输的管理，对重要数据、核心数据实行更加严格的保护措施。

对于算法要素，应强化"以用户为中心"的友好型算法治理思维，引导算法向善，避免算法歧视、算法缺陷、算法合谋、算法霸凌等行为，侵害消费者隐私，损害劳动者、老年人、未成年人等弱势群体权益。

对于资本要素，应树牢资本安全底线，规范和引导资本健康发展。明确以维护国家金融市场系统性安全为底线的资本要素常态化监管思路，强化金融安全保障体制机制和规则体系建设，正如新一轮国务院机构改革所形成的金融监管体制"内双峰监管"模式——在银保监会的基础上组建国家金融监督管理总局作为国务院直属机构，证监会也调整为国务院直属机构，这体现了国家加强对资本市场及资本行为科学监管、系统监管、协同监管的态度和决心，反映了加强资本要素的常态化监管是重中之重。

对于平台规则要素，在个人层面应重视劳动者权益保障，避免用人单位设置不公平的平台规则；在企业层面应避免超大型平台滥用兼具"运动员""裁判员"的优势地位，实施不利于平台内其他经营者的行为；在国家层面，应积极履行其在风险评估方面的义务，识别平台是否存在传播非法内容等行为。

3. 细化分类分级规则体系

分类分级规则与常态化监管高度契合。常态化监管意味着监管将告别"粗放监管、一刀切"的阶段，要及时转变思维理念，深刻认识平台经济的构成要素、底层逻辑与组织形式，深入分析平台监管的动态性、复杂性、紧迫性与专业性。基于分类分级原则，笔者主张对安全重要程度较高的平台采取较为严格的监管手段，对安全重要程度较低的平台采取较为宽松的监管手段。细化分类分级规则体系，应从以下几点着手。

首先，提高分类分级的可操作性。分类分级规则构成了平台经济常态化监管的制度基础，可细化对二者内在关系的研究可以有效定位不同平台的核心业务归属，确定相应的监管主体、规则、工具及监管力度。可考虑将平台分类与分级标准设置为类似横纵坐标轴的监管赋值基线，以两者的交叉点或交叉范围来设定平台监管阈值，结合平台经济"红绿灯"，设置平台主体及行为的"白名单"标准及申请审核机制，从而将文字版的标准指南转化为具有模型观察、系统运行支撑的操作工具。①

其次，细化平台主体分级分类规则。应组织平台企业、行业协会、科研机构、消费者用户等相关主体对平台分类的标准、类型进行论证，为精准监管提供更加切实可靠的依托；同时，适当借鉴域外经验进一步细化《分类分级指南》中的分级标准，除去年活跃用户数量、平台业务类型、市值及限制消费者接触终端用户的能力外，还可考量加入年均营业额、终端用户数量、商业用户数量等指标，以此细化平台分级标准。考虑到我国秉持统筹安全与发展的理念，也可将安全因素融入分级标准的制定。

最后，细化关键要素分级分类规则。我国《数据安全法》及全国信息安全标准化技术委员会秘书处制定的《网络安全标准实践指南——网络数据分类分级指引》从公民个人、公共管理、信息传播、行业领域、组织经营等不同维度进行分类，将数据分为一般数据、重要数据、核心数据三个级别，应在此框架下对数据的价值和风险进行评估，搭建更为完备的数

---

① 陈兵：《平台经济的"常态化监管"，应该怎么管》，财经 E 法，https://news.caijingmobile.com/article/detail/459947?source_id=40&share_from=moments，最后访问时间：2023 年 2 月 18 日。

据分类分级体系。对于算法要素，应在《互联网信息服务算法推荐管理规定》基础上，根据算法对个人权益、公共利益、国家利益可能造成的风险进一步细化对算法的分级，并结合算法所依托的技术，细化算法分类。

4. 优化多主体协同监管机制

2023 年 2 月 17 日，国务院办公厅发布《关于深入推进跨部门综合监管的指导意见》（以下简称《指导意见》）明确提出，要健全跨部门综合监管体制机制，完善跨部门综合监管协同方式，提升跨部门综合监管联动效能，加强跨部门综合监管支撑能力建设。具体到对平台经济的常态化监管中建议从以下几方面入手。

首先，在中央有关部门与地方有关部门之间建立健全涉及平台经济监管的相关数据、算法、标准、格式、工具等监管要素、规则及方法的互联互通互认机制。在健全完善互联互通互认的监管机制中，一方面，中央有关部门需充分听取地方建议、通过统筹调配弥补地方监管短板；另一方面，地方有关部门要结合地方实际情况，收集地方监管信息，积极共享地方先进监管经验

其次，强化同级政府不同部门间的沟通与协作，平台经济具有跨市场、跨行业的基本特征，为避免出现多部门监管一要素、单部门监管多要素的监管盲区，应强化部门间的协同与沟通，涉及监管冲突等问题可由具体监管部门组织相关单位进行会商，实现"监管规范化、业务协同化"，构建规范有序的协同监管系统。在此基础上，通过跨部门联合检查或专项规整充分发挥应对平台经济跨市场、跨行业的协同监管效能。

再次，建立健全多元共治会商机制，推动平台主体、行业协会、科研机构、社会专业团体等多元主体共同参与到平台经济常态化监管过程之中。尤其应当加强平台自治，既要发挥平台自治的优越性，又要规制其限制竞争行为，指导和支持平台根据其技术与经营特点制定自我监管规则，向社会公示其合规管理的有效性并接受监督，实现政府监管与平台自治的协调。①

最后，还应着力补齐专业队伍人才及培养短板：建立平台监管治理人才培养体系，形成具有"法学+平台经济"综合背景的专业化执法队伍；同时，加强国内外平台监管成果交流互鉴，构建适宜我国现实发展，匹配涉外监管规律、规则的国际化的平台经济监管制度规则体系，有力推

---

① 董京波：《平台自治的监管问题研究——以平台的双重身份为视角》，《商业经济与管理》2022年第 7 期。

动平台经济监管国际合作机制的建设与发展。

　　5. 完善多工具协同监管体系

　　平台经济常态化监管需要更好地衔接不同监管工具，搭建多工具协同的监管体系。正如《指导意见》所指出的加强跨部门综合监管支撑能力建设，提升监管信息化建设水平，做好监管工具的信息化、智能化建设，开发业务协同、资源共享的跨部门综合监管应用场景，完善监管事项清单管理等，具体到平台经济领域主要呈现为以下两方面。

　　第一，平台经济常态化监管要求形成公平有序的市场竞争秩序，以高水平竞争激发高水平创新。基于此，针对平台经济运行的特征需增强当前市场监管领域法律法规及相关政策规则的适用性，以规范监管保障公平竞争、促进创新发展。为此，需坚持竞争政策基础地位，强化公平竞争审查制度的落实，保障平台经济各主体自主自由地进出相关市场，公平合理地使用各类要素资源，规制不正当干预其经营自由的行为。

　　第二，强化《反垄断法》与《数据安全法》《个人信息保护法》等法律法规间的协调。实践中平台经济发展的关键要素，如数据、算法、技术、资本等要素具有复杂性、高度动态性、创新性、聚合性等特征，使得反垄断政策法规及相应工具难以全面应对，必须联合有关要素的政策法规及工具来共同应对。[①]

　　相较于《反垄断法》，《数据安全法》《个人信息保护法》更强调事前规制，譬如，对重要数据处理者以及提供重要互联网平台服务、用户数量巨大、业务类型复杂的个人信息处理者规定了较重的义务，要求其在合规建设、数据保护等方面更好地履行职责。《反垄断法》更多是从事后规制的角度出发，相较于对数据、算法、技术等要素的治理，更强调对市场公平竞争秩序的保护。应当系统协调好《数据安全法》《个人信息保护法》的事前规制手段与《反垄断法》的事后规制手段，这也符合常态化监管全过程、规范化的基本特点。

　　可以说，当前我国无论从立法还是执法都充分落实了中央关于"强化反垄断"的决策部署。但对"强化反垄断"的理解不能走极端，不等于也不意味着"不竞争""不发展""不创新"。落实到对具体法律规范的解读和监管举措的实施上更要客观科学，聚焦"规范"的目的在于防止资本无序扩张，推动市场公平竞争和数字经济健康发展。换言之，对数字平台企业要注重规制策略和规制方法的科学性、精准性和有效性，坚持发展和

---

　　① 陈兵、夏迪旸：《平台经济常态化监管的路径研究》，《中国市场监管研究》2023年第3期。

规范两手抓，激发市场主体创新活力，增强数字平台企业内增长的动力与可持续性。同时，需要平衡好阶段性政策目标和长期高质量发展要求的关系，避免对短期规制效益的过度追求，形成发展与规范协同并重的长远可持续发展模式，构建统一公平、竞争有序的数字经济市场。

当前，构建数字经济领域公平竞争、自由有序、规范发展的市场竞争秩序成为"十四五"时期推动数字经济持续高质量发展、打造国际竞争新优势的有力保障。面对数字经济日益激烈的竞争局面和监管博弈，我国应主动适应全球数字经济竞争和监管新趋势，在完善和强化数字竞争监管的法治规则和监管策略基础上，明晰数字经济反垄断监管完善的重点方向。

在监管理念上，贯彻依法科学审慎监管理念，坚持发展与规范并重，在打击垄断行为、遏制不公平竞争风险与数字平台企业创新发展之间寻求法治框架下的动态平衡。其中包括明确反垄断监管部门的责任范围和监管边界，明确监管流程、方式和手段，避免部门间存在职责重叠或交叉不清；尊重数字经济市场发展特性和规律，避免因为严格的反垄断执法或执法不当打击致使市场失去应有的活力；开展跨领域多元协同监管合作，提升数字监管效能和效益。

在监管方式上，强化和完善反垄断事前预防机制，提升持续性监管能力，实现事前事中事后全链条监管。不仅需要通过法律规范等制度文本明确数字平台经营者行为规则和强化结构控制等义务要求，还需要引入科技监管工具，联动监管部门和平台经营者建立实时、自动化、全周期的监管机制，以回应数字经济领域全周期、全空域、全场景、全链条、全价值的竞争新范式和反垄断监管新要求。

在监管内容上，推动数据要素规范有序高效地开放和流通，注重数据采集、使用和管理动态过程中的多元利益平衡，有效遏制和规范数据垄断、封锁和滥用乱象，确保数字经济领域公平自由竞争。同时，规范和引导我国跨境数字平台企业的依法合规经营，激活我国数字平台企业在全球范围内的创新力、创造力和竞争力，抢占数字经济国际竞争制高点。结合市监总局于 2021 年 11 月印发的《企业境外反垄断合规指引》，增强我国数字平台企业境外反垄断合规意识，鼓励其建立和完善境外反垄断合规制度，准确识别和评估其在国际竞争市场上可能面临的反垄断风险，以及与此相关联的数据安全风险、金融风险、知识产权侵权风险。

当然，由于数字平台企业竞争行为存在动态性、跨国域、跨区域的特点，在全球竞争格局视阈下完善数字经济反垄断监管，还有赖于各国和地区不断加强和深化在双边、多边、区域层面的反垄断执法合作，推进数字技术、标准、规则、策略等内容的对接和协调，在维护各国在数字领域的主权、安全、发展利益的基础上，推动建立反映各国利益和诉求的切实可行的数字经济国际竞争治理规则，以此构筑共建、共治、共享的全球数字经济竞争法治新图景。这些都有待于在接下来的研究和实践中进一步展开思考和探索。

第二节　迈向"科技+法治"的竞争法治①

一、数字经济发展需要革新竞争法治

1994 年，"数字经济"（Digital Economy）词组首次出现。1996 年，美国学者唐·泰普斯科特（Don Tapscott）将"数字经济"作为其《数字经济：网络智能时代的承诺和危险》一书的主标题，书中详细描述了数字经济的各方面情况。②该书在业内引起了巨大反响，使"数字经济"这一概念真正形成并进入行业文献，唐·泰普斯科特也因此被公认为"数字经济之父"。美国商务部于 1998 年发布名为《初显的数字经济》（The Emerging Digital Economy）的报告，从政府角度判断数字经济的到来，并开始设计测量指标、搜集数据，将数字经济纳入官方统计之中。此后，又陆续发布了《初显的数字经济 II》（The Emerging Digital Economy II）和《数字经济 2000》（Digital Economy 2000）。③

当前，全球主要国家和地区以及重要国际组织都对数字经济的含义进行了界定。美国经济分析局咨询委员会在其报告中指出，测量数字经济，除应包括电子商务的部分外，还应测量新的数字服务，譬如共享经济和免费互联网服务。英国国家经济社会研究院认为数字经济是指各类数字化投入带来的全部经济产出。OECD 认为，当前存在许多不同的描述数字经济特征的概念，但是都不够清晰，仍然缺乏共识。因此，OECD 对数字经济的界定相对宽泛，认为数字经济是伴随数字化和数字科技的广泛适用而正在形成和经历的一种整体经济形态，由三个主要部分即数字数据

---

① 本节参见陈兵：《数字经济新业态的竞争法治调整及走向》，《学术论坛》2020 年第 3 期。

② Don Tapscott: The Digital Economy: Promise and Peril in the Age of Networked Intelligence, McGraw-Hill, 1996, p.1.

③ 李长江：《关于数字经济内涵的初步探讨》，《电子政务》2017 年第 9 期。

（Digital Data）、数字科技（Digital Technologies）和数字基础设施（Digital Infrastructure）构成。在 2016 年杭州 G20 峰会上发布的《G20 数字经济发展与合作倡议》将数字经济界定为"以使用数字化的知识和信息作为关键生产要素、以现代信息网络作为重要载体、以信息通信技术（ICT）的有效使用作为效率提升和经济结构优化的重要推动力的一系列经济活动"。这里的数字经济包括三个方面的内容：一是数字经济是一种新的经济形态；二是数字经济是通过数字技术或数字化的方式来驱动；三是数据是一种决定经济投入产出的新的生产要素。数字经济是以数字化的知识和信息为关键生产要素，以数字技术创新为核心驱动力，以现代信息网络为重要载体，通过数字技术与实体经济深度融合，不断提高传统产业数字化、智能化水平，加速重构经济发展与政府治理模式的新型经济形态。

综合比较上述概念，共同之处在于均认可数字数据是数字经济运行的重要载体和重要表现形式。现代互联网络尤其是移动互联网及信息通信技术的普及和广泛适用，构成了数字经济的核心组成部分。然而当前数字经济的发展并未止于互联网络技术和信息通信技术的广泛应用，而是走向了以互联网络为基础，以信息通信技术与数字数据技术深度融合的整体集成的数字经济（Broader and Integrated Economy）发展的高阶形态，譬如大数据经济、平台经济、算法经济及人工智能经济等，正在或已经形成了以数据采集、储存、分析、使用及流通、交易、分享为诸环节组合的全周期运行场景。由此，围绕数字经济的全周期运行规律，提出数字经济生态产业链的概念，有助于凸显生态产业链上"数字的市场化和市场的数字化"相互融合与即时转化的发展特征。同时，特别关注与数据相关行为（Data related Activities）——数据的采集、储存、分析、使用及流通、交易、分享等行为的法律属性及定位，强调法学和科技的融合与尝试，形塑效率、创新、自由、公平等多元价值和目标于一体的数字经济竞争生态系统，即可共享科技发展与法治激励相融合的数字经济竞争法治红利①。

近年来，我国出台和实施了一系列中央政府文件和有关法律法规来激励和规范"数字中国"建设。譬如，《"十四五"大数据产业发展规划》《"十四五"市场监管现代化规划》《区块链信息服务管理规定》《网络安全法》《反不正当竞争法》《电子商务法》等。然而当下数字经济的运行依然面临着不小的困境，站在数据生态产业链的维度观察，从数据资源利用的整个纵向过程分析可以发现，现行法律规范对消费者（用户）和经营者间

① 陈兵：《大数据的竞争法属性及规制意义》，《法学》2018 年第 8 期。

的权利、义务及利益的分担与共享似乎做出关注，但是又没有明确地予以规定。现行法规面对蓬勃发展的数字经济仍是"捉襟见肘"。

进一步聚焦数字经济深度发展给各行业增长方式和商业竞争模式带来的冲击，深刻引发了全球竞争格局和模式的革新甚至是颠覆性改变。譬如，面对数字技术革新和数字产业发展引发的数据爬取与反爬取、流量劫持、恶意不兼容、软件干扰等新型不正当竞争行为，从奇虎360与腾讯的"3Q大战"、新浪微博与脉脉数据之争，再到时下抖音与腾讯之间的"头腾大战"，以及微信与抖音、多闪之争，数字经济从业者充分利用动态竞争、跨界竞争、多边竞争、平台竞争等数字经济竞争的新特征，利用大数据传导优势和精准预测功能，打破线上线下界限，迅速成长为拥有巨大市场支配力量的平台聚合体（Platform Group）。譬如，微软、亚马逊、苹果、奈飞、谷歌、阿里、腾讯、百度、京东等，都存在滥用平台优势的风险，引致用户隐私服务降级，限制用户数据转移，进而妨碍用户自由选择权与公平交易权的实现。此外，亦存在平台间算法合谋的行为，具有市场支配地位的平台经营者借算法歧视的行为，给现行反垄断法中禁止限制、排除竞争与保护消费者利益之规定的直接适用带来了挑战。

鉴于此，有必要围绕数字经济高速发展中不断出现的各类新业态运行的现实场景，聚焦从互联网到物联网发展过程中出现的"万物相联"的经济社会生活构造，如基于物联网应用于合作消费模式（Collaborative Consume Pattern）获得巨大成功的优步（Uber）和爱彼迎（Airbnb），以及在我国出现的共享单车（如摩拜、ofo、哈罗等）、网约车（如滴滴、神州、首汽等）等分享经济或者共享经济业态，进而对由其引发的法律问题实行区分对待。这些问题有的是传统法律关系的线上化，呈现为网络效应的增大，在本质上仍然可以依靠现有法律规则的解释予以适用；而有的则为一种全新的，基于数字科技，包括信息科技和数据科技深度融合而引发的新的法律关系，都亟须通过修法或立法予以规范。譬如数据及大数据的多维属性（Multi-characteristic），数据提供者的多归属性（Multi-homing），与数据相关行为在不同环节引发的不同法律关系，数据原始提供者、数据控制者、数据经营者以及数据开发加工者等，对位不同运行环节和经济业态下的数字经济参与者之间的法律关系，都有待进一步明晰。尤其是在2018年5月25日正式实施的欧盟迄今最为严厉的《通用数据保护规则》（General Data Protection Rule，简称GDPR）后，对全球数字经济的发展和全球经济竞争带来巨大影响。

如果说2018年欧盟GDPR的施行只是开始，不少互联网科技巨头还存有侥幸心态，认为只需做好 GDPR 施行后的合规运行工作，尚未对自身之前行为的违法性予以充分认识的话，那么 2019 年德国和美国的竞争主管机构的密集风暴执法，则明确且坚定地为当前和未来数字经济领域竞争执法的动向树立了风向标——"强监管、早监管、长监管"将成为常态。譬如，2019 年 2 月 6 日德国联邦卡特尔局（Federal Cartel Office，FCO）就脸书滥用市场支配力违法收集和使用用户数据的行为颁发了禁止命令。这是首次竞争执法机构就隐私数据保护问题与隐私保护机构予以合作，开创了通过竞争执法提升用户享有更好的隐私服务水平或者说不至于降低用户享受隐私服务保护水平的方式。美国作为拥有数字科技巨头最多的科技强国，在反托拉斯法学界和实务界也开始出现不同声音，尤其在脸书剑桥数据泄露案件发生后，美国表达了对数字科技巨头将采取严监管的态度并施以相应的做法。美国联邦贸易委员会（Federal Trade Commission，FTC）更是决定派出高级别反托拉斯官员前往硅谷从事反竞争行为调查，这一不同寻常的动作暗示美国政府对这类数字科技巨头予以规制的未来走向。[①]综上所述，可以明确得出，当前和未来数字经济的可持续健康发展离不开竞争法治的作用，适时创新竞争法治（包括竞争法治的理念、范畴、制度及方法等要素）是及时有效回应数字经济发展需求的关键。

为此，本节拟从数字经济发展的诸业态和各阶段的解析入手，重点围绕大数据、平台及算法对现行竞争法律体系和实践方式的挑战展开，以数字经济与竞争法治的基础关系为切入口，挖掘和厘清由互联网发展至物联网场景下竞争法治面临的挑战，聚焦从网络技术到数据技术融合下大数据与平台经济发展的制度需求，提出作为人工智能核心的算法生长对竞争法治变革与重塑的现实要求与因应。在这一过程中强调竞争法治的建构及施行应以人为本，规范数字科技创新对法治变革的影响，做到以竞争促创新、以竞争提质量、以竞争保安全，将"数据正义"和"算法正义"的实现放置于竞争法治场景下予以多维度观察和解读，以期提出科学合理的实施方案。

二、从大数据到必需设施：竞争法治适用场景的变化

欧盟竞争专员玛格丽特·维斯塔格（Margrethe Vestager）在 2016 年的一场演讲中谈到了大数据技术与竞争执法的问题，她说道："我们不需

---

① See US, FTC Sends Top Antitrust Officials to Silicon Valley, https://www.competitionpolicyinternational.com/us-ftc-sends-top-antitrust-officials-to-silicon-valley/, Last visit: February 10, 2023.

要搞出一整套全新的市场竞争规则，但有必要对大数据市场给予额外的关注，有形的手无法靠自己的力量化解所有问题，但是它们可以为市场开放度与数字化市场有序运作贡献自己的力量，从而确保消费者可以在恰当的价格水平上体验到创新的产品和服务。"①玛格丽特女士的发言明确地阐述了竞争法治在以大数据技术为核心代表的数字经济面前绝非无足轻重，而是能够发挥其力量以激励市场竞争，维护消费者的合法权益。无独有偶，综观我国近几年所颁行的各项法律法规、部门规章等规范性文件以及相关司法案例，可清晰看到我国运用法治手段尤其是以竞争法治来规制数字经济发展的决心。然而数字经济发展过程中的技术更迭迅速，竞争格局发生颠覆性变化，新旧业态交融程度愈发明显。竞争法治若要以更高效率回应数字经济发展，就必须摒弃数字经济下的反竞争行为不过是"新瓶装旧酒"的片面的、固执的认识，严谨、细致地厘清包括数据与大数据在竞争法上的意义，平台经济尤其是超级平台的竞争规制，以及算法与人工智能经济、数字经济到信用经济的进阶等数字经济发展中的关键节点，从而科学构建维护数字经济健康可持续发展的竞争法治进路。

　　一般来说，数据是对客观事物的逻辑归纳，是信息的表现载体与形式，是在计算机及网络上流通的，在二进制上以 0 和 1 的组合表现出来的比特形式。②互联网技术发展的最大突破在于打破了传统的信息先于媒介存在的状态，使得网络具有通过数据产生信息的功能，通过 Cookies 追踪和记录用户网络行为的数据成为了大数据的基础形式。对大数据的定义则往往通过对其特点的揭示来加以概括。譬如，2015 年 8 月 31 日国务院印发的《促进大数据发展行动纲要》将大数据表述为"大数据是以容量大、类型多、存取速度快、价值密度低为主要特征的数据集合"，这就是被公认的大数据"4V"理论，即数据的规模（Volume），数据收集、传播、运用的速度（Velocity），聚合数据的多样性（Variety）以及数据蕴涵的价值（Value）。加之以量化分析，即处理并分析海量数据的算法模型，大数据的价值得以发挥并放大，发展成为对数量巨大、来源分散、格式多样的数据进行采集、储存和关联分析，从中发现新知识、创造新价值、提升新能力的新一代信息技术和服务业态。可以认为，数据是大数据的组成部分和关键基础，量化分析和科学计算是大数据发挥自身巨大商业价值的关键，

---

　　① 阿里尔·扎拉奇、莫里斯·M. 斯图克：《算法的陷阱》，余潇译，中信出版集团 2018 年版，第 295 页。

　　② 维克托·迈尔-舍恩伯格、肯尼斯·库克耶：《大数据时代：生活、工作与思维方式的大变革》，盛杨燕、周涛译，浙江人民出版社 2013 年版，第 103 页。

这使得基于大数据的商业模式成为新经济下各行业创新发展和取得决胜的关键设施和竞争禀赋。一方面，传统产业通过大数据应用，优化业务流程，降低生产和分销成本，提高产品质量，实现产业数字化；另一方面，通过向用户提供免费基础服务，将用户个人数据视为关键输入变量，实时追踪用户喜好和日常生活，及时调整和优化服务，为商家依据用户消费画像投放在线定向广告提供基础，实现数字产业化，这已构成了诸多互联网超级平台的主要盈利模式和竞争优势。囿于篇幅，本节仅就后一种情形下竞争法治的挑战和调整展开讨论。

2019 年 6 月 28 日，北京市海淀区人民法院作出北京市首例数据抓取禁令判决，法院认为微播公司经营的抖音 App 平台上所展示的短视频内容、用户评论等资源为其带来了经营收益、市场利益及竞争优势，创锐公司、力奥公司直接采用技术手段或人工方式获取上述资源，削弱了微播公司的竞争优势，该行为违反了诚实守信原则，扰乱正常市场竞争的可能性极大，故裁定两被告公司停止数据抓取行为。其实，早在大众点评诉百度案、新浪微博诉脉脉案以及淘宝诉美景案中，法院就对数据抓取行为作出了类似裁判，上述系列案件判决的共同之处在于法官认可了原告公司对于被抓取数据所拥有的利益。对于是否赋予数据专有权（Exclusive Rights）的讨论一直在继续。有学者认为，以衍生数据为客体建立的权利是数据专有权，其性质上属于一种新型的知识产权。①同时，也有反对的声音认为，目前既没有理由也没有必要创设数据专有权，该权利不仅会带来干扰经营自由的风险，还会对下游数据市场的发展产生负面影响。研究机构担忧这将强化既有的数据力量以及通过数据创造出新的市场力量，最终催生出反竞争性的市场进入壁垒。②后者的担忧并非空穴来风，大数据对市场竞争的逆向激励风险，值得法律实践部门及工作人员的高度关注。

大数据之于市场竞争的优势在于预测和反馈，当经营者（尤其是那些已具有市场支配地位的经营者）利用大数据资源与技术进行市场竞争预测时，通常会先于其他竞争者和竞争主管部门发现影响其市场地位的未来挑战者和潜在竞争者。尽管也有学者认为，作为新进的经营者可以通过提供免费服务，收集使用者信息，从而构筑、使用大数据并进入收费市场，因此不能把大数据本身视为进入壁垒。若仅考虑数据收集环节的可实现

---

① 杨立新、陈小江：《衍生数据是数据专有权的客体》，《中国社会科学报》2016 年 7 月 13 日第 1006 期。

② 袁波、韩伟：《德国马普创新与竞争研究所〈数据所有权与数据访问立场声明〉》，《竞争政策研究》2021 年第 4 期。

性，任何经营者均可通过提供免费服务来换取用户的个人数据和网络行为数据，如此看来，新进的经营者想进入市场似乎并无压力。然而以互联网应用的开发和经营为例，被忽略的地方在于互联网应用的开发者与大数据平台的拥有者并不总是匹配，往往难以获取大量且实时更新的数据流。譬如，微信、支付宝、新浪微博等门户平台公布开发者协议，设置 Open API 端口，以方便应用开发者接入 API 端口获取平台已有的用户数据，应用开发者可凭借门户平台账号进行快捷登录以实现对用户的吸引。然而开发者协议的定价和运行模式并不能够做到真正的公平公正，数据源闭锁效应使得应用开发者的谈判筹码和对抗力微弱。故此，从与大数据相关的市场实际运行层面来看，新进的经营者进入以大数据为基础的相关市场后难以展开有效竞争，其结局要么依附于前述门户平台，要么被"封杀"甚至被淘汰，最好的结局是被门户平台溢价收购。可见，在与大数据相关的市场运营中限制、排除竞争或不公平竞争的现象呈现出隐蔽性强且短时间内难以纠正的弊端。

出于对滥用大数据平台支配地位排除、限制竞争或滥用大数据优势实施不公平竞争威胁的担忧，有学者开始探讨能否适用必需设施原理（Essential Facility Doctrine，EFD）来规制大数据场景下具有支配地位的平台经营者的违法竞争行为。必需设施原理是指在经营者拥有必需设施而其竞争者无法另行建造或开发这种设施，或另行建造或开发这种设施的成本畸高时，如果这项设施是开展市场竞争所必需的，控制了必需设施的经营者有义务允许其竞争者以合理的条件进入其相关设施。

换言之，承认"拥有必需设施的经营者"没有义务帮助其竞争者与之展开竞争的"公认的商业道德"在该问题上适用的正当性。当然，对这一排除事由还需要进一步细化，尤其是对"竞争性损害"与"使经营者利益发生不当减损"之间的关系如何厘定，即如果严格遵循"竞争性损害"的文义解释，任何竞争行为都会产生竞争者之间的利益减损，即竞争与损害相伴而生、如影随形，是否由此可以推论，只要存在现实或潜在的竞争，拥有必需设施的经营者就有正当理由不予交易相对人就该必需设施的使用展开合理交易呢？答案显然是否定的，因为忽略了"竞争性损害的中性和客观性"存在。故此，在识别"正当理由"的过程中，其关键要素是"不当减损"，如何判断"不当"是一个十分棘手的问题。因为这一问题不仅涉及拥有必需设施的经营者与交易相对人之间的正当利益平衡问题，而且还涉及作为政府主体的竞争监管机构与作为市场主体的经营者之间的权力（利）平衡问题。

此外，在大数据领域适用必需设施原理时，还有以下两点待进一步明确。其一，由大数据资源和技术引发的相关市场的界定具有很大难度。目前，就大数据产品和服务本身能否构成一个独立的相关市场存在极大争议。原因在于，基于数据的低密度价值、瞬时性、可复用性等特征，以数据为基础的大数据本身很难成为一种竞争壁垒，只有将大数据赋能于具体细分的相关市场上时，大数据强大的预测和反馈功能才能得到释放，巨大的应用价值才能得以体现。从这个角度而言，大数据本身难以构成一个独立的相关市场。换言之，基于大数据市场支配地位的经营者的准确表达，应该是基于大数据资源和技术的应用，在双边或多边平台的场景下，该经营者在市场的某边或多边上具有支配地位，并由此正当使用或滥用其市场支配地位。此时，便有了界定和如何界定其相关市场及其市场支配地位的可能和必要。其二，随之而来的问题则是，基于大数据优势构筑，具有市场支配地位的平台经营者，通常会采取双边或多边，其中某方为免费定价的商业模式来从事市场竞争，对于免费端的相关市场界定，目前还未有成熟的做法。同时，如抛开对免费端的考量，仅对收费端的相关市场界定，又很难将网络外部性和锁定效应等理论运用到相关市场支配地位的评估上，这样一来，相关市场界定及其市场支配地位认定就很难实现。

现行普遍适用的结构主义和行为主义理念、方法，在规制具有强烈动态竞争特征的数字经济时就显得难以周全。动态竞争下的竞争优势地位只是一种短暂的态势，竞争优势的形成依靠竞争者不断地创新，而这种基于不断创新而形成的竞争优势，本身又是固定成本和风险投资极高的，在这种情势下，对经营者相关市场支配地位的认定就不可能是静态的，不能仅考虑相关商品因素和市场份额，同时还应考虑相关市场的时间维度和市场进入壁垒，以及其他经营者的对抗力等。

此外，由大数据资源和技术优势支撑的超级平台在作为市场要素和要素市场的生态型联合体参与市场竞争时，是否需要引入必需设施原理也尚未定论。然而由于必需设施原理实现的要求十分严苛，其实施后的影响也值得进一步评估。故理论界对引入必需设施原理的态度偏向保守，尤其是经济学界担心实施必需设施原理会挫伤经营者投资和创新的激情与动力，从长远来看很可能损害社会整体福利的增长。可见，在面对以大数据为基础的超级平台的竞争规制问题上，实务界与理论界尚未达成统一认识，这对于将必需设施原理运用于互联网超级平台的竞争规制实践带来不小困难。为此，需要进一步展开研判，细化必需设施原理适用的具体要件和识别方法。

三、从超级平台崛起到用户隐私保护：竞争法治适用逻辑的转变

数字经济的高速增长成就了互联网超级平台的崛起，而这些主要的互联网平台企业（如谷歌、亚马逊等）却不断受到各国和地区的反垄断审查。其中，2019 年 2 月 6 日脸书被德国 FCO 裁定在收集、合并和使用用户数据时滥用市场支配地位违法，该裁定无疑为数字经济视域下竞争法之于超级平台的规制理论与实践的更新提供了极佳的研究素材，首次明确地提出在数字经济向纵深发展的时代，关注超级平台涉嫌滥用市场支配地位行为侵害消费者隐私的现实危害与潜在风险的必要性和可行性。[①]

无独有偶，2019 年 7 月 13 日，美国 FTC 的五名委员进行投票，以 3∶2 的投票结果通过与脸书达成的和解协议，同意以罚款 50 亿美元和其他附加限制条款结束对这家社交媒体巨头的长期隐私调查。实际上，FTC 和美国司法部已经对美国科技巨头展开了广泛的竞争审查。例如，美国司法部正为对谷歌母公司 Alphabet 的反垄断调查作准备，并获得了调查苹果公司的司法权限。而 FTC 已经接管了对脸书和亚马逊可能涉嫌的反垄断调查管辖权。[②]特别值得关注的是，在以上已经或即将展开的反垄断调查中，超级平台涉嫌滥用市场支配地位损害消费者隐私利益的问题是反垄断调查的核心之一。可以预见，在接下来对互联网超级平台的竞争调查和规制中，消费者隐私利益的保护将纳入竞争执法机构的视野，这一点已经在德国 FCO 处理脸书案件中得到体现，该案是首次由竞争执法机构与隐私保护机构合作查处的运用竞争法规则来保护消费者隐私利益的经典案件，这引起了全球竞争法共同体的普遍关注。[③]

自 1994 年我国全功能接入国际互联网以来，经过 20 多年的快速发展，在移动互联网、物联网、云计算、大数据、人工智能等新兴产业上得到了大规模集聚型创新发展，为促进当地和周边地区经济社会转型升级和

---

① See Peter Stauber, Facebook's Abuse Investigation in Germany and Some Thoughts on Cooperation between Antitrust and Data Protection Authorities, *Competition Policy International Antitrust Chronicle*, Vol. 2:2, (2019), p.2-9.

②《华盛顿邮报》2019 年 6 月 1 日登载了美国竞争执法机构划分对亚马逊和谷歌的监管权限，其中明确表达了对亚马逊将采取严格的反托拉斯监管的态度。See US: Regulators divide scrutiny of Amazon and Google, https://www.competitionpolicyinternational.com/us-regulatorsdivide-scrutiny-of-amazon-and-google/?utm_source=CPI+Subscribers&utm_campaign=f13cbb8889-EMAIL_CAMPAIGN_2019_06_02_10_14&utm_medium=email&utm_term=0_0ea61134a5-f13cbb8889-236475825, Last visit: February 10, 2023.

③ See Peter Stauber, Facebook's Abuse Investigation in Germany and Some Thoughts on Cooperation between Antitrust and Data Protection Authorities, *Competition Policy International Antitrust Chronicle*, Vol. 2:2, (2019), p.2-9.

区域协调发展发挥了积极作用。同时，构筑于互联网全功能运用之上的数字经济和数字技术成为了我国乃至全球经济新一轮改革创新的重要形态和发展动力。数据作为 21 世纪经济社会发展的关键要素，发挥着越来越重要的作用，被比喻为 21 世纪经济社会发展的"石油"。数据的重要性毋庸置疑，依托数据资源和与数据相关的技术创新的发展，已成为新时代各国工业复兴和先进制造创新发展的关键与核心，其中数据保护与数据共享的法治化俨然成为沟通工业互联网与先进制造业的桥梁和保障。在这一过程中，数据成为全球各大超级平台争夺、挖掘、开发及利用的关键，正可谓"得数据者，得天下"。与此同时，也引发了对各大超级平台收集与存储、分析与利用、交易与流通、加工与创新以及保护与开放等行为的担忧。换言之，互联网超级平台在为广大用户提供极大便利的同时，是否正以一种合法的形式侵害用户的隐私利益。如果答案是肯定的，应该采取何种方式在保护用户的隐私安全的同时，还能维护整个数字经济市场的可持续健康发展，成为当下亟待回应的理论困惑和实践困难。虽然欧盟实施了被称为史上最严厉的数据保护规则的 GDPR，德国和美国紧随其后亦采取了对用户数据隐私的高度关注态度，但并不能完全解决数据保护与创新发展之间的平衡问题。从这个角度来考量，在面对超级平台对用户数据隐私产生巨大使用风险的同时，也必须考虑超级平台对用户数据合规使用的空间及制度保障。

当前，全球互联网平台经济发展呈现跨多边化和趋中心化的联合聚集，消费者的数据由仅为某单一类型平台的收集、存储、分析、使用，发展为平台聚合体（Platform Group）或者超级平台（Super Platform）间相互授权使用、共享、深度挖掘及复次开发。消费者的数据已演变为平台聚合体或超级平台维持和巩固其市场支配地位，甚至是控制、封锁、打压其他与之有竞争可能的初创数据驱动型经营者的重要工具，成为超级平台从事市场竞争的关键原料和竞争助燃剂。事实上，从近些年频发的数据驱动型并购案件中便能窥见一斑。譬如，脸书与 WhatsApp 合并案、微软并购领英案、阿里收购饿了么、美团合并摩拜等均以数据的获取为出发点，以推动和实现超级平台内的数据共享、深度挖掘及复次创新为目标。客观上，这类针对数据的再次加工和开发，在一定程度上能够实现数据价值的优化和数据科技的创新适用。然而需要警惕的是，超级平台内的数据共享与深度挖掘在提升平台自身竞争力的同时，也会出现滥用市场支配地位行为以及对平台用户隐私的侵害的可能，这一点已经在德国 FCO 和美国 FTC 对脸书案的处理中初见端倪。

在实践中，虽然作为消费者的用户在使用平台自身所提供的或是借助平台而运行的各类应用（APPs）时，都会明确被要求确认隐私协议，暂且不说冗长且充斥专业术语的隐私协议往往形同虚设，即使用户同意平台获取各类数据，包括涉及一般信息的个人数据和涉及个人隐私信息的数据，是否就意味着用户数据已归平台所有，且平台可以将包含用户隐私的数据作为商业活动的筹码予以交易或开发使用呢？这类问题在我国现行法律规则体系上并没有明确规定，只是在相关的司法判决中以个案裁判的形式予以述明，凸显了现有制度供给的不足。这使得广大用户在面对超级平台的强势态度时束手无策，缺少必要的议价空间，只能接受"选择—退出"条款，即选择退出机制，数据处理决定权由平台拥有，如果用户选择不接受，即意味着不再享有平台所提供的服务。这样的制度安排从用户数据采集的源头上就已经不利于用户隐私和利益的保护，也为超级平台可能滥用其市场支配地位行为提供了制度上的便利。此外，目前我国有关数据安全与合理使用的立法文本大多聚焦于数据采集环节，对于数据流通环节中可能出现的侵害用户隐私和利益的情形尚未有明晰的规定，也缺乏具体的、有针对性的救济措施。①

当前，关于超级平台对消费者隐私损害的表现形式及救济方法的讨论主要集中在私法领域。有观点认为，以滥用市场支配力分析用户信息的利用行为将毁损竞争法的本质，隐私侵害问题应当由个人信息保护法或者民事侵权行为法来规制。尽管私法范式是当前保护消费者隐私的主要法律路径，但在数字经济场景下，由于消费者市场地位发生实然变化并由此引发了消费者利益在竞争法上地位的独立性凸显，使得从竞争法的视角来审视消费者隐私保护成为必要和可能。首先，数字经济场景下消费者市场地位发生实然的结构性变化，数字经济的发展使消费者在信息获取可期待、交易过程可透明及交易结果可反馈的现实性上得以极大地提升，并逐渐成为市场经济生产消费活动的主导者甚至决策者，由过去被动的弱势保护对象转变为积极的市场参与者（Active Market Participant），极大地推动了消费者反向定制模式的发展。其次，消费者利益理应成为竞争法保护的直接利益，不应停留在竞争法实施的间接保护或者是说反射利益之上。虽然现行《反垄断法》第一条和《反不正当竞争法》第一条、第二条中均规定了对消费者利益的保护，然而学界普遍认为竞争法包括《反垄断法》和《反

_____

① 陈兵：《法治视阈下数字经济发展与规制系统创新》，《上海大学学报》（社会科学版）2019 年第4 期。

不正当竞争法》对消费者利益的保护是一种反射保护模式。换言之，即便在竞争法立法目的上规定了对消费者利益的保护，但是在以追求终极层面消费者福利实现的过程中对消费者群体利益的实现，是在以维护自由公平的市场竞争秩序的前提下对消费者利益的保护，即在不涉及市场竞争秩序利益受损的场景下，就谈不上对消费者利益的损害和保护问题。概言之，在现行竞争法理念和实施模式下，消费者利益是很难作为竞争法实施的直接利益予以保护的。这种对竞争法的基本认知和实践模式在数字经济背景下遭到了巨大挑战，有待进一步明确和解释，甚至是重构。

从全球知名社交平台脸书的发展——由当初的初创科技企业到超级平台的过程观察其对于隐私保护的态度，不会认为超级平台存在滥用其市场力侵害用户隐私的可能。究其本质，是由于在隐私保护服务市场上，超级平台取得了支配地位，其有能力在实施服务降级的同时，让其他经营者没有能力或者说即便其他经营者存在提供优质隐私服务的可能，但是由于用户无法转向其他经营者而使用户选择优质隐私保护服务的可能不存在，最终致使在超级平台时代用户隐私保护演变为一个反垄断问题。换言之，在超级平台崛起后，对用户隐私及利益的保护单靠传统的私法逻辑并不能得到完满的解决，从长远角度来看，欲从根本上保护消费者的用户隐私及利益必须导入竞争法逻辑，通过自由公平的竞争使隐私服务市场时刻保持优质的供给。

事实上，回顾脸书作为一个新兴的社交网络服务媒体的出现，为了区别于社交网络的市场领导者 Myspace（在中国称"聚友"）公开承诺保护用户隐私。脸书为尽快建立其竞争优势，向用户承诺"我们现在从来都不会利用 Cookies 收集任何用户的私人信息"。当其后来试图改变与用户之间的交易时，由于担心客户会流失给竞争对手，便改变了策略。譬如，2007 年，脸书推出了一个程序，记录用户在第三方网站上的活动，并将其插入新闻提要。在遭受公众的愤怒和集体诉讼之后，脸书终止了这个项目。首席执行官马克·扎克伯格（Mark Zuckerberg）在一份公开道歉书中写道："我们在构建这一功能上犯了很多错误，但在如何处理这些错误上，我们犯了更多的错误。"然而随着脸书的竞争对手开始逐步消失——其在2012 年收购了 Instagram，2014 年收购了 WhatsApp，同年晚些时候，谷歌宣布关闭其社交网络 Orkut，脸书面临的市场威胁下降，于是撤销了用户对其隐私政策变化的投票权，几乎在谷歌退出社交媒体市场的同时，其改变了与用户的隐私协议。

美国反托拉斯法学者斯里尼瓦桑（Srinivasan）在《纽约时报》上撰

文明确表示在互联网时代，脸书等超级平台存在通过排除其他平台竞争者竞争的方式，致使对用户隐私服务降级的风险，直接损害了消费者的隐私利益，建议通过反垄断法来直接回应互联网场景下的隐私保护挑战。她尖锐地指出："很难相信时下（2019 年）的脸书——一个不计后果地收集、使用用户数据的超级平台——会是曾经（在 2004 年）那个坚持对用户隐私予以保护的脸书。今天当用户注册脸书时，需同意允许平台去追踪他们的活动数据，此时在脸书平台上已有超过八百万个与互联网相连接的网站和手机应用去为用户服务，同时也在时刻记录用户隐私。"脸书从隐私保护的坚定捍卫者到隐私滥用的最大威胁者，表明了超级平台滥用其在互联网相关市场支配地位导致隐私保护服务水平降级的现实危害和潜在风险并非危言耸听。数字经济场景下数据传输速度使得传统的私法救济范式在超级平台巨大的市场力面前显得力有不逮，多元保护路径尤其是竞争法治进路的构建和运行迫在眉睫。隐私服务已然成为数字经济市场竞争的关键组成部分和衡量自由公平竞争秩序良性运行的核心指标，在此场景下的隐私利益保护绝非一个单纯的私法面向，其充分体现了数字经济市场竞争秩序的健康与否，其承载了消费者利益作为一种直接的竞争利益，在数字经济场景下的重要性和必要性价值。概言之，在数字经济场景下，只有通过竞争才能提升隐私服务质量，优化隐私服务市场，从根本上保护消费者的隐私和其他利益。

四、从算法到算法黑箱：竞争法治适用技术规范的调整

前文在论及大数据时提到了大数据的量化分析工具，所谓量化分析工具，是指可以处理并分析海量信息的算法模型。何谓算法？简言之，算法是为了解决一个特定问题或者达成一个明确的结果而采取的一系列步骤，是挖掘和提升数据应用价值的关键步骤和核心技术。正如有学者直言：事实上，在人工智能时代，最有价值的不是数据，而是数据的算法以及数据算法最终所形成的产品。算法作为数据挖掘和开发技术的核心，通过高速计算实现海量数据的多元整合，克服了数据的瞬时性和价值低密度性等弊端，提升了数据的预测性、反馈性及复用性价值。所有数据经过算法挖掘后，其价值将远超原始信息，算法作为整个数字经济尤其是平台经济和人工智能经济的中枢神经系统，其体现的是从海量的和多样化的数据中获取有效信息的能力。

为此，许多大数据平台企业或大数据优势企业建立了数据与算法中台，中台的设立在于从不同的场景中抽象出几类有代表性的场景，类型化

得出相应的实践模板。譬如，蚂蚁金服公司的支付宝平台，通过对海量和多样化的消费信息的收集和处理，建立了个人消费信贷实践模板，经由演练算法和提升算法，成功开发并运营了蚂蚁花呗——在线个人消费信贷产品。在这一过程中，数据整合及管理体系的作用得以凸显和提升，促使数据形成统一、可共享的全域数据系统，避免数据冗余和重复建设，并构建一致性的逻辑维度。作为现阶段应用最为广泛的大数据处理模型，许多互联网科技公司基于 Hadoop 数据架构，设计出超大规模的数据应用，如谷歌、脸书等。如果说数据采集所提供的是整个大数据系统的"能源燃料"，那么数据整合及管理所提供的包括存储、分析、计算等环节在内的计算方法及计算能力则是整个大数据系统稳定运行的"动力引擎"，成为数据驱动型企业的核心竞争力。

在现实中，算法被形容为"千人千面"。经营者根据自身需要，利用大数据的基本特征和数据本身的复用性，通过加大科技研发的投入，可不断优化和创新算法，实现算法应用价值的极大提升，推动算法实现供给和需求两侧的联动，支持经营者竞争力的提高。经营者可运用核心算法实现对数据的深度挖掘、用户的精准画像、机器的深度学习。从供给侧来看，算法可以提高市场透明度，优化产业结构，激励创新发展，为消费者提供更优的产品和服务，达到资源配置的有效化和智慧化。从需求侧来看，算法可以强化买方力量，帮助消费者理性选择，降低交易成本。然而算法具有不透明性，在数据的输入和输出间存在可能的灰色地带，在这片地带内输入的是某类数据模型和计算程式，经由算法对数据的深度挖掘和自主学习，尤其是不断升级的人工智能算法，最终呈现的是无比精确的结果，在这一过程中不可解释和不可理解之处被称为"黑箱"（Black Box）。

当前，作为"算法黑箱"主要形式和内容的算法共谋和算法歧视，在经由深度学习后仍难以辨识与正当的算法运算的差别，以致不断优化学习的算法对人们越来越熟悉，能够实现精度化推荐，而人们对算法却越来越陌生，以致对自身利益在何时何地被侵犯毫不知情，完全处在被算法输出结果的支配之中。譬如，在算法共谋问题上，算法为经营者共谋提供了新的形式，其既可以通过改变市场要素来促成共谋的达成，也可以作为一种共谋的工具来成就相关协议的实施，使得共谋呈现默示化和扁平化形态。总体来看，算法共谋产生的问题大致分为两类：其一，算法只是作为相同问题的不同表达形式，传统的理念和方法仍可无缝衔接；其二，算法通过机器深度学习的形式，完全颠覆了现今的法律框架与逻辑基础，对法律和伦理产生强烈的冲击。

算法共谋可分为信使型共谋、轴辐型共谋、预测代理型共谋、自主学习型共谋四大类型，分别与监督算法、平行算法、信号算法、自我学习算法四大算法相对应。信使型共谋与轴幅型共谋尚未超出传统的共谋形式，算法只是作为承接共谋的一种载体，更多的是达致共谋的一种平台。预测代理型共谋则发生在经营者之间通过独立设置算法，基于默示的表现形式，以迅速的反馈机制与极低的共谋成本捕捉市场需求与价格变动，实现经营者间共谋信号的多维响应，直至经营者间建立起相互依赖的联动联系。目前，有关算法共谋的案例较少，代表性案件是美国的优步（Uber）案。在该案中，算法提供了一个实现共谋的平台，作为贯穿横向关系与纵向关系的连接点，能动地协调处于各层级的竞争者，促使相关共谋形成。单就该案来看，在共谋的动机与形式、相关市场界定等要件的认定上，法院通过援引 United States v. Apple, Inc 案，较多地支持了原告的主张，承认横向共谋和纵向共谋的双重存在。然而该案后来转向仲裁，关于具体事实的法律认定尚未得出明确结论。但是这至少表明了算法使得共谋的方式往隐蔽化、多样化、多层级的方向演变，超越了传统的以相关市场的横向关系和纵向关系划分的方式，充分地调动了市场上各层级的竞争者，使得共谋在原有的基础上不仅表现出新的特点，同时还被赋予了更深层次的内涵。

算法歧视问题的根源可以追溯到经营者与消费者就个性化服务供给与需求的博弈，其利弊很难用简单的个案分析予以概定。经营者通过收集一段时间内特定计算机或移动设备在互联网上的相关信息，对用户的偏好和兴趣进行预测，描绘消费者画像，并基于此，经由互联网平台对用户提供个性化服务。譬如，谷歌的在线行为广告、淘宝网的购物推荐、网易云音乐的每日歌曲推荐均由此而来。虽然这种差异化的商品推荐及比较定价模式可以节省消费者的搜寻成本，提高交易效率，但是这也为经营者利用算法实施不正当歧视行为提供了可乘之机，其中最引人关注的就是算法价格歧视。在实践中，算法价格歧视往往表现为"大数据杀熟"，即互联网平台经营者依据对消费者个人消费数据的收集、整理和分析，利用忠诚客户的路径依赖和信息不对称，就同一商品或服务向其索取高于新用户的售价，并且该售价不反映成本差别。

此外，另外一种算法歧视则多涉及算法伦理问题，即算法造就的性别歧视、种族歧视等不平等对待行为。譬如，美国卡内基梅隆大学研究人员米特·达塔等人利用钓鱼软件模拟普通用户浏览求职网站，在统计谷歌推送的"年薪 20 万美元以上职位"广告数据时，发现女性得到高薪推荐的机会仅为男性的六分之一。哈佛大学的调查研究也显示，在"被逮捕记录"的查询中，算法也会更倾向性地寻找黑人。这就是部分学者所称的算法自我强化困境，即算法对于过往人类社会模式特征的总结将不可避免地复制并延续当前社会的既有格局和特征，从而不利于变革与创新的发生，这导致算法并非如我们所想的一般，是一种完全价值中立的科学活动或数字活动，而是蕴含着价值判断并与特定的价值立场相关。譬如，剑桥分析公司非法获取 5000 万脸书用户的数据，用于影响公众政治选择，帮助特朗普团队影响 2016 年美国大选选情或许就是一个极好的实证。

故此，英国议会人工智能委员会近期提出的解决算法的不可解释性（Unintelligibility）及 GDPR 第七十一条规定，当数据主体对抗关于个人的自动化决定时，数据处理者应"允许数据主体获得解释"，加深人自身对算法的理解程度，正是打开"算法黑箱"的"关键之匙"，提出了算法开源、算法透明的要求。当然，其也意识到完全的算法开源是不现实的，只有在涉及安全领域等透明需求度高的产业，才完成全方位的算法开源。同时，增加算法的可解释性，完成向人工智能产品本身可解释决策背后的逻辑转变。为此，可以通过建构一套可视化的交互式分析系统，通过模拟数据输入，再现整个执行运算的过程，以增加人本身对于算法的理解力，使用户自身通过对关键变量的识别，决定是否接受算法决策的影响。当然，也有学者希望基于平等、自由、正义的价值理念，构建事后具体解释与更新解释的算法解释权，纠正风险分配与信息不对称的问题。同时，有学者却认为，赋予数据主体"获得解释的权利"，反而会陷入透明度的误区，透明性并不能解决信息经济中的关键问题，反而会减损专利的价值，降低相关算法研发者的积极性。同时还认为，应依据其他方式，譬如，从算法设计的角度着手，纠正信息不对称的结果或依靠反事实（Counterfactual）的逻辑模型给予局部解释。

当然，从算法设计本身来解释算法是用来指导规制算法的一种方案，然而并不是打开"算法黑箱"的唯一方法。只有人对未知的事物变得可理解，其所有的正当性权利才能得到充分保障，才能有更多的自由与选择。反事实的逻辑模型仅适用于相对简单的算法设计，而现实中的算法的复杂程度并不能够使其充分适用。如何把控监管者的介入程度，构建合理有效的算法设计责任，使数字创新、市场竞争及对消费者的公平和平等的保护等多元价值的衡平成为可能，"透明度是可归责性的第一步"。在数字经济高速发展的过程中，破除算法所带来的主体之间信息的不对称，打破"算法黑箱"，提高算法的透明度，实现"数据正义""算法正义"，是新时代基本的权利要求，是解决算法共谋、算法歧视以及不断强化的算法权威问题的可行尝试，更是实现数字经济可持续推动国家利益、社会利益以及私人利益之间融合发展的时代必然。

全球数字经济发展给各行业经济增长方式和商业竞争模式带来了巨大冲击甚至全面革新，引发了全球竞争格局和模式的颠覆性改变。数字科技和信息科技对人类经济社会生产生活的全功能介入，深刻推动人类经济社会的全面数字科技化，形成人类社会的数字化形态和数字化变革。这种发展和变化首先表现在人类社会的经济生产和日常生活领域，而且这种发展并未止于互联网络技术和信息通信技术的广泛适用，而是走向以移动互联网为基础的即时信息通信技术与数字数据技术深度融合的整体聚合型的数字经济发展高阶阶段，大数据、平台、算法等人工智能底层技术的深度开发和广泛适用，尤其是以数据和大数据资源为着眼的全球数据及数据科技竞争大战已如火如荼地展开，对全球消费者的消费理念、消费模式、消费行为及全球市场竞争监管秩序和实践都产生十分重大且深远的影响。世界主要国家和地区对此已作出积极响应，即为最好明证。毫不夸张地讲，数字科技及创新已成为人类社会发展的下一个奇点。

透过对超级平台利用大数据及算法的现实解析，可以发现超级平台对消费者的威胁主要体现为表面上是利用平台地位窃取用户隐私并从中获利，实质上则是通过对其他经营者的排除、限制行为，挤压甚至剥夺消费者接受服务的自由选择权和公平交易权利；对相关市场或者是未来市场上竞争秩序的威胁主要表现为通过滥用市场支配地位或者滥用算法权威等手段，实现限制和排除竞争的目的，进而损害整体聚合型数字经济市场上的自由竞争生态系统，抑制创新。为回应数字经济发展中超级平台产生的威胁，竞争法治有必要摒弃"数字经济下的反竞争行为不过是新瓶装旧酒"的浅短认识，努力探寻、厘清及构建维护数字经济健康、可持续发展的竞争法治新进路。譬如，对消费者提供优质的隐私服务和可靠的安全保护，不应局限于私法逻辑，可以考虑创建竞争法保护路径；对数字经济市场竞争秩序的维护，可考虑引入必需设施原理，细化必需设施原理适用的具体要件和识别方法；对算法黑箱引发的算法歧视和算法共谋，可考虑在竞争法律体系更新和逐步完善的过程中加入对算法卡特尔和滥用算法优势或权威的立法，及时有效规制算法共谋和算法歧视违法行为，防止算法黑箱对数字经济发展的负向激励，确保"数据正义"和"算法正义"在竞争法治轨道上的早日实现。

最后，需特别指出的是，在这一过程中，科技监管和监管科技的开发与融合，从科技作为监管对象到监管手段，乃至目的的实现过程，引发了竞争法治基本理念、范畴原则及方式方法的深刻变化。与此同时，竞争法治的数字科技化变革也为当下和未来数字科技的持续创新和健康发展提供了及时响应和有力保障。然而面对数字科技和信息科技的飞速发展，尤其是在人工智能场景下，算法主导的机器深度自主学习已经颠覆性地改变了人类社会制度设计及运行的现实环境，在带来极大便利的同时，也引发了巨大的制度风险。故此，作为研究者和实践者，必须时刻关注科技创新之于人类经济社会的影响，持以审慎乐观的态度，对待科技创新之于社会法治变革的力量和意义。

第三节　新发展格局下数据要素有序流通的市场经济法治建构[①]

　　数据要素的有序流通和公平竞争是经济高质量发展、构建新发展格局的关键。数据要素有序流通能够充分释放数据要素动能，加快数据产业链、价值链重构与转型升级，进而畅通国内经济大循环，实现国际国内经济"双循环"相互促进。数据要素有序流通的前提是明确数据产权归属，基础是构建统一开放的数据要素市场。但市场具有自发性、盲目性和滞后性，简言之，市场也会"失灵"。因此，在推动数据要素市场"有效建设"的同时还须做好"政府有为"，用"看得见的手"矫正"看不见的手"，即政府调节市场，弥补市场缺陷，纠正市场失灵。

　　当前，中国虽然已明确"数据"要素的市场地位，但相关法律尚未明确数据的产权归属，实践中数据权属还存在很多争议，主要表现在两个方面：其一，数据动态变化，数据权属的静态规制面临挑战；其二，数据类型多元，数据权属的私法规制应对不足。此外，中国数据要素市场的建设还处在初级发展阶段，数据要素市场标准体系建设不足、执法与司法监管无力等问题比较突出。因此，有必要以数据权属搭建为着力点，聚焦数据要素统一开放市场建设，积极推进政府科学有效监管，稳妥应对数据要素市场上的反竞争风险，推动有效市场与有为政府之间的融合，更好地实现新发展格局下数据要素有序流通与数据要素市场公平竞争之间的互相促进。

---

　　① 陈兵：《新发展格局下数据要素有序流通的市场经济法治建构》，《社会科学战线》2022年第1期。

一、问题提出

2021 年 3 月 5 日,《中华人民共和国国民经济和社会发展第十四个五年规划和 2035 年远景目标纲要》提出,要坚持扩大内需这个战略基点,加快培育完整内需体系,把实施扩大内需战略同深化供给侧结构性改革有机结合起来,以创新驱动、高质量供给引领和创造新需求,加快构建以国内大循环为主体、国内国际双循环相互促进的新发展格局。

新发展格局的实质在于形成"以国内大循环为主体、国内国际双循环相互促进"的"双循环"发展模式。改革开放初期,为尽快缩短与发达国家的发展差距,中国积极实行对外开放政策,加入 WTO,并形成了以"投资、出口和消费"拉动经济增长的经济模式,取得了突出的成绩和效果。根据估算,1978 年到 2007 年,中国国内生产总值从 3678.7 亿元增长至 219438.5 亿元,增长近 60 倍。同时,中国对外贸易的货物与服务贸易依存度,也从 20 世纪 80 年代的平均 19.7%,上升到 20 世纪 90 年代的平均 34.3%,并在 2006 年达到峰值 65.2%。[①]虽然该指标无法反映一国在国际贸易中的风险暴露水平[②],但可以衡量一国的开放程度或一国的对外依存程度[③]。现有研究也发现:贸易联系紧密的国家具有更加相似的商业周期,危机可以通过贸易途径对贸易国产生不利影响。[④]因此,自 2008 年国际金融危机后,中国对外依存度除 2010 年有短暂回升之外,整体呈下降趋势,这表明中国经济发展重心开始向国内大循环转变。而 2020 年席卷全球的新冠肺炎疫情则加速了国际政治、经济、科技、安全等格局的深刻变革,此时提出构建"双循环"发展格局无疑是对于国内外形势的科学应对。

"双循环"新发展格局建设的关键点是要构建畅通的国内大循环体系,坚持深化供给侧结构性改革,把握扩大内需的战略基点,实现国内经济的高质量发展,再利用国内国际循环助力世界经济发展并促进国内大循

---

① 李昕、徐滇庆:《中国外贸依存度和失衡度的重新估算——全球生产链中的增加值贸易》,《中国社会科学》2013 年第 1 期。

② 现有的外贸依存度还不能全面、客观、系统地反映一国经济对外的依赖程度,参见郭丽、蒋雪梅、郑桂环等:《外贸依存度与对外依赖程度:基于"亚洲金融危机"的一个分析》,《管理评论》2006 年第 6 期。

③ S. Grassman, Long-term Trends in Openness of National Economies, *Oxford Economic Papers*, Vol. 32: 1, (1980), p. 123-133.

④ 刘鹏、夏炎、刘得格:《全球价值链视角下我国对外依存程度分析》,《中国管理科学》2019 年第 5 期。

环，做到国内国际双循环相互促进，最终实现中国经济全方位的高质量发展。[①]当前，以数据为发展核心的数字经济，已成为继农业经济和工业经济之后的较高经济形态，[②]不断驱动着各行业进行颠覆式的变革。2021年，中国数字经济规模已达 45.5 万亿元，占 GDP 比重提升至 39.8%。[③]数字经济规模不断扩张，贡献不断增强。2019 年 10 月 31 日党的十九届四中全会通过《中共中央关于坚持和完善中国特色社会主义制度推进国家治理体系和治理能力现代化若干重大问题的决定》（以下简称《决定》），明确提出"健全劳动、资本、土地、知识、技术、管理、数据等生产要素由市场评价贡献、按贡献决定报酬的机制"。[④]2020 年 4 月 9 日，中央发布《中共中央　国务院关于构建更加完善的要素市场化配置体制机制的意见》（以下简称《意见》），明确要深化要素市场化配置改革，促进要素自主有序流动，提高要素配置效率，并明确提出"加快培育数据要素市场"。2020 年 5 月 11 日，《中共中央、国务院关于新时代加快完善社会主义市场经济体制的意见》颁布实施，进一步提出完善数据权属界定、开放共享、交易流通等标准和措施，发挥社会数据资源价值。

在此背景下，新发展格局的构建与发展，应积极回应和借力数字经济的需求和动力，在主动应对国内外错综复杂形势的同时，顺应数字经济发展的客观规律，将数据要素循环作为"双循环"新发展格局建设的关键和突破，在法治轨道上构造数据要素有序流通的市场，充分释放数据要素动能，主动迎接数字经济高速发展所带来的市场竞争模式和竞争秩序的变革，有效发挥市场在资源配置中的决定性作用，更好地发挥政府在数据市场运行中的保障作用，从市场有效和政府有为两个维度，畅通以数据循环为中心的新发展格局的运行。在这一过程中，除"界定清"数据要素的权属外，还应鼓励数据在"用户—企业""企业—企业""政府—企业"间的"流转畅"与"配置准"，不仅要保护好各类数据主体所享有的与数据相关的合法权益，还要积极促进数据要素的流通，满足不同场景下对数据的高效使用，真正实现数据在流通中创造价值。然而当前中国数据要素市场体制机制尚不完善，数据要素市场发展面临诸多问题，譬如数据要素产权界

---

① 李增刚：《以制度创新打通经济循环中的"堵点"》，《国家治理》2020 年第 31 期。

② 罗贞礼：《我国数字经济发展的三个基本属性》，《人民论坛·学术前沿》2020 年第 17 期。

③ 参见中国信息通信研究院：《中国数字经济发展白皮书（2022 年）》，http://www.caict.ac.cn/kxyj/qwfb/bps/202104/P020210424737615413306.pdf。

④ 《中共中央关于坚持和完善中国特色社会主义制度　推进国家治理体系和治理能力现代化若干重大问题的决定》，《人民日报》2019 年 11 月 6 日第 1 版。

定不清晰①，数据要素质量评估、价值量化以及流通等标准不完善②，数据交易平台联动不到位，数据监管机构未形成体系③等，阻碍了数字经济持续健康发展。

故此，必须以数据权属搭建为着力点，重点考察数据自身作为要素、资源及其衍生商品和服务的市场竞争属性，同时高度关注数据对其他生产要素的融合作用而产生的市场竞争溢出效果，聚焦数据要素统一开放市场建设，完善数据要素有序流通的市场环境，保障以数据为中心的要素公平自由流动，推动数据与多要素的相互融合使用，实现数字经济场景下以数据要素为中心的各类资源要素的有序、高效循环，推动"双循环"新发展格局的构建与运行。具体可从以下三方面展开：其一，在宏观政策与基本制度的设计层面，建议以平等、合理、非歧视（FRAND）的基本原则，科学合理搭建数据权属制度，这是畅通数据要素有序流通的法治前提，有助于实现不同数据主体间数据权益的均衡配置，在激发数据主体创新活力的同时，平衡好数据保护和数据流通的关系；其二，在政府与市场互动行为的比例层面，构建统一开放的数据要素市场，既要以审慎包容的态度构建数据市场竞争规则，明确行政机关对"数据要素市场"规制边界，也要警惕发生在"数据要素相关市场"建设与运行中的各类行政性垄断，防止行政权力扭曲以数据要素为中心的各类市场要素资源的配置；其

---

① 数据权属界定是数据保护与数据利用的核心问题，然中国立法尚未对此予以明确回应，实践中对此争议颇多。学界对此也并无一致定论，当前关于数据确权存在多种理论，可能涉及物权法、合同法、知识产权法、竞争法、个人信息保护法等诸多规范。然而无论是单独适用还是综合适用，既有规范均无法充分解答数据权属、保护与利用的问题。参见韩旭至：《数据确权的困境及破解之道》，《东方法学》2020 年第 1 期；许可：《数据爬取的正当性及其边界》，《中国法学》2021 年第 2 期；安柯颖：《个人数据安全的法律保护模式——从数据确权的视角切入》，《法学论坛》2021 年第 2 期；黄镕：《大数据时代个人数据权属的配置规则》，《法学杂志》2021 年第 1 期；崔淑洁：《数据权属界定及"卡——梅框架"下数据保护利用规则体系构建》，《广东财经大学学报》2020 年第 6 期；陈兵、顾丹丹：《数字经济下数据共享理路的反思与再造——以数据类型化考察为视角》，《上海财经大学学报》2020 年第 2 期；程啸：《区块链技术视野下的数据权属问题》，《现代法学》2020 年第 2 期；刁云芸：《涉数据不正当竞争行为的法律规制》，《知识产权》2019 年第 12 期；梅夏英：《在分享和控制之间数据保护的私法局限和公共秩序构建》，《中外法学》2019 年第 4 期等。

② 中国大数据交易国家标准已达三项，分别是《信息技术 数据交易服务平台 交易数据描述》（GB/T 36343－2018）、《信息技术 数据交易服务平台 通用功能要求》（GB/T 37728－2019）、《信息安全技术 数据交易服务安全要求》（GB/T 37932－2019），但总体来说大数据交易目前尚处于初级阶段，数据定价与交易机制尚不成熟，各地数据交易市场各自为政，未形成统一的数据交易规范。而当前数据质量参差不齐，数据变现能力较弱，数据安全保障能力还有待提升等问题与数据共享流通的现实需要之间形成了矛盾。

③ 中国目前尚未设立统一的数据监管机构，对数据的监管工作主要还是由网信办、工信部、公安部、市场监督管理总局主导，各省市、各行业主管部门各自在其行政职权范围内分别治理。

三，在科学规制经营者参与市场竞争层面，规制经营者滥用其在数据要素市场上的支配地位或相对优势地位从事排除或限制竞争或不公平竞争的行为，培育和维护良好的数据市场公平竞争的环境，为数据要素有序流通提供法治保障。

二、数据要素有序流通的法治前提——科学构建数据权属制度

根据科斯第二定理，在交易成本大于零的现实世界中（TC＞0），由于交易成本存在，产权初始分配状态不可能通过无成本的交易向最优状态变化。[①]基于此，产权的初始界定必然对经济产生影响。对数字经济时代的数据要素市场而言，"清楚界定产权是市场前提"的判断依然成立。[②]尽管数字数据在产生后对其进行复制、传输、使用的边际成本趋近于零，但是数据基础设施的建设和运行以及数据的采集、储存、清洗、分析、应用、销毁等环节仍需投入大量的成本。故此，对数据相关权益的界定与分配，将直接影响数据要素的配置效率、交易成本、使用方式与保护范式等，这是在多元的数据权益主体之间展开公平自由交易与竞争的制度前提。

无恒产者无恒心。当前，数据要素市场领域由于尚未构建起科学的数据权属体系法治框架，已经使得数据要素在生产、流通、交换、消费各个环节产生了争议。譬如，近年来的新浪诉脉脉案、酷米客诉车来了案、淘宝诉美景案等案件中都产生了关于"数据属于谁"的争议，此类案件目前都以反不正当竞争法的相关规则进行裁判，但并未对案件争议焦点——数据权属进行统一规范。数据权属不清使得市场主体无法辨明数据要素在市场竞争中的合法边界，容易导致不正当竞争行为的发生，妨碍了数据要素安全高效流转，扭曲了市场进行资源配置的作用，抑制了数据要素价值的增进与提升。故此，需要构建起数据要素的权属制度，确立数据要素公平竞争的前提，从而保障以数据循环为核心的"双循环"新发展格局能畅通运行。

（一）数据权属制度的立法缺失与理论检视

在中国，民事权利应由国家制定法明确规定，然而现实中习惯法或者民间法以及有关指导性案件也发挥着设置民事权益的功能，这表明在现代经济社会高速发展的过程中，民事权利或权益已呈现一个开放的体系，

---

① 冯玉军：《法经济学范式》，清华大学出版社 2009 年版，第 216-217 页。

② 许可：《数据要素市场的法律之基》，载杨涛主编：《数据要素：领导干部公开课》，人民日报出版社 2020 年版，第 119 页。

完全由国家制定法予以确认是很困难的，需保持对民事权益保护范围的开放性。①譬如，《民法典》第一百二十六条规定："法律主体享有法律规定的其他民事权利和利益。"该规定强调了除民事权利之外的其他民事利益在法律上的正当性和合法性地位，这里的"法律"可以理解为一种开放性的具有约束力的规范文本，包括国家制定法以及其他法律渊源。

《民法典》第一百二十七条规定："法律对数据、网络虚拟财产的保护有规定的，依照其规定。"从立法体例上看，该条承认了数据上所具有的合法民事权益，但是尚未对数据的权益类型、体系及权属关系等予以明确规定，而是留下了立法接口，交由专门法律法规予以细化，为经济发展与技术创新进步的要求预留了足够空间，体现了"法与时转则治"的立法理念和实践安排。②根据全国人大常委会立法规划，《数据安全法》将作为数据领域的基础性法律，然而遗憾的是《数据安全法》并未对数据权属予以明确规定，其仅规定了国家保护个人、组织与数据有关的权益，开展数据处理活动，不得损害个人、组织的合法权益。作为个人信息保护领域的基础性法律，《个人信息保护法》则对个人在个人信息处理活动中的个人权利进行了较为细致的规定：个人对于其个人信息的处理享有知情权、决定权等权利。总体而言，现阶段在立法层面上，中国关于数据权属的制度设计尚不完善，立法工作任重道远。

地方法规则对数据权益问题进行了尝试性的规定。2022年1月1日生效的《深圳经济特区数据条例》（以下简称《条例》）第三条明确规定，自然人对个人数据享有法律、行政法规及本条例规定的人格权益。第四条明确，自然人、法人和非法人组织对其合法处理数据形成的数据产品和服务享有法律、行政法规及本条例规定的财产权益。然而《条例》的这一开创性规定很有可能涉及超权立法。根据《立法法》第十一条规定，涉及民事基本制度和基本经济制度，只能通过制定法律予以规制。《条例》赋予个人数据权人格权属性，以及赋予数据权财产权属性均涉及基本经济制度。③

当前法学界对数据权益归属的讨论，主要有数据承载个人信息包含

---

① 王利明：《民法总则研究》，中国人民大学出版社2018年版，第404页。
② 陈兵：《以〈民法典〉实施为契机规范数据使用》，《第一财经日报》2021年1月11日，第A11版。
③ 中国信息通讯研究院：《大数据白皮书（2020年）》，http://www.caict.ac.cn/kxyj/qwfb/bps/202012/P020210208530851510348.pdf。

的人格权益与数据作为数字资产所蕴含的财产权益两个方面。①关于人格权益，有学者认为："大数据时代，个人信息的权利与个人数据的权利是一回事。"对于蕴涵个人信息的数据，应当归个人所有，个人信息中蕴含的人格利益与经济利益都可以通过人格权益中的个人信息权益予以涵盖并保护，②但不能过度扩张其保护界限，企业在合法收集并去名化处理后，可以成为企业的特定财产。③也有观点认为，个人数据上承载的人格利益可以援引人格权进行保护，只需考虑个人信息产生经济利益实现财产化后的归属与保护。④

对于数据财产权益归属具有代表性的观点有："财产权说"，认为数据财产权益应独立成"权"，应在区分个人信息和数据资产的基础上，先对个人信息同时配置人格权益和财产权益，其次对于数据经营者，基于数据经营和利益驱动的需求，分别配置数据经营权和数据资产权。⑤反对观点则认为"数据上不存在财产权"，因为数据没有特定性、独立性，亦不属于无形物，不能归入民事权利的客体；数据交易应通过合同对其财产权益进行保护。⑥也有学者提出数据的"准财产权说"，基于域外经验与中国司法裁判立场分析认为：基于信息保护与信息流动有效平衡的目的，不宜在数据之上创设高强度的绝对性财产权，而应设立有限排他性的"准财产权"。⑦

私法上数据人格权益的讨论重在厘清个人数据的法律属性，数据财产权益的讨论重在平衡个人数据与商业（务）数据的权益关系。此外，当前数据已成为国家基础性战略资源，政府（务）数据蕴藏着巨大的经济、社会价值，且直接涉及国家总体安全，兹事体大，故对于政务数据的归属，当前学界与实践中尚无统一认识。需要明确的是，随着国家大力推进

---

① 参见张里安、韩旭至：《大数据时代下个人信息权的私法属性》，《法学论坛》2016 第 3 期；程啸：《论大数据时代的个人数据权利》，《中国社会科学》2018 年第 3 期；王利明：《数据共享与个人信息保护》，《现代法学》2019 年第 1 期。有关数据财产权益的讨论，参见龙卫球：《再论企业数据保护的财产权化路径》，《东方法学》2018 年第 3 期；龙卫球：《数据新型财产权构建及其体系研究》，《政法论坛》2017 年第 4 期；丁晓东：《论企业数据权益的法律保护——基于数据法律性质的分析》，《法律科学》（西北政法大学学报）2020 年第 2 期。

② 程啸：《论我国民法典中个人信息权益的性质》，《政治与法律》2020 年第 8 期。

③ 程啸：《论大数据时代的个人数据权利》，《中国社会科学》2018 年第 3 期。

④ 文禹衡：《数据确权的范式嬗变、概念选择与归属主体》，《东北师大学报》（哲学社会科学版）2019 年第 5 期。

⑤ 龙卫球：《再论企业数据保护的财产权化路径》，《东方法学》2018 年第 3 期。

⑥ 梅夏英：《数据的法律属性及其民法定位》，《中国社会科学》2016 年第 9 期。

⑦ 杨翱宇：《数据财产权益的私法规范路径》，《法律科学》（西北政法大学学报）2020 年第 2 期。

电子政务建设，不断提升运用数据服务经济社会发展的能力，尤其政府部门储存、管理着广大人民群众的个人信息，政府（务）数据同时具有私权属性和公权属性，单以私法视阈"静态赋权"路径难以对数据权属关系进行科学配置，需要对政府（务）数据进行细致分类分级，以确定不同类目政府（务）数据的归属与保护。

综上，目前对数据权益归属与保护的研究，多从私法赋权和救济的维度出发，试图对数据中的人格权益与财产权益分别予以赋权，对相关权利性质、权利内容、权能体系进行构造。随着互联网经济新业态的不断更新，数字数据技术的高速发展，对数据进行静态赋权的保护范式已不能适应数据活动的蓬勃发展，学界也认识到"通过叠加式的私法赋权以实现数据主体的不同利益，属于典型的私法保护进路。这种进路遇到的理论困难，是因为其忽视了数据本身的无形性、可分享性以及公共性的特点，以及信息数据主要通过社群分享来实现自身价值的客观事实"①。故此，数据权属制度须结合数据要素流转的运行进行设计，实现个人数据、商业（务）数据和政府（务）数据间的权益均衡分配，根据"场景正义原则"，为不同主体根据具体场景赋权，能够更好地激发数据主体的创新能力。

（二）以"数据相关行为"为基准设计动态权属制度

"数据不应该以它的存储而定义，应该由它的流转来定义。"②当前，以私法赋权的静态保护范式，导致了对数据保护分析中的单一化与绝对化状态，客观上加大了数据要素流转的制度成本。结合数字经济运行的现实考虑，"数据如水流，数据权利是一种流动性的权利，所有权远没有使用权重要"，③构造数据权属关系的重点不在于静态下数据相关权益的配置，而在于对数据在经济循环动态过程中产生的各类权利归属进行合理配置，使数据相关的权利人能够和谐享有数据权益，充分释放数据动能，而不阻碍数据的流转。基于此，应构建以"数据相关行为"为基准的数据权益动态分类法，破解当下以静态私法赋权的固守迟滞和数据流动需要所面临的困局。④

数字经济发展所涉及的诸多环节具有高度的内在统一性，本质是围绕"数据相关行为"，即数据采集行为、数据计算行为、数据服务行为、

① 梅夏英：《在分享和控制之间数据保护的私法局限和公共秩序构建》，《中外法学》2019年第4期。
② 凯文·凯利：《现在只是分享时代的早期》，《中国企业家》2016年第2期。
③ 许可：《数据要素市场的法律之基》，载杨涛主编：《数据要素：领导干部公开课》，人民日报出版社2020年版，第119页。
④ 陈兵：《数字经济下如何加快数据共享》，《第一财经日报》2020年6月30日，第A11版。

数据应用行为形成的完整的数据行为生态系统。数据不仅作为信息载体而被数据控制者收集和整理，更作为一种生产要素被数据控制者进一步挖掘与使用，体现了消费产品与生产要素的高度聚合。① 故此，根据数据运行的全周期及"数据相关行为"的实施进展程度，可纵向将数据区分为原始数据、衍生数据、创生数据。②

结合横向数据主体的个人、企业、政府对于数据权益的需求，以精细化、差异化、场景化科学合理地对数据权益进行分配（见表 5-1）。

表 5-1　场景化数据权益分配

数据行为与类型	个人	企业	政府
基于采集生成的原始数据	个人信息权益	个人信息权益 财产权益	个人信息权益 公共权益
基于原始数据简单加工的 衍生数据	个人信息权益 财产权益	个人信息权益 财产权益	公共权益 财产权益
基于衍生数据深度加工的 创生数据	财产权益	财产权益	公共权益 财产权益

该数据权益分配的原因在于：对于原始数据，因其散落于个体用户终端与人机交互产生的信息之间，具有分散性与无序性的特点，尚未对数据所涵盖的信息内容进行挖掘，其经济价值尚未体现，这一阶段应强调对原始数据个体权益的保护。在此过程中，个人注重个人信息权益；企业对于原始数据进行采集，应鼓励其开发数据要素的行为，故赋予其财产权益，但由于此时数据尚未经过处理，仍含有大量个体用户信息，故同样注重保护个人信息权益；政府所采集的原始数据即包含公民的个人信息，亦包含涉及国家安全、社会发展等相关信息，故此处统称为公共权益。

对于衍生数据，其是以原始数据为原料加工而成，既要注重保护用户个人的权益，即个人信息与隐私，处理者应当遵循正当、必要、合法等

---

① 陈兵：《数字经济发展对市场监管的挑战与应对——以"与数据相关行为"为核心的讨论》，《东北大学学报》（社会科学版）2019 年第 4 期。

② "原始数据"是指用户在软件客户端主动写入与人机交互被动产生而尚未进行二次处理的数据；"衍生数据"是指以原始数据为原料，经过经营者"去分散化""去杂乱化"所得数据；"创生数据"是指相关主体结合运营需求，以技术对衍生数据进行再度加工处理，并实现"去个人化"后形成的数据。参见陈兵、顾丹丹：《数字经济下数据共享理路的反思与再造——以数据类型化考察为视角》，《上海财经大学学报》2020 年第 2 期。

原则，不得侵害用户个人正当权益；同时也要注重对处理者权益保护，其在进行收集、存储、加工原始数据等活动时，须投入人力、资本、时间等成本，若缺乏对处理者对于衍生数据权益的保护或过度保护用户个人权益，为处理者制造过高的制度成本，不利于激励处理者从事数据活动制造衍生数据，进而会阻碍数字经济运行效率。故对于个人和企业而言，均赋予其个人信息权益和企业财产权益；对于政府数据而言，由于衍生数据已经过相关的加工处理，应保障处理者的财产权益，同时对涉及公共利益的数据应统筹保护。

对于创生数据，是相关主体结合运营需求对衍生数据进行再度加工处理，并实现"去个人化"后，复次利用形成的新数据资产。由于此类数据已经进行脱敏处理，不再涉及个人信息的保护，此时需要着重保护"数据创生者"的权益，激励为数据价值释放与创新投入劳动与资本的主体，保障数据的合法自由流动，促进以数据为关键要素的数字经济发展，落实数据作为生产要素由市场评价贡献、按贡献决定报酬的机制。故此时个体已不享有个人信息权益，应注重保护"数据创生"的财产权益；同时，对于政府数据中涉及公共利益的数据，即使经过"创生"处理，仍应注重保护该部分数据的公共权益。

综上，基于数据运行的客观规律，以"数据相关行为"基准设计动态权属制度形成的动态保护，符合数据运行实况，有助于推动数字经济健康可持续发展，[①]并且可以对数据相关权益进行科学高效的配置，保证数据各主体能够合规有序地使用数据，构建数据市场公平竞争的行为边界，畅通数据在"双循环"新发展格局下生产、分配、流通、消费各环节流转的通道，促进以数据为关键要素的自由流通，落实数据作为生产要素由市场评价贡献，按贡献决定报酬的机制。

三、数据要素有序流通的法治环境——构建统一开放的数据要素市场

在中长期经济发展中，国内的市场环境对"双循环"新发展格局的推进至关重要。以数据要素的公平竞争打通堵点，助力新发展格局形成与发展，需要进一步讨论如何构建高水平的数据要素市场竞争体系，落实《意见》中"加快培育数据要素市场"的要求，为数据要素的流通培育有序开放、公平竞争的良好市场环境。

---

① 陈兵：《激发数据要素的生命力与创造力》，《人民论坛》2021 年第 Z1 期。

（一）建立并完善全国统一的数据要素市场

建设统一开放、竞争有序的市场体系，是实现要素市场化配置，提高资源配置效率，激发社会创造力与市场活力的基础。对于数据要素而言，首先应明确数据只有在流通与使用中才会产生价值，同时，只有数据要素在市场上有效流转，才能发挥市场在资源配置中的决定性作用。故此，必须建立起全国统一的数据要素市场才能够打通数据从生产到流通、再到消费的通道，链接数据供给方与数据需求方，实现数据流通与数据增值。然而当前中国并未有效建立统一的数据要素市场，也缺乏统一的数据流转规则，只存在各地建设的数据交易平台。

一方面，由于缺乏统一的数据流转规则，不同数据交易平台间数据流通标准不一、数据定价规则各异，使得各市场相关主体难以有效互信，进而产生了数据提供方、购买方、中介方私自留存、复制甚至转卖数据的现象。另一方面，由于缺乏数据生产流通全周期的法律规范与监管制度，导致个人隐私、商业机密存在风险等问题。简言之，无序的数据要素市场，阻碍了数据要素的循环流通。因此，急需建立全国统一数据要素市场，完善数据流转规则，有效规范数据生产、使用、流通、消费等各个环节，营造公平有序竞争的数据市场环境。具体而言，可从以下两方面着手。

第一，借力国家正在不断推进的新型基础设施建设，探索建立数据要素全国统一市场。具体而言，一是由中央政府主导建立全国数据要素交易中心，数据供给方、数据需求方可以直接在该中心进行交易。此路径优势在于可以建立起统一的交易规则、数据流通标准，避免地方数据要素市场建设各行其道以及区域垄断风险的发生。弊端在于，不利于激发地方市场探索数据要素市场建设的主体活力。二是由中央政府牵头建立全国数据交易平台，该平台并不直接提供交易服务，其作用在于为各地方数据交易中心提供接口，打通地方数据交易中心的物理屏障，提供有效链接通道，构建全国统一透明的数据要素市场。但需以建立起国内统一适用的数据标准化管理体系制度为前提，即必须贯穿数据从生产到流通再到消费的全过程，才能够实现全国各数据交易市场的链接。

第二，重视数据标准的重要意义，做好数据要素标准化建设的顶层设计。基于标准科学的视角，市场经济中大致存在三类制度规范，包括：其一，法律法规等成文规范；其二，道德、习俗、市场竞争规则等不成文规范；其三，在两者之间的中间过渡地带存在大量"软法"性质的规范，标准是其重要构成。①对于数据要素市场而言，探索建立统一规范的数据标准管理制度，能够提高数据质量和规范性。譬如，可以"数据相关行为"为中心，聚焦数据的采集、计算、服务、应用等环节构建数据行为标准。科学有效的数据标准，既能实现制度层面对数据相关权益的保护，又可以消除噪声数据，对有价值数据做好整合与归集，畅通技术层面数据的流通渠道，在应用层面完成数据信息价值的挖掘。

综上，探索建立全国统一数据要素市场，完善数据要素标准化建设，能够培育公平有序竞争的数据市场环境，有效实现数据要素互通流动，打破"数据孤岛"现象，促进数据交易与数据增值，充分发挥市场在数据资源配置中的作用，提高数据要素配置效率和全要素生产率，最大限度释放数据要素的巨大动能。

（二）推进政府数据科学有序开放

政府是最大的数据持有者，不仅拥有天然的政务数据，还持有大量的社会数据，例如农业、工业、交通、教育、公共资源交易等各类数据，具有很高的实际价值与应用开发潜力。②据统计，中国各级政府部门掌握了 80%以上的各类数据资源，政府数据已成为重要的数据资源。③因此，在建立和完善全国统一数据要素市场的基础上，仍需继续推进政府（务）数据的有序开放与共享，充分释放政府数据能量，助力新发展格局的构建和推进。《意见》也明确指出，"加速培育要素市场"需要"推进政府数据开放共享"。

推动政府数据的有序开放共享，需要加强相关制度的设计与完善。2015 年《促进大数据发展行动纲要》（国发〔2015〕50 号）、2016 年《政务信息资源共享管理暂行办法》（国发〔2016〕51 号）、2017 年《政务信息系统整合共享实施方案》（国办发〔2017〕39 号）、2021 年《法治政府建设实施纲要（2021—2025 年）》统筹设计了"起步阶段"的政府数据开放共享制度，并形成了以开放共享为原则，不开放共享为例外的政府数据开放共享原则。由于缺乏政府数据开放共享标准，政府数据开放共享的流程、种类、等级、边界都不甚明确，导致政府机关在具体开放共享过程中

---

① 刘三江、刘辉：《中国标准化体制改革思路及路径》，《中国软科学》2015 年第 7 期。

② 沈建光、朱太辉、张彧通：《释放数据生产力》，载杨涛主编：《数据要素：领导干部公开课》，人民日报出版社 2020 年版，第 96-97 页。

③ 朱峥：《政府数据开放的权利基础及其制度构建》，《电子政务》2020 年第 10 期。

缺乏动力，产生不愿、不敢、不能开放共享等问题。①

　　"双循环"新发展格局下，政府数据中所蕴含的巨大价值更加凸显了政府数据开放共享的重要意义。值得一提的是，2020 年 9 月，贵州省人大常委会会议表决通过的《贵州省政府数据共享开放条例》在总结过往实践经验的基础上通过政府数据管理、政府数据共享、政府数据开放、监督管理与法律责任等方面具体构建了贵州省的政府数据共享开放事项，这也是全国首部省级层面政府数据共享开放的地方性法规②，该条例对目前中央与地方健全数据共享开放的法律规范具有很强的借鉴意义。基于此，中国政府数据开放共享也应适时结合实践经验，通过加强政府数据开放共享的顶层设计，以高位阶规范性文件推进全国政府数据的开放共享。具言之，其一，创新相关制度，注重对政府数据的有序开放共享，建立起政府数据的开放共享目录，以正面清单与负面清单相结合的方式确立数据开放共享的相关标准与范围。同时明确开放共享的程序，落实开放共享的主体责任。其二，畅通多元主体间数据流通通道，建立"政—政"数据共享、"政—企"数据开放、"企—政"数据汇集和"企企"数据互通四维数据要素流通公共服务体系。③同时明确各主体之间数据利用公平、合理、非歧视原则，不得以行政权力制造不合理的共享开放壁垒，拒绝以行政手段扭曲市场资源配置的行政性垄断行为。

　　综上，在"双循环"新发展格局统筹推进建设的背景下，宜加快政府数据开放共享的顶层设计工作，以实现培育发展数据要素市场的目的，畅通数据要素的流转、应用通道，进而提升政府的现代化治理能力和治理水平，促进经济与社会的健康发展。

（三）建立并完善协同或统一的数据治理机构

　　中国全国各地陆续成立了 20 个省级数据管理机构，大致可分为三类：第一类是政府的组成部门，承担高级别的数据治理权责；第二类是政府部门的下属机构，归属于省级办公厅、发改委或工信厅等职能部门；第三类是事业单位，承担数据开放共享的服务工作。虽然上述机构大都具有承担地方政府大数据战略规划职能，但由于各机构的定位不同，因此在数

---

① 袁刚、温圣军、赵晶晶、陈红：《政务数据资源整合共享：需求、困境与关键进路》，《电子政务》2020 年第 10 期。

② 参见《贵州省政府数据共享开放条例》，http://www.gov.cn/xinwen/2020－09/28/content_5547797. htm。

③ 于施洋、王建冬、郭巧敏：《我国构建数据新型要素市场体系面临的挑战与对策》，《电子政务》2020 年第 3 期。

据产业政策制定、数据资源整合、开放共享等方面的职能存在较大差异。各地数据管理机构职能定位与权限不同的现实境况，客观上制约了从中央到地方开展数据治理、数据资源整合、开放共享等工作。因此急需从中央到地方建立起统一的数据管理机构。

事实上，在 2018 年党和国家机构改革后，国家网络与信息安全等管理职责统一由国家互联网信息办公室（与中央网信办一个机构两块牌子）承担，《数据安全法》中也明确规定：将由国家安全领导机构负责国家数据安全，各行业主管部门负责本行业内数据安全监管，公安机关、国家安全机关在各自职责范围内承担数据安全监管职责，国家网信部门负责统筹协调数据安全和相关监管工作，国家坚持维护数据安全和促进数据开发利用并重。故此，可以探索建立由各级网信部门为数据管制机构，统筹推进各级政府的数据相关政策制定、数据管理开放共享、数据监管与执法等工作，进一步打通政府机构间的"数据孤岛"，推动政府数据资源的开发利用，释放政府数据价值。同时，在此基础上可由网信部门统筹协调，加快建立健全数据交易管理制度，培育建立有序、自由、公平流通的数据要素市场，畅通数据要素的流通路径，发挥数据要素与其他生产要素的融合作用，释放数据要素的巨大能量，实现资源的优化配置，加速传统产业升级，推动新发展阶段的经济高质量发展。

综上，在"双循环"新发展格局正在形成，而《决定》和《意见》明确提出加快培育数据要素市场，健全各生产要素由市场评价贡献、决定报酬的机制的背景下，中国急需在法治框架下构建全国统一有序开放的数据要素市场；建立统一的数据管理行政机关，贯通从中央到地方各级的数据管理和开发工作；以政府主导模式开展保护数据安全和数据开发利用，从而为数据公平竞争奠定基础，畅通以数据要素为核心的新经济循环，保障"双循环"新发展格局建设的有序推进。

四、数据要素有序流通的法治激励——推动数字经济竞争法治建设

数字经济的蓬勃发展让人类生活迈入全新的时代，数字经济对传统的竞争规制体系提出了诸多挑战，尤其在"双循环"新发展格局形成过程中，数字经济领域发生的反竞争行为不仅会阻碍数据要素的有效循环，更会扭曲市场对资源的配置作用，损害消费者利益和社会公共利益，故有必要提高对数字经济领域反不当竞争行为的警惕性，保障数据要素生产、流通、分配与消费过程公平竞争的有序进行。

（一）竞争立法应关注"创新"对竞争法治目标的发展

理论界过去通常认为：竞争法作为市场经济的基本法，基本价值在于通过保护竞争和维护竞争秩序来实现实质公平和社会整体效率，因此竞争法的基本目标在于：其一，保护自由与公平的竞争，禁止破坏有序竞争的垄断行为和使用不正当手段扰乱市场竞争秩序的行为；其二，保护有效竞争，促进经济发展，防止因过分强调自由公平竞争而牺牲规模经济效益；其三，保护消费者利益。[①]但随着近年来数字数据技术的迭代更新与数据要素溢出效果的加持，"创新"之于数据驱动型经济的价值受到学界广泛关注，"创新"能否成为竞争法的价值目标之一，在世界主要国家和地区引发了激烈的争议。

对此持肯定论的学者认为，尽管数据驱动型垄断企业自身也会创新，尤其数据驱动型经营者集中，经营者往往以企业合并可以产生动态效率作为抗辩理由。但垄断企业的创新是有限的，这种效率仅对企业个体而言，长期阻碍破坏性创新者的出现，会抑制整个社会的创新，进而阻碍整个社会经济效益的提高，故此，需要保护数据驱动型创新，以实现数据的效率与价值。[②]而对此持否定论的学者则认为，竞争法是为了维护市场的竞争态势，竞争可以提高企业的效率，创新是市场竞争的结果，竞争法所维护的是市场竞争这一过程，若将保护"创新"（结果）作为竞争法目的，则会与保护竞争（过程）的目标产生冲突。[③]因此，学界就"创新"能否成为竞争法的保护目标并未达成共识。

"创新"是数字经济发展的重要驱动力，对于数据驱动型竞争行为规制不当，可能会抑制整个经济市场的创新活力，最终损害经济效益。这一点在数字经济三大定律之一的达维多定律（Davidow，1992 年）中有所揭示。[④]实证数据业已表明数据的严监管状态对数据技术的创新发展产生了抑制作用，降低了数字经济的运行效率，[⑤]譬如欧盟《通用数据保护条例》实施对数据保护的严峻监管，在实践中产生了阻碍数据流通共享的结果。

"十四五"以来，譬如 2020 年 10 月党的十九届五中全会审议通过的

---

① 参见王先林：《竞争法学》，中国人民大学出版社 2018 年版，第 34-38 页。

② 殷继国：《大数据市场反垄断规制的理论逻辑与基本路径》，《政治与法律》2019 年第 10 期。

③ 参见王晓晔：《反垄断法是深化体制改革和扩大开放的催化剂》，http://www.eeo.com.cn/2020/0925/416466.shtml，最后访问时间：2023 年 2 月 12 日。

④ 韩海庭：《数据如何赋能数字经济增长》，《新金融》2020 年第 8 期。

⑤ 许可：《欧盟〈一般数据保护条例〉的周年回顾与反思》，《电子知识产权》2019 年第 6 期。

《中共中央关于制定国民经济和社会发展第十四个五年规划和二〇三五年远景目标的建议》共提及"创新"47次，体现了坚持创新在中国现代化建设全局中的核心地位。2021年3月第十三届全国人民代表大会第四次会议批准通过的《中华人民共和国国民经济和社会发展第十四个五年规划和2035年远景目标纲要》中更是提及"创新"165次。2022年8月1日，新《反垄断法》正式实施，第一条正式将"鼓励创新"写入立法目的，足见创新之于中国经济高质量发展的重要作用。

在数字经济时代，由于数据要素具有溢出效果，能够驱动传统生产要素再创新，可以使各行业进行颠覆式变革发展；加之熊彼得"破坏式创新"理论阐明了"创新"对于经济长远发展的重要意义。如果过度关注短期内的价格与产出水平，而忽略"创新"社会总福利的提升发展，反而会导致由于保护短期的经济效益而损害长期的社会总福利提升。[①]诚如，2021年4月10日，市监总局在对阿里巴巴集团实施的"二选一"行为案件的处罚决定书中所提及的："当事人有关行为妨碍了网络零售平台服务市场的资源优化配置，抑制了市场主体活力，限制了平台经济创新发展……平台经济持续健康发展有赖于公平竞争和技术创新。当事人通过不正当手段维持和巩固自身竞争优势，削弱了平台经营者开展技术和商业模式创新的动力，影响了其他平台和潜在竞争者的创新意愿，不利于平台经济创新健康发展"。在当前中国全面迎接数字时代，激活数据要素潜能，推进网络强国建设，加快建设数字经济、数字社会、数字政府，以数字化转型整体驱动生产方式、生活方式和治理方式变革的时期，在竞争立法过程中必须关注"创新"对竞争法治目标的发展，实现竞争与创新的动态平衡。

（二）竞争执法与司法可引入"场景原则"提高数字经济下个案监管效能

如前所述，数字时代的"双循环"是以数据循环为核心的新循环，结合数据在信息层面与技术层面的特征，数据要素只有在流动使用的状态下才能释放能量，若数据不加以处理，单纯的数据数量堆积不具有任何经济意义。因此，数据要素只有在进行数据相关行为时（收集、存储、加工、使用、提供、交易、公开等）才会产生经济价值，进而推动经济与社会的发展和进步。又由于数据连通了物理世界与赛博空间——数据要素虽

---

① Shelanski, A. Howard, Information, Innovation and Competition Policy for the Internet, *University of Pennsylvania Law Review*, Vol. 161: 6, (2013), p. 1663-1706.

然存在于赛博空间，但其溢出效果可传导并作用至物理空间，①面对数字经济领域中可能存在的竞争风险，更需要聚焦于具体"场景"，区分辨别是仅为在赛博空间才可能发生的反竞争行为，抑或在数据作用的促进下物理世界反竞争行为的体现。

在聚焦"场景"的基础上，考察数据相关行为反竞争行为可能产生的反竞争效果，分析现有的法律制度能否进行规制，若不能，再考量应如何改进或创新相关制度。譬如，"数字化卡特尔"行为中，有学者提出数据与算法可以用来辅助共谋的实施与维持，其反垄断法的适用路径与传统无异；而自主学习型算法共谋在不需要人类干涉的情况下就可以达成，由于缺乏意思联络则难以纳入"协议"的范围，故在执法时应扩张"协议"概念，强化对共同损害市场竞争主观意图的考察。②亦有学者认为，在没有行为人进行意思联络时达成的"算法共谋"行为，可以适用反垄断法上的"协同行为"进行解决，机器利用数据与算法达成的垄断协议后果应由经营者承担，虽然在"算法共谋"认定为垄断协议存在困难，但也是传统反垄断法需要面对的。③可见，"数字化卡特尔"是利用数字数据技术实施垄断协议的行为，其相关市场、经营者市场支配地位、垄断协议认定、正负效果比较的认定，虽然因数字数据技术的介入而变得复杂，但分析框架与法律适用并未超越现有反垄断法体系，故此，可能产生的反竞争效果需要结合个案"场景"再具体判断。

又如，有学者从行为类型化的视角归纳了数据经营者可能从事的市场支配地位滥用行为：①对数据经营者的交易相对人实施剥削性滥用的垄断高价或低价行为，没有正当理由实施排斥性滥用的；②限制相对人获取数据（封锁数据）；③强制共享数据；④实施数据搭售；⑤降低数据相关服务质量；⑥阻碍数据可携带等。④上述①②④项行为并未超过传统市场支配地位滥用行为规制的类型，仅是"数据"成为商品或服务，而③⑤⑥则是在数据领域的专有行为，至于是否产生排除或限制竞争的效果，进而损害消费者利益或社会总福利，则需要结合"场景"进行个案判断，是否纳入反垄断法的管辖范围还有待学界进一步讨论。再如，因数字数据技术的发展也产生了只发生在互联网领域中的不正当竞争行为，譬如网络爬

---

① 胡凌：《超越代码：从赛博空间到物理世界的控制/生产机制》，《华东政法大学学报》2018 年第 1 期。

② 周围：《算法共谋的反垄断法规制》，《法学》2020 年第 1 期。

③ 许光耀：《反垄断法前沿问题的研究进展》，《价格理论与实践》2020 年第 1 期。

④ 殷继国：《大数据经营者滥用市场支配地位的法律规制》，《法商研究》2020 年第 4 期。

虫，即指按照一定的规则主动抓取万维网信息数据的程序或脚本；流量劫持，即通过技术手段使本应流入他人的网络流量流入特定主体的行为；软件恶意不兼容，即在不具有正当理由的情况下强迫用户进行"多选一"的行为。对于此类仅发生在互联网领域下的不正当竞争行为，《反不正当竞争法》增加"互联网专条"予以规制①，这表明，立法者意识到数字经济的发展产生了仅在网络空间发生的反竞争行为，进而尝试聚焦于网络空间的具体行为，以"场景"化的方式进行特别规制。该条在司法审理中确立了"非公益必要不干扰"原则，严格禁止数据爬取行为等，在维护互联网数据市场公平竞争的同时，援引私法逻辑，强调对数据生产者和数据持有者、加工者的利益保护，有利于鼓励既得利益者对数据享有的现实利益，激励其持续创新。

可见，数字经济领域产生的竞争风险，一方面是因数据的各类特征与数据要素的溢出效应，加速了数据要素与传统生产要素在赛博空间和物理空间的流转，使传统的反竞争行为出现了数字化的表现，但相应的反竞争行为与反竞争效果并未超出现有竞争法的规制范围；另一方面，由于数据的技术特征，也产生了仅在网络中才可以发生的反竞争行为，对此则需要进行特别规制。对于数据而言，只有在流转使用过程中才能释放其动能。基于此，应对数字经济领域的竞争风险，需要聚焦于具体"场景"考察竞争行为与效果，并进行合理规制，才能保证数据要素的顺畅流转，促进"双循环"新发展格局的形成与发展。

（三）强化落实竞争政策基础地位，推动数字经济竞争法治建设

竞争政策的宗旨和目标是维护市场经济的一般性规律，以自由公平竞争的环境实现资源的优化配置；而宏观调控政策，则是政府以"有形之手"干预市场，以修复市场可能存在的缺陷，或推进相关经济政策的落实。若只强调政府的宏观调控作用而忽视竞争政策基础性的推进，则可能会产生资源错配、行政性垄断、权力寻租的负面效果，最终扭曲市场的资源配置作用，阻碍经济循环。当前，《决定》和《意见》明确提出要健全各生产要素由市场评价贡献、按贡献决定报酬的机制，充分发挥市场配置资源的决定性作用。数据要素是数字经济的核心要素，因此，畅通数据要素流动渠道，需要强化竞争政策基础地位在数字经济领域的推进落实，也即协调好竞争政策与政府宏观经济调控政策的关系。具体展开如下。

---

① 陈兵、徐文：《优化〈反不正当竞争法〉一般条款与互联网专条的司法适用》，《天津法学》2019 年第 3 期。

第一，聚焦竞争政策在数字经济领域落实推进中的基础性地位，融合数据要素与其他生产要素，共同参与生产、分配、流通、消费的经济大循环。落实在深化供给侧改革中的竞争政策基础地位，数据作为生产要素，可以成为科技、研究、生产和服务领域的基础和创新源泉①，使市场决定数据及其衍生品的生产，由市场调整供需结构。在分配流通环节，要廓清政府与市场的边界，深化政府职能改革，实现服务型政府的建设，预防行政权力干预数据市场的资源配置。在消费环节要注重对消费者利益的保护，加强数字经济下竞争法治体系的建设与完善，以应对数字经济发展带来的挑战。

第二，严格在法治框架下落实推进竞争政策。这需要构建事前预防与事中事后监管的全周期市场评估机制，只有营造良好的市场公平竞争法治环境，方能发挥市场的资源配置作用。事前预防机制可分别通过针对市场主体的竞争合规制度，和针对行政主体的公平竞争审查制度进行构建：对于市场经营者，可由反垄断委员会与竞争执法机构制定颁布竞争合规指南，引导其提升反垄断合规意识、建立反垄断合规制度，在市场竞争过程中不触碰法律底线，共同营造良好公平竞争市场环境。对于行政主体，须加强公平竞争审查制度的推进，对于任何与数据要素产业相关的经济政策，必须经过公平竞争审查，在不具有排除或限制竞争效果时，才能实施。②同时，对于事中事后而言，加强对数字经济领域下竞争执法的关注。竞争执法机构现有的竞争评估工具多注重价格效果的考察，而数字经济领域相关经营者的竞争常在非价格维度展开，执法机构在评估非价格竞争的影响（包括产品质量和隐私保护退化）方面，显得力不从心。③故而，竞争政策的落实推进既需要完善竞争法律体系建设，又需要建设并完善针对数字经济特征的竞争执法体制机制。

新发展格局是以习近平同志为核心的党中央提出的重大战略部署，是着眼于我国经济社会新发展阶段的基本特征与国际经济政治形势变化作出的科学回应。构建与推进新发展格局要以畅通国内经济大循环，繁荣国内经济为核心，更好利用国内国际两个市场、两种资源来推动国家经济高质量发展，推动和完善国内外经济发展治理体系的优化。当前，世界步入

① 王素珍、马晨明：《数据利益分享机制的完善路径》，载杨涛主编：《数据要素：领导干部公开课》，人民日报出版社2020年版，第46页。
② 陈兵：《新时代强化竞争政策基础地位的落实与推进》，《长白学刊》2020年第5期。
③ 莫里斯·E.斯图克、艾伦·P.格鲁内斯：《大数据与竞争政策》，兰磊译，法律出版社2019年版，第5页。

数字时代，数据已成为关键生产要素，必须高度重视数据有序流通对经济循环的重要作用。故此，推进数据要素有序流通，维护数据要素市场的公平竞争，让市场在资源配置中起决定性作用和更好地发挥政府作用，已成为当前和未来中国经济社会高质量发展，提高经济治理效能的关键抓手。只有让数据要素高效有序地流动起来，方能降低制度设计与运行成本、减少市场交易成本，促进国内外经济的循环发展①，实现以数字经济高质量发展带动国内经济大循环为主体的，国内国际双循环相互促进的新发展格局的形成与发展。

第四节　注重技术中立对反不正当竞争法体系再造的价值及实现②

经过 20 余年的发展，中国已成长为拥有 9 亿网民的互联网大国。庞大的用户基数成了互联网市场向前发展的基石，经营者在不断改造技术、研发技术以提升用户体验的同时，也带来了技术滥用的风险，反映到市场竞争中便是经营者通过技术手段实施不正当竞争行为。2017 年《反不正当竞争法》修订纳入"互联网专条"确实顺应了时代发展之潮流。尽管因立法技术所限使得专条在规制以屏蔽行为为代表的互联网领域技术行为上面临解释论上的难题，加大了"同案不同判"风险，但这并不意味专条只能成为"休眠条款"，抑或将问题留待下次修法去解决。随着 5G 商用大幕的拉开，区块链、人工智能、大数据技术的利用，互联网技术的发展速度更将提升至一个新的"快车道"。"法律的生命在于经验而不在于逻辑"，故此，注重技术中立对反不正当竞争法规制体系再造的价值，构建以"监管科技+科技监管"为核心的反不正当竞争法规制体系，契合当下时代发展之需。

在该体系再造过程中，一方面，从现行反不正当竞争法规范的解释适用入手，重视"消费者合法权益"在反不正当竞争法适用中的合理有效实现；另一方面，需从科技及其运行本身特征入手，探索构建互联网技术行为合规实施之标准，做到即期目标与长期规划相统合，法价值与法技术

---

① 于立、王建林：《生产要素理论新论——兼论数据要素的共性和特性》，《经济与管理研究》2020 年第 4 期。

② 陈兵：《互联网屏蔽行为的反不正当竞争法规制》，《法学》2021 年第 6 期。

相融通。基于此，一方面既实现对技术行为的必要且合理的规制，使技术不遭经营者之滥用以破坏市场竞争秩序，另一方面也防止法律适用的任性，不至于随意干涉、阻碍甚或破坏技术的创新发展。

一、正确把握技术中立之于反不正当竞争法的意义

互联网时代的技术革命使现有法律制度面临着"破窗性挑战"和"创造性破坏"，[①]法律应以何种姿态来面对给经济社会生活带来冲击的技术成为理论界所始终关注的话题，[②]而技术中立便是这种"挑战"和"破坏"下的产物。技术中立原则，又称为"实质性非侵权用途规则"，其作为一种原则应用在法律制度中可追溯至 1984 年美国联邦法院裁判的"索尼案"，其借鉴了专利法中的"通用商品规则"，为技术创造者确定了在版权法领域内的责任问题，[③]主要理念为一项技术只要符合"实质性非侵权使用"标准，经营者可免除侵权责任。[④]随着因技术引起的争论由知识产权法延伸至反不正当竞争法，技术中立的思想也从知识产权法引入到反不正当竞争法中，成了司法实践中被告据以抗辩以及法官论证一行为是否构成不正当竞争行为的一个环节。

面对反不正当竞争法中应如何看待技术中立的问题，法官大体有如下观点：一是从技术的非中立性使用出发，认可技术本身并无善恶之分，但技术体现了开发者或提供者的意图，只有能证明其为了自身利益，教唆他人并为他人实施侵权行为提供便利的，才应承担侵权责任。[⑤]二是从效率角度出发，法律对技术应当保持谦抑，反不正当竞争法追求的公平也是效率基础上的公平，对于通过技术手段实现控制的行为，法律不宜随意干涉，将诉争行为交给技术既符合效率原则，也不违反反不正当竞争法语境下的公平原则。[⑥]由是可见，技术中立的内涵及适用在实务中并未统一，

---

① 马长山：《智能互联网时代的法律变革》，《法学研究》2018 年第 4 期，第 20-38 页。

② 参见苏力：《法律与科技问题的法理学重构》，《中国社会科学》1999 年第 5 期，第 57-71、205 页；张平：《互联网法律规制的若干问题探讨》，《知识产权》2012 年第 8 期，第 2、3-16 页；桑本谦：《网络色情、技术中立与国家竞争力——快播案背后的政治经济学》，《法学》2017 年第 1 期，第 79-94 页；郑玉双：《破解技术中立难题——法律与科技之关系的法理学再思》，《华东政法大学学报》2018 年第 1 期，第 85-97 页。

③ 参见吴汉东：《论网络服务提供者的著作权侵权责任》，《中国法学》2011 年第 2 期。

④ 参见张今：《版权法上"技术中立"的反思与评析》，《知识产权》2018 年第 1 期。

⑤ 参见"北京爱奇艺科技有限公司诉上海大摩网络科技有限公司不正当竞争纠纷案"，上海市闵行区人民法院（2015）闵民三（知）初字第 271 号民事判决书。

⑥ 参见"杭州迪火科技有限公司诉北京三快科技有限公司不正当竞争纠纷案"，浙江省杭州市中级人民法院（2018）浙 010 民初 3166 号民事判决书。

存在不同的解读方式。

　　根据学者的梳理，技术中立在既有文献中至少包含功能中立、责任中立及价值中立三种含义。[1]功能主义强调技术在发挥作用的过程中不应当受到歧视性对待，法律不应对技术进行不必要的规制。[2]责任中立即是版权法里的"实质性非侵权使用"标准，经营者可免除侵权责任。价值中立则是前两者在更深层次上蕴涵的立场，对于技术与法律的关系应当以重构的视角去看待，即技术的价值被吸纳入法律的价值中，法律在吸纳技术价值的同时做出价值调整，进而产生法律规范的改变。[3]如果说功能中立、责任中立揭示了法律应在何种情况下对技术施以规范，那么重构模式下的价值中立则是明晰了法律与技术之价值的辩证统一关系，技术的价值需要被纳入法律，技术价值在法律内部与其他价值实现整合后以推动规范的进化。这种辩证统一关系下法规范的进化可进一步具化为"监管科技+科技监管"的理念与范式。"监管科技"旨在说明对科技施以监管的必要性与重要性。科技本身是客观的，在其体系内实现逻辑的自洽，故而引发法律实践上的难题并不是科技的客观属性而是其社会意义和价值属性，[4]也即法官在论证中提及的技术非中立性使用，成为实施违法行为的载体。从此意义上言，科技的研发及使用是需要被施以监管，纳入法律评价的体系中。"科技监管"则强调监管方法及监管范式应当吸纳科技化思维，推动规范之进化。对科技展开监管，并不能采用传统的"一刀切"方式，而要保持法的谦抑性，尊重技术的发展以及明晰技术更迭过程中对旧事物所产生的固有"破坏"，在了解科技基本原理的基础上，破除科技之技术表层识别问题之所在，并以科学化、透明化、程序化的实施标准的设立去刺穿科技不透明所带来的风险，并辅之以相应的救济渠道。具体到反不正当竞争法领域，一方面需要对现行反不正当竞争法在互联网时代下的核心要素，消费者合法权益之合理适用展开探讨，另一方面需探索建立规范互联网领域科技行为实施之基准，以实现法价值与法技术在反不正当竞争法解释适用中的辩证统一。

---

　　[1] 郑玉双：《破解技术中立难题——法律与科技之关系的法理学再思》，《华东政法大学学报》2018 年第 1 期。

　　[2] 张平：《互联网法律规制的若干问题探讨》，《知识产权》2012 年第 8 期。

　　[3] 郑玉双：《破解技术中立难题——法律与科技之关系的法理学再思》，《华东政法大学学报》2018 年第 1 期。

　　[4] 参见陈景辉：《面对转基因问题的法律态度——法律人应当如何思考科学问题》，《法学》2015 年第 9 期。

二、重塑消费者权益在反不正当竞争法中的定位

OECD 认为，竞争是指厂商或销售商为达到特定的商业目的，如利润、销售或市场份额，而独自争夺购买者惠顾的情况。该定义道出竞争的一大要素，即竞争是争夺消费者的对抗性活动，竞争的目标在于获取的消费者的选择。互联网时代的全面到来使得消费者相比传统工业时代拥有了更为广阔的选择空间，反向推动着经营者对消费者选择的迫切获取，通过尽可能地提升己身吸引力来获取消费者青睐，进而实现流量的变现。在此过程中，通过利用技术手段的不透明性与强制性来变相扭曲消费者的选择，成为一些经营者实施不正当竞争行为的手段，使得消费者的选择自由沦为一种形式上的自由。从此角度出发，消费者在互联网时代下既"强势"又"弱势"的现状使得对消费者选择自由的保障成了"监管科技"理念在反不正当竞争法中的体现。

对于消费者权益在反不正当竞争法中的地位问题，理论界有过诸多争论，否定者认为消费者利益并非不正当竞争行为的认定标准，而是评估不正当竞争行为危害性的标准，其不是反不正当竞争法适用的起点，而是规制不正当竞争行为的终点。①2017 年修订的《反不正当竞争法》将消费者合法权益正式纳入一般条款，明确了其之于不正当竞争行为认定的要素作用，确立了对公共利益、经营者利益与消费者利益"三元叠加"的保护目标。与传统私法所不同的是，作为行为规制法，反不正当竞争法以对不正当竞争行为的规制为基点，通过对不正当竞争行为的"矫正"恢复被其破坏的竞争秩序，实现对消费者合法权益的保护。因此，立法明确了消费者利益在反不正当竞争法中并不是一种"反射式"的间接保护利益，而是作为不正当竞争行为认定的独立判断因素，而非附带性判断因素，只是这种判断应与对竞争秩序的扰乱与否相结合。从一般条款的文本解释角度出发，"扰乱市场竞争秩序"置于经营者及消费者权益之前，与"损害经营者或消费者合法权益"之间使用的是逗号，即对一般条款的解释会出现三种情况：①扰乱竞争秩序+损害经营者合法权益+损害消费者合法权益；②扰乱竞争秩序+损害经营者合法权益；③扰乱竞争秩序+损害消费者合法权益。故而，能够被评价为不正当竞争行为的行为除了对经营者或消费者的合法权益造成损害外，还必须对市场竞争秩序造成破坏，即反不正当

---

① 参见孔祥俊：《论新修订〈反不正当竞争法〉的时代精神》，《东方法学》2018 年第 1 期。

竞争法若不对这种行为加以规制，就会让市场竞争陷入一种"无序"状态，经营者之间不是通过改进技术、改善服务以获得消费者的选择而是以恶意攻击竞争对手、"搭便车"等方式实质扭曲消费者的自由选择，不正当地获得竞争优势。

第六章　数字经济与个人信息保护

数字经济下数据价值日益凸显，平衡数据竞争与保护的关系成为平台经济健康发展的重中之重。数据竞争是数据实现价值的方式，数据保护则是数据实现价值的前提。当前，数据竞争与数据保护的平衡仍面临诸多难题和挑战，主要症结表现为隐私、数据与个人信息三者关系界定不清晰，数据类型划分不明确，数据竞争与保护规则及司法适用不完善。竞争法以鼓励和保护市场公平竞争为目的，兼顾经营者利益、消费者利益和社会公共利益等多元利益，其显著的社会法属性契合在数据竞争与数据保护间寻求平衡的需求。然而实践中对平台经济下数据治理的回应与处置，已超越了竞争法特别是《反不正当竞争法》的范畴。因此，在完善《反不正当竞争法》的同时，有必要结合《个人信息保护法》《数据安全法》等法律，推动竞争法与数据专门法之间的协同，推动多主体、多制度、多工具协同治理。

第一节　数字经济数据治理的法治基调与未来走向[①]

在数字经济高速增长的过程中，新业态、新产业、新模式不断涌现，推动了数据分析与应用技术在商业领域的创新应用，使各类平台主体得以更大程度地挖掘数据价值，提高数据应用效能，特别是在数据收集和使用中不断强化和扩展网络效应和规模效应。譬如，平台借助数据和算法等技术，能够广泛收集用户数据和市场经营信息，对数据进行精细化整理，高效绘制用户画像，实现精准营销、创新产品等经营策略，有效降低预测成本和决策成本，提高产品或服务的市场竞争力。然而平台在满足广

---

① 本节参见陈兵：《平台经济数据治理的法治基调与未来走向——以"竞争与保护"的平衡为中心》，《人民论坛·学术前沿》2021 年第 21 期。

大用户经济、社会、文化等需求的同时，也引发了对个人数据（信息）过度或非法收集、泄露用户隐私、大数据杀熟、强制"二选一"、恶意封禁、数据封锁、信息茧房等滥用数据限制、排除竞争、实施不正当竞争的行为，给广大用户的信息安全、社会公共利益、市场竞争秩序乃至国家总体安全带来现实危害和潜在威胁。为此，我国相继出台多部与数据相关的政策文件和法律法规，将数据列为生产要素，提出加快培育数据要素市场，要求尽快明确数据产权、完善数据传输标准等。相关法律主要包括《反不正当竞争法》《数据安全法》和《个人信息保护法》等，已形成较完善的数据要素市场治理法律体系。其中，如何平衡数据要素竞争与数据信息保护的关系成为数字经济发展中社会各界普遍关注的重点与难点。

一、问题提出

近年来，数字经济迅速兴起。其中，数据作为数字经济高速发展的核心原料已成为数字经济健康发展的基础和保障。实践中，大多数与数据相关的法律纠纷都围绕对数据竞争性权益的释明、确认及保护产生，相关的法律规制主要表现为如何运用现行竞争法律法规来规范和救济与数据相关的行为引发的扰乱市场竞争秩序、侵害消费者权益及损害其他经营者权益的情形，其中以《反不正当竞争法》对数据抓取行为的规制为重要表现。

竞争法以鼓励和保护公平竞争、维护市场经济秩序为目的，兼顾经营者、消费者和社会公共多方利益，故在强调数据商业利益的同时，也对数据上承载的大量与用户相关的信息安全利益起到了一定的保护作用。但是竞争法在数据竞争与数据保护问题上仍存在不足，而当前数据治理法律机制亦呈现过度依赖竞争法的弊端。

2021年《数据安全法》和《个人信息保护法》的相继施行，为调整数据开放竞争与数据安全保护的关系提供了新的规则，对完善现在以竞争法为主的数据治理法律机制而言既是机遇，也带来了新的挑战。具体而言，一方面，新法尤其是《个人信息保护法》这一重点在于回应个人数据（信息）保护的专门法的颁布，有利于弥补目前主要依赖竞争法规制数据竞争与数据保护问题的不足，也有利于推动《反不正当竞争法》进一步完善；另一方面，《数据安全法》《个人信息保护法》倾向于数据"保护优先"，以《反不正当竞争法》《反垄断法》为主的市场监管法则倾向于将数据要素置于整个市场竞争秩序中予以调整，两类法律的立法目的与实现路径各有侧重，客观上很可能导致法律适用的竞合甚至冲突，使参与其中的各方主体，特别是作为数据收集、使用、控制主体的平台面临多法适用与多部门监管的挑战。

《个人信息保护法》《反不正当竞争法》《数据安全法》《反垄断法》等法律在平衡数据保护与数据竞争的关系时均发挥着相应的作用。但是鉴于从理论和实践上看《数据安全法》和《反垄断法》在规制数据保护与竞争中的定位及作用如何表现尚不充分，同时囿于篇幅，本文仅聚焦于《个人信息保护法》下的"保护优先"与以《反不正当竞争法》适用为主要实践场景的数据竞争治理协同模式两个方面来讨论数字经济下数据治理的法治基调及未来走向。

二、平衡数据竞争与数据保护的法治困境

当前，如何规制数字经济领域的数据竞争与数据保护行为并保持两者间的平衡面临诸多挑战。实践中，规制重点主要在于对数据抓取或爬取行为引发的竞争纠纷的处理上。具体而言，以数据抓取方为代表的主体具有希望加快数据的获取、流动、使用等数据竞争诉求，反数据抓取方则主张数据保护，包括保护平台经营者数据利益、平台用户个人数据（信息）安全以及可能涉及的市场竞争秩序。这类纠纷主要体现为平台经营者之间围绕数据商业利益或者说数据财产性利益产生的竞争纠纷，解决纠纷的依据主要是现行反不正当竞争法律。

随着数字经济向纵深发展，上述现象发生了改变，纠纷主体更加多元，所涉利益更为复杂，给平衡数据竞争和保护带来更大挑战，也向相关法律的完善提出新的要求。譬如，数据、隐私与个人信息三者内涵及关系的界定有待厘清，这直接关系到平台经营者、平台内经营者、平台用户等多元主体基于数据行为而产生的各项财产性或人身利益的保护；又如，平台经营者持有、控制或生产加工的数据类型划分不明确，这直接影响数据的收集、流通、使用、加工、交易等行为的正当与否；再如，与数据利益相关的竞争与保护规则及司法适用不完善，直接影响数据竞争与数据保护在实践中的边界划定，不利于数据价值的释放和数据主体正当利益的实现。这些都是困扰我国数字经济健康发展的数据治理关键节点。

数据、隐私与个人信息三者内涵及关系有待厘清。数据是对客观事物的逻辑归纳，侧重财产属性和动态价值；隐私是不欲为人知的领域、事务或信息，强调私密性和安宁价值；个人信息是数据的可视化表达，侧重识别性与安全性。三者分别指向不同的权益内涵、责任及救济方式。对三者间的关系进行界分，是确定数据权益、权益属性以及救济路径的前提。

在立法设计上，我国法律对隐私与个人信息采取"二元制"的保护模式，即区分隐私与个人信息，分别进行保护。例如，《民法典》第一千零三十四条第一款规定："自然人的个人信息受法律保护。"该条第三款规定："个人信息中的私密信息，适用有关隐私权的规定；没有规定的，适用有关个人信息保护的规定。"然而我国法律目前并未对数据赋予明确的权利属性，仅在《民法典》第一百二十七条肯定其财产属性，即"法律对数据、网络虚拟财产的保护有规定的，依照其规定"。

法律规范的尚待清晰最终影响到司法实践。在司法实践中，对数据、隐私和个人信息的界分同样不甚明确，主要表现为个人信息、用户数据、个人数据、数据信息、数据资源等术语使用随意。譬如，2017年杭州互联网法院（铁路运输法院）在对淘宝（中国）软件有限公司诉安徽美景信息科技有限公司不正当竞争纠纷案作出的一审判决中，同时使用了"用户信息""用户数据""数据资源"等词；①又如，2019年，深圳市腾讯计算机系统有限公司等诉浙江搜道网络技术有限公司等不正当竞争纠纷案中，法院同时提到"个人身份数据""数据资源"等词。②此外，在2019年的"微信读书案"中，则出现了原告与法院对个人信息和私密信息的理解不一致的问题。③

学界对数据、隐私和个人信息三者的关系也存在不同认识。部分学者认为应严格区分隐私和个人信息。譬如，王利明教授认为，就整体而言个人信息这一概念的外延远远超出了隐私权的范畴，虽然个人信息权和隐私权在权利主体、权利客体、权利内容以及侵害后果等方面具有相似性，个人信息和隐私之间的关联性也会随着网络技术和高科技的进一步发展而加深，但正是在此背景下，界分个人信息权和隐私权反而显得更加必要。④张新宝教授也认为，个人隐私与个人信息存在交叉关系，即有的个人隐私属于个人信息，而有的个人隐私则不属于个人信息；有的个人信息特别是涉及个人私生活的敏感信息属于个人隐私，但也有一些个人信息因高度公开而不属于隐私。⑤也有部分学者并未对数据、个人信息与隐私加以严格区分。譬如，程啸教授认为信息是数据的内容，数据是信息的形

---

① 参见杭州铁路运输法院（2017）浙8601民初4034号民事判决书。
② 参见杭州铁路运输法院（2019）浙8601民初1987号民事判决书。
③ 参见北京互联网法院（2019）京0491民初16142号民事判决书。
④ 王利明：《论个人信息权的法律保护——以个人信息权与隐私权的界分为中心》，《现代法学》2013年第4期
⑤ 张新宝：《从隐私到个人信息：利益再衡量的理论与制度安排》，《中国法学》2015年第3期。

式，在大数据时代，无法将数据与信息加以分离而抽象地讨论数据上的权利；①周汉华教授在探索建立激励相容的个人数据治理体系过程中，也并未严格区分数据与个人信息。②

数据、隐私与个人信息三者之间的关系犹如传说中的戈尔迪乌姆之结（Gordian Knot），几者交错难辨。随着数字数据技术与信息技术的结合，数据、隐私与个人信息的内涵和外延也呈现动态变化，更加难以辨别。三个概念的混淆乃至混同使用，会影响数据主体利益的合理确认与保护，给数据收集、流动、使用等数据竞争行为与数据安全保护之间的动态平衡带来困难。

数据类型划分不明确。实践中对各类数据的类型化区分标准不明确，直接影响对与数据相关的各类行为的正当性判断，不利于数据价值的合法实现。譬如，对数据的开放、流通及交易利益与数据的持有、控制及保护利益在何种环节或何种场景下作何取舍，这些都依赖对数据行为的准确识别与认定。随着数字数据技术和信息通信技术的飞速发展，数字经济及平台组织已经成为日益重要的经济形态和生产力组织方式，数据作为推动数字经济发展的关键要素，围绕其产生的行为类型也日益多样，给准确有效地评价和平衡各类数据行为的法律属性及利益关系带来挑战。

首先，数据涉及的主体多样，相关主体对数据分类产生的影响也不同。随着数字经济深入生活的方方面面，数据行为不仅涉及市场主体、用户个人，也涉及政府部门、社会团体。数据的生命力在于流动，同样的数据在不同主体中可能会产生不同的价值。以提供搜索服务为核心业务的平台为例，在保障自身利益和用户数据安全的情况下，对用户在该平台搜索的不同内容形成的数据进行分类，分享给以视频、销售等不同业务为核心的其他平台企业，可以实现数据资源的有效配置，充分发挥数据资源的最大价值。又如，在社会公共事件的治理上，政府部门充分利用数据资源应对公共事件，有助于提升社会治理效率，促进社会公共利益。在新冠疫情的治理中，政府在保障个人隐私安全的同时，协同科技企业，充分利用个人数据，结合个人数据中的医疗、交通等信息，建立起一体化的联防联控疫情防控机制，为阻止疫情进一步蔓延提供了强大的技术保障，为赢得抗"疫"战"疫"的最终胜利提供了有力支撑。

其次，与数据相关的行为复杂，涵盖数据生命全周期，致使数据在

---

① 程啸：《论大数据时代的个人数据权利》，《中国社会科学》2018 年第 3 期。

② 周汉华：《探索激励相容的个人数据治理之道——中国个人信息保护法的立法方向》，《法学研究》2018 年第 2 期。

不同行为下体现不同利益。数据在不同周期的特性不同，导致数据行为多样。数字经济涵盖数据的采集、传输、存储、使用、共享、清理等多个环节。下面以采集和存储两个环节为例说明数据行为的多样性。所谓数据采集，是指从产生数据的源头进行数据记录和预处理的过程；数据存储，是指将数据存于特定介质之中。有关主体在数据采集环节中实施数据行为时，应当注意避免未经采集对象同意非法获取数据；在数据存储环节中，要注意避免外部人员可能通过入侵存储系统威胁数据的安全或因自身的不当操作造成数据泄露。可见，在数据全周期的不同环节，相关主体实施数据行为应予注意之处不尽相同。

最后，数据敏感程度不同导致对数据行为的规制要求不同。对数据行为发生过程中的各类信息，可根据信息敏感程度，作不同分类。敏感的数据信息一旦泄露，将给数据主体带来巨大利益损失，故在实施涉及敏感数据的行为时，应当注意对这类数据采取严格的保护措施。值得注意的是，数据主体对数据的敏感程度会随着场景的变化而不同。以基因序列为例。对基因序列信息的理解和利用需要在医学、生物学等专业场景中实现，于常人来说并非易事。因此，基因序列信息敏感度在一般社会场景中远低于在专业场景（如科学研究）中，后一场景中基因序列数据信息的滥用风险大大提高，由此引发的数据开放与数据保护的需求度亦不尽相同。

综上，虽然实践中数据类型多样，但是现行法律法规对数据行为的区分却不够明确，这直接影响数据分类标准的选择与确定。目前，对数据类型的区分较为简单。虽然《数据安全法》第二十一条第一款明确规定"对数据实行分类分级保护"，第三款进一步指出"各地区、各部门应当按照数据分类分级保护制度，确定本地区、本部门以及相关行业、领域的重要数据具体目录"，但实际上只强调对"重要数据"的保护，并没有规定详细的数据分级分类保护制度。此外，将数据分为私人数据、企业数据、政府数据、国家数据，采纳的依然是传统的依据数据主体性质界分的标准，分类过于简单，数据权属通常表现为一次确权始终有效，权属状态呈现静态化排他性。这种静态化的分类依然是传统的私法逻辑下的分类方法，忽略了数据流通的特性，无法有效回应数字经济特别是数字经济高度跨界动态竞争下数据所承载的多元利益之间的平衡需求。

数据竞争与保护的规则及法律适用有待完善。目前，与数据相关的纠纷多围绕数据权属、数据竞争与数据保护展开，其中又以个人数据（信息）保护和数据反不正当竞争纠纷为主。在个人数据（信息）保护方面，以侵犯个人（数据）隐私和信息泄露为典型。在反不正当竞争方面，数据相关纠纷以数据确权、**数据获取**、数据利用为争议焦点。

如前所述，数字经济下数据纠纷多表现为数据抓取行为引发的竞争纠纷。笔者以"反垄断纠纷""反不正当竞争纠纷"为案由，借助"数据""爬虫""抓取""爬取"等关键词，截至 2022 年 4 月 30 日，在中国裁判文书网、北大法宝以及中国市场监管行政处罚文书网等数据库进行检索，目前共梳理出 20 例数据抓取类案件，均涉及反不正当竞争纠纷。其中，有 1 例案件仅适用了《反不正当竞争法》第十二条（下文简称为"互联网专条"）第二款第（四）项；有 1 例案件同时涉及"互联网专条"和《反不正当竞争法》第二条（下文简称为"一般条款"），但是因原告举证不能，被驳回诉讼请求；另有 16 例案件仅适用了《反不正当竞争法》"一般条款"。以上案件中，有 17 例判定数据抓取行为违法，仅有 2 例判定该行为不构成不正当竞争，剩余 1 例因原告举证不能，法院未支持其主张。

通过对上述案件的整理分析，可以发现，目前司法实践中依据竞争法处理涉及数据抓取行为的纠纷时存在以下主要问题，导致对数据竞争与保护之间正当界限的法律认定不清。

一是反不正当竞争法适用规则需进一步细化。由于现行《反不正当竞争法》对数据抓取行为并未设置具体的类型化条款予以规定，致使司法实践中多援引该法"一般条款"或"互联网专条"第二款第（四）项予以处理。"一般条款"的适用存在较大弹性甚至不确定性，易引发同案不同判的风险。譬如，北京市高级人民法院认定百度通过 Robots 协议限制 360 搜索引擎抓取网页内容构成不正当竞争违法，而北京市海淀区人民法院一审判决字节跳动利用技术手段抓取新浪微博内容的行为构成不正当竞争，两案都针对数据抓取行为，但对行为的定性截然相反。此外，尽管现行《反不正当竞争法》设置了"互联网专条"，并对互联网领域的新型不正当竞争行为作了类型化规定，但仍有不少法院在审理数据抓取案件时，优先适用"一般条款"。由此可见，对数据抓取行为的法律适用有待进一步明确。

二是数据竞争行为的正当性判定标准需具体明确。在实践中，法院对数据竞争行为正当与否的判定尚未形成统一标准，特别是在适用"互联网专条"的案件中，鲜有法院对"妨碍、破坏"等作出详细具体的文义解释，以及符合立法目的的扩张或限缩性解释。①部分法院在适用"互联网专条"时，存在简单字面化理解和宽泛化适用的问题。在适用"一般条

---

① 谢晓尧：《法律文本组织技术的方法危机——反思"互联网专条"》，《交大法学》2021 年第 3 期。

款"处理数据竞争案件时，不同法院采用的诚信原则和商业道德标准也存在一定差异性和模糊性，容易出现同案不同判的现象。

三是司法中对"妨碍正常竞争秩序""不正当竞争行为"的识别标准不一致，缺乏规范性的司法推理。譬如，在深圳市谷米科技有限公司诉武汉元光科技有限公司不正当竞争一案中，法院审理认为，"被告元光公司利用网络爬虫技术大量获取并且无偿使用原告谷米公司'酷米客'软件的实时公交信息数据的行为，具有非法占用他人无形财产权益，破坏他人市场竞争优势，并为自己谋取竞争优势的主观故意，违反了诚实信用原则，扰乱了竞争秩序，构成不正当竞争行为"。①然而在奇虎科技诉百度不正当竞争案中，法院审理认为，"百度在线公司、百度网讯公司在缺乏合理、正当理由的情况下，以对网络搜索引擎经营主体区别对待的方式，限制奇虎公司 360 搜索引擎抓取其相关网站网页内容，影响该通用搜索引擎的正常运行，损害了奇虎公司的合法权益和相关消费者的利益，妨碍了正常的互联网竞争秩序，违反公平竞争原则，且违反诚实信用原则和公认的商业道德而具有不正当性"。②可见，相关案件虽然都涉及数据竞争与数据保护的判断，法院也将判断的焦点集中在对"正常竞争秩序""竞争行为正当性"等关键问题的说理上，然而却呈现"公说公有理，婆说婆有理"的怪象，致使数字经济下各参与主体难以准确预判其数据行为可能引发的法律风险，在一定程度上抑制了数据价值的开发和增长。

综上，当前对数字经济下数据治理的主要挑战，在于如何平衡数据竞争与保护的关系，特别是数据作为重要的生产要素的作用日益凸显，数据安全问题直接关系到数字经济能否健康发展。没有及时、充分、有效的数据保护，就很难保障数据的高效流通与开放使用，数据的竞争价值就难以得到释放。问题在于是"保护优先"，还是以"竞争为中心"，抑或做到"竞争与保护"的尺度符合黄金比例，实现两者的动态平衡，以及现有的法律及其适用能否提供充分有效的法治支撑。毫无疑问，通过对前述三个主要问题的解析，可知依赖单一法律及实践路径已经很难满足数据多元主体及复杂行为引发的多元利益平衡的诉求，必须对现行以竞争法为主的单一治理模式予以扩维。引入《个人信息保护法》的相关原则、规则及方法，搭建数字经济下数据治理的多主体、多规则、多工具法治框架，无疑是建立健全以数据"竞争与保护"动态平衡为目标的数据治理法治体系的

---

① 参见广东省深圳市中级人民法院（2017）粤 03 民初 822 号民事判决书。

② 参见北京市第一中级人民法院（2013）一中民初字第 13657 号民事判决书和北京市高级人民法院（2017）京民终 487 号民事判决书（这两份判决书是同一案件的初审和终审裁判书）。

一个重要维度。

三、"保护优先"下数据治理的规则设定及发展

在数据和算法的双轮驱动下，数字经济的竞争要素从价格转向诸多非价格要素，数据成为平台经营者实现创新效率的要素。数据中承载着大量的用户信息，特别是海量的消费信息成为各大平台经营者争夺的关键要素。平台经由大数据技术、人工智能算法的归集与计算，利用碎片化的用户信息数据绘制出针对用户的消费画像，实现对用户的个性化定价推荐、内容推荐等，逐渐演化为大数据杀熟、个人信息茧房等滥用用户数据威胁用户利益的情形。实践中，有的平台向消费者用户（端）免费（零定价）提供商品或服务，以最大限度获取消费者数据（信息）。在数据的收集、使用、流动、分享中，个人数据（信息）被滥用、泄露、交易的风险也成倍增加，严重威胁着个人人身和财产利益，以及社会公共利益、国家安全利益。

鉴于此，对数字经济下数据的治理首要体现为对海量数据中蕴含的大量个人信息的保护和合理使用，以更好地规范个人（数据）信息的开放与竞争，充分激活数据要素的商业价值，消解数据开放竞争中的数据安全风险。因此，可利用 2021 年刚施行的《个人信息保护法》，根据其中与个人信息保护与合理使用相关的主要规则，有针对性地回应数字经济下与个人数据（信息）保护与竞争相关的问题，以此搭建"保护优先"下平衡数据治理中"竞争与保护"关系的基本架构，即"保护优先"并非排除合理使用下的有序竞争，而是鼓励高质量竞争，只有高质量竞争才能解决当前保护水平有限的问题。换言之，虽然《个人信息保护法》在立法目的、原则规则、实施方法、法律责任等条款设计上体现了对个人信息保护的主旨，但是也为规范个人信息保护行为设定了边界，即强调保护，但保护优先并非无限度、无规则，而是要在法定框架下做好规范保护与合理开发的平衡。具体而言，《个人信息保护法》可能在以下方面促进数据竞争与保护之间的平衡。

厘清数据、隐私、个人信息之间的关系。《个人信息保护法》清晰界定了个人信息的内涵与外延。第四条规定，个人信息是以电子或者其他方式记录的与已识别或者可识别的自然人有关的各种信息，个人信息的判断可从识别标准与关联标准两方面入手。识别标准是指从信息到个人，即由信息本身的特殊性即可识别出特定自然人；关联标准是指从个人到信息，即已知特定自然人，由该特定自然人识别其在活动中产生的信息。符合关

联标准与识别标准的个人信息均受到保护。

与个人信息具有相对确定性的特征不同，隐私的确定性较弱，涵摄的范围可能更广。第一，隐私具有私密性。隐私又称私人生活秘密或私生活秘密，是指私人生活安宁不受他人非法干扰，私人保密信息不受他人非法搜集、刺探和公开。第二，隐私权是一种消极的、防御性的权利。在该权利遭受侵害之前，个人无法积极主动地行使权利，只能在遭受侵害的情况下请求他人排除妨害、赔偿损失等。《民法典》有关隐私权的规定也多为禁止性条款，譬如"任何组织或者个人不得以刺探、侵扰、泄露、公开等方式侵害他人的隐私权""除法律另有规定或者权利人明确同意外，任何组织或者个人不得实施下列（笔者按：侵害隐私权）行为……"等。相较于隐私权，个人信息权益更为积极主动，在符合法律规定的条件下，有关主体可以积极主张其信息权益。第三，相较于隐私较强的私人属性，个人信息兼具私人属性与公共属性。譬如，在疫情防控场景下，政府部门利用个人信息，特别是涉及个人交通出行、医疗卫生方面的信息，建立全国统一的疫情联防联控机制，及时有效地控制疫情，这一做法具有合理性与正当性。《个人信息保护法》第十三条对涉及公共利益的个人信息处理作出特殊规定，即为应对突发公共卫生事件，或者紧急情况下为保护自然人的生命健康和财产安全所必需，在处理个人信息时不需取得个人同意。

此外，参照《数据安全法》《网络安全法》中有关数据、网络数据和个人信息的规定，《个人信息保护法》进一步区分了个人信息与数据。譬如，《网络安全法》第七十六条规定，"网络数据，是指通过网络收集、存储、传输、处理和产生的各种电子数据"；"个人信息，是指以电子或者其他方式记录的能够单独或者与其他信息结合识别自然人个人身份的各种信息，包括但不限于自然人的姓名、出生日期、身份证件号码、个人生物识别信息、住址、电话号码等"。再如，《数据安全法》第三条规定："本法所称数据，是指任何以电子或者其他方式对信息的记录。"在上述规范的基础上，《个人信息保护法》第四条对个人信息作出界定。可见，在我国现行有关数据和信息的法律规定下，数据是信息的表现形式和载体，两者之间有着密切关联，其重要区别在于一旦涉及个人的数据具备了识别性和关联性，那么就可以将其认定为个人信息。这就为更好地平衡个人信息保护与信息开放利用之间的关系提供了法律依据，有助于数据价值的释放。

细化数据分级分类，规范数据有序流动。在《个人信息保护法》施行前，《数据安全法》对数据分级分类作出了规定，要求根据数据的重要程度以及一旦泄漏造成的危害程度，制定国家数据分级分类保护制度。然而《数据安全法》没有进一步作细化规定，有关数据分级分类的标准和具体规范仍不够明确。实践中，对于数据分级分类，常见的思路或依据数据主体的属性进行区分，包括私人数据、企业数据、政务数据、社会公共数据、国家安全或自然数据等，或依据数据行为所处的不同环节进行区分。这些分类标准和方式均体现了对当前数字经济高速发展下海量数据差异性的重视，有利于针对不同主体、不同领域以及不同重要程度制定相应的保护和开放规则，实现数据保护与数据竞争的统筹。然而以上分级分类思路依然呈现静态化保护的特点，对数据在流通过程中面临的系统风险缺乏关注，忽视了不同场景下的数据治理需要不同的模式，难以满足统筹数据安全与数据发展的需要，很有可能增加数据流通和使用的成本，造成制度性的数据壁垒、信息孤岛、数据断供等现实危害和潜在风险。

《个人信息保护法》的施行为数据分级分类提供了相对具体的标准，在一定程度上实现了数据（信息）分级分类的可操作性，区分了一般个人信息、敏感个人信息、国家机关处理的个人信息、跨境个人信息等多种信息类型，细致规定了针对不同类型个人信息（数据）的处理原则和方式。同时，《个人信息保护法》针对个人信息（数据）的收集、处理、使用等不同场景确定了相应规则，特别是着重对信息（数据）的处理行为及运行场景予以明确，为形成多维度、多场景的个人信息（数据）分类处理规则提供了制度基础。

譬如，当平台自身采集用户的原始数据时，应当依据《个人信息保护法》第六条的"最小必要原则"，即收集个人信息应限于实现处理目的的最小范围，不得过度收集个人信息。又如，在平台竞争场景下，依据《个人信息保护法》第四十五条关于个人信息（数据）可携带的规定，除赋予个人对其信息的复制权、控制权外，还可增强平台间数据的互操作性，使个人用户可以自由公平地选择平台，避免优势平台实施数据封锁、拒绝交易等排除、限制竞争或不公平竞争的行为，这些规则都为数字经济下数据竞争与保护提供了平衡之道。

明确数据保护与开放规则。由于《反不正当竞争法》并非数字经济领域数据治理的专门法，因此，利用该法解决平台竞争中引发的各类数据纠纷，面临很大的行业性与技术性难题，以及基于竞争法立法目的设定而产生的制度性局限，即对不同类型和级别的数据分别需要采取何种程度的保护才不会妨碍数据的开放使用尚不清晰。《个人信息保护法》的施行，在一定程度上有助于达成数据保护与数据开放使用之间的动态平衡。

《个人信息保护法》对数据保护与开放使用的平衡促进作用主要体现

在以下几点。

第一，《个人信息保护法》第十三条明确了"广泛同意+个人单独同意"的"告知—同意"原则，原则上平台在处理个人信息时，需取得个人的同意。在法律规定的特殊情形下，可以不取得个人同意，譬如，在有合同约定、履行法定职责或义务以及紧急情况下等。第十三条确立的"告知—同意"原则强化了个人信息提供者对自身信息的控制权，增加了个人信息收集者（譬如平台）的数据（信息）行为的合规成本，在很大程度上有助于防止信息收集者和控制者过度收集和滥用个人信息。

第二，在个人信息主体的权利与个人信息处理者的义务方面，《个人信息保护法》明确赋予个人信息主体知情权、决定权、查阅权、复制权、可携带权、删除权等，其中对个人数据信息可携带权的规定对平衡平台对数据保护与数据开放使用的关系具有十分重要的价值。根据《个人信息保护法》第四十五条，可携带权是指个人信息主体在符合国家网信部门规定条件的前提下，有权将个人信息转移至其指定的个人信息处理者。这里的个人信息处理者除互联网平台外，还可以指其他自主决定处理目的、处理方式的组织、个人，譬如用户数量巨大、业务类型复杂的组织、个人。该规定有助于增强个人信息主体对其个人数据信息的控制权，打破平台在形成市场优势地位后对信息收集的垄断地位——这种垄断地位不仅针对个人信息主体，也可以针对其他中小型平台或其他数据需求企业，以达到限制、排除竞争或其他不公平竞争的目的。因此，赋予用户数据信息的可携带权，客观上有利于激发数据要素的市场竞争活力。

第三，《个人信息保护法》对当下"买卖个人信息""不同意提供个人信息就拒绝服务""大数据杀熟""强制推送个性化广告""公共场所人脸识别"等社会各界普遍关心的问题，作出了明确规定，扩展了个人信息的保护范围，将个人信息的保护与数据要素竞争的现实需求紧密结合，为《个人信息保护法》与其他法律的衔接留出了制度接口。

预留个人信息合理使用空间。《个人信息保护法》在个人信息定义、数据分级分类制度、规范数据保护等方面加强了对个人信息的保护，这就不可避免地会在一定程度上影响数据的开放使用与流动交易等数据动态竞争。然而由于该法并未直接规定与个人信息相关的财产权益，这就为个人信息未来合法地使用预留了一定空间，有助于平衡数据开放使用与数据安全保护过程中的各方利益，减轻数据保护对数字经济特别是数字经济发展带来的负效应。譬如，该法第四条第一款规定个人信息"不包括匿名化处理后的信息"，明确将匿名化的信息排除在"个人信息"范畴外，有助于经匿名化处理后的个人数据（信息）的流通与使用，也有利于防止个人信息处理者特别是大型互联网平台滥用个人信息保护规则，形成对消费者用户数据（信息）商业化、市场化竞争行为的无正当理由的限制。

值得注意的是，在超大型互联网平台垄断趋态不断凸显的数字经济市场竞争格局下，若不对个人信息保护设定合理边界，数字技术的进一步发展以及个人信息内涵的进一步扩容，势必会对数据开放流动产生阻碍，甚至"以数据保护之名，行数据封锁之实"。在当前数字经济领域的激烈竞争中，超大型互联网平台或凭借以流量、数据等资源与技术形成的"技术型垄断权力"与中小经营者签订不公平协议，剥夺中小经营者创新发展的机会，或利用人工智能算法技术侵夺消费者用户的数据利益及其他经营者获取数据资源的能力，扰乱数据市场自由公平竞争的秩序，其危害不断显现。因此，平衡数据（信息）保护与竞争理应成为《个人信息保护法》施行中无法回避的重点与难点，强调"保护优先"并不意味着"绝对保护"，而是要找准数据（信息）保护与竞争的黄金比例，寻求两者之间的平衡。

四、"竞争与保护"平衡下数据治理的基本理路

随着《个人信息保护法》的施行，平衡数据竞争与保护的关系有了更多的法律依据与实施工具，同时，需要考量的因素也随之增多。数据作为数字经济市场竞争中的关键底层要素，具有多重法律属性，譬如民事法属性、行政法属性、竞争法属性乃至刑事法属性等，在不同场景和行为过程中其属性及相关形态也在发生变化，这使得对相关数据行为的治理变得越来越复杂，特别是对数据行为正当性与违法性的辨别需要更加灵巧和精细的标准和技术。不过，随着数字经济成为一种覆盖经济社会发展各方面的新业态、新产业、新模式，其对数据的应用场景不断扩围，各类数据行为日益丰富，使得实践中数据行为的正当性边界在受到质疑的同时也在不断被厘清，其关键性和基础性的分析框架也逐渐被固定下来，即统筹数据发展竞争与安全保护之间的多元利益，平衡数据竞争行为与数据保护措施之间的张力。因此，为更好地推进数字经济健康发展，需从规范性、整体性及实质性的维度，审视数字经济下的数据行为，以问题为导向，关注数据竞争引发的各类纠纷，并以竞争法特别是《反不正当竞争法》为引领，协同数据专门法来共同构筑多主体、多制度、多工具的数据治理模式，以实现数字经济下数据有序竞争与有效保护的平衡。

（一）完善《反不正当竞争法》对数据竞争行为的规制

规范《反不正当竞争法》"互联网专条"与"一般条款"的适用。虽然 2017 年修订后的《反不正当竞争法》增加了"互联网专条"，在一定程度上有助于解决不当适用甚或滥用"一般条款"的问题，但是不能因此将其作为解决所有涉及平台数据竞争案件的"专用条款"。目前，"互联网专条"采用"概括+列举+兜底"的立法结构，尚存在概括条文模糊不清、列举行为类型有限、兜底条款过于简略等弊端。特别是对在"互联网专条"中未明确规定的数据抓取行为的适用，易出现过度适用该条中兜底条款的风险，进而使兜底条款成为处理涉及互联网平台技术不正当竞争案件的第二个"一般条款"。因此，在实践中应准确处理《反不正当竞争法》"一般条款"与"互联网专条"尤其是其"兜底条款"的适用。

因此，建议从互联网经济特别是数字经济市场竞争的主要特征出发，凝练"互联网专条"第一款、第二款前 3 项所规定的互联网基本特征，譬如，网络、数字技术特征、商业模式创新、用户导向等，进一步明确"妨碍、破坏"其他经营者合法提供的产品或服务的正常运行的成立条件，以规范该条中兜底条款的明确性和操作性。具体到处理平台涉数据竞争纠纷时，应优先考虑是否可适用"互联网专条"第二款所列举的具体行为类型。若不符合，则再考虑适用兜底条款。若平台数据行为没有实际干扰用户选择，其挖掘数据的频率不足以让对方系统繁忙而导致服务延迟，其给竞争对手带来的流量损失，也未达到需要外部救济的程度，则该数据行为难以落入"互联网专条"的适用范围，此时法院可以考虑转向适用"一般条款"，即考察该数据行为是否存在违反数字经济领域诚信原则和（或）商业道德的可能，以此做好"互联网专条"及其兜底条款与"一般条款"的衔接适用。

引入创新在平台数据竞争行为正当性认定上的作用。在熊彼特理论中，颠覆式创新能够打破市场垄断，商业生产力的创新与促进经济增长紧密相关，很多情况下创新是经营绩效的主要驱动力。创新研发可能会为消费者带来新的商品和服务，更好地满足消费者日益多样化的需求。因此，创新能够激发市场活力，提升消费者福利。同时，创新也需要健康的市场竞争秩序来维持。在数字经济高度动态竞争的市场环境下，一些企业会凭借自身的市场支配地位，通过收购或者掠夺式模仿等方式扼杀创新，以创新为标注的动态竞争效率已成为数字经济下经营者市场力量和竞争行为效果的重要评价指标，是在传统的市场产出或生产效率难以客观准确地反映平台经营者实际市场力量时的重要标准。

基于此，2021 年 2 月 7 日发布的《国务院反垄断委员会关于平台经济领域的反垄断指南》中，为了凸显平台经济领域创新的激励作用，在第 3 条强调"激发创新创造活力。营造竞争有序开放包容发展环境，降低市场进入壁垒，引导和激励平台经营者将更多资源用于技术革新、质量改进、服务提升和模式创新"。同时，该指南进一步指出"防止和制止排除、限制竞争行为抑制平台经济创新发展和经济活力，有效激发全社会创新创造动力，构筑经济社会发展新优势和新动能"等。这些规定都强调创新可作为一种通过竞争性市场实现的目标，具有特定的竞争政策价值。由此，本文建议引入创新标准作为应对前述提及的在平台数据竞争案件中，因法院对"妨碍正常竞争秩序""不正当竞争行为"识别标准的认定不一致而缺乏规范性的司法推理的弊端，从多元维度来评价平台数据竞争行为的价值，即激励创新可以成为正向的数据开放使用的正当理由，抑制创新则很可能落入不当使用数据或滥用数据保护的负面评价之中。

（二）支持数字经济下多元主体参与数据治理

数字经济的高速增长引发的各类问题，已引起社会各界的普遍关注。如何规范发展数字经济，已成为当前数字经济治理的关键任务，其中平衡数据竞争与数据保护的关系成为重中之重。鉴于数字经济下数据治理所涉及的主体多、利益多、监管多的现实，有必要建立多元主体参与的共商共建的治理模式，以切实有效推动数据竞争与数据保护的平衡共进。

对平台而言，平台应严格按照《个人信息保护法》的规定履行法定义务，保障数据安全，规范数据采集、使用、处理等行为。《个人信息保护法》第五十八条对提供重要互联网平台服务、用户数量巨大、业务类型复杂的个人信息处理者科以义务，督促其加强对平台内经营者处理个人信息行为的管理。首先，平台需按照国家规定建立健全个人信息保护合规制度体系，同时成立由外部成员组成的独立机构对个人信息保护情况进行监督；其次，平台要制定明确的平台内部经营规则，贯彻落实保护个人信息安全、规范处理个人信息的有关义务；再次，平台要严格执法，对严重违反法律、行政法规处理个人信息的平台内的产品或者服务提供者，应及时停止其经营；最后，平台应提高其治理的透明度，秉持公开透明的原则，定期发布个人信息保护社会责任报告，接受社会监督。以上这些要求既是平台对数据治理的义务，也是平台对用户信息安全承担的责任。总体而言，平台在数据治理中的作用和职责正在不断强化，譬如数据合理开放的义务，协助中小科技企业创新的责任等，但也要注意对平台实施科学的分类分级，在落实平台主体责任的同时，关注和保护平台在数据持有、控制、加工、交易等过程中的正当利益。

对监管部门而言，应健全和完善科学化、专业化、常态化的平台经济领域的数据监管体系，实现事前事中事后全链条监管，事前加强监测预警和风险防控，事中加强管控，防止数据风险扩大化，事后强化追责机制。同时，要加强人才队伍建设，提升监督执法水平和监管效能，妥善应对平台经济发展引发的数据竞争行为给监督执法带来的新挑战。为此，建议从平台经济领域数据治理涉及的众多领域出发，建设一批涵盖法学、经济学、计算机科学、网络安全等专业领域的专家咨询队伍和专业执法队伍，增强监管的科学性、专业性及实效性。

对用户及其他组织而言，相关机构不仅要压实平台责任，譬如，除非符合法律规定的特殊情形，平台等个人信息处理者在处理个人信息时，均应取得个人明确同意，以从源头处阻断不当数据收集和隐私泄露，还应提升用户自身的数字素养和技能，强化用户对自身数据权益的认知与正当行使，在提倡数据保护的同时，鼓励数据经由正当程序和交易规则予以开放和流动，切实提高数据效能。这一点在日前中央网络安全和信息化委员会印发的《提升全民数字素养与技能行动纲要》中已有相关安排部署。此外，《个人信息保护法》第七十条规定"个人信息处理者违反本法规定处理个人信息，侵害众多个人的权益的，人民检察院、法律规定的消费者组织和由国家网信部门确定的组织可以依法向人民法院提起诉讼"。可见，人民检察院、消费者组织及依法确定的其他组织也应成为数据权益保护的积极维护者，来充实数据保护的力量，制衡平台在数据收集、使用及管理中相对于用户所具有的强势地位。

（三）做好竞争法与其他法律部门的协同

如前所述，《数据安全法》《个人信息保护法》等法律的施行，为数字经济领域数据治理提供了新路径和新方法。因此，在适用竞争法治理平台数据行为时，须注意竞争法与《数据安全法》《个人信息保护法》的有效衔接，做好系统治理与协同治理，形成治理合力。以平台经济下频发的数据抓取行为为例。一方面，数据抓取行为可能触犯包括《反不正当竞争法》《反垄断法》《数据安全法》《个人信息保护法》在内的多部法律，引发法律适用竞合；另一方面，尽管这几部法律对数据抓取行为均有一定规制作用，但是其侧重点不同。若不同法律间缺乏系统协同，相关平台主体就难以准确有效地选择法律做好自身合规，会给平台内经营者或平台上的用户在选择法律救济途径时带来困惑。这对平台而言，其数据行为的合规成本无疑增加，违规风险亦会加大；对广大用户而言，也很难准确有效使用法律来保障自身合法利益；对监管部门而言，则面临着监管上的积极冲突与消极冲突，易出现规制过度与规制不足的现象。因此，实现竞争法与其他法律部门间的有效协同就变得很重要，也很迫切。

针对数字经济下围绕数据竞争与保护不断涌现的新问题与新挑战，需要更为科学、更加有效的法治体系和法治工具予以系统治理。"在规范中发展，在发展中规范"，应当成为数字经济下数据治理的基本逻辑和思路，其核心在于平衡平台数据竞争与数据保护之间的关系，通过高质量竞争实现高水平保护。具体而言，一方面要防止平台垄断和资本无序扩张，打破数据垄断，推动数据有序开放和有效竞争，另一方面也要肯定和支持平台创新发展的积极成效和创新动能，保障数据权益，扎实数据安全的底线，维护数字经济下各参与主体正当的数据利益，在保障数据安全的基础上促进数据竞争，让真正对市场有序竞争有利、助力科技创新、保障和增进消费者利益的数据竞争行为得以在市场化和法治化的环境中开展。为此，应加快推进多主体、多制度、多工具协同的数字经济数据治理架构的建设与完善，促进数据竞争与数据保护之间的平衡。

第二节　数字经济领域个人信息保护的反垄断法必要及实现①

一、问题提出

2021 年 10 月 18 日，中共中央政治局就推动我国数字经济健康发展进行第三十四次集体学习，习近平总书记在主持学习时强调了数字经济的重要性，并指出要规范数字经济发展，坚持促进发展和监管规范两手抓、两手都要硬，要纠正和规范发展过程中损害群众利益、妨碍公平竞争的行为和做法，防止平台垄断和资本无需扩张，依法查处垄断和不正当竞争行为。②当前，规范数字经济主要采用反垄断方式，并取得了积极效果。③2021 年年初，国务院反垄断委员会印发了《平台反垄断指南》，随后，市监总局先后对阿里巴巴集团控股有限公司和美团要求平台内经营者

---

① 本节参见陈兵，赵青：《平台经济领域个人信息保护的反垄断法必要及实现——以德国脸书案为例的解说》，《兰州学刊》2022 年第 2 期。

② 央视网：《推动我国数字经济健康发展 习近平作出最新部署》，https://news.cctv.com/2021/10/19/ARTIUYmuXsJ9fXqLt6mRlnFy211019.shtml，最后访问日期：2023 年 2 月 10 日。

③ 刘诚：《数字经济何以需要规范监管》，《光明日报》2021 年 11 月 12 日第 11 版。

在竞争性平台间进行"二选一"的行为下达了处罚决定。

随着法规的完善与执法活动的推进，我国平台反垄断执法模式，特别是对具有市场支配地位的平台经营者滥用市场支配地位行为的违法性认定模式逐渐清晰，即在排除、限制竞争效果分析阶段，综合分析涉案行为对相关市场的竞争、平台内经营者的正当利益、消费者利益乃至数字经济的创新发展所能带来的影响。然而互联网平台领域涉嫌限制竞争的行为多样，远不止于限定平台内经营者进行"二选一"。例如《平台反垄断指南》当中提及"强制收集非必要用户信息"也可能构成一种滥用市场支配地位的行为，而"强制收集非必要用户信息"行为与要求平台内经营者（入驻商）进行"二选一"行为的显著不同之处，则在于行为直接作用于用户（消费者），由此便会产生竞争法是否应当直接保护消费者利益的问题。①

"强制收集非必要用户信息"行为中所谓"强制"应当如何理解，具有市场支配地位的平台经营者以不同意则无法获取服务的方式获得用户"同意"，是否可以认定为"强制"，尚有待澄清。更重要的是，过度收集用户信息的行为是否会对竞争产生影响，若没有竞争影响，单纯侵害个人信息权益的行为，是否应当由反垄断法来加以规制，若相关行为可能带来限制竞争效果，那么排除、限制竞争效果分析应当怎样展开，均有必要加以诠释。这些疑问不单是我国反垄断执法面临的问题，在德国脸书案中也已经悉数呈现。

在此背景下，通过比较分析德国联邦卡特尔局的处罚决定②、德国杜

---

① 有关消费者利益能否成为或者是否应成为反垄断法实施所保护的直接法益，竞争法学界一直有争论，主要观点认为消费者利益属于反垄断法实施的反射利益或者说间接利益。对于直接利益说，早期有不同认识，现在有所改变，这种改变在平台经济领域尤为明显。笔者曾于多年前撰写文专门讨论过，明确提出消费者利益在反垄断法实施过程中理应具有独立的价值诉求，反垄断法上一直强调的对社会公共利益与消费者利益之保护，可以作为消费者利益作为反垄断法直接保护法益的合法依据，且反垄断法实施的公共属性，在一定程度上亦是对消费者利益给予直接有效保护的支撑，此处的消费者利益包括整体消费者利益和单个或某一群体的消费者利益。前者更倾向于社会公共利益的组成部分，后者则构成了消费者利益的主要内容。具体论述，参见陈兵：《反垄断法实施与消费者保护的协同发展》，《法学》2013 年第 9 期；陈兵：《我国〈反垄断法〉"滥用市场支配地位"条款适用问题辨识》，《法学》2011 年第 1 期。

② The Decision of the Bundeskartellamt in Administrative Proceedings, Ref: B6-22/16, Date of Decision: 6 February 2019, available at https://www.bundeskartellamt.de/SharedDocs/Entscheidung/EN/Entscheidungen/Missbrauchsaufsicht/2019/B6-22-16.pdf?__blob=publicationFile&v=5, Last visit, February 10, 2023.

塞尔多夫地区高级法院的临时中止执行决定①以及德国联邦最高法院的恢复执行决定②的争议焦点，结合我国的反垄断法律法规及实践模式，对我国《平台反垄断指南》所规制的"强制收集非必要用户信息"行为进行诠释，探索可供执法参考的可行性方案具有现实意义。

二、适用反垄断法保护个人信息的必要性

数据作为一种生产要素，在数字经济当中的重要性毋庸置疑，而个人信息数据在全体数据要素当中又占据相当的比重，特别是在数字经济领域，个人信息安全保护与数据的效率化利用就好像硬币的两面，缺一不可。鉴于我国的相关法律法规通常使用"个人信息"的表达方式，而欧盟《通用数据保护规则》（General Data Protection Regulation，GDPR）采取了"个人数据"（Personal Data）的表达方式，本文对"个人信息"与"个人数据"不作严格区分。早在 2017 年 6 月起施行的《网络安全法》当中就有规定网络运营者收集、使用个人信息，应当以"正当、必要"为限，并且应当公开收集、使用规则，明示收集、使用目的、方式和范围，且须经收集者"同意"。

2021 年 3 月，为贯彻落实《网络安全法》关于"网络运营者收集、使用个人信息，应当遵循合法、正当、必要的原则""网络运营者不得收集与其提供的服务无关的个人信息"等规定，国家互联网信息办公室、工业和信息化部、公安部、市监总局联合发布了关于印发《常见类型移动互联网应用程序必要个人信息范围规定》的通知，明确提出 App 运营者不得因用户不同意收集非必要个人信息，而拒绝用户使用 App 基本功能服务。

除《网络安全法》外，《消费者权益保护法》《民法典》《个人信息保护法》乃至《中国人民银行金融消费者权益保护实施办法》等多部法律法规均对个人信息处理的原则和条件进行了规定。从整体上来看，处理个人信息目的的正当性、收集个人信息的必要性以及个人的同意，构成合法收集、处理个人信息的基本准绳。

---

① The Decision of the Higher Regional Court of Düsseldorf (Oberlandesgericht Düsseldorf) in interim proceedings, 26 August 2019, Case VI-Kart 1/19 (V), available at https://www.d-kart.de/wp-content/uploads/2019/08/OLG-D%C3%BCsseldorf-Facebook-2019-English.pdf, Last vist: February 10, 2023.

② Courtesy translation of Decision KVR 69/19 rendered by the Bundesgerichtshof (Federal Court of Justice) on 23/06/2020 provided by the Bundeskartellamt, available at https://www.bundeskartellamt.de/SharedDocs/Entscheidung/EN/Entscheidungen/BGH-KVR-69-19.html, Last visit, February 10, 2023.

　　那么，在诸多法律法规已经对个人信息的收集、处理行为作出规定的背景下，是否还有必要运用反垄断法来对侵害个人信息自决权的行为进行规制？答案是肯定的。偏重个人信息安全保护的各项法律法规，多采取事前禁止的规制模式，在灵活多变的数字经济场景下，难免出现管制真空，而且过于格式化的个人信息保护规定也可能对数字经济领域的持续创新产生消极影响。[①]更重要的是，无视消费者的自主决定权，强制过度收集个人信息不仅会损害消费者利益，由此形成的数据池所带来的竞争优势还可能危害到平台间的公平竞争，损害竞争者利益，最终平台垄断地位的形成或者强化还会影响到其他客户端上的交易条件，从而损害平台内经营者的利益，基于此，反垄断法便存在适用的空间与必要性。而且，反垄断法层面上对强制过度收集个人信息行为是否构成滥用市场支配地位的研判，主要采取事中事后的规制方式，通过综合比较衡量平台经营者、平台内经营者、消费者、竞争者等多方的合法利益，最终对涉案行为作出违法性认定，由此反垄断法可与其他个人信息保护相关法律法规形成多元的、事前事中事后的全链条式监管，共同达成切实保障个人信息权益的效果。

　　传统上，反垄断法主要是通过保护竞争机制来间接保障消费者利益，[②]但在数字经济领域，消费者已不再单纯扮演位于生产消费最终环节被动接受商品或者服务的角色，消费者在大数据和人工智能技术应用的裹挟下已经深度参与到商品和服务的生产提供过程中，从而拥有了一种"产消合一者（Prosumer）"身份。[③]一般来说，平台经营者首先会以免费的方式、针对消费者的需求与个人信息反馈提供个性化服务来吸引并扩大消费者端的用户数量，不断增强用户黏性，通过跨边网络效应的作用，在其他客户端实现盈利，再反哺免费消费者用户端的服务发展。在此经营过程中，消费者的作用至关重要，且消费者利益更易受损，因此，主张将反垄断法对消费者利益的保护模式由间接保护转变为直接保护的呼声也已经响起。[④]特别是在平台免费服务一端，个人信息甚至可以看作是为获得所谓"免费"服务而支付的对价，反垄断法也应适应平台经营模式的发展，与时俱进作出适当调试，在进行竞争损害分析的过程中关注个人信息方面的

---

　　① 于颖超、孙晋：《消费者数据隐私保护的反垄断监管理据与路径》，《电子知识产权》2021 年第 7 期。

　　② 张江莉、张镭：《平台经济领域的消费者保护——基于反垄断法理论和实践的分析》，《电子政务》2021 年第 5 期。

　　③ 陈兵：《人工智能场景下消费者保护理路反思与重构》，《上海财经大学学报》2019 年第 4 期。

　　④ 叶明、冉隆宇：《从间接保护到直接保护：平台经济下消费者在反垄断法中的定位》，《竞争政策研究》2021 年第 5 期。

损害。①

鉴于此，现阶段应当重点讨论的并不是反垄断法应不应当介入个人信息保护的问题，而是应当以怎样的方式来合理规制在损害个人信息权益的同时，还会带来竞争损害的行为。亦即，明确《平台反垄断指南》当中具有市场支配地位的平台经营者滥用市场支配地位，强制收集非必要用户信息行为的规制逻辑才是当务之急。

三、数字经济领域相关市场界定及市场支配地位认定

依据反垄断法的规定，滥用市场支配地位的认定以经营者具有市场支配地位为前提条件，而市场支配地位又是指经营者在相关市场内具有能够控制价格、数量或者其他交易条件，或者能够阻碍、影响其他经营者进入相关市场能力的市场地位。由此可见，在规制滥用市场支配地位行为的过程中，需要首先界定相关市场。相关市场作为经营者在一定时期内就特定商品或服务进行竞争的商品范围和地域范围，也就意味着界定相关市场实质就是识别竞争范围的过程。从需求层面来看，需求者可以在其认为具有密切替代性的商品或服务之间进行选择，那么这些具有密切替代性商品或服务之间就存在竞争关系。从供给层面来看，其他经营者若能现实可行的迅速进入相关市场，提供具有紧密替代性的商品或服务，对现有相关商品或服务的经营者形成竞争约束，也应纳入竞争者的范围。因此，《国务院反垄断委员会关于相关市场界定的指南》也将包括需求替代和供给替代在内的替代性分析明确为界定相关市场的基本依据。

具体到互联网平台经济领域，平台之所以被称为平台，原因就在于其为多边用户提供不同服务，各边上存在不同的需求，此时应当以哪一边上的用户为基准展开需求替代分析，应当分别确定多个相关市场还是将平台整体界定为一个相关市场，均是需要考虑的问题。为此，《平台反垄断指南》明确了个案分析原则，指出既可以根据平台一边的商品界定相关商品市场，也可以根据平台所涉及的多边商品，分别界定多个相关商品市场，在跨平台网络效应能够给平台经营者施加足够的竞争约束时，还可以根据平台整体界定相关商品市场。也就是说，《平台反垄断指南》仅表明了平台领域的相关市场界定存在多种可能性，需要具体问题具体分析，但对于在何种情况下根据平台一边的商品界定相关商品市场，在何种情况下应当界定多个商品市场，并没有给出较明确的指引。对此，有学者进行了

---

① 焦海涛：《个人信息的反垄断法保护：从附属保护到独立保护》，《法学》2021 年第 4 期。

阐释，将平台划分为交易型平台和非交易型平台，对于平台两边用户直接交易的所谓交易型平台，仅需界定一个相关市场，对于平台两边用户不直接进行交易的非交易型平台，则区分用户不同需求，界定多个相关市场。①那么，在非交易型平台经营者涉嫌从事滥用市场支配地位行为的案件当中便会出现多个相关市场，执法者应当证成经营者在哪个相关市场上具有市场支配地位，则是不能回避的问题。

从我国最近的规制平台领域滥用市场支配地位执法案例来看，以阿里巴巴"二选一"案②及美团"二选一"案③最具代表性。在这两个案件当中，市监总局均从涉案平台所提供的服务内容出发，从平台内经营者和消费者两个角度分别进行了需求替代与供给替代分析。然而需注意到，这两个案件的涉案平台均属于交易型平台，平台两边的用户直接发生交易关系，对于非交易型平台的相关市场界定及市场支配地位的认定，我国现有的执法案例尚不能提供有效指引。对此，可以参考德国脸书案中德国联邦卡特尔局（Federal Cartel Office）的相关分析与阐释，得出符合我国相关法规与实践的启示。

德国脸书案是有关脸书从其关联服务及第三方网站和移动应用程序收集并整合用户信息的行为是否构成滥用市场支配地位的案件。在界定相关商品市场的过程中，德国联邦卡特尔局首先考虑了多边市场与个人用户需求的特殊性。脸书分别面向个人用户、广告商、发行商（publisher）及开发商（developers）等多个市场侧提供服务。

个人用户一侧使用脸书的社交网络（social network），主要目的是寻找用户已经认识的人并建立联系，在用户根据身份定义的特定联系人之间进行日常交流。广告商一侧利用脸书发布定向广告，发行商一侧使用脸书服务来推广业务，开发商一侧则可以通过使用应用程序编程接口（API）将脸书的社交插件（如"喜欢"按钮）、Facebook 登录或 Facebook 分析服务集成到自己的网站或应用程序中，广告商、发行商与开发商市场侧与广大个人用户之间存在间接网络效应。

基于个人用户市场侧的需求不同于广告商、发行商及开发商市场侧的需求，且依据德国《反对限制竞争法》第 18 条第（2a）款的规定，商品或服务的免费与否并不影响相关市场的认定，德国联邦卡特尔局认为，脸书向广大个人用户一侧免费提供的"社交网络"可以构成相关商品市场界定

① 孙晋：《数字平台的反垄断监管》，《中国社会科学》2021 年第 5 期。
② 国家市场监督管理总局［2021］28 号行政处罚决定书。
③ 国家市场监督管理总局［2021］74 号行政处罚决定书。

的起点。

在用户需求替代分析方面，德国联邦卡特尔局对大量社交媒体展开了调查，并借鉴了欧盟委员会对 Facebook/WhatsApp 收购案和 Microsoft/Linked 收购案所作出的决定，得出结论认为目前除了 Facebook.com 之外，Google+ 已经退出了市场，社交网络市场中仅剩下 StudiVZ 和 Jappy 具有类似的功能并可以实现相同的使用目的。基于功能和使用目的方面的差异，联邦卡特尔局排除了专业性网络和职业门户网站（Xing、LinkedIn、Indeed、Stepstone），也排除了即时通信服务（SnapChat、WhatsApp、Telegram、Skype、Threema、FaceTime、微信、iMessage、Line、Viber、Yahoo Messenger），还认定 YouTube、Twitter、Pinterest 同样不属于社交网络市场。

在供给替代分析方面，德国联邦卡特尔局通过考察互联网经营者进入相邻市场的难易度，结合 Google+ 的实例，认为至少就本案当中受影响的服务而言，即使特定经营者的某项服务已经取得了巨大成功，拥有进入相邻市场所必需的用户数量及技术、财力和专业技术人员，但由于强大的直接网络效应的影响，新服务未必能取得同样的成功。而且，德国联邦卡特尔局提出，结合规制滥用市场支配地位的立法目的来看，规制滥用市场支配行为应当着眼于现在或者过去来进行评价，而不是像经营者集中审查那样去估测未来市场结构。最终，德国联邦卡特尔局综合考虑脸书的多边市场经营模式，间接网络效应与直接网络效应的影响，多种社交媒体之间的替代可能性，以及用户的使用习惯等因素，将本案的相关市场界定为德国国内的"社交网络"（Social Network）市场。

在市场支配地位的认定方面，德国联邦卡特尔局以 GWB 第 18 条第（1）款和第（3a）款为根据，通过综合考察脸书的市场份额、网络效应、用户转向的难易度、规模经济、数据取得的难易度及创新等多方面因素，认定在德国国内面向广大个人用户提供的社交网络市场当中，脸书具有市场支配地位。其中，对于创新影响的分析值得予以关注。对于互联网领域的创新给市场支配力带来的影响，德国联邦卡特尔局认为并不能泛泛地以互联网领域存在创新为理由来否定市场支配力的存在，需要个案分析具体的指示性证据，然而该案当中没有证据显示用户有脱离脸书的趋势，也没有证据证明脸书市场份额的下降，此外，在规制滥用市场支配地位行为时，还是应当聚焦于当前市场的状况。

从上述德国联邦卡特尔局有关相关市场界定与市场支配地位认定所采取的分析方式来看，可以得出三个方面的启示，即以涉案行为为导向界定相关市场；着眼于现在及过去来评价滥用市场支配地位案件中的相关市场与市场支配地位；对创新可能给市场支配地位带来的冲击要求具体的指示性证据。

首先，在滥用市场支配地位案件中相关市场的界定应当以涉案行为为导向，继而判断在发生涉案行为的相关市场上，经营者是否具有市场支配地位。也就是说，对于像非交易型平台，平台的各个边上存在不同的用户需求，由此可能形成多个相关市场，而对平台经营者进行滥用市场支配地位行为的规制，并不要求经营者在平台各边可能形成的各个相关市场上都具有市场支配地位，执法者仅需证明在涉案行为发生的服务边所涉及的相关市场上平台经营者具有市场支配地位即可。

例如，在某大型搜索引擎平台的自我优待案中，该大型搜索引擎平台在其网络比价服务的提供过程中，人为操控检索排序，对自己网络零售平台的入驻商给予优待，此时的问题行为，即设置与变更检索排序的行为，发生于网络比价服务领域，那么就需要判断在网络比价服务所在的相关市场当中，平台经营者是否具有市场支配地位。[①]事实上，在深圳微源码公司诉腾讯微信公众号垄断案[②]中，广东省深圳市中级人民法院也曾采取过类似的相关市场界定方式，指出审理起诉互联网平台经营者滥用市场支配地位的案件过程中，应当从被诉行为着手界定相关市场，以被诉行为所指向的商品或服务为出发点进行替代性分析。[③]

其次，在规制滥用市场支配地位行为案件中，相关市场界定与市场支配地位认定应当着眼于现在或过去来进行评价。这是因为对滥用市场支配地位行为的规制不同于对经营者集中的规制，规制目的层面上的差异性决定了相关市场界定方式的差别。经营者集中审查属于对未来限制竞争效果的预测，需要着眼于未来的市场构造进行分析，而对滥用市场支配地位行为的规制则是针对经营者当下或者过去行为来进行的，因此需聚焦于当下，甚或以回顾式的视角来分析行为当时经营者所处的市场竞争状况。

最后，对创新可能给市场支配地位带来的冲击应当要求具体的指示性证据，如市场份额下降走势等。数字经济领域技术迭代频繁，动态竞争特征显著，创新不仅是企业的核心竞争力，也时刻给在位经营者带来竞争压力。《平台反垄断指南》已经突出了平台领域"创新"的重要性，将促

---

① 参考韩国公平交易委员会（KFTC）2021-027 号全员会议决定书。
② 广东省深圳市中级人民法院（2017）粤 03 民初 250 号民事判决书。
③ 蒋筱熙：《以商品需求为基础确定互联网平台服务的相关市场范围——广东深圳中院判决深圳微源码公司诉腾讯微信公众号垄断案》，《人民法院报》2018 年 12 月 27 日第 6 版。

进数字经济规范有序创新健康发展作为数字经济领域反垄断执法的目标之一，将激发创新创造活力列为反垄断执法应坚持的原则，并且将创新明确纳入认定经营者具有市场支配地位时应考虑的因素。然而不能笼统地以平台经济领域存在创新为理由，就一概否定存在市场支配地位的可能性，创新是否给在位经营者带来足够的竞争威慑力，需要结合具体的市场竞争状况进行个案分析。

四、剥夺个人信息自决权——"强制"的认定标准

《平台反垄断指南》指出具有市场支配地位的平台经营者"强制"收集非必要用户信息可能构成滥用市场支配地位行为。在互联网平台领域，用户使用平台服务一般以"同意"平台所提供的各项格式条款为前提，如果用户不同意的话，也就不可能使用相关平台服务，在平台经营者已经取得用户"同意"的情况下，又要如何认定过度收集用户信息的行为违背消费者的自主决定，相关问题在德国脸书案中也同样成为了争议焦点，且德国联邦卡特尔局、杜塞尔多夫地区高级法院及德国联邦最高法院均采取了不同的解释方式。

德国联邦卡特尔局认为该案中脸书使用和实施的数据政策允许其从脸书以外第三方收集用户和设备相关数据，并将从第三方收集来的数据整合于脸书自身服务平台上收集的数据，而用户碍于脸书的市场支配地位，为了获取脸书的服务只能签订合同，这不能视为用户的意思自治，因此，脸书处理用户数据的合同条款并没有得到用户的"有效同意"（Effective Consent），从而违反了 GDPR 的规定，且属于行使市场支配力的表现，由此可以认定，相关合同条款的制定与实施构成滥用市场支配地位。

德国杜塞尔多夫地区高级法院则得出了与德国卡特尔局截然相反的结论，认为从竞争法的角度，脸书的服务条款及其数据处理行为是否符合 GDPR 与本案无关，本案的核心问题在于用户在注册社交网络服务时所作出的同意处理和整合额外数据的意思表示是否因脸书的市场支配地位而不能被视为自主决定。没有证据显示脸书通过欺诈、胁迫等不公平手段获得用户的同意，也没有证据显示脸书超出协议范围使用额外数据。德国境内虽然存在 3200 万脸书月活跃用户，但还存在 5000 万非脸书用户，这个数字对比也可以说明脸书社交网络服务并不是一项满足基本需求的服务，脸书社交网络服务也不是唯一的联络方式，用户可以在权衡使用脸书服务与允许脸书收集使用其额外数据的利弊之后作出自主判断。

德国联邦最高法院的决定再次使案件发生了反转，提出了既不同于

杜赛尔多夫地区高级法院也不同于德国卡特尔局的意见。德国联邦最高法院认为，存在部分用户既希望使用脸书服务又希望将收集和使用用户数据的范围限定在支撑脸书免费服务的必要范围之内，然而杜赛尔多夫地区高级法院并没有考虑到这部分用户的利益。而且，德国联邦最高法院认为，该案的核心也不在于问题行为是否违反 GDPR，而在于用户选择权的丧失，用户对脸书的数据收集和使用范围及相应的服务个性化程度应当享有选择权。易言之，用户应当有权选择同意脸书从第三方服务无限收集用户数据并由此得到更加个性化的服务，也有权选择仅同意脸书收集用户在"facebook.com"上披露的数据并得到程度相对较弱的个性化服务。然而本案中用户并没有被赋予选择权，事实上被强加了其所不愿接受的服务，由此可以引发反垄断法的关注。

对比德国卡特尔局、杜塞尔多夫地区高级法院及德国联邦最高法院的三种分析方式可以看出，按照德国卡特尔局的分析方式，考察的重心主要在于脸书过度收集和整合用户数据的行为是否违反 GDPR，且考虑到脸书的市场支配地位，只要用户使用脸书就必须同意脸书的数据政策，那么这种"同意"就不能被视为自愿同意。按照杜赛尔多夫地区高级法院的分析方式，用户可以在使用脸书或者不使用脸书当中自由作出选择，那么用户若选择使用脸书，其作出的"同意"意思表示就是自主决定，然而需要注意的是，不购买或者不使用某项商品或服务在竞争法当中通常不被看作是替代方案。[①]德国联邦最高法院则更侧重于对用户选择权的保障，即在使用脸书服务的前提下，保障用户对个人数据收集和使用的程度拥有选择权。

结合我国《平台反垄断指南》第十六条第一款第（五）项中禁止具有市场支配地位的平台经营者强制收集非必要用户信息的规定，若采取德国卡特尔局的分析方式，只要平台经营者具有市场支配地位，且制定了收集非必要用户信息的格式合同，即可推定不存在用户的自愿同意，此时"强制"要件形同虚设。若采取杜塞尔多夫地区高级法院的观点，用户可以自由选择放弃使用平台服务，若用户选择了同意格式合同来使用平台服务，即构成用户的自由选择，也就不存在"强制"，这也同样导致"强制"要件丧失存在的必要。若采取德国联邦最高法院的分析方法，将用户对自身数据收集和使用程度的选择权得到保障与否作为评价是否存在"强

---

① Mark-Oliver Mackenrodt, Data Processing as an Abuse of Market Power in Multi-Sided Markets-The More Competition-Oriented Approach in the German Federal Supreme Court's Interim Decision KVR 69/19 – Facebook, *GRUR International*, Vol. 70:6, (2021), p. 562-570.

制"的判断标准，则具有现实可行性。

五、市场支配地位与强制收集非必要用户信息行为之间的因果关系

在互联网平台领域，一些涉嫌不公平竞争、不公平交易的行为往往具有普遍性，比方说过度收集用户信息的现象，可能不只存在于大型平台，任何规模的网络服务经营者都有可能通过格式条款的制定来最大限度地收集用户数据。在这种情况下，具有市场支配地位的经营者就可能主张大规模收集用户数据的行为属于行业惯行，与市场支配地位的存在与否没有关系，也就不涉及市场支配地位被滥用的问题。对此，在脸书案中德国联邦卡特尔局提出，市场支配地位与涉嫌滥用行为之间不需要严格的因果关系，并不需要证明涉案违法行为仅能依靠市场支配地位才能实施，不具有市场支配地位的经营者就不可能实施类似行为，而只需要证明由于市场支配地位的存在使得涉案行为产生反竞争效果就足够了。

然而杜塞尔多夫地区高级法院则认为不管是欧盟运行条约（Treaty on the Functioning of the European Union，TFEU）第 102 条，还是德国 GWB 第 19 条，均要求市场支配地位与滥用行为之间存在因果关系。且依据先前诸多判例，若市场支配经营者没有利用其市场力量来对其他市场参与者施加特定行为，也就是说不存在市场支配地位与行为之间的因果关系（Conduct Causality），但其滥用行为正是因为其现有的市场力量，才会导致其市场地位的加强或竞争构造被进一步削弱，即存在市场支配地位与结果之间的因果关系（Result Causality）也可以成立滥用市场支配地位。同时，杜塞尔多夫地区高级法院指出，剥削性滥用行为并不会导致影响市场竞争结构的结果，因此结果层面的因果关系（Result Causality）并不适用于剥削性滥用行为案件的认定，换言之，在剥削性滥用行为案件的认定中，必须要证明市场支配地位（力量）与行为之间的因果关系，且这种因果关系应具有直接关联性。

德国联邦最高法院则提出了与杜塞尔多夫地区高级法院截然相反的意见，认为滥用市场支配地位的认定并不是在任何情况下都以市场支配地位与行为之间的因果关系（Conduct Causality）为要件，在特殊的市场条件下，若市场支配经营者的行为导致有效竞争市场上不可能出现的市场绩效，且涉案行为在剥削性之外还有阻碍竞争的倾向，则市场支配地位与特定市场绩效之间存在因果关系（Result Causality）即可。具体来讲，在双边市场当中，若中介平台剥削市场一端的交易相对方，同时导致被支配市场及另外一端市场的竞争可能受到阻碍，此时，存在结果因果关系。

上述德国联邦最高法院所采取的因果关系解释方式，可以理解为对传统剥削性滥用行为与排他性滥用行为两分法的一种修正。根据滥用市场支配地位行为的特点和性质，可以将其分为剥削性滥用和排他性滥用。前者是指具有市场支配地位的经营者可以不受竞争的制约，从而可以向交易相对方提出不合理的交易条件，特别是不合理的价格；后者是指市场支配经营者为了排挤竞争对手，或者为了将市场力量不合理地扩大到相邻市场而实施的限制竞争行为。①平台具有双边甚至多边市场的特征，若平台对广大个人用户一边适用剥削性的合同条款，通过跨边网络效应的影响，在平台的其他边上可能发生排除、限制竞争的效果。也就是说，由于多边市场的存在，同一行为可能带来的市场影响会更加复杂，同一行为兼具剥削性与排他性效果的可能性也越大，此时，对具有排他性倾向的非纯粹的剥削性滥用行为，在传统的剥削性滥用认定要件的基础上予以适当放宽处理，也不失为一种执法创新思路。

六、强制收集非必要个人信息行为的竞争损害与利益衡量

即使具有市场支配地位的平台经济领域经营者实施了强制收集非必要的用户信息，若不能证明由此带来的竞争损害，也很难适用反垄断法来加以规制，这是由反垄断法的立法目的决定的。从最近规制平台经营者滥用市场支配地位"二选一"的执法案例来看，反垄断执法机构也是在行为阐述之外另行进行了排除、限制竞争效果分析，在排除、限制竞争效果项下，又对竞争者的利益、平台内经营者的利益、消费者利益乃至平台经济的创新发展进行了综合分析。然而对于直接侵害消费者个人信息权益的行为，应当如何理解其所带来的竞争损害，还有待于进一步探索与澄清，这也是德国脸书案的争议焦点之一。

在德国脸书案中，德国联邦卡特尔局主要基于脸书的个人数据收集与处理行为违反 GDPR，从而认定相关行为构成对消费者的剥削，此外，德国联邦卡特尔局还认为脸书通过不当的数据收集、处理而获得竞争优势，并提高了市场进入壁垒，从而巩固了脸书面向广大个人用户的市场支配力。杜塞尔多夫地方高级法院则认为脸书的数据处理行为并没有引起任何竞争损害，既不构成损害消费者（脸书社交网络的个人用户）利益的剥削性滥用，也不构成损害实际或者潜在竞争者的排他性滥用。在德国联邦最高法院，案件再次发生反转，德国联邦最高法院认为脸书通过其过度收

① 王先林：《竞争法学》，中国人民大学出版社 2018 年版，第 246 页。

集与整合个人数据格式条款的实施，向用户强加了高度个性化的服务，剥夺了用户选择较低程度的数据收集与处理、从而获得相应较低程度的个性化服务的机会，类似于强制捆绑，既具有剥削消费者的效果，也存在限制竞争的效果。

有关剥削性，杜塞尔多夫地区高级法院认为联邦卡特尔局的相关市场界定、市场支配地位认定都是正确的，并且脸书服务的使用条款，包括"数据指令"（Data Directive）和"小型文本文件指令"（Cookie Directive），也属于《德国反对限制竞争法》第19条第2款第2项中所说的交易条件，但是并不能认定脸书违反了该条款。其理由主要可以概括为以下几个方面。首先，德国联邦卡特尔局没有对竞争状态下的市场状况进行充分的调查，从而也没有就在竞争情况下会形成怎样的使用条款作出任何有意义的调查结果。其次，脸书从第三方服务收集用户数据并不构成对用户的剥削，因为广大用户仍然可以自由地向其他社交网络提供数据。再次，德国联邦卡特尔局并没有禁止脸书收集和处理额外数据的行为，而是将脸书对收集和整合处理额外数据没有进行充分的告知，导致用户数据控制权的丧失视为问题之所在。也就是说，德国联邦卡特尔局并没有说明额外数据的收集和处理会对用户带来怎样的风险，而是单纯地探讨了一个数据保护问题。最后，大多数用户不阅读脸书服务条款的现象也不能代表用户对脸书的高度依赖，也有可能仅是用户自愿不阅读相关合同条款。

德国联邦最高法院则认为，如果某种滥用交易条款行为客观上能够显著影响市场状况，认定该行为构成 GWB 第 19 条第 1 款意义上的滥用市场支配地位，并不需要满足 GWB 第 19 条第 2 款第 2 项所要求的与有效竞争市场条件下的高概率交易条件相比较。当市场支配的程度、特殊的市场条件及滥用行为导致事实上不可能存在有效竞争，且导致不可能确定有效竞争环境中高概率出现的交易条件，则仅需存在一种期待可能性即可，只要这种期待是基于实际迹象，例如市场参与者基于经济合理性，会如何应对可识别的用户偏好等。根据联邦卡特尔局的调查结果，相当一部分的脸书用户希望减少一些被收集个人数据数量，如果是在有效竞争的市场环境中，且没有锁定效应带来的转换障碍，社交网络市场上可能会出现更多样的交易条件，数据敏感型的用户可能获得选择机会。

有关排他性，杜赛尔多夫地区高级法院认为依据《德国限制竞争法》第 19 条第 2 款第 1 项的规定，滥用市场支配地位的认定需以其他经营者直接或者间接地受到不公平妨碍为前提条件。而本案中联邦卡特尔局并没有禁止脸书收集和整合额外数据的行为，联邦卡特尔局的关注点在于脸书收集和整合用户额外数据的行为没有得到用户的另行同意，然而用户同意的存在与否并不会给脸书所处的横向竞争带来影响。有关过度收集与处理数据是否会增加市场进入壁垒，杜塞尔多夫地区高级法院指出，社交网络市场进入成功与否的关键并不在于依靠更多的数据来获取更多的广告收入，而在于如何在短期内赢得足够的用户。从实例来看，谷歌拥有的数据数量远远大于脸书，但是谷歌运营的 Google+还是退出了市场，由此可见，在社交网络运营的成功与否，关键并不在于数据数量。

德国联邦最高法院则认为，GWB 第 19 条第 2 款第 1 项并没有硬性要求确定行为的实际效果，考虑到市场支配经营者不得阻碍或歪曲有效竞争的特殊责任，存在阻碍竞争的风险即可。脸书在收集处理第三方来源数据的基础上，可以向用户提供更加个性化的体验，随着脸书所掌握数据数量和质量的提升，其可以更准确地预测用户行为，进行相应的交易条件调整，并精确地规划未来的商业策略，相反，实际的或潜在的竞争者提供与脸书相抗衡的交易条件的机会会下降，再加上间接网络效应的影响，竞争者在广告合同的竞争中也很可能输给脸书。Google+的失败仅说明对于竞争来说数据获取方面的优势还不足以弥补直接网络效应的不足。

此外，德国联邦最高法院还进一步明确了判断某一行为是否构成滥用市场支配地位，需要综合考量各项相关利益。从用户利益来看，至少对于部分用户来说，利用脸书服务对其参与社会生活至关重要。鉴于在线通信的重大政治、社会和经济相关性，以及通过互联网通信产生的数据范围和敏感性，用户应当受到特别保护，应避免社交网络的运营商为了从事进一步的加工处理而不成比例地披露用户通信数据，这直接源于宪法赋予用户的信息自决权。当一家私营公司，如本案的社交网络经营者，取得支配地位并提供公共交流服务时，私营公司可以在与国家类似或同等程度上受到基本权的约束，此时，对其数据处理活动施加严格的获得同意的要求，可以构成保护信息自决权的必要手段。此外，GDPR 的价值也如同信息自决权一样需要纳入利益衡量的范围。若放任市场支配经营者，例如本案的脸书，无视用户利益，超越社交网络服务所必需的范围，收集、处理第三方来源数据，也会违反 GDPR 第 6 条第 1 款（b）项的规定。

从竞争者的利益来看，用户是否对脸书的数据处理强度享有选择权会影响到竞争者的利益，如果被赋予选择权，部分用户会选择拒绝脸书从第三方服务收集个人数据，也会拒绝通过收集加工超脸书服务范围的数据而实现的更加个性化的体验。

从脸书的利益来看，市场支配经营者也享有塑造自身商业模式的自由，为了营销的目的而处理个人数据可被视为合法利益。但是任何涉及减损和限制个人数据保护的行为都必须严格限定于必要的限度之内。原则上，脸书自由塑造其服务的合法利益低于用户信息自决的利益，用户的利益在这里占上风，是综合考虑用户利益法律地位的重要性、市场支配的程度、现有市场结构以及 Facebook 行为造成的排他性影响的结果。依据联邦卡特尔局的禁令，脸书仍然可以通过综合分析脸书自身服务及第三方服务产生的数据来提供个性化体验，但是鉴于其所具有的市场支配地位，除非用户明示同意脸书的第三方数据收集和处理政策，脸书应当向用户提供选择的机会，让用户可以选择限制脸书收集和处理第三方来源数据。

在对上述各项相关利益进行比较衡量的过程中，德国联邦最高法院将重心放在了消费者选择权的保障，认为竞争过程及竞争协调需求和供应的功能确保了消费者有可选择的供给选项，如果这样的功能因特定的市场结构（例如本案中的市场支配程度和锁定效应）及竞争压力的削弱而受损，则不能期待由残存竞争来保障消费者偏好得到满足，此时适用 GWB 第 19 条第 1 款禁止滥用市场支配地位行为的规定，可以对市场支配经营者施加具体的义务，以实现消费者在竞争条件下可以期待的选择权。

在平台经济领域，限制竞争行为的实施往往会直接作用于交易相对方，对竞争者的妨碍乃至排除效果反而是间接的，甚至是不易被具体化为市场占有率的变化等可视型指标的。而过度收集用户个人信息的行为则更加复杂，一方面是因为行为直接作用于消费者，另一方面是因为行为发生于免费服务的提供过程中，并不会给消费者带来经济上或者是金钱上的损失。在这种情况下，就不得不直面剥削性滥用的认定标准问题，这正是我国的反垄断法律法规尚未明确规定，实践中也尚未被明确提及的问题。德国联邦最高法院所采取的消费者选择权保障模式是对具有市场支配地位的平台经营者在所谓"免费"市场中侵害消费者非经济性利益行为规制的先驱性尝试，可供我国在相关立法完善与执法推进过程中进行参考。

通过与德国脸书案的比较可知，《平台反垄断指南》第十六条第一款第（五）项规定的具有市场支配地位的平台经济领域经营者强制收集非必要用户信息的行为，很可能处于传统剥削性滥用与排他性滥用的中间地带，既构成对消费者的不公平交易，也可能影响平台其他边市场上的竞争，然而又不能适用严格的剥削性滥用认定标准，也不能适用严格的排他性滥用认定标准。所谓严格的剥削性滥用认定标准，可以理解为 GWB 第 19 条第 2 款第 2 项所要求的，将涉案交易条件与有效竞争市场条件下的高概率交易条件进行比较，然而在平台经济领域存在"赢者通吃"的现象，特殊的市场条件导致事实上不可能存在有效竞争，要确定有效竞争环境中非常可能出现的交易条件就是难上加难。而严格的排他性滥用认定标准，则可以理解为对排除、限制竞争效果的实证性证据的要求，比如说对市场占有率变化等具体指标的要求。若要对侵害个人信息自决权的行为进行有效的反垄断规制，就有必要对现行竞争法治逻辑进行修正，在综合衡量各项相关合法利益的基础上，增加消费者用户个人信息自决权的保障权重，从数据要素获取的源头上维护公平竞争的空间。

第三节　数字经济时代用户数据保护理路探讨[①]

进入 Web3.0 时代，信息通信技术和数字数据科技的创新应用与深度融合对传统互联网的生产运行方式和消费服务模式产生了颠覆性影响。互联网运作模式从单向静态的只读网页向信息双向共享转化，促使数据形态从单向静态走向动态互联共通，数据属性定位从消费结果向生产要素融合，数据保护方式从绝对权保护趋向多元合作治理。为此，亟须突破现行私权保护的局限性，确立动态平衡的场景化保护模式，推动数据保护的强化到与数据共享的融合发展，鼓励和支持用户数据保护和共享的主体多元和方式多样，最终实现数据治理的多元共治体系。

一、问题提出

随着互联网技术的革新和移动智能终端设备的发展与普及，以个性化、精细化、智能化为特征的互联网 Web3.0 时代[②]已然到来，渗透影响着人类经济社会生产生活的各个领域。从互联网 Web1.0 时代下为用户提供单向度的信息搜索与聚合门户网站，到 Web2.0 时代下为用户提供用户深度参与、信息双向共享的仿真平台，至 Web3.0 时代下的信息积聚与共享流通综合服务体的构建，以移动互联网、大数据、物联网为代表的新一代信息通信技术和数字数据科技的创新应用与融合发展引发了全球数字经济

[①] 陈兵、马贤茹：《互联网时代用户数据保护理路探讨》，《东北大学学报》（社会科学版）2021 年第 1 期。

[②] Web 是 World Wide Web 的缩写形式，其中文名为万维网，是依托于互联网技术和设施发展起来的基于客户机服务器方式的信息发现技术和超文本技术的综合体，与互联网是线路、协议以及通过 TCP/IP 协议实现数据电子传输的硬件和软件的集合体不同。万维网是存储在 Internet 计算机中、数量巨大的文档的集合，在很大程度上依赖于互联网软硬件的不断发展创新而予以拓展和优化，是与互联网本身相区别的一个存在。

发展热潮，其中数据构成了数字经济高质量发展的关键资源和核心动能。解读党的十九届四中全会通过的《中共中央关于坚持和完善中国特色社会主义制度，推进国家治理体系和治理能力现代化若干重大问题的决定》（以下简称《决定》）三次提及"数据"一词，明确提出"将数据作为生产要素纳入分配机制"，结合"建设高标准市场体系……优化经济治理基础数据库"①，肯定了我国鼓励将数据作为重要资源要素纳入市场交易与竞争环节，促进数字经济新业态蓬勃发展，推动数字经济高质量发展的积极态度。

梅特卡夫定律表明：网络的价值与联网的用户数的平方成正比，即一个网络的用户数目越多，那么整个网络和该网络内的每台计算机的价值也就越大②。这印证了在互联网技术快速革新的当下，海量的用户数据作为互联网企业开发商品和服务、革新商业模式、升级服务体验的基础，不断创造新的经济增长机会和社会价值，成为企业间的关键竞争资源。这里的用户不仅仅是作为受到高度重视的普通用户的个体消费者，还包括当前研究中较为忽视的作为商户用户的个体或其他组织经营者。故此，采用"用户数据"一语，寄望能全面地概括互联网经济运行下"企业用户"这类重要的市场主体。

数据在创造经济增长奇迹的同时，也因不断涌现的数据纠纷引发了诸多法律问题，特别是互联网企业围绕数据获取与封锁、保护与共享的角力日益激烈，甚至出现了具有优势地位的数字超级平台非法收集用户数据和滥用用户数据（隐私）的行为。譬如，近年来脸书、谷歌、亚马逊、苹果等数字科技巨头的数据滥用和隐私泄露风险事件数量呈现指数型增长③，引发全球竞争执法的广泛关注。在我国互联网领域有关数据纠纷的案件，虽然更多集中在数据企业之间的适度保护与合规分享的冲突上，譬如华为与腾讯的数据之争，大众点评诉百度数据不正当抓取案，新浪诉脉脉数据不正当竞争，淘宝诉美景案，微信诉抖音、多闪不正当竞争案，抖音与刷宝数据抓取案等，但是其中也不乏涉及到对用户数据及隐私信息的侵害或滥用行为。实践中，随着互联网数字技术的不断创新，数据保护问

---

① 新华社：中共中央关于坚持和完善中国特色社会主义制度,推进国家治理体系和治理能力现代化若干重大问题的决定，http://www.gov.cn/xinwen/2019-11/05/content_5449023.htm，最后访问时间：2023 年 2 月 10 日。

② Zhang X Z, Liu J J, Xu Z W. Tecnt and Facebook DataValidate Metcalfe's Law, *Journal of Computer Scienceand Technology*, Vol. 30:2, (2015), p.246.

③ 腾讯研究院：2017 个人信息隐私保护十大事件（国际版），https://www.tisi.org/?p=4992，最后访问时间：2023 年 2 月 10 日。

题更加复杂，规范数据流通中的数据保护已迫在眉睫。

目前，我国法学界对数据保护问题的探讨主要围绕"个人数据"①、"个人信息"②、"个人隐私"③、"数据隐私"④等关键词展开，对数据保护问题的研究集中在对数据权属的证成和规范上，譬如有关个人数据的人格权与财产权等权利属性，进而尝试构造"个人信息权"⑤或"个人信息保护制度"⑥等规范性的论题。同时，考察分析司法实践对上述数据纠纷特别是数据不正当竞争案件的审理思路和审判标准，通常着眼于厘清与数据相关的各类型权利（益）及其归属的问题，落脚于对具体权益保护的正当性与保护方式的适当性上，在很大程度上带有私法逻辑下大民事审判思维在数据保护问题上的循证印记。然而无论将用户数据的权属定性为人格权（益）还是财产权（益），赋予个人或企业的绝对排他性权益，都难以适应场景多元瞬时转换的数字经济时代，亦不能在数据保护和数据流通共享之间形成有效正当的解释力⑦。综上，现有研究成果表明，虽然数据保护与数据共享间的平衡关系和具体进路可以依循当前普遍适用的私法理路展开，包括通过确立各类型数据权属，依据侵权责任法、知识产权法以及反不正当竞争法等项下的"行为—法益"判断基准的私权逻辑予以实践，但是随着数据流通和共享需求不断增强，如仍坚持用户或企业对其实际控制和占有的数据以排他性权益，那么将导致数据固化，加剧数据信息孤岛的出现和恶化，更难以实现数据流通与共享之于数据增值和创新的重要意义。

鉴于此，从现有数据治理研究的相关理论成果和司法实践的效果看，单纯依靠私法体系，依循私权逻辑在一定程度上忽略了互联网场景下数据多属性与私权保护理路间的不协同的现实，尚未充分关照到数据保护在平台与用户，包括企业用户和个人用户之间的多元价值动态平衡之需求。故此，亟待澄清数字经济时代数据保护问题的基本理路，从表象步入本相，解析互联网多场景下数据的定位及保护方式的演化，重视"场景化保护规则"在互联网多场景变换中的重要价值，厘清与数据相关行为发展

① 程啸：《论大数据时代的个人数据权利》，《中国社会科学》2018 年第 3 期。

② 高富平：《论个人信息保护的目的以个人信息保护法益区分为核心》，《法商研究》2019 年第 1 期。

③ 张新宝：《从隐私到个人信息：利益再衡量的理论与制度安排》，《中国法学》2015 年第 3 期。

④ 戴昕：《数据隐私问题的维度扩展与议题转换：法律经济学视角》，《交大法学》2019 年第 1 期。

⑤ 叶名怡：《论个人信息权的基本范畴》，《清华法学》2018 年第 5 期。

⑥ 陈希：《大数据时代公民个人信息民法保护的制度构建兼评〈民法总则〉第 111 条》，《河南师范大学学报》（哲学社会科学版）2019 年第 3 期。

⑦ 梅夏英：《在分享和控制之间数据保护的私法局限和公共秩序构建》，《中外法学》2019 年第 4 期。

过程中各数据主体间多重权益的交合，动态平衡各类数据主体在数据收集、存储、分析、流通及使用全周期中的保护和共享的关系，尽快构建科学合理的多元共治的数据保护理路。

二、互联网多场景下数据的定位及保护现状述评

作为当下互联网上运行的核心内容，万维网（Web）是建立在互联网之上的信息共享模型。万维网技术和服务自 20 世纪 90 年代出现以来，经历了从 Web1.0 到 Web3.0 的渐进式交互发展，这一进程能够很好地概括互联网运行方式和商业模式的演化升级。从 Web1.0 下单向静态的信息输出模式进阶为 Web2.0 下双向互动的信息传导模式，到如今发展为 Web3.0 下移动互联技术与数字数据技术全面融合的数字数据产业与数字经济生态体，促使数据的流通从单向线性运行升级为多维度多场景下的交互运行，数据定位从作为单向线性信息的消费结果向作为多维交互形成的融合生产消费信息[①]为一体的资源要素的转向，这一演化发展直接推动了数据保护方式的变化。

（一）数据流通从单向线性到交互联通

在互联网发展初期，Web1.0 呈现"只读网页"模式，其典型应用为网址导航、门户网站。譬如，国内早期出现的新浪、腾讯、搜狐等集成式门户网站，由站点负责收集网址并发布和更新各类信息，用户通过浏览网页中编辑好的内容，搜集整合所需信息。在 Web1.0 时代数据信息以"门户网站"为基点单向线性传播，与之匹配的信息交互方式主要表现为封闭性、单向性的特征，数据信息交互程度处于低频阶段。步入互联网 Web2.0 时期，信息技术革命赋予每个用户生产内容的能力，譬如人人网、博客、知乎等平台和应用应运而生，最为显著的表现即为自媒体的大量出现，鼓励用户分享内容、交流意见并实时互动，用户在一定程度上成长为互联网数据信息的"产消者"互联网数据（信息）的消费者、生产者及传播者的融合体。此阶段强调以分享为特征、以用户为中心，数据信息传递模式实现即时的自主交互。Web3.0 时代基于万维网和物联网技术的发展和适用场景的无限衍生，人、机、物的时刻连接，"连一切"成为这一时期典型的数据（信息）生产和消费的方式和动能。超级平台的崛起为大数据的创新适用提供了不可或缺的关键支持和现实需要，网络效应在数字经济的高速发展中日益凸显，这些既为 Web3.0 时代的数据（信息）流

---

① 陈兵：《人工智能场景下消费者保护理路反思与重构》，《上海财经大学学报》2019 年第 4 期。

通提供了关键设施基础，也为数据（信息）的交互联通提出了现实需求，在可能与必需之间构造了这一时期数据流通和共享的现实场景。

首先，Web3.0 时代的数据信息的交互联通得益于信息通信技术和数字数据技术的深度融合。如果说互联网发展的前两个阶段是从信息的单向线性传递向双向互动发展，其直接体现着互联网的"连接技术"对数据信息交互方式的转变通过连接实现数据信息提供和匹配，那么 Web3.0 场景下更多地强调运用和扩张互联网的"连接能力"，提升与数据相关行为过程中各类新兴技术的创新适用，提高数据价值的挖掘能力和创新能力，实现数据在数字经济时代的核心价值。其次，Web3.0 时代的数据信息呈现为精细化、聚合化及智能化的特征。其中最重要的是通过对海量用户数据的收集和分析，以实现精准定位与个性化智能服务，由此涌现了各类新型智能化生产、网络化协同、个性化定制等商业模式和业态。同时，基于 Web3.0 时代"连一切"的特征，超强的"连接能力"，使海量用户数据聚合力量的形成及其影响力的扩张较以前更加快速和高效，数据流通与共享的水平和需求达到前所未有的高度。

需要注意的是，离散的碎片数据和封锁隔离的数据并不能发挥其应有的数据信息价值，必须以实时高效的数据采集为起点，以基于高精度算法模型的数据分析为核心，优化数据服务与应用流程体系①，形成大数据在产业价值链中的流动与共享，方能实现数据价值与功能的最大化。然而数据在高速流通与开发共享的过程中，时刻面临着各类潜在的安全风险，特别是 Web3.0 场景下数字数据化和人工智能技术的创新发展对数据效用具有明显的放大功能，由此加剧了各大互联网企业之间围绕数据获取与封锁、数据保护与共享展开的激烈博弈，在这一过程中客观上造成用户信息被过度收集、数据滥用、隐私安全服务降级等危害或潜在风险，给用户数据安全、企业信息安全乃至社会公共安全和国家安定带来巨大挑战。换言之，进入数据交互联通的 Web3.0 时代，科学合规的数据保护机制构成了规范和促进数据高效流通和创新利用的前提和基石，具有十分重要的基础性地位。

（二）从消费轨迹的客观记录到作为产消信息的资源要素

在 Web1.0 时代下，用户通过互联网访问站点内容获取信息，或者搜索与交易相关的商家和广告信息，寻求交易机会。在 Web1.0 场景下呈现

---

① 陈兵：《数字经济发展对市场监管的挑战与应对以"与数据相关行为"为核心的讨论》，《东北大学学报》（社会科学版）2019 年第 4 期。

"生产者—消费者"的单向线性的数据传输模式，尽管站点可能收集到用户浏览踪迹的相关数据，但互联网网站囿于当时的技术水平和商业模式，与用户间的互动很难做到即时和高效，所收集到的通常为静态离散而不具关联性的数据，难以实现规模数据的分享和流动，故此阶段数据的深度挖掘和复次利用的价值并不显著。进入 Web2.0 时代，随着信息通信技术的开发创新和移动互联技术和终端的发展，以互联网、物联网、万维网为基础设施的平台企业与用户间的交互联动的频次和程度大大提升，客观上推动了"以用户为中心"和"以消费为中心"的双边或多边商业模式的不断扩展，进一步助力互联网产业化在个性化和精细化层面的有效实现。在这一过程中，海量数据的积聚有效推动了算法优化和算力提升，用户在体验个性化服务之时亦产生了更具个性特征的聚焦数据，由此促使数据从用户消费轨迹的客观记录演化为聚合消费信息和生产信息为一体的市场要素信息，并在这一过程中产生了新的数据的生态闭环，实现了数据价值的挖掘与创新。正如麦肯锡咨询公司于 2011 年首次提出"大数据"概念之时就肯定了数据作为重要的生产要素的价值，对海量数据的挖掘和运用，预示着新一波生产率增长和消费者盈余浪潮的到来。

步入 Web3.0 时代，数据兼具消费和生产要素双重属性的价值伴随物联网、大数据、云计算等关键技术的普遍商业化得以进一步增进。通过对互联网运行中数据的持续收集和循环使用，加速数据流动、共享并形成数据链条，再经过数字数据技术加工使用户数据得以反复多次、交叉使用，数据价值得到了最大限度的发挥。数据作为新型生产要素，打破了传统要素有限供给对增长的制约，为经济持续增长提供了基础与可能。正如大数据时代的预言家维克托·迈尔-舍恩伯格在《大数据时代》中写道，"数据就像一个神奇的钻石矿，当它的首要价值被挖掘后仍能不断给予。它的真实价值就像漂浮在海洋中的冰山，第一眼只能看到一角，绝大部分都隐藏在表面之下"[①]。在 Web3.0 时代，经由网络信息技术和数字数据技术所收集和挖掘的海量多元化数据产生了大量的有用信息，正在成为经营者开发创新的重要参考，给经济社会的发展带来了颠覆式影响。正是在此意义上讲，数据被认为是继劳动力、土地、资本、技术之后的尤为关键的生产要素。

一般来说，土地、劳动力、资本等生产要素的产权明晰，"使用即需

---

① 维克托·迈尔-舍恩伯格、肯尼斯·库克耶：《大数据时代：生活、工作与思维的大变革》，盛杨燕、周涛译，浙江人民出版 2013 年版，第 127 页。

付费"的原则使得对这些生产要素的使用具有很强的排他性和竞争性，相应的保护模式也比较清楚。然而数据随时产生、多点储存、实时访问、来源广泛、多归属性等特征①，使得其权益归属不再那么明晰，在实践中某一主体对数据的使用并不减少其他主体对它的使用价值，相反数据正因为其不断被使用而不断增值，正所谓数据是"越用越有用"，由此对数据的定位及保护方式的设定与选择带来有别于传统生产要素的思考。

（三）对现行保护方式的述评

当前各国对数据问题的讨论，基本上从个人与数据的关系开始，许多国家和地区已出台与数据相关的立法或者增订现有法律法规中相关内容以对互联网场景下的"个人数据""个人信息""个人隐私"予以明确。从各国对个人数据（个人信息）的相关立法来看，"可识别"构成了用户数据保护范围的判断标准，譬如，欧盟 GDPR 第一章第 4 条第 1 款规定"个人数据"是指与被识别或者身份可被识别的自然人（"数据主体"）相关的任何信息；在美国，《2018 加州消费者隐私法案》亦以"直接或间接可识别性"为标准对个人信息的概念予以明确。事实上，当人类社会步入 Web3.0 时代，随着物联网信息技术和数字数据技术的深度发展，移动互联网、大数据及云计算等人工智能技术的创新开发和普遍适用，与数据相关行为的多样化和精细化，经由数据收集行为、分析行为、计算行为及挖掘行为形塑了越来越精准的"用户画像"。这是对用户数据分析形成的高度精炼的特征标识，它间接产生了更多可识别的个人信息，如何定位和处理这类经过分析加工，甚至是去名化和脱敏化之后的数据事实上，从技术层面完全的去名化是难以实现的——仍然有待法律进一步明确。换言之，在多大程度上用户对这类已经过加工分析后形成的且仍可能具有技术上的"可识别性"的数据享有权益，这些间接信息是否均应纳入用户数据保护范畴并由用户所有和支配？这是一个亟待澄清和回应的问题。在实践中，通过司法裁决已经对这类问题有了较为明晰的回答，即用户数据与经过分析加工后的商业数据之间的权属理应做分离处理，数据的实际控制者、开发利用者享受自身通过合法程序获得和开发的数据的相关权益。事实上，个人数据与个人的关联在于识别和联系到特定的个人，然而这并不当然意味着数据应完全由个人所有或控制，即"可识别性"只是个人进入社会和在社会交往中识别个体特征的必要工具，而非数据控制层面的绝对权基

---

① Hilbert M, Big Data for Development a Review of Promises and Challenges, *Development Policy Review*, Vol. 34:1, (2016), p.135.

础，更不能作为控制数据流动的根本理由。

囿于我国现行法律尚未明确数据的法律定位及保护方式，学界和实务界针对用户和企业数据的法律属性及其保护仍处于探索阶段，集中体现为以下几类观点。第一，赋予用户数据在民法上的新型人格属性，导入个人信息权保护模式，强调对个人用户享有的数据信息提供民法体系下的私权保护。第二，建立数据的财产权类保护模式。有学者主张赋予个人数据信息以传统意义上的私人财产权，也有学者开始主张为由企业掌握和经营的数据信息建立数据经营权和数据资产权①。第三，主张数据的知识产权保护模式，主要为商业数据适用著作权保护或将数据定位为商业秘密予以保护②。在实践中商业秘密成为数据纠纷中数据控制者或经营者的重要诉求和主张。譬如，在新浪诉脉脉案中，微梦公司主张新浪微博开放平台《开发者协议》中明确"用户数据"为微博的商业秘密，理应受到保护。然而法院对此并未表态，最终适用《反不正当竞争法》"一般条款"处理该案。③实践中，许多关涉数据纠纷案件的司法审理都倾向通过激活和适用《反不正当竞争法》"一般条款"对争议竞争行为的违法性进行判断。然而单一地适用原则性的《反不正当竞争法》"一般条款"提供数据保护可能面临规则的不确定性和适用的不稳定性，也引发了诸多争议④。

综上可以发现，各界对于数据保护问题给予了高度关注，从不同角度为数据保护方式提供了见解。总体而言，上述有关数据保护的不同观点，在很大程度上都受到私法理路和私权逻辑的影响，仍缺乏对数据保护法理与实践的多维度整体性考量。首先，若仅将视角限于通过构建私法语境下的排他性数据权以保护用户或企业的特定权益，客观上难以完全契合互联网多元场景和数据多维属性的特征，不利于数据的合理开发和有效流通。其次，对用户数据不加区分地赋予人格权或财产权，或将企业数据不加区分地定义为财产权类、著作权或商业秘密，都不能适应 Web3.0 下数据经济关系和法律关系复杂多变的现实。无论是用户的原始数据抑或经过分析加工后的商业数据，往往具有多种类型和成分，对其保护方式的规定不应"一刀切"，即便是同一类型的数据在不同场景下也很可能具有多种权利（益）属性。故此，亟须对现有数据保护方式特别是以数据"权利化"为主的私权保护方式予以拓展与优化。

① 龙卫球：《数据新型财产权构建及其体系研究》，《政法论坛》2017 年第 4 期。
② 徐实：《企业数据保护的知识产权路径及其突破》，《东方法学》2018 年第 5 期。
③ 参见（2015）海民（知）初字第 12602 号判决。
④ 丁晓东：《论企业数据权益的法律保护基于数据法律性质的分析》，《法律科学》2020 年第 2 期。

事实上，Web3.0 下用户数据信息安全的风险已呈几何级数增加，各类滥用或（和）侵害数据的行为频发，数据安全已超越传统的安全范畴，强化数据保护已上升至国家战略。正如习近平总书记在 2019 年对国家网络安全宣传周（2019 年 9 月 16 日至 22 日）所作出的重要指示中强调的"坚持促进发展和依法管理相统一""积极利用法律法规和标准规范引导新技术应用""坚持安全可控和开放创新并重"等内容，体现数据安全作为互联网安全的重要组成部分，必然要求更为科学和严格的数据保护机制的设立与实施。然而数据保护不等于"数据壁垒"或"数据孤岛"，否则将极大地损害数据的复用价值和创新效率。同时，数据价值的彰显和实现不仅限于私人领域，其价值和功能越来越凸显于国家总体安全利益、社会公共利益以及行业整体创新利益等多元价值领域。故此，对数据保护的理解和实践有待进一步深化和扩展。针对此问题，已有学者注意到现有数据私权保护的局限性，主张应当将个人数据的保护从私法逻辑转移到公法逻辑，探索论证用户数据的公共性、社会性及其公益保护路径①，建立"自由开放"与"受控开放"的全面的数据开放制度②。

三、互联网场景演化下用户数据保护理路再造

伴随信息通信技术和数字数据技术的演进，数据不仅包括经由用户同意采集到的数据，还包含企业在数据加工、分析、应用等多场景下整合、生成、开发的各类数据，且源于后者所产生的数据量和数据价值越来越多，特别是在各项人工智能底层技术的广泛适用下，基于海量多样化数据的机器自主学习无疑会产生更多有价值的数据。在此场景下，现行以私法为主的数据保护理路及模式面对数据的复用性、多归属性、准公共性等特征明显乏力，亟须突破私法理路下数据保护的局限性，建构与数据行为实施之具体场景相结合的动态平衡的数据保护理路，在赋予用户选择权能的基础上激励用户数据的安全使用与合理开发，将现行的以数据"权利化"或"权益化"为主的保护方式转向数据利益保护与分享融合的发展方向。在此基础上，注重多部门法律规范间的协同合作与综合治理，执法部门与司法机构间的有效沟通与联动释法，以及企业权益与用户权益间的公平高效的分享与增进，最终以政府为主导，联动企业、用户以及第三方组织合作构造数据保护与分享的多元共治体系。

---

① 吴伟光：《大数据技术下个人数据信息私权保护论批判》，《政治与法律》2016 年第 7 期。

② 高富平：《数据经济的制度基础数据全面开放利用模式的构想》，《广东社会科学》2019 年第 5 期。

（一）确立以场景化为基础的数据保护理路

美国学者海伦·尼森鲍姆（HelenNissenbaum）提出的"场景化公正"（contextualintegrity）理论，强调将"场景化公正"作为判断隐私是否受到损害的基准，其核心原则在于数据（信息）的收集和流通应当契合具体场景[①]。用户数据的收集和使用与场景高度相关，不同场景下用户数据的收集和使用的方式和程度取决于该场景下用户偏好或期望，即用户数据的收集和使用是否合理（表现为得到用户的信任）取决于相应场景下数据行为的可接受性或者说是否为用户的"合理预期"。具体而言，用户对其数据的同意授权并非简单的"是与否"，而应当在具体场景中动态平衡数据收集、存储、分析、计算、分享等行为中可能存在的风险，用户对企业披露的数据用途的理解，用户年龄及对互联网技术的熟悉程度等诸多因素的复杂性和差异性，甚至在数据的区域性收集和流动过程中，地理因素、文化因素等因素都会影响用户对数据处理行为的可接受程度。数据企业需根据具体场景中对用户数据利用的合理程度来制定更有效的数据保护规则，避免脱离具体场景下的严格保护甚至过度保护带来的数据冻结乃至数据封锁。

当前，海量数据以移动设备端为主要流量入口呈现多场景、多应用的发展局面，侵害用户数据的行为呈现多类型、多环节、难以估量等特征，强化数据保护已经成为 Web3.0 场景下的时代任务和发展趋势。譬如，欧盟 GDPR 在第 35 条"数据保护影响评估"中提出，当新技术的处理可能对用户的权利与自由带来高风险时，数据控制者应当在数据处理前考虑处理行为的性质、范围、场景和目的以及可能对数据主体权利和自由产生的风险。GDRP 第 6 条第 4 款（a）项和（b）项规定，当数据主体没有明确表示同意，判断数据处理是否合法，应当考虑"个人数据收集时的场景，特别是数据主体和数据控制者之间的关系"。可见，虽然欧盟在GDPR 中规定了结合具体场景评估数据控制者行为的合法性和适当性，但是并没有明确给出"场景公正"理论在评估与数据相关行为时的具体适用进路，缺乏独立于现行私权模式下以"用户知情同意"为基准的多元利益平衡的数据保护模式。

相比之下，美国对用户数据的保护更强调对具体场景的尊重。譬如，在奥巴马政府时期起草的《消费者隐私权利法案（草案）》（Administration Discussion Draft：Consumer Privacy Bill of Rights Act of 2015，以下简称

---

① Nissenbaum H, Privacy as Contextual Integrity, *Washington Law Review*, Vol. 79:1, (2004), p.119-158.

《草案》）提出，消费者有期望企业收集、利用和披露个人信息的方式与用户提供信息时的场景相一致的权利。虽然赋予了消费者以选择权，但是该类选择权的行使应与所收集数据的数量、范围和敏感程度相匹配，在充分尊重用户在数据收集中的合理预期外，也对选择权的行使设定了相应的约束情形。譬如，在《草案》中也规定了当企业在相应场景中的处理数据行为合理时，可无需经过用户同意或满足其他要件而自动获得合法性授权[①]，这一规定突破了现行以"用户知情同意"为基准的数据收集和处理方式，很大程度上缓解了现行授权模式的适用困难。综上可见，推行"场景化授权"与"用户知情同意"相结合的数据保护模式将在很大程度上平衡数据保护与数据分享之间关系。

具体而言，企业应结合具体场景的现实需要，将数据使用行为限定在用户对其数据披露与分享的合理预期之内。随着数据使用场景的多元化，用户提供的数据已经过分析处理衍生出不同内容和形态。譬如，企业通过在线记录消费者行为获取的"观察数据"，及通过分析"自愿数据"和"观察数据"得出的"推断数据"[②]，客观上已脱离用户的控制，成为企业能够实际开发利用的商业资源，如果对这些商业数据的处理仍坚持一对一的用户同意授权方式，将极大地限制数据的流通分享效率，也将为企业带来巨大的合规成本。故此，在企业收集用户数据后的处理行为中，若对用户数据的使用未超出收集用户数据时的合理预期，则可免于用户的再次同意，以减少企业的合规成本。如果企业将用户数据用于其他不属于合理预期的目的或使用行为且存在中等风险、中等敏感度时，应当以有效通知的方式向用户告知可能存在的风险，并提供用户方便操作的选择退出机制，特别是如果企业处理数据的行为超出最初收集用户数据的合理预期，存在高风险和高敏感度时，企业应当为用户提供即时显著的强化通知机制。当用户在高风险和高敏感度的场景下选择披露数据时，企业应当主动帮助用户降低风险，譬如针对无需关联到特定个人的数据使用行为，企业应当主动采取数据分类脱敏或"去标识化"处理。据此可见，赋予用户在参与数据相关行为中自主决定的权益[③]，评估数据在具体场景下的运行风险，实现用户在数据之上的个体权益与企业权益的平衡，能够有效降低企业使用数据的合规成本，有利于促进数据安全保护与高效利用之间的协同

---

① 范为：《大数据时代个人信息保护的路径重构》，《环球法律评论》2016 年第 5 期。

② Ohlhausen M K, Okuliar A P, Competition,Consumer Protection,and the Right Approach]to Privacy, *Antitrust Law Journal*, Vol. 80:1, (2015), p.121-156.

③ 程啸：《论大数据时代的个人数据权利》，《中国社会科学》2018 年第 3 期。

与融合。

（二）从数据保护的强化到与数据分享的融合发展

伴随 Web3.0 时代的到来，万维网、物联网、大数据、云计算、区块链、人工智能算法等信息技术和数字技术的深度融合，数据的价值被提升到人类社会发展进程中无以复加的高度，被誉为"新世纪发展的石油"，这意味着对于数据的态度，不仅是强调给予科学合理的保护，更重要的是安全高效地创新型利用数据，使数据在流动中增值。必须承认，数据保护不是数字经济发展的最终目的，更重要的是，实现数据价值的深度挖掘与数据技术的创新发展，以高效安全的数据利用效能促进数字经济高质量发展，实现企业、用户及第三方在参与数据相关行为过程中个体权益与整体利益的多元动态平衡。故此，亟须对私法逻辑下数据保护的绝对性和排他性理路予以矫正，从数据本身的瞬时性、复用性、准公共性出发，充分考虑数据运行的具体场景，推动从数据保护到与数据分享的融合的方向发展。

然而现实的司法实践尚未意识到这一点，仍然将数据的定位及其保护方式的选择放置于私法理路的镜像下予以观察和处理。譬如，在"大众点评诉百度数据抓取"案①中，二审法院认为百度公司抓取来自大众点评网用户的评论信息的行为损害了汉涛公司的利益，违反公认的商业道德，构成不正当竞争。再如，在新浪诉脉脉案②中，二审法院认为新浪的用户信息是新浪的经营性资源，属于新浪的重要竞争利益，脉脉未取得用户许可和新浪微博平台的授权违法抓取数据，侵犯其他平台的合法商业利益，违反诚信原则和公认的商业道德，属于不正当竞争行为。与我国司法裁判的思路和结果不同，美国法院在具有相似案情的 hiQ 诉 LinkedIn 案中作出了截然相反的裁定，支持 hiQ 公司向法院申请的临时禁令，判决 LinkedIn 公司不得采取法律或技术措施限制第三方爬取其网站上的公开数据。在判决中明确提出，hiQ 公司获取的是用户在 LinkedIn 平台上公开给所有人可见的数据，可视为用户已经同意了他人对此类数据的收集和使用③。虽然中美两国司法系统和法律体系不尽相同，但是从全球数字数据发展的共性以及两国作为数字经济大国的现实出发，引起了我国学界对数据保护与分享理路的再思考。事实上，在数字经济向纵深发展的当下，数据保护的目的主要是对数据行为引发风险的防治与救济，而非妨碍或迟滞数据的合理

---

① 参见（2016）沪 73 民终 242 号判决。
② 参见（2016）京 73 民终 588 号判决。
③ 参见 HiQ Labs, Inc.v.LinkedIn Corp., 273F.Supp.3d1099（N.D.Cal.2017）。

分享和高效流动，片面和过度强调数据的私权属性，将导致用户、企业以及第三方很难在数据运行中获得共赢。

故此，要真正实现数据对经济增长与技术创新的驱动作用，亟须合理规范数据主体的"与数据相关行为"的界限，厘清用户数据在多大程度上能够为企业所用，以及企业如何合理使用。结合场景化的数据保护理路，建议评估"与数据相关行为"各个环节的数据使用风险，及相应场景下的用户合理预期，明确数据主体的使用行为应当被控制在收集用户数据时的可接受程度范围内，并为用户提供选择机制，以更好地防御与数据相关行为运行的各类潜在风险。在此基础上，激励企业尽快建立适合自身的数据合规体系，完善数据合规业务流程，在科学合理、安全高效地采取数据保护措施之时，激励和支持企业有效有序开展数据流通与分享，提升数据挖掘和数据创新的效能，以实现数据保护与数据分享在具体场景下的动态平衡。

（三）搭建用户数据保护与分享的多元共治体系

如前所述，当人类社会步入互联网 Web3.0 时代，数据作为最重要的生产生活要素，其价值和功能的彰显和实现不仅限于私人领域，而是越来越凸显于国家总体安全利益、社会公共利益以及行业整体创新利益实现等领域。故此，应尽快突破单一私法理路保护的局限，引入数据动态场景化保护原则，科学搭建数据保护与数据分享的动态多元平衡的共建共享共治体系。

为此，尽快树立"共建共享共治"的数据保护理念，搭建多元数据主体利益动态平衡架构。在我国政府作为最重要的治理主体和改革力量，强政府的治理结构和治理模式在成就四十余年改革开放巨大成绩的同时，也暗埋了对政府权力及行为过于依赖的思维惯性和行为短板，致使现阶段对数据保护与分享治理仍有赖于政府的主导。当然，这种现象并非不可取，也并非不可行，恰恰相反，在海量多样化数据呈现井喷式增长和数据功能不断创新的当下，缺乏政府作为核心设置和中台架构来统筹和协同数据保护与分享任务的情形下，难以达成安全高效、可信可行的数据保护与分享治理架构。故此，应积极肯定政府在数据保护与分享治理中的基础性和主导性作用。同时，在坚持包容审慎监管的前提下，依法对用户、企业及第三方参与数据保护与分享的行为予以科学合理的治理，鼓励和支持政府主导下的各类数据主体共同合作搭建的数据保护机制。譬如，在企业层面，建立问责机制与"透明度"自查机制，促使企业能够在风险发生早期识别和化解问题，有效地保护数据主体利益；在用户维度，加强用户对自身数据披露的风险防范能力，鼓励用户学习必要的互联网知识和网络安全技能；在第三方参与时，倡导建立第三方数据保护影响评估和监督机构，尽快形成多方联动、协同联动、有序运行的数据保护与分享的共治架构。

此外，鉴于我国尚缺乏统一的数据治理基本法，仅依靠现行一般民事立法、互联网行业规范以及用户、企业或（和）第三方与彼此间签订的合作协议等尚无法从根本上有效地解决复杂多变的数据保护与分享治理难题，故有待在充分调研和反复论证的基础上，科学制定符合我国数据多元共治架构的高位阶的法律，以科学立法为先导，推动和落实数据保护与分享的共建共享共治架构与机制。

互联网技术的革新和移动智能终端设备的发展与普及标志着 Web3.0 时代的到来，互联网从 Web1.0 下单向静态的只读网页转向 Web2.0 下用户深度参与、信息双向分享的社群服务，到如今 Web3.0 时代下形塑为数字数据技术全面应用、海量数据聚合与个性化、精准化数据信息匹配的数字生态系统，为人类经济社会发展带来了颠覆性变革。这些颠覆性的变革引发了数据定位及保护方式的变化，呈现为数据从单向静态转向动态互联共通，数据在产业运行中的定位由消费结果转向兼具消费和生产要素双重属性的融合体，这直接推动了数据保护方式从私权保护模式向数据保护与分享的动态平衡的场景化多元共治模式的转变。具体而言，基于互联网场景的多元瞬时变换，以及数据的复用性、动态性、准公共性等特征，亟须突破现行私法逻辑下数据保护的局限性，考虑和尊重具体场景中用户的合理预期，构造"场景化授权"与"用户选择"相结合的数据保护模式。在这一过程中，强调将数据保护的重点从数据收集环节向数据使用环节扩展，关注数据价值的深度挖掘和数据技术的创新适用，实现数据保护与分享的融合发展。为此，建议尽快制定并出台高位阶的数据治理法律规范，统筹和协同由政府主导的多元数据主体共同参与的涵盖私法、公法及社会法等多法域规则在内的数据治理基本法，切实有效推动数据保护与分享治理行为公平高效地展开。

第七章 从数字经济到信用经济：竞争监管的时代转型

随着数字经济蓬勃发展，数字市场上经营者野蛮生长，滥用市场支配地位或相对优势地位限制、排除、破坏竞争以及其他不正当交易等乱象也不断增多，这对现行法律规制的基本理念、核心制度及主要实施方法提出了系列挑战。如何在激励和持续支持数字经济高速发展的同时，处理好国家利益、社会利益、经营者利益、消费者利益等多元利益间的价值排序，促使创新激励、合规运行及消费者保护三者间达致动态平衡，成为当前亟须解决的重点问题。①

解决上述问题的关键路径，在于推动竞争监管向信用经济时代转型。事实上，数字经济亦称信用经济，以数字经济为主体的现代市场经济各个环节（如物流运输和在线支付），都建立在信用经济的发展基础之上，譬如互联网企业在对用户身份进行识别的基础上，会以用户的行为模式对用户进行评价，取得高评分的用户可以享有专属的特权，用户在享受企业提供的服务过程中，倘若企业的服务解决了其与用户交互时的痛点，形成所谓的用户黏度，双方将建立一种信用、信赖机制，用户将天然地选择他们心中信任且具有影响力的企业。②若没有主体正义性培育作为保障，数字经济的发展将无从谈起。③

信用经济的特点映射在竞争监管方面，就要求有关数字经济监管行为建立一种信任机制，监管机关需设置一种激励被执行人信息分享的程序，将被规制对象对于规制行为的不理解降至最低，减小对于市场力量认

---

① 陈兵：《法治视阈下数字经济发展与规制系统创新》，《上海大学学报》（社会科学版）2019年第4期。

② 胡凌：《超越代码：从赛博空间到物理世界的控制/生产机制》，《华东政法大学学报》2018年第1期。

③ 龚晓莺、王海飞：《当代数字经济的发展及其效应研究》，《电子政务》2019第8期。

定证据的不确定性，确保有健全的制度和完善的措施支撑整个规制信任体系。为了更好推进竞争监管向信用经济时代转型，需要正确认识当前市场竞争监管面临的挑战，以数据相关行为作为对当前竞争监管的底层监管逻辑、监管框架进行调适。

第一节　从数字经济到信用经济：市场监管的挑战与应对①

数字经济已成为新时代全球科学技术与经济社会发展的重要驱动力，也是新一轮全球产业竞争与创新的关键支撑。数字经济及其竞争样态呈现为以"人工智能、区块链、云计算、大数据"等技术与资源为手段和样态的生态产业链，围绕其全周期展开的各种各样的市场竞争客观上已经成为全球主要国家和地区间展开市场经济竞争的主要类型，数字经济竞争已成为当前和未来决胜国家经济综合实力的基础性和平台型竞争领域，其中尤以人工智能技术和产业的竞争为激烈，更有甚者则提出超越人工智能军备竞赛（beyond the AI arms race）。②由此衍生的各类商业模式与竞争行为在激活全球经济动能的同时，也给我国市场经济秩序的正常运行带来诸多挑战和风险，引发了国家治理能力和治理水平在市场监管领域更新升级的现代化改革。现行的市场监管理念、范畴、方式及评价机制亟须升级为科技与法治相融合的现代化模式，提升监管的科学性、合规性、系统性及协同性，以适用数字经济全周期运行对市场秩序运行提出的新挑战。③

正如《"十四五"市场监管现代化规划》中所强调的"加快推进反垄断法修订""加强市场秩序综合治理，营造公平竞争市场环境""着力营造市场化法治化国际化营商环境"等诸多问题亟待回应。数字经济及其多种竞争业态在我国的快速发展，在很大程度上撬动了在背景上深具计划经济体制④的权力型市场监管系统的现代化改革，其中至少包括市场化与法治化两个维度的革新。鉴于此，有必要从数字经济竞争的基本样态分析入手，厘清数字经济发展的基础性与关键性概念，挖掘影响当前市场监管系

---

① 本节参见陈兵：《数字经济发展对市场监管的挑战与应对——以"与数据相关行为"为核心的讨论》，《东北大学学报》（社会科学版）2019 年第 4 期。

② 赵纪萍：《人工智能时代的新世界》，《社会科学报》2019 年第 7 期。

③ 陈兵：《大数据的竞争法属性及规制意义》，《法学》2018 年第 8 期。

④ 宋林霖、许飞：《论大市场监管体制改革的纵深路径——基于纵向政府职责系统嵌套理论分析框架》，《南开学报》（哲学社会科学版）2018 年第 6 期。

统运行的主要因素，通过规范和实证研究，探索数字经济下促进市场监管现代化改革的宏观进路和具体方案。

一、数字经济发展的基本面与关键点

数字经济已经成为我国新时代经济发展和产业转型升级的重要平台应用和支撑动能，是参与全球经济竞争的重要场域和竞争优势。数字经济在我国的高速发展不仅是科技创新发展的一部分，其更为深度推进供给侧结构性改革提供了平台和通道，使得各类社会资源得到了有效配给，资源利用率和科技转化率得到了显著的提高。同时，随着庞大、复杂、多变的数据的大量涌现和广泛应用，数据及算法在法律定位和规制方法上暴露出各种问题，给我国市场监管的运行和现代化建设带来了巨大挑战。

目前数字经济浪潮席卷全球，诸多热点高频词汇使人目不暇接，极易引起相关概念之内涵和外延的混淆。从法治视角定义和甄别这些术语，是科学健康加快发展数字经济的基石和保障。只有厘清了数字经济相关概念的法治内涵，才能更深刻地理解和把握数字经济的本质，明确其给市场监管法治化改革带来的挑战，有针对性地改进市场监管体制机制之于数字经济发展的着力点和突破点。为此，需就现阶段数字经济发展中主要的相关概念（譬如，大数据、云计算、区块链、人工智能等）作一般概述。

（一）大数据

目前对大数据的规范性定义普遍描述为"4V"——数据体量大（Volume），数据类型多（Variety），数据处理速度快（Velocity），数据价值密度低（Value）。[①]但从大数据实际运行的维度看，可将大数据界定为以数据挖掘为基础，以实现精准预测、改善商品与服务质量为目的，通过算法进行定向分析的数字信息。

（二）云计算

云计算是一种按使用量付费的模式，根据美国国家标准与技术研究院的定义，这种模式提供了能够实现随时随地、按需便捷地访问共享资源池（如计算设施、存储设备、应用程序等）的可能[②]。而云计算的底层正是数据资源，其为大数据的精准预测性、信息流动性提供了算法动能，为区块链和人工智能的发展奠定了技术基础。

---

① 赵蓉英、魏绪秋：《聚识成智：大数据环境下的知识管理框架模型》，《情报理论与实践》2017年第9期。

② 罗军舟、金嘉晖、宋爱波等：《云计算：体系架构与关键技术》，《通信学报》2011年第7期。

（三）区块链

区块链是一种按照时间顺序将数据区块以链条的方式组合成特定数据结构，并以密码学方式保证其不可篡改和不可伪造的去中心化共享总账，能够安全存储简单的有先后关系的能在系统内验证的数据，具有去中心化、安全可靠、集体维护等特点①。其本质为一种去中心化的分布式数据库，能够降低交易成本，提高工作效率，构建新的信任体系。

（四）人工智能技术

人工智能是计算机学科的一个分支，美国麻省理工学院温斯顿（Wiston）教授认为"人工智能就是研究如何设计使计算机去做过去只有人才能做的智能工作"②。人工智能的形态和阶段具体表现为：弱人工智能、强人工智能、超人工智能③。当前正处于弱人工智能阶段，只将其看作一种基于算法设计通过数据自主学习，以优化数据处理的计算机制，本质在于算法和数据，是大数据、云计算相结合的更高层级的发展阶段。

综上，通过对数字经济相关概念的解析，不难发现无论大数据、区块链、云计算、人工智能等技术站在怎样的维度去发展和应用，其本质都是以数据资源及使用为依托，对用户及其群体进行资源整合，通过线上用户交易习惯的数据收集和整理分析，达到线上线下的资源的调配和定制化服务，其形成的是一种整体的闭环且日趋完善的数据运行生态系统④。在这一过程中，数字科技巨头对用户数据的寡占垄断难以避免，故有必要对数据行为进行进一步的研究。

二、数字经济市场竞争监管迷思

数字经济的典型特征体现为一切皆可量化为"数据"，不仅是经济活动形式和内容的数据化，更体现为以数据为核心的经济活动的展开，尤其是从数据到大数据的发展，引发了竞争模式的颠覆性变革。用"跨界竞争"可高度浓缩描绘大数据技术和产业的竞争维度，更为突出的是利用"传导效应"促使竞争优势由相关市场向不相关市场乃至未来市场的转化，使拥有海量数据资源的经营者围绕着某一核心商品或服务所获得的市场力，发散式地在多个领域开发新的竞争增点，直至形成一个闭合的商业生态链。继而，经营者可利用整个闭环生态系统中消费者产生的数据，构

---

① 袁勇、王飞跃：《区块链技术发展现状与展望》，《自动化学报》2016 年第 4 期。
② 胡勤：《人工智能概述》，《电脑知识与技术》2010 年第 13 期。
③ 党家玉：《人工智能的伦理与法律风险问题研究》，《信息安全研究》2017 年第 12 期。
④ 李安：《人工智能时代数据竞争行为的法律边界》，《科技与法律》2019 年第 1 期。

筑起与数据相关之市场的进入壁垒。因此，有必要对数字经济的市场竞争监管问题进行进一步分析。

（一）从数据到大数据对市场竞争的颠覆性影响

对数据的竞争意义的讨论，一些学者提出了不同意见，认为数据具有"非竞争性"特征。具体表现为以下四个方面。第一，数据收集具有普遍性。数据收集无处不在，以实时或接近实时的方式进行，且收集成本以及购买成本很低。第二，数据的解析能力不断提升，有免费开源的软件进行数据分析。第三，数据的应用价值是短暂的，具有时效性与折旧性。随着时间的推移，大部分数据会丧失其所拥有的基本价值，成为无效的数字信息。第四，市场新进入者并不必须拥有与在市场具有支配力量的企业相同数量或类型的数据才能进入并有效竞争，完全可以通过差异化创新的形式获取足够数量的市场份额。鉴于此，该部分学者推定大数据市场的进入门槛很低，收集和控制特定的数据并不妨碍其他经营者通过类似或其他方式收集相同的数据。

然而此类主张只是从数据收集和控制的角度出发，解释了数据的"非竞争性"特征，并未全面准确地反映数据运行的本质特征。首先，数据的收集并不如前述那么普遍和可获得。当前，拥有市场优势力量的经营者，譬如阿里、腾讯、百度、京东等所依赖的用户基础以及通过其平台优势，将数据收集并扩展到广泛的第三方的传导力与精准度，是普通创新型企业即便通过差异化创新也难以与之抗衡的。即便出现新的创新型竞争增点，当拥有庞大用户基础的占市场支配地位的经营者以相当的形式去投资运营时，其用户黏度就决定了该经营者的用户会天然地选择他们心中具有影响力的经营者。最终的结果就是市场依然由这些支配型经营者继续雄踞，抑或是创新型经营者倒向另一具有同样或相似市场力的经营者的怀抱，这些具有市场支配力的经营者的市场地位不断得到循环增强。①

其次，以数据和大数据为基础的算法分析能力远不止简单的 Hadoop架构所能提供，需要大量的资金投入，其科技研发成本极高，这种能力的获取不可能实现普遍性。从国内的腾讯、阿里到国外的微软、谷歌、脸书、亚马逊经历了多年的开发优化和数据沉淀才成就了今天的算法优势，其中技术能力才是这些企业获得市场优势地位的关键，譬如谷歌为了实现

---

① 澎湃新闻：阿里收购饿了么：新零售这次真的来了，https://www.thepaper.cn/newsDetail_forward_2055875，最后访问时间：2023 年 2 月 7 日。

Google+的计划，每年需投入 5.85 亿美元。①创新企业不会具有如此的科技研发能力，且在这个大数据思维以及数据产权意识普及甚至是泛滥的时代，创新企业更难以出现如当年苹果（Apple）横空出世般的创新思维。

最后，虽然数据具有时效性和折旧性，但是数据到大数据的演化，使大数据区别于普通数据的关键在于数据的流动与分析。日渐成熟的算法能力不仅能发现数据所具备的直接价值，还包括其深藏的潜在价值，分析事物发展的趋势，实现更加精准的预测。②算法设定的合理阈值，分层定向分析，自动筛选，使数据挖掘的能力走向智慧化，为实现深度自主学习提供原料和基础。这些都表明数据已经成为一个经营者获得核心竞争力的基础，数据挖掘能力是其维持市场地位的关键。

综上可见，从数据到大数据之于市场竞争的意义是显著的。从数据到大数据所引发的跨界竞争，展现的是与以往不同质的竞争效果。传统的数据跨界收购，譬如，导航设备制造商巨头 TomTom 对数字地图制造商 TeleAtlas 的收购，曾引发了巨大的轰动。然而当谷歌以安卓（Android）系统为依托，进入导航终端开发时，整个导航产业发生了巨变。相比之下，TomTom 虽然也对于数据进行收购，但是作为上游市场制造商，其不具备数据资源的整合能力、挖掘能力及反馈能力，导致所收购的数据因数据的时效性与折旧性，在短时间内丧失大部分价值，致其无法与拥有强大数据解析与优化能力的谷歌相提并论。当谷歌开发出谷歌地图并迅速占据导航市场后，TomTom 市值暴跌，谷歌的跨界竞争最终导致了传统巨头的衰败。

可见，从数据到大数据的发展对市场竞争的影响是颠覆性或者说革命性的，其不仅体现在数据资源的直接争夺上，更体现在运用数据挖掘技术对底层数据的解析能力的角逐上，数据资源和数据技术构成了数字经济时代的核心竞争力。这使得现有数字经济市场上的支配地位经营者，在相关市场和不相关市场两个市场间的竞争力得到循环交叉强化，其所具备的排他性的实力，极易形成寡头数据控制者，很容易提高数字市场的进入壁垒，这对现行反垄断法理念和实践产生巨大的冲击。

（二）数据采集行为引发的不正当竞争问题

近年来，虽然有关数据反垄断的案件在理论上存在一定争议，但是

---

① BoutinX, ClemensG, Defining "BigData" in Antitrust, *Competition Policy International: Antitrust Chronicle*, Vol. 1:2, (2017), p. 22-28.

② 维克托·迈尔-舍恩伯格，肯尼思·库克耶：《大数据时代：生活、工作与思维的大变革》，周涛译，浙江人民出版社 2013 年版。

关于数据资源争夺的不正当竞争案件在我国频发这一现象已经引起了广泛的关注。譬如，2015 年新浪诉脉脉非法抓取微博用户数据案、2016 年大众点评诉百度地图抓取用户点评信息案、2017 年顺丰与菜鸟有关物流数据接口的争议等，均与数据资源的争夺有着密切联系。正如受案法院在大众点评诉百度地图抓取用户点评信息案的判决书中指出，"大众点评网的点评信息是汉涛公司的核心竞争资源之一，百度地图大量使用大众点评网的点评信息，替代大众点评网向网络用户提供信息，会导致大众点评网的流量减少。虽然百度公司的搜索引擎抓取涉案信息并不违反 Robots 协议，但是这并不意味着百度公司可以任意使用上述信息，其完全可以凭借技术优势和市场地位，以极低的成本攫取其他网站的成果，达到排挤竞争对手的目的"。

该案所揭示的相关数据资源的稀缺性及其竞争价值，在很大程度上锁定了该案的审判走向，同时也为数据采集行为的正当性和合法性判断提供了一个视角。大众点评所属的汉涛公司为数据收集付出了巨大成本，虽然搜索引擎抓取行为所依据的 Robots 协议已成为互联网行业普遍遵守的行业规则，但是百度公司应合理地规制所抓取的信息的使用范围及方式，不能以遵守 Robots 协议为由，攫取竞争对手的数据利益，否则，这对数据的原始获取者以及行业竞争秩序将是沉重打击。这更加从侧面反映出，鉴于从数据到大数据形成的动态性和技术性特征，市场监管者不仅需重视已经取得市场优势地位的经营者利用数据与算法优势，进行限制、排除竞争的滥用行为，同时还需警惕数据技术驱动型经营者对数据资源的不正当攫取。与之相似的数据资源争夺的案件在国外亦有出现。譬如，在 hiQ 与 LinkedIn 数据争议案中，法官针对 LinkedIn 禁止 hiQ 获取并使用其数据的行为颁布了临时禁令，虽然这只是一个临时性的救济措施，但不可否认，当前数据作为一种稀缺资源在这个万物互联的场景下所发挥的基础性作用是不容忽视的，尤其是在数据的采集阶段，拒绝分享和设置过高壁垒都会对数字经济的正常竞争秩序产生实质影响。

进一步论，当数据市场的竞争逐步由相关市场上数据资源的争夺向不相关市场乃至未来市场上的数据争夺或者说数据封锁过渡，竞争形式将由依靠单纯的技术爬取进行不正当竞争向依托数据资源提高进入壁垒从而消灭潜在竞争威胁转型。从数据到大数据的升级，就如同设置了"雷达"，对隐形竞争者实行定向拦截打击，竞争行为所发生的领域已不限于现在所看得见的相关市场以及所辐射的关联市场，更主要的是利用传导效应所波及的未来市场，为跨界竞争设置了很高的隐形门槛，使数据有效采集的成本越来越高，甚至变为不可能。

（三）数据计算和服务行为引发的"算法黑箱"相关问题

互联网交易平台数年来一直使用自动定价算法，允许入驻商家通过动态定价来区分市场，在旅游业、酒店预订、零售等行业广泛运用。①价格算法根据可用库存和预期需求来优化价格，譬如在航空和零售领域，机票的价格随着时间点与需求的变化而实时调整，整个价格机制展现的是对市场需求调节的灵敏度与响应度，然而这种机制极易引起的是一种"多米诺骨牌效应"，一家公司的算法动态调整了价格，整个行业都会相应地根据其发出的"信号"，开启接力赛跑的涨价游戏，最终经营者之间形成的是一种联合涨价的横向协议，其欺诈的是善意的消费者。由此可见，算法在带来市场配给优化的同时，也可能带来一系列限制、排除竞争的危害，复杂的算法如同"黑箱"，其可能被用于优化行为广告、个性化促销或是有针对性地差别定价算法歧视，甚或算法共谋。由于无法知晓算法运用于决策的相关细节，往往会导致算法歧视和算法共谋等问题的发生。②

数字经济场景下有针对性地差别定价作为一种典型的算法歧视，与传统的价格歧视通过评估交易数量给予不同折扣条件以此提升客户忠诚度，直至实现市场封锁的竞争模式不同。经营者通过数据采集和计算作出用户支付意愿的预判，划分消费者类型，根据不同用户的不同需求采取个性化定价。这种情形在数字经济下极为常见，合理与违法之间的边界逐渐模糊，竞争法是否需介入、如何介入具有极大的不确定性。虽然我国《反垄断法》第二十二条第 6 款明确规定了价格歧视的违法性，但是在算法歧视的认定上仍有难度，特别是近来有关"大数据杀熟"的事件，各方态度并不一致。有网友发现大量互联网平台经营者利用现有的数据资源，设计算法对老用户的价格实行差别对待，以此获得更多的生产者剩余，压榨消费者剩余，所涉领域包括旅游业、酒店预订、零售、体育及娱乐业等。然而对不同用户采取不同的价格方案究竟是正常的市场调节行为，还是竞争法所禁止的不正当攫取消费者利益的违法行为，算法所设置的合法与违法的界限应该怎么识别，仍需进一步考察。但是此类算法黑箱游戏确实给市场交易带来了极大的不确定性，它显著地提高了交易价格、增强了不合理交易条件的隐蔽性，给整个市场竞争结构和竞争过程带来潜在的巨大风

---

① Stucke M E, Ezrachi A, Artificial Intelligence and Collusion: When Computers Inhibit Competition, *University of llinois Law Review*, Vol. 2017:5, (2017), p. 1775-1810.

② 韩伟：《算法合谋反垄断初探——OECD〈算法与合谋〉报告介评（上）》，《竞争政策研究》2017 年第 5 期。

险。尤其是在算法共谋问题上，算法黑箱游戏的危害逐渐显现。共谋是竞争法适用领域的典型问题。共谋从行为模式上分为横向和非横向，也称为横向限制竞争协议和纵向限制竞争协议。共谋从意思表示的角度分为明示与默示，明示共谋通常以文字、口头等积极的形式达成排除、限制竞争的一致意思，而默示共谋通常以行为或以博弈论"聚点"的方式维持共谋的意思基础。算法则为经营者共谋提供了新的形式，它既可以通过改变市场要素来促成共谋的达成，也可以作为一种共谋的工具来成就相关协议的实施，使得共谋趋于默示化和扁平化形态。总体看来，算法共谋产生的问题大致分为两类：其一，算法只是作为相同问题的不同表达形式，传统的理念和方法仍可无缝衔接；其二，算法通过机器深度学习的形式完全颠覆了现今的法律框架与逻辑基础，对法律和伦理产生强烈的冲击。[1]

当前，有关算法共谋的案例较少，具有代表性案件是美国的 Uber案，其属轴辐型算法共谋，即算法提供了一个实现共谋的平台，作为贯穿横向关系与纵向关系的连接点，能动地协调处于各层级的竞争者，促使相关共谋形成。单就该案看，在共谋的动机与形式、相关市场界定等要件的认定上，法院通过援引 United States v.Apple, Inc 案较多地支持了原告的主张，承认横向共谋和纵向共谋的双重存在。然而后来该案转向仲裁，关于具体事实的法律认定尚未得出明确结论。但是这至少表明了算法使得共谋的方式往隐蔽化、多样化、多层级的方向演变，它超越了传统的以相关市场的横向和纵向关系划分的单一形式，充分地调动了市场上各层级的竞争者，使得共谋在原有的基础上不仅表现出新的特点，同时被赋予了更深层次的内涵。

（四）数据应用行为引发的用户数据保护问题

在数字经济的高速发展过程中，用户作为各大平台保障流量与扩展竞争的基础，对整个数字经济的发展起到至关重要的作用。依据我国《消费者权益保护法》第二十九条和《网络安全法》第四十、四十一、四十二条的规定，收集用户信息必须征得用户同意，然而现阶段每款 APP 和网站基于此条款，都倾向用"选择—退出"的格式条款的形式，为自家的平台构建起"天然的屏障"。换言之，用户希望获得服务，必须付出个人隐私数据作为对价，导致从数据采集阶段产生的问题，延展到数据服务与数据应用阶段，乏力的知情同意机制所带来的风险在数据逐渐转换成生产要

---

[1] 韩伟：《算法合谋反垄断初探——OECD〈算法与合谋〉报告介评（下）》，《竞争政策研究》2017 年第 6 期。

素的过程中集中爆发。与此同时，在数字经济下，个人信息权利意识的觉醒使得用户对数据的安全性有了更高的期待。相关调查显示，对经营者应用个人数据推出产品和服务，66.1%的受访者表示很介意，15.7%的受访者表示介意。同时很多消费者都希望有救济措施，他们渴望知晓全部的数据应用过程，然而面对强势的数据控制者，大多数用户只能选择默默忍受。①脸书近期爆发的种种问题，更加折射出数字经济下个人数据隐私的痛点。

经营者不仅在用户使用其相关产品或（和）服务过程中收集用户数据，更通过 OpenAPI 以及数据库交易共享的方式实现数据的扩张。数据覆盖的广度和挖掘的深度在多种数据的交流与共享中不断增加。那么何为《消费者权益保护法》第二十九条规定的合理必要收集、使用用户信息的边界？换言之，如何在保障用户获得更优的定制化服务的基础上，确保对用户信息数据获取和使用的克制，达到保护用户的数据隐私的目的？这是数据驱动经营者不得不回应的问题。从 2013 年"3Q 大战"（奇虎诉腾讯）开始探索构建多元的消费者利益保护进路，②到 2014 年"3B 大战"（百度诉奇虎）确立的"非公益必要不干预原则"，至 2016 年欧盟出台被称作"数据保护宪章"的《通用数据保护条例》（General Data Protection Regulation，简称 GDPR），于 2018 年 5 月 25 日在欧盟内正式实施，无不凸显出消费者利益保护这一永恒话题在数字经济时代的重要性。对消费者权益保护的及时高效的回应是衡量现代化市场经济体系法治建设的一个基础指标。

综上，随着用户数据的采集与使用在数据控制者和开发者间作为竞争要素之重要性的凸显，作为消费者的用户利益的保护与市场激励创新和自由竞争之间的关系越来越复杂，数据保护与数据共享交织在一起，对当下市场监管的目标设定和方式选择提出了挑战。在实践中，关于消费者隐私保护是否需要或者有效纳入竞争法制的保护之中，理论上存在过多争议。③然而 2019 年 2 月 6 日，德国联邦卡特尔局对脸书滥用市场力过度采集用户信息的行为作出了处罚，并且首次由竞争执法机构与隐私保护机关共同展开调查，可谓在实践中开启了适用竞争法对消费者隐私予以保护的

---

① 王忠、赵惠：《大数据时代个人数据的隐私顾虑研究——基于调研数据的分析》，《情报理论与实践》2014 年第 11 期。

② 陈兵：《反垄断法实施与消费者保护的协同发展》，《法学》2013 年第 9 期。

③ 韩伟、李正：《反垄断法框架下的数据隐私保护》，《中国物价》2017 年第 7 期。

先例。①面对目前存在的诸多问题，如何在新时代我国综合性和全面性市场监管背景下，科学实现竞争法与消费者法深层次的协同共进，切实构建利于保障消费者公平交易权、自由选择权以及消费者隐私利益等的具体制度和实践方式，赋予消费者除传统民事侵权救济外的其他法律途径，是当前市场监管改革的新要求和新目标。

三、完善数字经济竞争监管的基本思路

现阶段，我国对数字经济的市场监管总体上采取包容审慎的态度，这也是我国以百度、阿里、腾讯、京东等为首的数字巨头和迅速成长的头条、美团、滴滴等数字"独角兽"，以及整个数字经济市场得以高速增长的重要原因。各级市场监管部门尤其是中央监管机构采取了"简政放权+负面清单"的监管模式，为新经济业态构筑了较为宽松的法治环境。②简言之，强调了"法无禁止皆可为"的市场监管理念和模式，这在很大程度上激励了与数据相关行为的发生和创新。然而在历经了数字经济野蛮增长的上半场后，社会各界都意识到对其进行及时必要和科学有效的法治化市场监管已迫在眉睫。③故此，有必要结合数字经济发展的基本特征以及与数据相关行为可能引发的市场监管相关问题，从理念革新到模式变革以及具体着力点设计等方面作系统回应。

（一）革新现有市场监管理念和模式

在数据采集层面，新型的数据垄断问题对我国现行反垄断法体系提出了新挑战。数据采集行为从多个维度对理论和实务产生了深远影响，传统的事中、事后监管很大程度上已不能有效适应当前数字经济发展的时代需求。如何审慎地引入事前监管，平衡信息技术（IT）到数据技术（DT）发展中创新激励、自由公平竞争以及消费者权益维护三者间的关系，成为当前和未来我国市场监管现代化改革亟待回应的问题。概言之，我国市场监管现代化改革的关键在于数据安全合法的流通与分享，打破数据垄断，提升数据挖掘能力和创新效率。从欧盟、美国的经验看，虽然已有相关立法，譬如，美国由政府牵头，建立数据一站式共享，欧盟正式实施了

---

① Stauber P, Facebook's Abuse Investigation in Germany and Some Thoughts on Cooperation Between Antitrust and Data Protection Authorities, *Competition Policy International Antitrust Chronicle*, Vol. 2:2, (2019). P. 2-9.

② 陈兵：《简政放权下政府管制改革的法治进路——以实行负面清单模式为突破口》，《法学》2016 年第 2 期。

③ 陈兵：《助力共享经济发展的法治之维》，《学术论坛》2017 年第 5 期。

GDPR 采取对个人数据的严格保护，确立了被遗忘权、数据迁移权、数据安全权等，但是在某些案件中数据保护法往往与竞争法存在很大程度的竞合，如何在两者间选择适用，是一大难题。

处在数字经济高速发展的场景下，市场监管者应减少不必要的干预，提倡科技自治，引入比例原则，协调好科技监管与监管科技之间的关系。譬如，区块链技术其中的数字货币形式的应用虽然出现了较多争议，但是技术本身的出现顺应了打破数据垄断的时代期待，以去中心化的数据架构实现数据的高速流转，提高交易效率与透明度，这无疑是值得肯定的。可以预见，在区块链技术逐渐走向成熟的过程中，其完全可以作为从数据底层解决垄断问题的一剂良药。再如，在数据垄断领域，部分学者打算引入欧盟和美国的必需设施理论引起了广泛争议。支持者认为这有助于打破数据垄断，实现数据共享流通，而反对者认为这将挫伤企业投资与创新的热情，对该必需设施理论的适用实现数据可迁移及数据共享之类的事前规制手段，还应采取谨慎的态度，在现实竞争与未来发展之间找到一个动态平衡点。由此又引出了对激励经营者创新发展与合理规制之间的论证。概言之，鼓励经营者有序发展，在其发展的各阶段实行不同层次的有效监管，建立一种智慧型市场监管系统，最终在法治框架下，建成一套与时代同步、与改革同频、与发展同调的现代化市场监管理念与模式。

（二）推动市场监管改革中法治监管与科技监管的融合

随着数字经济的深度发展，与数据相关行为所引起的市场监管问题不仅出现在数据采集阶段，也在数据计算和服务层面引发了所谓的算法黑箱问题。市场监管者对算法黑箱这类基于数字技术特别是大数据技术的运用导致的监管难题，一时间尚未找到行之有效的方法。然而从目前来看，国际上关于对算法黑箱采取监管的方式与监管数据问题大体类似：其一，监管算法的透明度，强制公开算法与问责办法并重；其二，从算法本身设计着手，切断算法之间的互动联系，通过市场调研加强事前防控，"早发现，早解决"；其三，从事中事后监管的角度，对共谋行为一旦发现施行严格管制，对市场整体环境予以综合规管，实行防治一体化系统工程。

值得注意的是，对算法黑箱采取事前监管的方式有过于偏激之虞，监管者的权力之手延伸至市场制度运行各环节，不利于构建和发展自由公平与激励创新的市场竞争生态系统。客观而言，简单粗暴的市场监管方式已完全无法满足数字经济的多元化和多样化发展态势，必须采取一种包容审慎的监管态度，逐步渗入科技监管领域，在法治框架下尽快建立科学监管、精准监管及长效监管机制，在警惕监管者在风险面前不作为的同时，杜绝其乱作为而滞碍数字经济作为一种新经济业态发展的良好局面。

首先，科技是解决此类问题的关键。数字经济下科技与法治是解决此类市场监管问题的两个维度，在高度重视法治监管的同时，亦需要鼓励科技创新和科技监管，以科技之手防治科技之滥用。

其次，从算法自身设计入手，算法与内容完全可以实现统一，实现经营者经济价值与社会价值的统一，从优化目标函数上，加入协同过滤算法，利用大数据和人工智能的监督算法定向排除不正当竞争的目的算法。①

再次，算法的发展经历了一个反馈过程，行业间形成了基本的算法准则，对于合法的算法，须建立起配套的保护措施，以防止被不正当的算法窃取，对具有排除、限制竞争目的的算法形式要建立有效的问责机制。

最后，运用大数据和人工智能的技术探索建立算法公开的合理阈值，对算法分层分类，使监管体系逐步走向层次化、系统化及智能化。同时转变市场监管的整体思路和方式，提升监管队伍的科技含量和法治水平，更好地助力数字经济的健康发展。

（三）市场监管改革以消费者保护为着力点

从 2013 年的"3Q 大战"，到近三年的"新浪诉脉脉""大众点评诉百度""顺丰与菜鸟纠纷"等争议的爆发，更加凸显了数字经济时代市场监管的困惑甚至是无力，尤其是在数据的共享与消费者数据隐私保护间存在的两难，更显现了对消费者数据权益保护的缺位。故此，新一轮市场监管改革应积极回应数据开放与消费者保护之间的关系，从理论上协同好数据的竞争价值的实现与消费者权益的优先价值之间的关系，从实践上建议以消费者保护为着力点，构建和实施市场监管的法治化和科技化改革机制，以包容审慎的监管态度对待数字经济的长期健康发展。

首先，对消费者公平交易权和自由选择权的内涵进行符合数字经济时代的诠释。究其原因，主要有以下几点。第一，数字经济下的消费需求已从传统的大众化向定制化发展，消费者作为市场经济链条的末端前移至前端，从被动消费走向主动消费，从生产到消费的单向度，发展为生产与消费的双向互动。在这种模式下，经营者基于数据的采集、计算及应用所做的"消费者画像"与精准推送是消费者选择商品的基础。如何在推送过

---

① 丁晓蔚、王雪莹、胡菡菡：《论"信息茧房"矫治——兼及大数据人工智能 2.0 和"探索—开发"模式》，《中国地质大学学报》（社会科学版）2018 年第 1 期。

程中保障整个过程的公平性与消费者的自由选择度，而不是以诱导广告的形式刺激消费者对某个特定品牌的产品进行消费，并对其他品牌产生排他性的效应，则是市场监管者亟须重点关注的问题，这不仅仅是对消费者公平交易和自由选择的维护，亦是对其他经营者正当利益的保障，更是对整个市场秩序的匡正和维持。第二，经营者获取数据是建立在消费者授权的基础上，然而在目前经营者只需获得消费者一次同意，即可永久使用其数据隐私的环境下，显然不能满足消费者对加强数据隐私保护的合理诉愿。数据的价值及其使用过程中存在的风险决定了经营者必须给予消费者数据隐私以全周期的保护，否则重复、叠加、过度的数据利用将损害消费者权益，对消费者福利造成实质损害。第三，由于数字锁定效应的存在，消费者高昂的转换成本和忽略不计的转换收益，抑制了消费者转向其他即使拥有更具创新内容和更优服务的选择可能。鉴于此，为了克服数字经济发展中不可避免出现的上述问题，必须尽快重定数字经济下消费者权的基本内涵和外延，及时回应数字经济市场竞争对市场监管带来的挑战。

其次，在数字经济纵深发展的过程中应对消费者安全权的内容作出扩张解释。我国《消费者权益保护法》第二章"消费者的权利"第七条所规定的第一项权利即为"消费者安全权"。对所有消费者而言，在购买和使用商品或（和）接受服务并提供对价后，经营者就被赋予了保护消费者人身、财产安全的义务。在数字经济时代，非价格维度作为互联网双边市场乃至多边市场上的主要竞争面，在消费者给付个人隐私数据的对价后，理应给予其人身、财产安全不受损害的保障。虽然现阶段对数据人格权、财产权的理论探讨和制度构建在不同国家和地区呈现出不同的情况，基于数据的消费者基本权利的研究有待进一步深入和完善，但是至少表明，消费者隐私数据随着数字经济的发展其权利属性的凸显和强化将会是时代发展的趋势。换言之，无论从以上哪种权利维度去构建数字经济下的消费者新型权益内涵，对消费者隐私安全的保护都应作出符合数字时代特征的扩张解释，以此为着力点探索市场监管体制和方法的改革，以强化对数字时代消费者权的保护为牵引，规范数字经济市场竞争行为，平衡创新激励与自由公平竞争之间的关系。

信息技术和数字技术的融合发展，为数字经济的高速增长提供了技术保障和无限动能。我国已高速迈入了数字经济时代的大门，正成为全球主要的数字经济发展区域，具有了很强的国际竞争力。当前数字经济已成为全球经济发展的新动能，其不仅给数据资源的高效整合和大数据算法人工智能的飞速发展带来了无限可能，更给未来市场竞争的格局带来一系列强烈冲击，譬如，以中美为主要竞争对手的全球 5G 争夺战，即是全球数字经济发展进程中的关键一战。与此同时，数字经济的高速发展会给现有的传统市场经营行为、商业模式及竞争秩序带来颠覆性的影响，引发人类社会步入一个新的奇点时代。

透过对数字经济时代市场竞争的闭环式生态系统下与数据相关行为进行整体性和系统性的解读，可以发现从数据到大数据对市场竞争产生了颠覆性影响，与之同行的是各类与数据相关行为的发生和发展对市场监管提出了新挑战，核心在于基于数据的多维属性和多层级运行而发生的数据的竞争性和商业性、数据的开放性与共享性以及作为消费者的用户的数据隐私权益等三者之间的平衡与选择难题。故此，从市场监管法治化的维度，从与数据相关行为的不同内容和形式出发，聚焦数字经济发展对当前市场监管改革的挑战，认为科技本身理应作为解决此类问题的第一要义，从监管科技到科技监管，推动法治监管与科技监管的融合，逐步由事中事后监管延伸至审慎的科技型事前预防，使市场监管体系朝着法治化和科技化融合的方向改革，探索多主体、多维度、多方式相结合的合作监管模式，突出消费者保护在数字经济时代市场监管改革中的基础价值，提倡创新发展、有序竞争、消费者保护三者间的动态平衡。

四、从数字经济到信用经济：竞争监管重塑的实然与应然①

鉴于上述内容，现行竞争法治的制度理念和实践模式亟须围绕数字经济高速发展中不断出现的各类新业态运行的现实场景予以调整和创新。譬如，从互联网到物联网发展过程中出现的共享单车、网约车等分享经济或共享经济业态，在为广大民众带来极大便利、活化市场要素配置的同时，也引起了诸多法律问题，其中有的是传统法律关系的线上化，呈现为网络效应的扩大，然而本质上仍然可以依靠现有法律规则的解释予以适用；而有的则为一种全新的基于数字科技包括信息科技和数据科技深度融合而引发的法律关系，亟须通过修法或立法予以规范。此外，数据及大数据的多维属性、数据提供者的多归属性、与数据相关行为在不同环节引发的不同法律关系，数据原始提供者、数据控制者、数据经营者以及数据开发加工者等，与位于不同运行环节和经济业态下的数字经济参与者之间的法律关系，都有待进一步明晰。尤其是欧盟在 2018 年 5 月 25 日正式实施了非常严厉的《通用数据保护规则》，给全球数字经济的发展和全球竞争

---

① 陈兵：《数字经济高质量发展中的竞争法治变革》，《人民论坛》2020 年第 3 期。

带来了巨大影响。

为此，当下和未来竞争法治的制度设计与实践选择，有必要从数字经济发展的诸多新兴业态及运行的各阶段入手，重点围绕"物联网与共享经济""大数据与平台经济""算法与人工智能经济"以及终将实现的"从数字经济到信用经济"，以数字经济与竞争法治的基础关系为切口，挖掘和厘清由互联网发展至物联网之场景下竞争法治面临的挑战，聚焦从网络时代到数据时代变革下大数据与数字经济发展面临的竞争挑战和竞争规制，提出未来在人工智能场景下竞争法治变革与重塑的实然与应然。在这一过程中，对数字经济下作为消费者的用户隐私保护与知识产权创新的关系平衡，以竞争法治为工具和进路，强调竞争法治的建构与实施应以人为本，以此规范各类数字科技的创新开发和应用，做到"以竞争促创新、以竞争提质量、以竞争保安全"。当前和未来数字经济可持续健康发展离不开竞争法治的作用，适时创新竞争法治，包括竞争法治的理念、范畴、制度及方法等要素是及时有效回应数字经济发展的关键。

值得展开的是，回归数字经济发展的元点和基点，从改善经济社会服务人类主体性价值的初衷出发，建构数字数据化的经济社会样态，极大地便利了广大民众的生产生活，提升了消费和生产的效率，特别是推动了以消费数据为中心的反向定制的智能化生产和研发工程的生成和创新，实现了数字数据的市场化和市场的数字数据化。在这一系统性和整体性发展中，最为核心的要素是以数字形式记录下来的海量用户的行动轨迹即数据。犹如，普遍提及的21世纪是"数据为王"的时代，"得数据者，得天下"，数据就好比新世纪的石油，可以赋能竞争，未来市场的竞争实质上是数据竞争，尤其是大数据与算法的创新竞争。这一切都源于数据，数据的真实性和可信赖以及被善用构成了数字经济未来可持续发展的基石和准则。为此，十分有必要将数字经济的发展路向与信用经济联系起来。毋庸置疑，信用经济是社会主义市场经济法治化的题中应有之义，信用当然地构成市场竞争的要素，且是竞争法治的核心与重心。特别是在数字经济颠覆性改变人类消费和生产的结构和行为之际，信用变得尤为重要，成为衡量市场主体，包括经营者和消费者市场力量的关键要素，是市场主体参与市场竞争的起点与终点，是度量市场主体参与市场竞争行为是否合规的基准。故此，可以说数字经济本质上是信用经济，搭建数字经济迈入信用经济的竞争法治桥梁是摆在当前数字经济法治化建设面前的核心任务。

正是从这个意义上讲，数字经济的可持续发展亟须创新竞争法治的基本理念、范畴及运行，从现行竞争法治以市场行为的事中事后的规制为中心，转向对市场主体及行为的行动数据的科学审慎的事前评估，与事中事后一体化联动的动态竞争规制模式；从竞争法治的市场行为禁止法特性转向以市场行为倡导法和市场行为禁止法相结合的具有主动性、积极性、鼓励性特征的市场经济综合激励法规，成为融合正向激励与负向约束于一体的为市场主体在数字经济市场上积极主动地参与合规经营提供指引和规范的立体规范体系，为数字经济高质量可持续发展稳步走向数字数据化构造下的信用经济提供法治保障。

第二节　从数字经济到信用经济：竞争监管底层逻辑的嬗变[①]

数字经济迭代发展给经济社会带来巨大利好的同时，也催生了诸如数据不正当竞争、平台垄断、个人信息侵权、算法歧视等一系列问题，给现行竞争监管理念、监管规则和监管机制提出了新的挑战。具体来看，第一，现有的竞争监管规则无法满足数字经济蓬勃发展的需要。我国现阶段并未制定关于数字经济统一化和体系化的立法，而对现有权利体系的解释与延展，也使得诸多新兴权利跟传统权利话语下的内容发生了重叠与交叉。第二，传统监管机制无法适应数字经济的动态竞争发展。传统监管机制着重完全竞争市场模型下分配效率的优化，偏向条块分割式监管，而由新兴技术衍生的算法合谋、价格歧视、平台"二选一"、大数据"杀熟"、"扼杀式"收购、自我优待等反竞争行为则呈现多样、隐蔽、复杂、频发等特点，[②]因此出现了矛盾和冲突。

一、问题提出

（一）现有的竞争监管规则无法满足数字经济蓬勃发展的需要

数字经济作为深化供给侧产业结构改革的一种选择、一种尝试，其所依赖的"动态竞争"与"跨界竞争"的商业模式，给相对分散且零碎的法律规则及其支撑这类零散规则存在的部分理念带来了极大冲击。从2015 年"新浪诉脉脉非法抓取微博用户数据"第一案，到 2016 年"大众点评诉百度地图抓取用户点评信息案"，再到 2017 年"顺丰与菜鸟有关物流数据接口的纠纷"、2018 年"大数据产品第一案"等，这些案件均关涉

---

① 陈兵：《法治视阈下数字经济发展与规制系统创新》，《上海大学学报》（社会科学版）2019 年第4 期。

② 孙晋：《数字平台的反垄断监管》，《中国社会科学》2021 年第 5 期。

数据资源的正当获取与公平竞争。并且数据竞争方式实现了在行为指向上的由抓取原始数据向匿名脱敏二次加工生成的商业数据的转变，竞争模式由依靠单纯的技术型不正当竞争向依托数据资源提高进入壁垒的机制型反竞争行为，以图消灭潜在竞争威胁升级。之所以出现上述大量关涉数据获取与使用的不正当竞争纠纷案件，除反映了该领域复杂多变的商业交易行为和竞争形态外，还折射出该领域缺乏科学合理的法律制度供给，科学立法，包括科学合理的法律解释才是有效化解纠纷的前提，立法先行在面临新兴事物的发展问题上，绝对不是一句空话。

当前，在我国有关数字经济的法律法规相对于数字经济蓬勃发展的实现需求来说太抽象，甚至是模糊，且散落在不同的涉及网络的基本法律之中，主要体现在《网络安全法》第九条、第四十一、四十二、四十三条及第七十六条——主要涉及数据收集与使用中的安全保障，《反不正当竞争法》互联网专条（第十二条）——从行为规制的角度，规范数据收集和利用及其利益共享过程中的正当行为，以及《电子商务法》第三条、第二十二、二十三、二十条、第三十一至四十一条等——主要体现在该法第二章电子商务经营者的一般规定和平台经营者的具体行为、义务及责任上，相对言，该法的出台在很大程度上对我国的数字经济健康合法发展起到了制度补位和功能补强的作用。然而从总体上评价，以上法律法规多倾向于从行政执法维度，回应网安监管和经济规制，尚缺乏对司法和守法领域的基本立法的制定，这在很大程度上制约了我国数字经济的进一步发展——缺乏系统的制度激励和制度救济，无疑会妨碍数字经济的健康安全成长，为数字经济的野蛮生长埋下隐患。

譬如，我国不同法院在其涉及数据纠纷的案件判决中多次肯定并巩固了对规范数据权利之重要价值的观点，且合理地在一些案件中对数据产权的内涵与外延作出了有别于传统产权制度的初步扩展，但是仅仅依靠司法裁决，将行业惯例视为认定正当性的基础，经由个案宣示和确认——《反不正当竞争法》第二条有关合法竞争的原则性条款的适用以及对不正当竞争行为外延的解释，加上对第十二条涉及互联网专条的列举性与一般性规定的适用，虽然在短期内看似能够满足对数字经济发展中不断出现的新型不正当竞争和反竞争行为的规制，但是从长远看，并非解决此类涉及数据不正当竞争与反竞争问题的长久之计。

究其原因有如下两点。其一，《反不正当竞争法》第二条"一般条款"所规定的"商业道德、诚实守信"的道德标准较为主观宽泛，赋予了法官充足的说理空间和自由裁量度，同时"一般条款"所规定的抽象开放的评价标准也在某种程度上契合了市场竞争者的诉讼需求，导致其被过度适用，甚至有滥用之虞。实践中逐渐形成了由"一般条款"主导对不正当竞争行为的认定，在一定程度上影响了反不正当竞争法适用的谦抑性。其二，虽然《反不正当竞争法》第十二条设计了"互联网专条"，对"插入链接、强制进行目标跳转"（通常称"流量劫持"）、"修改、关闭、卸载其他产品及服务"、"恶意不兼容"等问题进行了列举式规定，在一定程度上缓解了"一般条款"的适用压力，客观上也限缩了有权者自由裁量的空间，同时，考虑到网络数字产业发展存在诸多不确定性，该互联网专条还设置了兜底条款，给该条适用留出必要空间，但是该条款并未总结出网络领域不正当竞争的本质，尚不具备成为处理网络领域不正当竞争纠纷所需的客观性与精确性基准的功能，对所涉及的数据、算法等前沿问题，更是难以进行直接有效的覆盖。故此，有学者甚至直接表明互联网条款的宣示意义大于实用价值。

此外，对未予明确规定的数据竞争以及互联网领域其他新型商业模式所引发的竞争纠纷是适用《反不正当竞争法》第二条的"一般条款"还是第十二条的"互联网专条"，如何协调两者之间的界限，仍存在不同程度的分歧。尽管有学者认为有了互联网专条，一般条款原则上不再适用，但是互联网专条的实践价值与实际效果以及与一般条款的适用界限还需通过实践进一步厘清。故此，在国际上普遍受到欧盟制定 GDPR 的影响之际——美国、日本、印度、澳大利亚等相继出台了有关数据与竞争政策的相关指南，正在逐步建立数据跨境流动的交易规则的大趋势下，我国也应积极融入国际轨道，更新适应数字经济发展的规制理念与规制方法，提升整个法制体系对数字经济运行的回应能力。

事实上，数字经济高速发展对当前经济法治带来的影响，不仅表现在相关法律文本制定上的不足与缺漏，还体现在对既有法律文本立法目的的重构。譬如，我国《反垄断法》第一条确立了多元的立法目的"预防和制止垄断行为，保护市场公平竞争，鼓励创新，提高经济运行效率，维护消费者利益和社会公共利益，促进社会主义市场经济健康发展"，而通说认为，反垄断法旨在促进经济效率的提升，维护市场的公平竞争秩序，对于消费者福利的保障处在间接或者终极的层面。进言之，对发生在数字经济领域的竞争规制，如果遵循通说观点，只有在市场竞争秩序产生损害，正当竞争利益被扭曲或破坏时，反垄断法方能启用，此时消费者利益仍然只能作为一种间接利益或反射利益，放置于竞争利益的辐射范畴之内，这就很难以竞争法的逻辑和方式来回应数字经济时代消费者利益的直接保护需求，这是事实上并不符合社会各界对竞争法在数字经济时代应有价值的合理期待。现实是数字经济发展所呈现的竞争与个人信息保护深度交织的行业特征，伴随诸如"大数据杀熟""算法合谋""数据卡特尔"等形式被广泛关注，间接保护的模式已不能适应现实需求。数字经济下消费者利益保护的必要性和紧迫性凸显，尽快构建以竞争法直接保护为重要方式的多重法律进路的呼声越来越强。完善制度供给，提高供给质量，理应成为当前治理数字经济健康发展的前提和基础。

（二）传统竞争监管机制无法适应数字经济的动态竞争发展

自《反垄断法》实施以来，首个 10 年的实施取得了令世界瞩目的巨大成效，尤其是互联网领域的系列司法裁决更是引起了全球同行的广泛关注，在经济效果和社会效果上取得了双丰收。随着 2018 年国务院机构改革方案落实落地，我国对综合竞争执法机构进行了系统调整，将多年来内置于商务部、国家发改委、工商行政总局的竞争执法部门，统一归口于新设立的市监总局，实现了反垄断执法与反不正当竞争执法的统一化和系统化，这无疑将有助于我国市场经济法法治系统的建设和完善。然而同时由于数字经济的迅猛发展，在市场竞争领域出现了诸多新的问题，给竞争法的实施带来了极大的不确定因素，整个实施机制仍面临着疲软乏力的困顿局面。

首先，从实施主体来看，虽然在新设的市监总局下统一了综合性市场规制竞争执法的机构与职权，但是仍面临着综合性规制主体与行业性规制主体之间就数字经济产业发展监管的协调问题，譬如国家市场监督管理总局与工业和信息化部、交通部、卫生健康委员会等部门之间就数字经济运行的一般性监管与数字经济在知识产权、公共交通出行、互联网医疗等领域的行业性监管之间如何协调的问题。此外，还涉及到作为数字经济发展模式中最为典型的共享经济、数字经济、算法经济等新兴产业的发展，还可能演化成第三方平台规制，即行业自律监管的问题，这就容易出现所谓的共享规制权力的现象。这就需要协调好多元主体的职能设计与行使，建立权力行使系统的压舱石与防火墙，既确保权力行使的有序合规，也要避免权力行使的盲区，鼓励发挥各主体的规制优势，实现系统规制与有效规制。

其次，从规则实施来看，由于长期受到管制型经济发展模式的影响，在市场经济运行中产业政策的地位一直优于竞争政策。虽然自党的十八大以来明确提出社会主义市场经济是法治经济，强调竞争政策在国家经济运行中的基础性核心地位，充分发挥市场在资源配置中的决定性作用，深入推进全国统一大市场的建立和继续实施简政放权等一系列革新市场经济法治的举措，但是冰冻三尺非一日之寒，要想改变产业政策与竞争政策在国家经济发展中的地位配比，及其由此引起的产业规则与竞争规则的实施定位，实属不易。当然，必须承认产业规则与竞争规则作为体现政府与市场配置与规制资源有效配置的方式，都有其存在和使用的合理性和必要性，问题的关键是面对不同的经济类型在不同的发展阶段的不同需求，如何做到不同类型的规则的实施的黄金配比。具体到所讨论的数字经济领域各类规则实施如何实现比例适当，是推进实施机制有效运行的关键。尤其是面对数字经济发展的诸多不确定性，这类不确定性不仅体现为法律规则设计上的文本不确定性，还包括使用过程中的实施不确定性，以及由于技术创新所引发的商业模式创新而对现有法律规则体系所产生的巨大挑战而引致的系统不确定性。

最后，从实施能力上看，面对在数字经济发展中大量使用且不断创新的科技知识和手段，及其由此带来的专业性和复杂性，已使具体实施人员在面对知识匮乏和技能缺乏的困境下难以有效回应治理需求。譬如，以数字经济竞争中相关市场界定为例，在数字经济发展中大量出现的跨界竞争以及用户的多归属性及多重需求使得相关市场的界定一直处于争议状态。界定相关市场的目的即限定一个范围，以此确定在这个范围内的经营者是否可以对涉嫌垄断的经营者产生约束力以及多大程度的约束力。我国《反垄断法》第十五条第二款规定"本法所称相关市场，是指经营者在一定时期内就特定商品或者服务（以下统称商品）进行竞争的商品范围和地域范围。"在实践中，界定相关市场时通常需考虑商品市场、地理市场、技术市场以及时间市场。对相关商品市场的确定，目前普遍采用的SSNIP测试已显示出对数字经济领域竞争规制的乏力，尤其是处理双边或多边免费市场的界定上。故此，在"3Q案"中最高人民法院提出了SSNDQ测试，引入产品性能定性测试法补充需求弹性分析法在数字经济竞争下适用的不足。然而这种定性测试法由于缺乏具体量化指标，主观性较强，仍难以准确反映数字经济下假定垄断者在相关市场上的市场力，故又开发了以注重消费者（用户）体验为主的SSNIC测试，通过衡量用户所需支出成本（包括用户的个人信息与时间成本）的变化来确立相关市场。

由是观之，因应数字经济的深度发展，出现了越来越多的界定相关市场的方法，其背后更是体现了在数字经济下，从以经营者维度的需求供给替代分析，到注重消费者（用户）体验维度的性能和成本分析，这些改进后的测试方法将提高反垄断法实施过程中对相关市场认定的精准度，有效适应了数字经济的发展。这无疑对当下实施机构及其工作人员的专业性提出了更高要求。与此同时亟待回应的一个难题是，即便是具体机构及其工作人员时刻保持不断学习和实践的状态，面对不断更新发展的适用方法，就相关市场界定言，无论是 SSNDQ 法抑或 SSNIC 法，在两者都侧重消费者（用户）体验的关照中，性能、个人信息、体验等要素所转化为的用户成本都具有很强的主观变量，很难实现具有普遍性的具体量化标准。这就为在实践中有效转化在理论上论证合理的测试方法提出了困难，譬如从网络市场深入到数据市场，是否可以先行假定一个数据的相关市场，以便考察在注重用户体验维度下的确定的数据相关市场，若在不能假定数据相关市场的情况下，在肯定需求替代分析的基础上是界定一个相关市场还是根据不同的消费者需求界定多个相关市场，或者是否在需求替代分析的前提下加入供给替代分析，以及数据资源是否适用必需设施理论等，这些新旧形式转化融合的问题都需要进一步探讨和实践，这些更是为当前本来就乏力的实施机制带来了更大挑战。

二、数字经济与信用经济的耦合

目前国际上无论是机构或组织，还是研究学者，针对数字经济均未形成统一的定义。[①]数字经济是以数字化信息（包括数据要素）为关键资源，以互联网平台为主要信息载体，以数字技术创新驱动为牵引，以一系列新模式和业态为表现形式的经济活动。[②]数据资本可以通过促进生产要素之间的配置效率来提升社会生产效率。[③]数字经济是指以使用数字化的知识和信息作为关键生产要素、以现代信息网络作为重要载体、以信息通信技术的有效使用作为效率提升和经济结构优化的重要推动力的一系列经济活动。[④]

随着以人工智能、量子信息、机器学习为代表的新一轮科技与产业革命加速拓展，数字经济以群体突破、交叉融合等多种方式实现了与实体经济更深层次的融合，并在促进产业转型升级、支撑构建新发展格局等方面的积极作用日益凸显。特别地，数字经济以数据作为关键生产要素，驱

---

① 佟家栋、张千：《数字经济内涵及其对未来经济发展的超常贡献》，《南开学报》（哲学社会科学版）2022 年第 3 期。

② 陈晓红、李杨杨、宋丽洁等：《数字经济理论体系与研究展望》，《管理世界》2022 年第 2 期。

③ 徐翔、赵墨非：《数据资本与经济增长路径》，《经济研究》2020 年第 10 期。

④ 中国网信网：《二十国集团数字经济发展与合作倡议》，http://www.cac.gov.cn/2016-09/29/c_1119648520.htm，最后访问日期：2023 年 2 月 10 日。

动劳动力、资本、土地、技术、管理等要素网络化共享、集约化整合、协作化开发和高效化利用，进而实现传统产业的数字化改造，推动新兴产业发展，促进产业结构的转型升级。①数字经济的核心价值是数据所体现出的信息，这不仅有利于产业内部要素的优化，还有利于提升要素在不同产业间的流通效率，提升要素在产业间的配置水平，进而推动产业高质量发展。生产要素分为一般要素和高级要素。数据的价值形态特征是其所体现的信息化。数字经济使各种生产要素的流动更加充分和合理，提升要素配置效率。②

三、数据、信用与竞争监管

马克思在《资本论》中指出，信用经济是商品交易的一种方式，是通过债权债务关系的建立和消除去实现商品的交换。这种交易方式仍然要利用货币的价值尺度、贮藏手段和支付手段的职能，即信用经济必须以货币存在为基础。这是商品经济发展到一定阶段的经济现象。马克思对信用的理解更多地侧重于经济角度。主要表现在三个方面。第一"关于信用的内涵"马克思引用了资产阶级经济学家图克·托马斯在《对货币流通规律的研究》一书中的一段话："信用"在它的最简单的表现上"是一种适当的或不适当的信任"，它使一个人把一定的资本额"以货币形式或以估计为一定货币价值的商品形式"委托给另一个人，"这个资本额到期后一定要偿还。如果资本是用货币贷放的"，那么"就会在还款额上加上百分之几作为资本的报酬。如果资本是用商品贷放的"，那么"要偿付的总额就会包含一个赔偿金额作为对资本的使用和对偿还以前所冒的危险的报酬"。

在这里，马克思强调了三点：其一，信用是建立在双方互相信任的基础上；其二，信用是以偿还为条件的；其三，归还贷款要有报酬。也就是说"信用是建立在双方互相信任的基础上"并且以偿还为条件的。在构成信用的三个要件中有两个是与经济相联系的。第二，关于信用的特点。马克思强调信用是具有独特形式的价值运动。由信用引起的价值运动"货币或资本的所有权没有发生转移"只是使用权发生了变化"借者到期归还本金时"还要支付利息。第三，关于信用反映的关系。不仅是社会关系，更重要的是经济关系。信用最初是对人们在合作与交往中对他人诚实守信

---

① 秦建群、赵晶晶、王薇：《数字经济对产业结构升级影响的中介效应与经验证据》，《统计与决策》2022 年第 11 期。

② 马中东、宁朝山：《数字经济、要素配置与制造业质量升级》，《经济体制改革》2020 年第 3 期。

的行为的一种规范要求，反映的主要是人与人之间的一种社会关系。随着商品生产和商品交换的发展，信用从一种对经济行为规范的要求中逐渐演化出来而成为一种特定的经济行为，这时信用主要反映的是经济关系。这一点，马克思在《资本论》中论及简单的商品交换时，就已经指出在物的外壳下所掩盖的人与人的关系，包括信用关系。商品交换得以实现必须是"一方只有符合另一方的意志，就是说每一方只有通过双方共同一致的意志行为，才能让渡自己的商品，占有别人的商品……这种具有契约形式的（不管这种契约是不是用法律固定下来的）法的关系，是一种反映着经济关系的意志关系。这种法的关系或意志关系的内容是由这种经济关系本身决定的。在这里人们只有彼此只是作为商品的代表即商品所有者而存在"。由此可见，信用反映的是商品交换过程中人与人的关系。

完善数字经济治理体系，离不开信用监管机制建设。这就需要推动数据安全立法，加大反垄断力度，加强科技伦理建设，对大型平台企业依法进行监管与规制。相较传统商业形态，平台企业参与的交易活动有很大不同。比如，电子商务平台在网络上提供了一个虚拟的"集市"，不仅能够解决买卖双方的信息不对称问题，而且能够发挥精准匹配供需的作用，甚至充当支付、结算的工具。在这个过程中，电子商务平台比传统的实体集市拥有更便利的条件。因此，在平台企业发展过程中，需要监管者、平台企业、供需双方等共同参与，协力构筑系统性的信用监管机制，涵盖诸如身份认证、数据加密、信用评价、失信惩戒、争议解决等各个方面，维护数字经济参与各方的合法权益。

不同行业的数字经济发展模式有不同特点，平台企业的种类、规模、发展阶段、社会影响力也有差异。建立完善信用监管机制，需要多措并举、多管齐下，坚持促进发展和监管规范两手抓、两手都要硬，在发展中规范、在规范中发展。法律制度对于信用监管机制的建立具有重要意义，应当对平台企业主体责任和法律义务做出更为清晰细致的规定，以法治手段确保数字经济发展行稳致远。同时，有必要通过信用教育，大力宣传数字经济时代信用的意义、价值、功能，让人们更好理解和接受信用的好处，在全社会形成重信守诺的良好氛围。

完善数字经济的信用监管，行业自律机制同样值得重视。在逐步完善相关法律法规的同时，可以通过行业自律更好应对日新月异的数字经济发展带来的问题。特别需要大力推动、组织不同行业制定平台企业的自律准则，鼓励第三方机构对企业进行评价评级。随着行业自律机制的不断完善，让失信无信者寸步难行，必将促使更多平台企业合法合规经营。

　　个人信用逐步"变现"，正成为消费者们的"第二张身份证"，以共享单车为例，继押金模式饱受诟病后，信用租赁模式兴起。所谓信用租赁实际上是以"信用"取代传统的"押金"模式，凭借信用换取使用权，将信用作为门槛，以信用为王，让有信用的人享受品质生活，是一种"信用经济"。①信用经济不仅意味着商业模式的转型，同时意味着监管模式的革新。2022 年 3 月，中共中央办公厅、国务院办公厅印发的《关于推进社会信用体系建设高质量发展促进形成新发展格局的意见》明确提出，推动社会信用体系建设全面纳入法治轨道，规范完善各领域各环节信用措施，切实保护各类主体合法权益。作为社会信用体系建设深入推进的关键一环，社会信用立法过去几年取得积极进展：《中华人民共和国社会信用体系建设法》草案稿正式向社会公开征求意见，开展省级信用立法的省份多达 23 个，47 部法律和 59 部行政法规写入信用相关条款。进入 2023年，随着社会信用体系建设的深入推进，社会信用体系建设法治化、规范化水平将进一步提升。一方面，信用法治建设将进一步深入推进，《中华人民共和国社会信用体系建设法》草案稿将进一步完善并按流程上报，更多的省份和城市将推出地方信用立法，越来越多的法律和行政法规写入信用相关条款；另一方面，随着《全国公共信用信息基础目录（2022 年版）》和《全国失信惩戒措施基础清单（2022 年版）》和《失信行为纠正后的信用信息修复管理办法（试行）》等文件的印发实施，社会信用体系建设规范化水平将进一步提升。党的二十大报告还将社会信用纳入市场经济基础制度，明确提出"完善产权保护、市场准入、公平竞争、社会信用等市场经济基础制度，优化营商环境"。

　　信用是市场的基石，市场经济是法治经济也是信用经济。可见，从商业模式到监管机制的转型，乃至社会信用体系的逐步健全，信用经济体系已经日趋清晰，信用经济的持续健康发展需要法治建设的同步跟进与保驾护航。

　　信用与法治是市场交易行为展开和市场交易秩序维持的重要基础。从信用的角度言，劳动产品在交易过程中以等价交换为内容，以双方守约为条件，表现为互相信任的经济关系。若其中一方出现失信行为，则将置对方于弱势地位，从而违背等价交换的根本要求。随着生产力发展水平不断提升，可用于交换的产品日益多样、交换关系日趋复杂，市场不断扩展

---

① 许莉芸：《共享经济进入信用经济时代》，https://epaper.xkb.com.cn/view/1122401，最后访问日期：2023 年 2 月 10 日。

致使原始的实物和当面交易行为难以适应，因此在现代语境中构建彼此相联、互为制约的信用关系链条便显得尤为重要，更是维系复杂市场交换关系、保障稳定经济秩序的关键所在。故从传统的交换行为到如今不断扩大的市场交易环节，均以严守信用为最基本的秩序规则。历史发展的轨迹进一步证明，市场经济愈发达的区域其信用规范愈发严格，体现着现代文明社会的进步性。①特别是金融产品的出现，相较于过往实物交易行为对信用提出了更高要求。从某种程度而言，金融活动中的借贷关系以双方信用为核心，一旦丧失便同时瓦解了借贷关系的道德基础。正因如此，金融制度在一定程度上也被称为信用制度。

当前，随着互联网广泛普及，电子商务、电子货币、电子支付等行为已融入日常生活的方方面面，在交易双方面对海量信息的识别黑洞及其识别障碍的挑战时，更需信用规则防治欺诈风险。此外，信用在现代市场经济中已经逐渐成为了一种可供利用的"资源"或"资本"。对信用良好企业，其口碑的长期积累升华为信誉，使得消费者在选择过程中具有主观倾向性，产生特定"品牌效应"进而提升产品销量、零售价格与企业利润。对个人来说，日常生活中按时归还借贷资金或公共用品等行为所形成的信用评价，也成为了交易活动中可供参考的重要指标，尤其在网络交易过程中更是保证交易顺利缔结、规避安全风险的有效方式。基于上述分析，可以印证现代市场经济必然是讲求信用的经济模式，其发展程度越高对信用规则的需求越强烈，这是市场经济自身属性所决定的必然结果。我国所选取的社会主义市场经济体制，其在运行过程中，既要遵守发达国家市场经济的一般规律，又要体现社会主义的本质要求，故对于信用有着更高要求。

从法治角度来看，相较于信用这一更侧重于道义道德的规则标准，法律具有强制性，其对社会成员的约束力通常高于公共道德准则。在市场经济语境下，其本质是法治经济。法治是保障市场在资源配置中起决定性作用和更好发挥政府作用不可或缺的关键举措。经由对市场经济法律制度不断改进完善，最大限度促进商品和要素自由流动、公平交易、平等使

---

① 信用是经济行为主体间以某种生活需要为目的，建立在诚实守信基础上维系承诺、达成约定的意志或能力。在西方发达国家，其信用体系已较为发达，与市场经济的结合亦十分紧密，个人、企业乃至国家的信用已逐渐演化为一种无形资产，成为个人和企业在市场经济中的身份标识和品牌价值：个人拥有较高的信用等级俨然是社会地位和经济实力的象征，而企业或商品拥有良好信誉则是保证销量和拓宽市场的根本。反观我国，目前社会信用体系发展程度较低，市场交易行为失信严重，极大阻碍了我国国民经济在各领域的正常运转。参见马征：《税收信用体系建设与建立征信国家》，《税务与经济》2006年第2期。

用，为改善宏观调控、市场监管，维护公平竞争的市场秩序提供法治基础。①因此，现代市场经济虽是信用经济，但信用意识同样需要法治力量的配合与明确。仅依靠社会公德和教育宣传，尚不足以树立市场经济所需的信用意识和信用体系。在这一层面，市场经济既是信用经济，也必然是法治经济。②在法治框架下，建立健全社会信用体系，是整顿和规范市场经济秩序、改善市场信用环境、降低交易成本、防范经济风险的重要举措，亦是减少政府对经济的行政干预、完善社会主义市场经济体制的必经之路。法治和信用作为市场经济的两大基石，两者之间存在着密切关联，换言之两者均体现着市场经济的本质要求，仅是侧重不同：信用以道德为载体，法治以强制为保障。法治机制对惩戒失信不可或缺，但其规制范围相对有限；信用准则对激励守信效果明显，但其缺乏强制约束能力。信用要求法治予以保障和支撑，法治以信用为目标和效果。在统一于促进社会发展、维护市场秩序的共同目标下，信用与道德互为表里，两者缺一不可。③

　　总之，打造信用经济和建设社会法治有着极为密切的关系。信用经济的确立和完善需要以法治为引领的社会系统工程与之积极配合、协同并进。在当前我国公民及市场主体信用意识较弱、信用管理法律法规较少、社会法治水平相对较低的大环境下，更有必要从市场经济的本质要求出发，系统全面地考量信用经济与法治建设的内在逻辑。可行的方案是，从包括房地产税在内的某一关键性法治建设角度为切入点，推动建立健全信用经济的基本法律法规，以法律的正当性、权威性、强制性打击市场经济失信行为，为信用经济稳定持续发展创设良好制度环境。④

第三节　从数字经济到信用经济：竞争监管框架的调适⑤

　　新时代中国经济发展已由高速转向高质量发展，高质量意味着单纯

---

① 《中共中央关于全面推进依法治国若干重大问题的决定》，《人民日报》2014 年 10 月 29 日 01 版。

② 信用经济是授信受信活动高度发达的一种经济形态，但诚信交易需要得到法律严格保护、不诚信交易应受到法律严格禁止，唯此各类市场主体的经济活动才能有序进行。故法治和信用两者高度统一在市场经济下缺一不可。参见沈小贤、周若男：《论信用经济与法治建设的关系》，《浙江学刊》2004 年第 3 期。

③ 马学思：《论税收法治和税收信用的结合》，《求是》2004 年第 6 期。

④ 沈小贤、周若男：《论信用经济与法治建设的关系》，《浙江学刊》2004 年第 3 期。

⑤ 陈兵：《法治视阈下数字经济发展与规制系统创新》，《上海大学学报》（社会科学版）2019 年第 4 期。

的增长已不能适应新时代发展的内涵要求。以回应新时代社会主要矛盾的转变，切实贯彻"五位一体"的整体发展观，成为当下经济转型升级的基本思路和总目标。数字经济作为一种新兴经济业态，有利于深入推进"市场在资源配置中起决定作用"的法治经济思维和方式的实现，做好供给侧结构性改革，消解过剩产能，释放科技红利。数字经济必然成为我国经济在新时代发展的重要路径与平台，也是我国深度参与全球竞争的重要场域。事实上，我国通过数字经济的增长正在深刻改变着全球经济的竞争格局。①

数字经济一方面可以利用数字技术的驱动，促使产品和服务的经营者与消费者间形成有效的可持续的交互式发展，激励消费理念的更新与消费模式的创新，促进消费升级，拉动经济增长；另一方面数字技术和数字经济的发展，将带动产业优化与升级，助力供给侧结构调整的顺利完成。故此，当前我国规制数字经济发展的基本思路可解读为以鼓励数字经济做大做强，培育和支持高质量的互联网平台经营者，给予包容审慎监管为主线。对比欧盟与美国在数字经济发展上的规制思路，②我国所推行的包容审慎之路为数字经济产业在短时间内取得举世瞩目的成就提供了有力的机制保障。然而如前述，数字经济的高速发展已经给我国市场经济法治运行带来了巨大风险，甚至是现实危害，必须高度重视科学设置其规制思路和方法。

现实是考虑到数字经济在发展的起步阶段，严格规制会抑制其创新活力和投资热情，故而采取了包容性的放松规制策略和方法，即遵循"法无禁止皆可为"的思路，促进了数字经济的高速发展，甚至呈现为野蛮增长的现象。当然，由此也带来了一系列负面效果，譬如涉及数字经济领域的不正当竞争现象，大规模侵害消费者权益现象，甚至是危害国家和社会整体安全的现象不时发生，对其加强有针对性的规制已刻不容缓。虽然规制系统作为对于私权领域的突破，体现为一种必要干预，但是规制同时又

---

① 陈兵：《法治视阈下数字经济发展与规制系统创新》，《上海大学学报》（社会科学版）2019 年第4 期。

② 欧盟持保守审慎的态度，对于数字经济呈现半拒绝的态势，将数据作为一种基本人权，希望贯彻预防原则，给予用户充分、完整的保护，在构建完整的发展价值与框架的基础上指导行业的统一推进，造成的结果就是欧盟已经处于人工智能产业发展的第二梯队。而美国自由的市场环境与相对孱弱的政府则催生出了一系列以经济利益作为最高驱动的科技巨头公司，美国依靠行业自治为主，专门立法为辅的模式，但数字经济产业发展的最直接代价是像剑桥分析事件等影响美国大选结果的社会乱象的频发。House of Lords, "AI in the UK: ready, Willing and Able?", https://publications.parliament.uk/pa/ld201719/ldselect/ldai/100/10014.htm, Last visit: February 12, 2023.

是实现私法领域权利和自由，有效达成"市场主导，政府引领"的经济发展目标的必要系统。如果说数字经济代表了一种市场主导，则规制系统则体现为一种政府引领，只有两者充分结合才能更有效实现新时代经济高质量增长的目标。故此，在数字经济发展进程中必须辅以科学合理的规制系统，才能有助于平稳度过新事物发展中必然历经的阵痛期，实现创新激励与竞争公平的良性互动。

一、更新现有监管理念和方法

数字经济的发展，尤其是历经从互联网时代到大数据时代的进阶，双边乃至多边市场所具有的复杂的交叉网络外部性与用户锁定效应使得经营者的行为效果和市场结构及其商业模式对当前市场经济法治的规制理念带来了巨大冲击。现有的行为认定方法和结构分析方法都难以有效回应数字经济运行的强技术性和高动态性竞争特质，尤其是当数字经济进阶平台经济，步入算法经济之际——大数据化、去中心化及智能化环境下的从跨界竞争到模糊竞争，直至去竞争化的发展轨迹，已显现在不久的未来完全颠覆市场经济现行竞争规制之基本理念与方式方法的端倪。譬如，以规制数字市场上滥用市场支配地位为例，现行以 SSNIP 为主的价格分析法，加市场份额推定方法，将相关产品和服务的价格，市场份额作为关键竞争要素予以考量的做法，面临极大挑战，可以预见算法尤其是算力、创新转化力等竞争要素将逐渐成为数字经济下竞争法实施的主要考量指标。这既是挑战也机遇，因应而为将可能重塑市场经济法治运行的基本逻辑与方式。

首先，表现对市场规制范畴的扩围。实践中数据往往具有多重法律属性，尤其是在不同的运行场合和环节上数据呈现出不同的特点和用途，就使得对以数据为驱动的市场竞争行为和结构的规制颇具复杂性。事实上由于数据向大数据的深度发展，数字经济和算法经济成为数字经济的高阶形态，单一的以市场价格为核心的经济规制，已经无法满足或者说不能有效支撑数字经济的健康发展。进言之，数字经济的深度发展已单纯地从经济领域延展至社会生活的方方面面，从一种经济发展模式衍生为一种社会治理范式。尤其是数字经济的出现和高速增长，其所引发的各类社会问题，已经不限于经济领域，超级平台所收集的海量数据，以及对海量数据的分析和利用能力，使其正在成长为影响社会治理和实质性从事社会治理的重要力量和管道。故此，对数字经济及其经营者的规制理应不局限于经济规制范畴，而需随其行为和影响的扩大，自然延伸至社会规制领域，譬如，用户个人信息安全、社会公共安全及国家总体安全等。具体言，数字经济的深度发展使得利用网络数据技术对个人信息（数据）权的侵害风险陡增，这本来是一个个人隐私权保护的民事法律问题。然而在数字经济环境下，正在演变或者说已经成为了一个平衡个人信息（数据）保护和促进经营者更高效利用数据激励创新与竞争的两难问题。保护私权抑或促进竞争激励在数字经济的高阶形态下，已混为一体，密不可分。这使得传统的以价格为核心的量化竞争评估模式不再是规制数字经济运行的唯一或主要考量模式，必须升级和扩展规制理念和范畴，引入审慎的事先规制——预防性规制和非量化规制——注重产品和服务的性能，关注消费者（用户）体验等。提升消费者（用户）利益成为规制数字经济运行的逻辑起点和时代使命。

事实上，在我国现行《反垄断法》和《反不正当竞争法》的立法目的中都明确将消费者利益保护作为其重要任务，尤其是在新《反不正当竞争》的修订案中更是如此。然而在实践中仍然普遍主张竞争法的实施其前提是对竞争秩序的维护，在不存在损害市场竞争秩序的前提下，对侵害消费者利益行为的规制与救济只能寻求其他途径。这一点随着数字经济的深度发展亟须予以澄清。如通过竞争法与政策对消费者（用户）信息（数据）权的直接实现和有效保护，扩展规制市场力滥用理论的适用从支配力向相对支配力的扩围，以回应在数字经济运行中所引发对广大消费者（用户）信息（数字）转移限制的压迫现象，平衡经营者竞争创新与消费者信息保护之间的共赢。如澳大利亚探索建立一种新兴的"消费者数据权"（Consumer Data Right）①，区别于欧盟 GDPR 所赋予的严苛的"数据被遗忘权"。该新兴权利是在澳大利亚竞争和消费者委员会牵头下，依据多部门统一制定的涵盖各种数据类型、传输安全协议的行业数据规范流程进行执法，旨在给予消费者更多的数据控制权的同时，最大化为企业提供激励机制，推动竞争对创新的作用的实现。故此，我国在选择设立规制数字经济的法治目标时可在一定程度上借鉴国际趋势，协调好规制过程中的各种利益冲突，从多重维度发挥规制的总体效果。

其次，延伸市场规制逻辑的起点。大数据由于具有强大的市场预测功能和精准的市场反馈系统，就如同设置了"雷达"，对未来或当下的潜在或隐形竞争者能实施定向拦截打击，其所涉及的竞争领域已不限于大数

---

① Caron Beaton-Wells, "Platform Power and Privacy Protection: A Case for Policy Innovation", https://www.Competition policy international. com/platform-power-and-privacy-protection-acase-for-policy-innovation/, Last visit: February 12, 2023.

据产业以及所辐射的下游市场，更主要的是利用传导效应波及未来市场和不相关市场。譬如，基于大数据所具有的精准预测功能，使经营者更具收购"嗅觉"。故此，某些超级平台经营者可能收购规模不大，甚至尚未盈利，但拥有特定属性数据储量和极强算力的经营者，这一方面在形式上有可能规避现行经营者集中反垄断审查的限制条件，另一方面将使收购者更具有数据分析和利用优势——这种优势在助力数据利用率提高，激励创新的同时，亦有可能加剧拒绝数据共享现象的发生。事实上，数据作为新世纪最重要的新型竞争资源，确定何种估值模型，划定数据交易价格与财产价值的量化标准是极为困难的，数据聚集效应以及数据与算法结合型的纵向锁定及协同效应将逐步凸显。一言以蔽之，数字经济的深度发展提升了预测的精准度，客观上对现行普遍遵循的事中事后相结合的规制逻辑带来了巨大挑战。故此，在数字经济下亟须对规制逻辑的链条予以延展，提倡包容审慎的"事前（预防）＋事中事后"规制体系，实现国家利益、社会公共利益及私主体利益的均衡发展。

最后，改善市场规制的基本方法。基于数字经济运行的基本特征已明显区别于传统线下市场运行的现实，为此，对市场规制的基本方法亦需相应调整。当前在数字经济市场规制上主要出现了欧盟模式（GDPR 统一的、严格的数字规制主义），新布兰代斯主义以及消费者福利（Consumers Welfare）基准，其中欧盟模式倾向于从个人用户信息（数据）权的角度，严格监管超级平台以及其他掌握数据优势的企业，新布兰代斯主义主要倾向对中小数据经营者包括个人用户利益的保护，警惕超级平台等大数据支配企业的市场力对竞争的危害，消费者福利基准依然坚持数据本身并不具有竞争力，其资源获取的难易不应成为衡量其竞争壁垒的标准，大数据并不会带来竞争损害，相反会有利于创新激励。换言之，竞争法的基准是禁止违法行为，而非主动干预市场竞争活动，更不能代替经营者参与竞争。故此，主张在遵循现行规制基本原则的基础上，实现规制逻辑和方法的更新，关注数字经济下行为的动态竞争属性，采用比例原则，引入动态分析，关注竞争过程，探索动态评估的量化指标，降低新的量化因素在实践中所出现的不确定性。

申言之，在规制中一方面引入数据、算法领域的专家辅助人制度，强化经济分析过程，听取不同领域的专家代表对数据、算法等价值与潜在竞争效果的评估，另一方面顺应数字经济发展的潮流，运用数据思维，引入人工智能、区块链等技术使得处于源头的数据治理规制体系逐步走向层次化、智慧化，进而提供高质量的大数据规制，使基于数字技术支撑的规制行为与数字经济到达互动互联与共享共赢的目标。

二、确立系统规制的基本进路

虽然数字经济运行涉及多重法律关系，关涉多个法律部门，且不同类型的数字经济形态引发不同问题，但是立足数字经济运行的基本逻辑与现实，不难发现依然可以抽象出整体的规制思路——从源头的数据进行系统化、类型化规制，促进各类型法律制度在数据规制上的衔接、协调与合力，建设与完善对公共数据、商业数据、个人数据予以分类保护的法律架构，顺畅数据的流通与共享机制，加快公私法规范相融合的以经济法治为统领的数据专门立法的出台，为各项规制行为的有效联动提供制度支撑。

如前述，从数字经济的特征出发，生态化与体系化的运行模式决定了数字经济需要整体的系统的规制进路。数字经济的生态理念，集中反映在市场资源配置与竞争中，不仅体现为由线下向线上的转变，更为突出的是利用"双向传导"效应（double directed leverage）促使竞争效能由"相关市场"向"不相关市场"和"未来市场"转化。这使拥有海量数据资源的经营者能围绕某一核心产品和（或）服务所获得的市场力，扩散式地在多个关联领域，甚至是完全不相关联的领域开发出新的竞争增长点，直至形成完整的产品和（或）服务生态模式，继而利用整个闭环系统去收集、分析及利用消费者（用户）在各个领域的数据，从而进一步反哺、巩固、强化其在整个生态系统中的影响力，由此形成竞争闭环。在这种生态化模式下，亟须一种系统化的思路予以应对，然而现阶段由于系统化的法律体系与实施机制的缺乏，使得数字经济运行的违规成本相较于获利言，几乎可以忽略不计或是完全不成比例，由此带来了巨大的经营风险和规制危机。

譬如，以欧盟对谷歌安卓系统的天价罚款为例，谷歌要求使用安卓系统的手机制造商预装谷歌移动服务，其中包含搜索、邮箱等一系列服务，作为使用谷歌应用商店的前置条件，并限制任何其他使用安卓系统的厂商使用非谷歌应用商店，欧盟认为谷歌是利用其在操作系统上的市场力量强化其在搜索等相关服务上的市场地位，在此并不讨论欧盟处罚结果的正确与否。但从此处可以看出谷歌竞争行为的高度协同性，在双边网络市场的促进下，其拥有在战略上多方位收集并高速计算数据的能力，以免费开源的"安卓系统+搜索引擎"为基础，换取广告市场上的多点营销能力。即使欧盟给予其巨额罚款，依然很难直接有效地动摇谷歌的市场地位。虽然欧盟的巨额罚款很可能颠覆安卓系统现有的竞争优势，为此，谷歌已开始改变安卓的免费模式，向厂商收取系统使用费及软件许可费，以此来应对欧盟的反垄断命令。然而面对谷歌这样的超级平台——拥有强大的用户群体、海量数据及算法算力，如果缺乏系统生态的规制视阈，仅靠单纯的高额罚款并不能遏制其竞争优势——在一定程度上则呈现为一种反竞争能力——故此，单一的负向激励处罚模式反而会促使其向新的控制模式转向。故此，建立系统规制的理念和运行模式，适用整体性多层次的规制方法，在利用经济分析方法的基础上，关注数字经济整个商业模式的系统考察，包括竞争性面向和非竞争性面向的考察，协调多元利益主体的正当诉求，以切实有助于数字经济的合规规制与健康运行。

三、发展以政府为主导的共享（合作）规制

当前数字经济的高速发展给社会治理带来了巨大挑战，正如，习近平总书记在党的十九大报告中明确指出的"打造共建共治共享的社会治理格局，提高社会治理社会化、法治化、智能化、专业化水平"[①]。其准确指明了在数字经济下未来社会治理的变革方向。如前述，数字经济发展的高阶形态表现为数字经济、算法经济，平台作为与政府相对的规制主体和规制服务供给者，正在积极发挥作用。譬如，作为我国最大的购物平台天猫商城对入驻商家经营的商品和服务的抽检和清理行为就带有很强的准规制性，其通过大数据算法所建立的防欺诈系统，以及对"淘宝村"和"淘宝镇"的评选等就带有很强的第三方社会组织参与公共规制的意蕴。客观言，数字经济的快速发展正在要求与政府——作为规制权力的独享者和规制服务的支配者——在一定范围内分享规制权力，分享规制服务供给市场。换言之，由政府作为单一主体实施的单向度规制已不能适应数字经济发展的新要求，必须加快转变传统的市场规制理念和方式。立足现实国情，发展一种由政府主导的社会各方积极参与的多元的共建共享共治的规制系统。在这一系统中构建多向度交互式的规制模式，为经营者、消费者、监管者之间去科层化的穿透式规制提供可能。特别需要注意，在新的规制系统中尊重市场经济参与主体的权益，消除传统权力科层的固化，打破不公平的既得利益分配机制，激发市场在资源配给中的巨大动能，真正实现规制主体多元化，规制路径多层化，规制方法多样化。

具体到数字经济规制领域，工业和信息化部发布的《"十四五"大数

---

① 《决胜全面建成小康社会　夺取新时代中国特色社会伟大胜利》，《人民日报》2017 年 10 月 28 日第 1 版。

据产业发展规划》，从国家顶层推进供给侧改革的维度，以大数据技术应用为重要着力点，以加快大数据产品的研发和工业大数据的应用为抓手，加大标准化体系推进的力度和速度，鼓励和支持大数据技术的跨行业融合创新，达成完善数据流通、共享、安全及隐私保护等方面的行业标准以及法律法规相关制度构建的目标，为大数据产业的创新发展提供机制体制保障。这一规范性文件的出台对数字经济产业发展由国家从统一标准的层面予以引导和实施，激励发挥行业协会的公共规制作用将大有裨益。同时，有助于平台企业和平台消费者将逐步成为规制行为的参与主体与实施主体，最终完成由单一规制向共享规制的转向。

首先，发展由政府主导的多元规制走向共享规制。从中国市场经济改革开放的进程观察，历史上任何重大体制机制的改革只有在政府主导下才具有"活的灵魂"。数字经济的发展现状和趋态决定了政府现阶段不能以简单粗暴，"一刀切"的规制方式去任意左右市场的进程，而需以一种审慎的态度包容审慎的监管。从国家顶层设计与顶层推动的维度出发，将法治作为规制数字经济运行的基础，鼓励多元主体参与，倡导经营者与消费者协同平衡的发展理念，开放规制供给，探索政府主导规制、第三方参与规制及个人自我规制的协同合作的多元联动架构，建立精准规制、科学规制的长效机制，终极达成共享规制系统，以预防和矫正政府在风险面前不作为，同时也不可乱作为，阻碍数字经济的健康发展的现象频现。事实上，在数字经济下以互联网和物联网为基石的高速发展中，因其大量使用了网络数字技术，致使市场运行的扁平化、透明化、去中心化等特征愈发明显，客观上挑战了由政府单一实施的单向度的规制模式，由单一走向多元，由单向转向多向，由对抗趋向合作，逐渐打破规制的信息孤岛走向联动和共享。

事实上，数字经济亦称信用经济，主要包含为两个方面，一方面体现为互联网企业在对用户身份识别的基础上，以用户的行为模式对用户进行评价，取得高评分的用户可以享有专属的特权，如支付宝推出的蚂蚁花呗的服务，另一方面由企业主导的评价打分机制是双向的，用户在享受企业所提供的服务的过程中，倘若企业的服务解决了用户交互间的痛点，形成所谓的用户黏度，双方将建立一种信用、信赖机制，用户将天然地选择他们心中所信用、具有影响力的企业。①平台企业的核心价值正在于通过

① 胡凌：《超越代码：从赛博空间到物理世界的控制/生产机制》，《华东政法大学学报》2018 年第 1 期。

与用户之间的互动联系创造价值。基于此种特点映射在规制领域，就要求有关数字经济的规制行为需建立一种信任机制，规制机关设置一种激励被执行人信息分享的程序，将被规制对象对于规制行为的不理解降至最低，减小对于市场力量认定证据的不确定性，确保有健全的制度和完善的措施支撑整个规制信任体系，形成多元主体间的动态与共享。

其次，经营者、消费者及监管者慎独自律是推进自我规制是共享规制系统不可或缺的部分。数字经济的深度发展，已深刻改变了当前社会所赖以信任的规制理念和方法，亟须更新升级。规制也不仅仅是有权者的特权，规制作为一种公共服务正在被多元化、多层化及多样化。数字经济的发展加剧了这种变化。尤其是在数字经济下对个人数据权利、企业数据权利以及公共数据权利的厘定与保护过程中，自我保护、不得滥用以及非公益不必要等规则正在成为规范和指引数字经济健康发展的基石，为各方主体合法有序参与数字经济运行提供了自我规制的正当性基础。具体讲，对于经营者言，不得滥用规则所要求的自我规制尤为重要。数据的开放性和流动性要求所有参与竞争的经营者都必须严格自律，经营者作为数据控制者和运营者相对数据提供者具有相对优势，理应严格履行自我规制义务。经营者在合法范围内收集、分析、利用数据的同时，必须保障数据共享的公平性和数据转移的便捷性，实现数字经济市场竞争的自由与公平，而这些仅靠政府规制是很难完全达成的，须经营者积极主动参与方可有效实现。对于消费者而言，数字经济的发展颠覆了传统消费习惯和交易模式，个性化、主动性及全天候成为主要特征，在这一过程中，消费者个人对自身行为的审慎克制，主要个人信息安全，如知情权实现，防止个人权利滥用，如不得滥用后悔权等，也成为其参与建设数字经济共享规制系统的应有之义。对以政府为主的监管者言，对数字经济实施包容审慎和科学合理的规制其落脚点仍然在于防止权力滥用，不越位不乱为，自我规制少不了，要成为数字经济市场规制的建设者和引导者，而非妨碍者和破坏者。

最后，重视消费者参与规制的能力水平建设。任何经济形态的发展对市场法治而言，都是挑战与机遇的并存，数字经济发展亦不例外。尤其是在数字经济高速发展过程中，现实危险与潜在风险已经被社会各界所广泛共识。然而不能因噎废食，必须看到数字经济发展带来的巨大利好及未来机遇。现实的问题是如何通过制度设计与运行，扬其利，避其短。其中最为基础和重要的则在于，参与数字经济运行的广大消费者的自治能力与共治能力。必须承认，消费者是激励和规制数字经济健康发展的"天然在场者"，数字经济的发展最终是"以人为中心"的发展。

　　基于此，在现行规制系统的变革中必须关照到，如何使消费者从接受被动保护走向消费者自我保护与积极行动相结合的意识转变和能力提升转向，消费者及其团体理应成为推进和规制数字经济健康发展的重要力量。故此，需进一步加强消费者消费能力和消费法治方面的教育，提高消费者主动参与应对风险的适应力，培育理性守法护法的消费者及其团体是在数字经济下建设共享规制系统的设施前提和必由进路。只有消费者及其团体强大了，消费者社会及其法治的实现方为可能。

结语　数字经济高质量发展需科学系统推进竞争法治

　　随着互联网、人工智能、大数据等新兴产业技术的高速发展，人类社会搭建起了一个与物质世界、实体经济融合共生的数字世界，创新发展了作为新经济业态、新生产力组织方式和商业组织结构的、基于信息通信技术和数字数据技术深度结合的数字（数据）经济。目前，数字经济已成为我国高质量发展的引擎，根据中国信通院最新发布的《中国数字经济发展研究报告（2023 年）》显示，我国数字经济进一步实现量的合理增长。2022 年，我国数字经济规模达到 50.2 万亿元，同比名义增长 10.3%，已连续 11 年显著高于同期 GDP 名义增速，数字经济占 GDP 比重相当于第二产业占国民经济的比重，达到 41.5%。

　　然而近年来，在数字经济领域平台垄断、竞争失序等现象层出不穷，互联网平台衍生了以算法合谋为主要形式的垄断协议、利用数据资源滥用市场支配地位、数据驱动型经营者集中等新型数据垄断形式，不仅带来破坏市场公平竞争秩序、抑制创新活力、损害中小企业和消费者合法权益、妨碍社会公平正义等不利影响，而且还在数据安全、信息安全、经济安全和社会公共利益安全等方面带来较大风险。

　　目前，为了应对数字经济发展中的新挑战，理论界与实务界已做了不少研究和实证工作，并且在数字经济领域的立法上取得了较为显著的进展。2021 年 8 月，国家市监总局发布《不正当竞争行为规定》，其中对《反不正当竞争法》第十二条第二款第（一）（二）（三）项规定的不正当竞争行为，即流量劫持、妨碍干扰、恶意不兼容等进行细化完善，并对反向"刷单"、屏蔽广告、"二选一"、数据爬取、"数据杀熟"等行为从反不正当竞争的角度进行了补充规定。于 2022 年 3 月 20 日起施行的《最高人民法院关于适用〈中华人民共和国反不正当竞争法〉若干问题的解释》则重点对《反不正当竞争法》第二条、仿冒混淆、虚假宣传、网络不正当竞争行为等问题作出了细化规定。

2022年6月24日，第十三届全国人民代表大会常务委员会第三十五次会议通过全国人民代表大会常务委员会关于修改《反垄断法》的决定。新修订的《反垄断法》在总则部分增加第九条，并在"滥用市场支配地位行为"章节部分第二十二条第二款增加了对数字（平台）经济具体要素的规制，譬如数据和算法、技术、资本及平台规则等来具象化适用于数字经济竞争的特殊性。这些新条款的写入，被认为是对数字经济下平台利用数据与算法、技术、资本优势及平台规则等实施违法排除、限制竞争行为进行规制的积极响应。

《反不正当竞争法》和《反垄断法》的修订以及相关规则的细化和完善，有助于应对数字经济发展给竞争法治带来的挑战，健全和发展数字经济领域的竞争法规则，但是《反不正当竞争法》和《反垄断法》的适用仍然面临一定困境，存在有待进一步完善的空间。

一方面，数字经济的发展对反不正当竞争法的实施带来挑战。互联网不正当竞争条款规制大数据竞争行为具有局限性，互联网专条采用"概括性条款+类型化条款+兜底条款"的形式，在明确列举三类新型不正当竞争行为的基础上，加入了"兜底条款"作为补充。但是问题在于"互联网专条"第二款前（三）项的类型化规定过于限定，诸如数据爬取、自我优待、数据封锁等新型不正当竞争行为难以归入其中。《反不正当竞争法》第二条作为一般条款，并不需要根据具体行为的表现形式进行判断，可适用于判定数字经济领域的新型竞争行为的合法性，然而竞争损害以及正当性判定的标准不明确，容易导致一些合法的新型竞争行为被错误地判定为违法行为。

另一方面，数字经济的发展对反垄断法的实施带来挑战。数字经济领域市场具有多边性、网络效应和跨界竞争等特性，现有相关市场界定方法存在局限性，虽然在《反垄断法》《禁止滥用市场支配地位行为暂行规定》等法律规定中，根据数字经济市场的特性进行了细化和补充，但新增加的考量要素仍较为模糊，在实践中的可操作性有待提升。同时，数据和算法等新要素的介入提高了反垄断行为识别与判定的难度，因为大数据和算法不仅具有较高的技术性和专业性，而且，数据和算法的应用可能使得市场竞争行为产生的效果发生巨大变化，依据传统的类型化分析方法往往难以有效识别和判定相关行为的违法性，譬如算法合谋、数据驱动型并购等新型垄断行为，对《反垄断法》的实施造成了严峻挑战。

上述《反不正当竞争法》《反垄断法》在数字经济领域中面临的适用

问题，导致一些具有反竞争效果的行为未得到及时有效的规制，不仅会带来破坏市场公平竞争秩序、抑制创新活力、损害中小企业和消费者合法权益、妨碍社会公平正义等问题，而且还给数据安全、信息安全、经济安全和社会公共利益安全带来风险，严重阻碍数字经济高质量发展。基此，笔者选择以问题为导向，着眼于数字经济时代存在的竞争问题，运用法治思维和法治方法，探寻规范与发展并重的竞争法治进路。

竞争法治的推进与完善，不能根据当前存在的问题对现行竞争法进行调整，还需具有一定的前瞻性，要从国际竞争与合作的视角，着眼于当下，放眼于未来，进一步明确竞争法治的基调与未来走向。

面对数字经济日益激烈的竞争局面和监管博弈，我国应主动适应全球数字经济竞争和监管新趋势，对数字平台企业要注重规制策略和规制方法的科学性、精准性和有效性，坚持发展和规范两手抓，激发市场主体创新活力，增强数字平台企业内增长的动力与可持续性。同时，需要平衡好阶段性政策目标和长期高质量发展要求的关系，避免过度追求短期规制效益，要形成发展与规范协同并重的长远可持续发展模式，构建统一公平、竞争有序的数字经济市场，未来竞争法治的推进还需要从以下三个方面展开。

第一，明确数字经济下竞争法治的未来走向。竞争法治的建构及施行应以人为本，规范数字科技创新对法治变革的影响，重点围绕大数据、平台及算法对现行竞争法律体系和实践方式的挑战展开，以数字经济与竞争法治的基础关系为切入口，挖掘和厘清由互联网发展至物联网场景下竞争法治面临的挑战，聚焦从网络技术到数据技术融合下大数据与平台经济发展的制度需求，做到以竞争促创新、以竞争提质量、以竞争保安全。同时，竞争立法应关注"创新"对竞争法治目标的发展。激活数据要素潜能，推进网络强国建设，加快建设数字经济、数字社会、数字政府，以数字化转型整体驱动生产方式、生活方式和治理方式变革的时期，在竞争立法过程中必须关注"创新"对竞争法治目标的发展，实现竞争与创新的动态平衡。

第二，平衡数据有序竞争与数据有效保护的关系。数据竞争是数据实现价值的方式，数据保护则是数据实现价值的前提。竞争法以鼓励和保护市场公平竞争为目的，兼顾经营者利益、消费者利益和社会公共利益等多元利益，其显著的社会法属性契合在数据竞争与数据保护间寻求平衡的需求。因此，需以"保护与竞争"为基调，从规范性、整体性及实质性的维度，审视数字经济下的数据行为，以问题为导向，关注数据竞争引发的各类纠纷，并以竞争法特别是《反不正当竞争法》为引领，结合《个人信息保护法》《数据安全法》等，以实现竞争法与数据专门法之间的协同，并推动多主体、多制度、多工具协同治理，实现数字经济下数据有序竞争与有效保护的平衡。

第三，推动从"数字经济"到"信用经济"的竞争监管时代转型。如何在激励和持续支持数字经济高速发展的同时，处理好国家利益、社会利益、经营者利益、消费者利益等多元利益间的价值排序，促使创新激励、合规运行及消费者保护三者间达致动态平衡，已成为当前亟待解决的焦点与难点。因此，要完善数字经济的信用监管，推动数据安全立法，加大反垄断力度，加强科技伦理建设，对大型平台企业依法进行监管与规制。逐步完善相关法律法规以应对日新月异的数字经济发展带来的问题。

数字经济作为新时代深化供给侧改革，促进消费质量升级和消费模式创新的重要动力和实践进路，在取得巨大成绩的同时，也诱发了诸多市场规制风险与市场交易危害。数字经济发展的基本逻辑是以数据及大数据资源为基础的生态产业链。囿于当前中国数据产权制度不明晰，因数据资源而产生的各种的竞争行为严重挑战了中国现行法律及实施机制。为回应制度供给不足与实施乏力的困境，需更新市场规制理念与方法，确立系统规制的逻辑，树立整体的多层次的规制思维，改善传统市场规制的实施机制，构建由政府主导的，经营者、消费者、社会组织参与的多维度、多元化、全方位的经济法治规制系统。尤其要强调的是，创新这一经济法治规制系统依赖于顶层设计与顶层推动的协同联动，要尊重多元利益的平衡，以此实现效率、公平及安全的三维一体。数字经济在很大程度上已经发展为信用经济模式，信用的价值不仅体现在商业模式的革新，同时体现在监管理念与制度层面的革新。信用经济的发展需要信用法治体系的保驾护航，信用法治体系与信用经济相互适应、互相推动。

总之，数字经济、信用经济时代呼唤与时俱进的法治配套建设与发展，新时代的经济法治体系建设需时刻关注与跟进经济活动的动态发展，以先进的法治建设与公平的执法活动激活与保障市场主体的创新积极性，平衡市场活动各方主体利益，保障经济的健康持续发展。

同时期待各位读者的宝贵意见，以待在接下来的研究中不断改进和完善！

参考文献

一、国内

1.《中华人民共和国反垄断法》（2022年修订）

2.《中华人民共和国数据安全法》（2021年）

3.《中华人民共和国网络安全法》（2016年）

4.《中华人民共和国个人信息保护法》（2021年）

5.《中华人民共和国反不正当竞争法》（2019年修正）

6.《中华人民共和国电子商务法》（2018年）

7.《中华人民共和国立法法》（2023年修正）

8.《中华人民共和国消费者权益保护法》（2013年修正）

9.《中华人民共和国民法典》（2020年）

10.《中华人民共和国社会信用体系建设法（向社会公开征求意见稿）》（2022年）

11.《国务院反垄断委员会关于平台经济领域的反垄断指南》（2021年）

12.《禁止网络不正当竞争行为规定（公开征求意见稿）》（2021年）

13.《互联网平台分类分级指南（征求意见稿）》（2021年）

14.《互联网平台落实主体责任指南（征求意见稿）》（2021年）

15.《上海市反不正当竞争条例》（2020年修订）

16.《禁止垄断协议规定》（2023年）

17.《禁止滥用市场支配地位行为规定》（2023年）

18.《禁止滥用知识产权排除、限制竞争行为规定》（2023年）

19.《制止滥用行政权力排除、限制竞争行为规定》（2023年）

20.《经营者集中审查规定》（2023年）

21.《国务院反垄断委员会关于平台经济领域的反垄断指南》（2021

年）

22.《国务院反垄断委员会关于原料药领域的反垄断指南》（2021 年）

23.《深圳经济特区数据条例》（2021 年）

24.《贵州省政府数据共享开放条例》（2020 年）

25.《中国人民银行金融消费者权益保护实施办法》（2020 年）

二、域外

1.《计算机欺诈与滥用法案》（Computer Fraud and Abuse Act，CFAA），美国，1986 年。

2.《澄清境外数据的合法使用法案》（CLOUD 法案），美国，2022年。

3.《终止平台垄断法案》（Ending Platform Monopolies Act），美国，2021 年。

4.《美国选择与创新在线法案》（American Choice and Innovation Online Act，Cicilline 法案），美国，2021 年。

5.《美国创新与选择在线法案》（The American Innovation and Choice Online Act，Grassley 法案），2021 年。

6.《平台竞争和机会法案》（Platform Competition and Opportunity Act），美国，2021 年。

7.《收购兼并申请费现代化法案》（Merger Filing Fee Modernization Act），美国，2021 年。

8.《通过启用服务切换（ACCESS）法案》（Augmenting Compatibility and Competition by Enabling Service Switching （ACCESS） Act），美国，2021 年。

9.《州反垄断执法场所法案》（the State Antitrust Enforcement Venue Act），美国，2021 年。

10.《开放应用市场法案》（Open App Markets Act），美国，2022 年。

11.《通过启用服务交换增强兼容性和竞争性法案》（Augmenting Compatibility and Competition by Enabling Service Switching Act of 2021），美国，2021 年。

12.《数字市场法案》（Digital Markets Act，DMA），欧盟，2022 年。

13.《数字服务法案》（Digital Services Act，DSA），欧盟，2022 年。

14.《数据法案》草案（Data Act），欧盟，2022 年。

15.《关于公平访问和使用数据的统一规则草案》（the draft Regulation on Harmonised Rules on Fair Access to and Use of Data），欧盟，2023 年。

16.《欧洲联盟运行条约》（the Treaty on the Function of the European Union，TFEU），欧盟，2009 年。

17.《纵向协议集体豁免条例》（Vertical Block Exemption Regulation（No. 330/2010），欧盟。2010 年。

18.《纵向限制指南》（Guidelines on Vertical Restraints （C（2010）2365），欧盟，2010 年。

19.《纵向协议集体豁免条例》（Vertical Block Exemption Regulation（2022/720），欧盟，2022 年。

20.《纵向限制指南》（Guidelines on Vertical Restraints （C（2022）3006 final），欧盟，2022 年。

21.《通用数据保护条例》（General Data Protection Regulation，"GDPR"），欧盟，2016 年。

22.《非个人数据自由流动条例》（Regulation on the Free Flow of Non-personal Data），欧盟，2018 年。

23.《电信商业法案》（Telecommunications Business Act），韩国，2021 年。

24.《规制垄断与公平交易法》（Monopoly Regulation and Fair Trade Act，MRFTA），韩国，2020 年。

25.《禁止垄断法》（Antimonopoly Act，《私的独占の禁止及び公正取引の確保に関する法律》），日本，2019 年。

26.《德国反对限制竞争法》（第十次修订）（GWB），德国，2021 年。

三、简称

1.《国务院反垄断委员会关于平台经济领域的反垄断指南》（简称《平台经济反垄断指南》）

2.《中华人民共和国反不正当竞争法》（简称《反不正当竞争法》）

3.《中华人民共和国电子商务法》（简称《电子商务法》）

4.《保护工业产权巴黎公约》（简称《巴黎公约》）

5.《禁止网络不正当竞争行为规定（公开征求意见稿）》（简称《不正当竞争行为规定》）

6.《互联网平台分类分级指南（征求意见稿）》（简称《平台分级分类指南》）

7.《互联网平台落实主体责任指南（征求意见稿）》（简称《平台主体责任指南》）

8.《中华人民共和国反垄断法》（简称《反垄断法》）

9.《中华人民共和国数据安全法》（简称《数据安全法》）

10.《中华人民共和国网络安全法》（简称《网络安全法》）

11.《中华人民共和国个人信息保护法》（简称《个人信息保护法》）

相关案例

一、国内案例

1. 北京爱奇艺科技有限公司诉杭州一刷量公司等不正当竞争案

"全国首例视频刷量不正当竞争案"

【案件名】

北京爱奇艺科技有限公司与杭州飞益信息科技有限公司等不正当竞争纠纷案

【案件编号】

（2019）沪 73 民终 4 号

【案情简介】

杭州飞益信息科技有限公司（以下简称"飞益公司"）是一家专门提供针对爱奇艺、腾讯、优酷连续访问爱奇艺网站视频，在短时间内迅速提高视频访问量，达到刷单成绩，以牟取利益的公司。北京爱奇科技有限公司（以下简称"爱奇艺公司"）诉称，飞益公司的行为已经严重损害了其合法权益，破坏了视频行业的公平竞争秩序，飞益公司、吕某、胡某构成共同侵权，请求法院判令飞益公司和吕某、胡某立即停止不正当竞争行为，连带赔偿爱奇艺公司经济损失 500 万元，在《法制日报》中缝以外版面刊登声明，消除影响。飞益公司和吕某、胡某辩称，爱奇艺公司与飞益公司的经营范围、盈利模式均不相同，不具有竞争关系，并且涉案的刷量行为未在《反不正当竞争法》禁止之列，故飞益公司的刷量行为不构成不正当竞争。

一审法院认为，飞益公司和吕某、胡某通过技术手段干扰、破坏爱奇艺网站的访问数据，违反公认的商业道德，损害爱奇艺公司以及消费者的合法权益，构成不正当竞争，故依据《反不正当竞争法》第二条判令飞益公司、吕某、胡某向爱奇艺公司连带赔偿 50 万元，并刊登声明，消除影响。一审判决后，爱奇艺公司、飞益公司、吕某、胡某均不服，提起上诉。

上海知识产权法院经审理认为，涉案视频刷量行为属于《反不正当竞争法》所规定的"虚假宣传"不正当竞争行为。根据查明的事实，飞益公司、吕某、胡某系分工合作，共同实施了涉案视频刷量行为，应承担连带赔偿责任。一审法院酌情确定 50 万元的判赔数额合理，应予维持。据此，判决驳回上诉，维持原判。

【案件评价】

互联网技术的迅速发展一方面带来了经济的快速发展，但另一方面也使得一些新的竞争行为层出不穷，例如本案中的暗刷流量行为。本案通过对暗刷流量系不正当竞争行为的认定，有效打击了此种行为，对于净化网络环境、推动视频播放行业健康发展起到了重要作用。此外，本案还刺破公司面纱，追究相关个人的责任，对于打击相关黑产从业人员起到了一定作用。一方面，通过该案的审判，进一步明确了适用《反不正当竞争法》规制类型化与非类型化不正当竞争行为的规则，为之后相类似的案件提供了一定的审判思路；另一方面，该类型案件的数量不断增多，为了适应社会发展的需要，相关立法工作亦迫在眉睫。

2. 大众点评诉百度地图案

【案件名】

上海汉涛信息咨询有限公司诉北京百度网讯科技有限公司、上海杰图软件技术有限公司不正当竞争案

【案件编号】

（一审）（2015）浦民三（知）初字第 528 号

（二审）（2016）沪 73 民终 242 号

【案情简介】

上海汉涛信息咨询有限公司（以下简称"汉涛公司"）是大众点评网的经营者。大众点评网收集了大量商户信息，并吸引大量消费者通过体验发布点评信息。北京百度网讯科技有限公司（以下简称"百度公司"）是百度地图和百度知道的经营者，上海杰图软件技术有限公司（以下简称"杰图公司"）是城市吧街景地图的经营者。百度地图除了提供商户地理信息，还向网络用户提供该商户的点评信息，餐饮类商户的大部分点评信息主要来源于大众点评网。网络用户在百度知道搜索餐饮商户名称时，百度

公司会直接向网络用户提供来自大众点评网的点评信息。杰图公司运营的城市吧街景地图向网络用户提供实景地图，该网站调用了百度地图或腾讯地图。汉涛公司主张，百度公司大量使用大众点评网的点评信息，构成不正当竞争，杰图公司构成共同侵权。汉涛公司诉请判令百度公司、杰图公司停止不正当竞争行为、赔偿经济损失及合理费用，并消除影响。百度公司辩称，其与汉涛公司不存在竞争关系，其行为没有给汉涛公司造成损害。杰图公司辩称，其没有使用大众点评信息，不构成侵权。

最终法院判决北京百度网讯科技有限公司停止以不正当的方式使用上海汉涛信息咨询有限公司运营的大众点评网的点评信息，北京百度网讯科技有限公司赔偿上海汉涛信息咨询有限公司经济损失人民币 300 万元及为制止不正当竞争行为所支付的合理费用人民币 23 万元。

【案件评价】

地图服务与商户点评类服务的业务定位是完全不同的，虽然二者用户群有较高重合度，但在绝大多数情况下，用户作出两种服务选择的场景有着很大差异。因此，二者在内容、数据、服务上的互通有无，在某些情形下能够为各自的用户提供额外的信息和便利，实现三方共赢。

但随着信息技术产业和互联网产业的发展，在"大数据"时代的背景下，信息的价值跃升，愈来愈多的市场主体投入巨资收集、整理和挖掘信息，如果不加节制地允许市场主体任意地使用或利用他人通过巨大投入所获取的信息，将不利于鼓励商业投入、产业创新和诚实经营，最终损害健康的竞争机制。

因此，市场主体在使用他人所获取的信息时要遵循公认的商业道德，在相对合理的范围内使用，尽可能地坚持"必要、最少"的原则。就本案言，对于擅自使用他人收集的信息的行为是否违反公认的商业道德的判断上，一方面，需要考虑产业发展和互联网环境所具有信息共享、互联互通的特点；另一方面，要兼顾信息获取者、信息使用者和社会公众三方的利益，既要考虑信息获取者的财产投入，还要考虑信息使用者自由竞争的权利，以及公众自由获取信息的利益——即在利益平衡的基础上划定行为的边界。

3. 新浪诉脉脉不正当竞争案

【案件名】

北京淘友天下技术有限公司等与北京微梦创科网络技术有限公司不

正当竞争案

【案件编号】

（2015）海民（知）初字第 12602 号（一审）

（2016）京 73 民终 588 号（二审）

【案情简介】

2014 年 8 月，微博方面发现在脉脉产品内，大量非脉脉用户直接显示有新浪微博用户头像、名称、职业和教育等信息。即可能在从未通过微博登录脉脉的情况下，脉脉上仍能够直接搜索到用户的个人信息。在此之前，微博和脉脉一直有合作，用户可以通过微博账号和个人手机号注册登录脉脉（OpenAPI），用户注册时还要向脉脉上传个人手机通讯录联系人。但在上述事件发生后，双方终止合作，新浪也据此向脉脉提起诉讼，认为被告非法抓取、使用微博用户信息等。

2016 年 4 月，北京市海淀区人民法院一审结案，认定脉脉非法抓取、使用新浪微博用户信息等行为构成不正当竞争。此后，脉脉提起上诉。2016 年 12 月 30 日，北京知识产权法院做出终审判决，驳回上诉，维持原判。2017 年 1 月 9 日，北京知识产权法院判决维持原判，驳回上诉。

【案件评价】

数据是新时代的石油，互联网企业间对于数据的争夺越来越激烈。先发企业经过长期积累，在数据量级和管理方面具有比较优势，后发企业如何合法获取、利用先发企业平台数据，是本案审理的关键。本案中二审法院认定，在 OpenAPI 开发合作模式中，第三方通过 OpenA-PI 获取用户信息时应坚持"用户授权"＋"平台授权"＋"用户授权"的三重授权原则。三重授权包含"平台授权"，如果将平台授权放置在本案微博与脉脉合作的 OpenAPI 模式中，是相对比较好理解的。因为首先脉脉未获得微博用户，特别是非脉脉用户的微博用户对于其教育信息、职业信息的使用授权，而微博平台已经将这些信息进行了收集并开发了 Open API 的使用接口，同时脉脉正是通过 Open API 方式尝试获得的这些信息，那么当然要获得微博的"平台授权"。但是如果脉脉已经通过与自有用户（同时是新浪微博用户）达成协议，获得用户对于其新浪微博平台教育、职业等个人信息的抓取和使用授权，此种情况下，脉脉是否仍然需要"平台授权"，是值得思考的问题。这一问题牵涉到，用户对其在平台上产生的个人信息和数据，用户是否享有自由处置权，以及平台作为数据控制者与用户作为数据主体的权益应当如何协调。本案二审判决对数据开放平台对于用户信息等平台数据享受的合法权益给予了有力保护，但从其他角度看，对于用户选择在平台中向所有用户公开的信息，是否有必要限制任何形式的第三方获取，是否可能因此损害互联网的开放、共通原则，也是值得思考的问题。

4. 腾讯诉世界星辉案

【案件名】

深圳市腾讯计算机系统有限公司与北京世界星辉科技有限责任公司不正当竞争纠纷案

【案件编号】

一审：（2017）京 0105 民初 70786 号

二审：（2018）京 73 民终 558 号

【案情简介】

深圳市腾讯计算机系统有限公司（以下简称"腾讯公司"）系"腾讯视频"网站的合法经营人，对网站依法享有经营收益权。"世界之窗浏览器"软件系北京世界星辉科技有限公司（以下简称"世界星辉公司"）开发经营，该浏览器设置有广告过滤功能，用户使用该功能后可以有效屏蔽腾讯公司网站在播放影片时的片头广告和暂停广告。腾讯公司认为世界星辉公司的上述行为使得其不能就网站影片的片头及暂停广告获取直接收益，遭受了经济上的损失。而世界星辉公司屏蔽广告的行为，提升了其用户的使用体验度，获得其商业价值的提升，认为其行为违反了诚实信用原则及公认的商业道德，极大地损害了腾讯的合法权益。

世界星辉公司辩称，腾讯公司所主张"免费+广告"的经营模式不属于法律所保护的利益。通过浏览器过滤广告的行为未侵害网站经营者的利益，用户没有观看广告的义务，广告拦截也不必然导致视频网站商业利益的减损，即使利益受损也属于正常商业竞争的结果。视频过滤广告的行为不违反诚实信用原则及公认的商业道德，公司研发的屏蔽广告技术，并非针对腾讯公司，而是将是否屏蔽广告的选择权交给了用户。

一审法院对世界星辉公司开发、经营涉案具有选择性过滤、屏蔽广告功能的浏览器的行为认定不足以构成不正当竞争行为。判决：驳回深圳市腾讯计算机系统有限公司的全部诉讼请求。

腾讯公司不服一审判决，向北京知识产权法院提起上诉。二审法院对于一审判决所查明事实予以确认，并补充查明了视频网站收入结构、广告过滤功能相关的经济学分析报告等事实。

最终一审判决：驳回原告深圳市腾讯计算机系统有限公司的诉讼请求。二审判决撤销北京市朝阳区人民法院作出的（2017）京 0105 民初 70786 号民事判决；被上诉人北京世界星辉科技有限责任公司赔偿上诉人深圳市腾讯计算机系统有限公司经济损失一百万元，诉讼合理支出八十九万六千七百零八元。

【案件评价】

影视商业化推动着视频播放网站的发展，这一领域也成为广告投放的重要渠道。视频网站通过在免费视频片头、片中插入广告获取广告费，视频网站不仅以此抵扣高昂视频版权费用，还为企业创造了收益，这已经成为视频网站很重要的经营模式。观看广告必然要付出时间成本，在快节奏生活的当下，有部分互联网浏览器开发者以"消费者利益"为出发点提供具有屏蔽广告功能的浏览器。由此便产生了各方利益的冲突。

本案中，腾讯公司以不正当竞争为由起诉世界星辉公司。一审、二审争议的焦点问题均在于：世界星辉公司提供具有屏蔽广告功能的浏览器的行为是否违反《反不正当竞争法》第二条的规定。《反不正当竞争法》第二条规定："经营者在市场交易中，应当遵循自愿、平等、公平、诚实信用的原则，遵守公认的商业道德。本法所称的不正当竞争，是指经营者违反本法规定，损害其他经营者的合法权益，扰乱社会经济秩序的行为。"一般而言，只有在该行为违反公认的商业道德时，才宜将其认定为不正当竞争行为。同时，因反不正当竞争法保护的是健康的社会经济秩序，而健康的社会经济秩序通常有利于社会总福利，因此，本案启示了在判断某类行为是否违反反不正当竞争法第二条时，亦可通过其是否有利于社会总福利进行量化分析。

5. 腾讯诉奇虎不正当竞争

【案件名】

腾讯科技（深圳）有限公司、深圳市腾讯计算机系统有限公司与北京奇虎科技有限公司、奇智软件（北京）有限公司不正当竞争纠纷案

【案件编号】

一审：（2011）粤高法民三初字第 1 号

二审：（2013）民三终字第 5 号

【案情简介】

北京奇虎科技有限公司、奇智软件（北京）有限公司（合称"奇虎公司等"）针对腾讯科技（深圳）有限公司、深圳市腾讯计算机系统有限公司（合称"腾讯公司等"）的 QQ 软件专门开发了"360 扣扣保镖"软件，在相关网站上宣传扣扣保镖软件全面保护 QQ 软件用户安全，并提供下载服务。用户在安装了扣扣保镖软件后，该软件会自动对 QQ 软件进行体检，以红色字体警示用户 QQ 存在严重的健康问题，以绿色字体提供一键修复帮助，同时将"没有安装 360 安全卫士，电脑处于危险之中；升级 QQ 安全中心；阻止 QQ 扫描我的文件"列为危险项目；查杀 QQ 木马时，显示"如果您不安装 360 安全卫士，将无法使用木马查杀功能"，并以绿色功能键提供 360 安全卫士的安装及下载服务；经过一键修复，扣扣保镖将 QQ 软件的安全沟通界面替换成扣扣保镖界面。腾讯公司等以上述行为构成不正当竞争为由，提起诉讼。广东省高级人民法院一审认为，奇虎公司等前述行为构成不正当竞争行为；其针对腾讯公司等的经营，故意捏造、散布虚伪事实，损害了该公司的商业信誉和商品声誉，构成商业诋毁。遂判决奇虎公司等公开赔礼道歉、消除影响，并连带赔偿经济损失及合理维权费用共计 500 万元。奇虎公司等不服，提起上诉。最高人民法院二审认为，在市场竞争中，经营者通常可以根据市场需要和消费者需求自由选择商业模式，这是市场经济的必然要求。腾讯公司等使用的免费平台与广告或增值服务相结合的商业模式是本案争议发生时互联网行业惯常的经营方式，也符合我国互联网市场发展的阶段性特征。这种商业模式并不违反反不正当竞争法的原则精神和禁止性规定，腾讯公司等以此谋求商业利益的行为应受保护，他人不得以不正当干扰方式损害其正当权益。奇虎公司等前述行为破坏 QQ 软件及其服务的安全性、完整性，干扰了其正当经营活动，损害了其合法权益。奇虎公司等前述行为根本目的在于依附 QQ 软件强大用户群，通过对 QQ 软件及其服务进行贬损的手段来推销、推广 360 安全卫士，从而增加奇虎公司等的市场交易机会并获取市场竞争优势，此行为本质上属于不正当地利用他人市场成果、为自己谋取商业机会从而获取竞争优势的行为，违反了诚实信用和公平竞争原则，构成不正当竞争。最高人民法院判决驳回上诉，维持原判。

【案件评价】

本案中，最高人民法院明确了互联网市场领域中商业诋毁行为的认定规则，其根本要件是相关经营者的行为是否以误导方式对竞争对手的商业信誉或者商品声誉造成了损害。最高人民法院指出，经营者为竞争目的对他人进行商业评论或者批评，尤其要善尽谨慎注意义务；互联网的健康发展需要有序的市场环境和明确的市场竞争规则作为保障，竞争自由和创新自由必须以不侵犯他人合法权益为边界。最高人民法院在本案中明确了互联网市场领域技术创新、自由竞争和不正当竞争的关系，本案对相关互联网企业之间开展有序竞争、促进市场资源优化配置具有里程碑的意义。

6. 爱奇艺诉上海大摩案

【案件名】

上海大摩网络科技有限公司与北京爱奇艺科技有限公司不正当竞争纠纷案

【案件编号】

一审案号（2015）闵民三（知）初字第 271 号

二审案号（2016）沪 73 民终 33 号

【案情简介】

北京爱奇艺科技有限公司（以下简称"爱奇艺公司"）系国内知名视频分享网站爱奇艺的经营者，其商业模式主要为"广告+免费视频"，即用户观看一定时间的广告，爱奇艺公司向其提供免费视频播放，爱奇艺公司则获取相应的广告收益。上海大摩网络科技有限公司（以下简称"大摩公司"）开发运营的"ADSafe"净网大师软件具有"看视频不等待"功能——通过阻止答复视频节目请求中的广告数据请求，实现了拦截视频前广告，直接播放视频内容的目的。爱奇艺公司认为，大摩公司通过宣传引诱用户下载并运行"看视频不等待"功能，使得用户不用收看爱奇艺公司网站的视频前广告，直接获取视频内容，该行为损害了爱奇艺公司播放广告应取得的合法权益，故依据《反不正当竞争法》第二条主张大摩公司的上述行为构成不正当竞争，要求大摩公司停止侵权并赔偿经济损失和合理费用。

上海市闵行区人民法院经审理认为，涉诉软件主要通过阻止答复视频节目请求中的广告数据请求，实现跳过片前广告，直接播放视频的目的。大摩公司为引诱用户使用涉诉软件，对其"看视频不等待"功能作了广告宣传。大摩公司采用技术手段拦截视频前广告，直接播放来源于爱奇艺公司视频的行为，违背诚实信用原则，损害爱奇艺公司合法商业模式，构成不正当竞争。故判决大摩公司停止侵权，并赔偿爱奇艺公司经济损失

200000 元及合理费用 33500 元。大摩公司不服原判决，提起上诉。

上海知识产权法院经审理认为，爱奇艺公司依托"广告+免费视频"的商业模式谋取的正当商业利益受反不正当竞争法保护。涉诉软件的"看视频不等待"功能致使用户在爱奇艺网站观看免费视频时，爱奇艺公司无法获取相应的广告收益。大摩公司明知该功能会直接损害爱奇艺公司的商业利益，仍利用用户既不愿支付时间成本也不愿支付金钱成本的消费心理进行宣传推销，其目的在于依托爱奇艺公司多年经营所取得的用户群，为自身增加市场交易机会，取得市场竞争的优势。大摩公司的行为本质上是不当利用他人市场成果、损害他人合法权益来谋求自身竞争优势。故判决驳回上诉，维持原判。

【案件评价】

随着互联网技术的发展，网络环境下的不正当竞争纠纷日益增多，反不正当竞争法对具体不正当竞争行为规定的滞后性、局限性问题日益突出。本案再次明确了"非公益必要不干扰原则"，即网络服务提供者在特定情况下可以不经网络用户知情并主动选择，以及其他互联网产品和服务提供者的同意，干扰他人互联网产品或服务的运行，但必须限于保护网络用户等社会公共利益的需要，并且应当确保干扰手段的必要性和合理性。该原则对《反不正当竞争法》第二条在互联网环境下判定竞争行为的标准作了很好的诠释。因此，互联网环境下的竞争应在尊重其他经营者对其产品和服务自主的基础上展开，其他经营者在没有达到"公益必要优先"的情况下，不能施以任何的干扰，否则构成不正当竞争。

7. 阿里巴巴"二选一"案

【案件编号】

国市监处〔2021〕28 号

【案情简介】

2020 年 12 月，市场监管总局依据《反垄断法》对阿里巴巴集团控股有限公司（以下简称"阿里巴巴集团"）在中国境内网络零售平台服务市场滥用市场支配地位行为立案调查。经查，阿里巴巴集团在中国境内网络零售平台服务市场具有支配地位。自 2015 年以来，阿里巴巴集团滥用该市场支配地位，对平台内商家提出"二选一"要求，禁止平台内商家在其他竞争性平台开店或参加促销活动，并借助市场力量、平台规则和数据、算法等技术手段，采取多种奖惩措施保障"二选一"要求执行，维持、增强自身市场力量，获取不正当竞争优势。

　　调查表明，阿里巴巴集团实施"二选一"行为排除、限制了中国境内网络零售平台服务市场的竞争，妨碍了商品服务和资源要素自由流通，影响了平台经济创新发展，侵害了平台内商家的合法权益，损害了消费者利益，构成《反垄断法》第十七条第一款第（四）项禁止"没有正当理由，限定交易相对人只能与其进行交易"的滥用市场支配地位行为。

　　根据《反垄断法》第四十七条、第四十九条规定，综合考虑阿里巴巴集团违法行为的性质、程度和持续时间等因素，2021 年 4 月 10 日，市场监管总局依法作出行政处罚决定，责令阿里巴巴集团停止违法行为，并处以其 2019 年中国境内销售额 4557.12 亿元 4%的罚款，计 182.28 亿元。同时，按照《行政处罚法》坚持处罚与教育相结合的原则，向阿里巴巴集团发出《行政指导书》，要求其围绕严格落实平台企业主体责任、加强内控合规管理、维护公平竞争、保护平台内商家和消费者合法权益等方面进行全面整改，并连续三年向市场监管总局提交自查合规报告。

　　【案件评价】

　　国家市场监管总局对阿里巴巴集团作出的行政处罚为，责令停止违法行为，并处以其 2019 年中国境内销售额 4557.12 亿元 4%的罚款，计 182.28 亿元，同时对其发布了《行政指导书》，要求其按照要求制定整改方案，明确整改任务和完成时限，并要求阿里巴巴连续三年向市场监管总局提交自查合规报告。就目前而言，该行政处罚案件将成为大型互联网平台经济反垄断过程中极具示范性意义的案件，堪称我国平台经济反垄断执法的里程碑和风向标，彰显了国家对平台经济目前依法监管、高效监管的执法态度，体现了反垄断执法机构对平台经济经营者坚持"处罚与教育相结合的原则"。

　　阿里巴巴案应当只是一个开始。从我国目前的互联网经济发展格局看，平台经济发展迅速，逐渐形成了庞大的平台经济生态系统。其中涉嫌垄断的互联网企业不止阿里巴巴，涉嫌违法的垄断行为也远不止"二选一"，平台巨头滥用自身市场支配地位进行垄断行为的案例屡见不鲜，健康的市场竞争秩序遭到破坏，亟须国家监管力量介入以维护消费者合法利益、防止资本失序扩张、规范行业发展。因此在阿里巴巴处罚案之后，国家执法机构应尽快通过完善和修订《反垄断法》、《反不正当竞争法》等一系列竞争法律法规，进一步加大对平台经济领域的反垄断执法力度等具体举措，规范平台经济领域的竞争秩序，维护平台的长远发展。

8. 2021 年 7 月总局对腾讯音乐独家协议的案件

【案件名】

腾讯控股有限公司收购中国音乐集团股权违法实施经营者集中案

【案件编号】

国市监处〔2021〕67 号

【案情简介】

2021 年 1 月，市场监管总局对腾讯控股有限公司（以下简称"腾讯"）收购中国音乐集团股权一事立案调查。经查，2016 年 7 月 12 日，腾讯主要以 QQ 音乐业务投入中国音乐集团，获得中国音乐集团 61.64%股权，取得对中国音乐集团的单独控制权，整合后的中国音乐集团更名为腾讯音乐娱乐集团。这笔交易达到《国务院关于经营者集中申报标准的规定》第三条规定的申报标准，属于应当申报的情形。但直至 2017 年 12 月，交易完成股权变更登记手续之前，腾讯都没有未向市场监管总局申报，违反《反垄断法》第二十一条规定，构成违法实施的经营者集中。

本案相关市场为中国境内网络音乐播放平台市场。正版音乐版权是网络音乐播放平台运营的核心资产和关键性资源。市场监管总局认为，2016 年腾讯和中国音乐集团在相关市场份额分别为 30%和 40%左右。腾讯通过与市场主要竞争对手合并，获得较高的市场份额，集中后实体占有的独家曲库资源超过80%，至此，腾讯在中国境内网络音乐播放平台市场具有较高市场份额，可能使其有能力促使上游版权方对其进行独家版权授权，或者向其提供优于竞争对手的条件，也可能使腾讯有能力通过支付高额预付金等方式提高市场进入壁垒，对相关市场具有或者可能具有排除、限制竞争的效果。

此外，市场监管总局还指出，近年来网络音乐播放平台与其他平台之间呈现出一定的动态竞争和跨界融合趋势，一些拥有广泛用户基础的短视频平台，如果再获得足够数量的音乐版权资源，在未来有可能成为相关市场的竞争者。因此，根据《反垄断法》第四十八条、《经营者集中审查暂行规定》第五十七条规定，市场监管总局决定责令腾讯及关联公司采取三十日内解除独家音乐版权、停止高额预付金等版权费用支付方式、无正当理由不得要求上游版权方给予其优于竞争对手的条件等恢复市场竞争状态的措施，并处以 50 万元的罚款。此外，腾讯还需在三年内每年向市场监管总局报告履行义务情况，市场监管总局将依法严格监督其执行情况。

【案件评价】

从行政处罚决定书看，国家市场监督管理总局对腾讯音乐集团做出的处罚主要集中在经营者集中未正确申报和独家版权的禁止问题两个方面。由此可以推断出当前我国数字音乐市场可能存在的经营者集中和滥用市场支配地位问题。作为当前我国数字音乐市场的主流许可模式，版权独家许可是市场机制下自由选择的结果，其结构本身无可指摘。因此，在实践上应当正视其积极效应，同时谦抑执法，充分尊重其发展方式。对于其制度上的缺位，应当设置专有许可的登记公示制度，同时限制"独家授权"的期限和续约，改革集体管理组织，提高市场竞争活力。在实践和制度层面同时对其路径的合理探寻，有利于尽快扫清其发展道路上的障碍，更好地服务于数字音乐市场。

9. 360 诉 QQ 案

【案件名】

北京奇虎科技有限公司诉腾讯科技（深圳）有限公司、深圳市腾讯计算机系统有限公司滥用市场支配地位纠纷案

【案件编号】

一审（2011）粤高法民三初字第 2 号

二审（2013）民三终字第 4 号

【案情简介】

北京奇虎科技有限公司（以下简称"奇虎公司"）、奇智软件（北京）有限公司于 2010 年 10 月 29 日发布扣扣保镖软件。2010 年 11 月 3 日，腾讯科技（深圳）有限公司（以下简称"腾讯公司"）发布《致广大 QQ 用户的一封信》，在装有 360 软件的电脑上停止运行 QQ 软件。11 月 4 日，奇虎公司宣布召回扣扣保镖软件。同日，360 安全中心亦宣布，在国家有关部门的强力干预下，目前 QQ 和 360 软件已经实现了完全兼容。2010 年 9 月，腾讯 QQ 即时通信软件与 QQ 软件管理一起打包安装，安装过程中并未提示用户将同时安装 QQ 软件管理。2010 年 9 月 21 日，腾讯公司发出公告称，正在使用的 QQ 软件管理和 QQ 医生将自动升级为 QQ 电脑管家。奇虎公司诉至广东省高级人民法院，指控腾讯公司滥用其在即时通信软件及服务相关市场的市场支配地位。奇虎公司主张，腾讯公司和深圳市腾讯计算机系统有限公司（以下简称腾讯计算机公司）在即时通信软件及服务相关市场具有市场支配地位，两公司明示禁止其用户使用奇虎

公司的 360 软件，否则停止 QQ 软件服务；拒绝向安装有 360 软件的用户提供相关的软件服务，强制用户删除 360 软件；采取技术手段，阻止安装了 360 浏览器的用户访问 QQ 空间，上述行为构成限制交易；腾讯公司和腾讯计算机公司将 QQ 软件管家与即时通信软件相捆绑，以升级 QQ 软件管家的名义安装 QQ 医生，构成捆绑销售。请求判令腾讯公司和腾讯计算机公司立即停止滥用市场支配地位的垄断行为，连带赔偿奇虎公司经济损失 1.5 亿元。

广东省高级人民法院于 2013 年 3 月 20 日作出民事判决：驳回北京奇虎科技有限公司的诉讼请求。北京奇虎科技有限公司不服，提出上诉。最高人民法院于 2014 年 10 月 8 日作出判决：驳回上诉、维持原判。

【案件评价】

在反垄断案件的审理中，界定相关市场通常是重要的分析步骤。但是能否明确界定相关市场取决于案件具体情况。在滥用市场支配地位的案件中，界定相关市场是评估经营者的市场力量及被诉垄断行为对竞争影响的工具，其本身并非目的。如果通过排除或者妨碍竞争的直接证据，能够对经营者的市场地位及被诉垄断行为的市场影响进行评估，则不需要在每一个滥用市场支配地位的案件中，都明确而清楚地界定相关市场。

假定垄断者测试（HMT）是普遍适用的界定相关市场的分析思路。在实际运用时，假定垄断者测试可以通过价格上涨（SSNIP）或质量下降（SSNDQ）等方法进行。互联网即时通信服务的免费特征使用户具有较高的价格敏感度，采用价格上涨的测试方法将导致相关市场界定过宽，应当采用质量下降的假定垄断者测试进行定性分析。

基于互联网即时通信服务低成本、高覆盖的特点，在界定其相关地域市场时，应当根据多数需求者选择商品的实际区域、法律法规的规定、境外竞争者的现状及进入相关地域市场的及时性等因素，进行综合评估。

在互联网领域中，市场份额只是判断市场支配地位的一项比较粗糙且可能具有误导性的指标，其在认定市场支配力方面的地位和作用必须根据案件具体情况确定。

10. 优酷诉猎豹浏览器案（简称"优酷诉猎豹案"）

【案件名】

合一信息技术（北京）有限公司与北京金山安全软件有限公司等不正当竞争纠纷案

【案件编号】

一审（2013）海民初字第 13155 号.

二审（2014）一中民终字第 3283 号

【案情简介】

合一信息技术（北京）有限公司（以下简称"合一公司"）是优酷网的经营者。贝壳公司是"猎豹浏览器"官方发布平台"猎豹网站"的经营人，金山安全公司是"猎豹浏览器"的开发者、版权人，金山网络公司既是"猎豹浏览器"的版权人，也是"猎豹网站"的版权人。猎豹浏览器通过技术措施向终端用户提供"广告过滤"功能，当用户打开该功能后访问优酷网站时，合一公司在视频中投放的广告会被过滤。原告合一公司其向用户提供的视频服务包括两种方式：免费加视频广告模式；收费模式。被告金山公司开发并提供的猎豹浏览器具有过滤视频广告的功能，该功能可以过滤原告优酷网中免费视频的片头广告。据此，原告合一公司认为被告金山公司的上述行为构成不正当竞争行为，违反了《反不正当竞争法》第二条有关诚实信用原则的规定，构成不正当竞争行为。但被告金山公司对此不予认可，其认为被诉行为并未违反上述规定，并同时提出了双方不具有竞争关系、技术中立原则、恶意广告以及公共利益等抗辩理由。

一审法院北京市海淀区人民法院经审理认为，被告金山公司提供的具有广告过滤功能的猎豹浏览器的行为构成不正当竞争行为，对原告合一公司的起诉理由予以支持，遂判决被告金山公司赔偿原告合一公司 30 万元。金山公司不服一审判决，向北京市第一中级人民法院提起上诉。二审法院经审理判决驳回上诉，维持原判。

【案件评价】

当前，我国视频行业已经形成了各方互取所需的模式：视频网站支出大量的版权成本采购版权，广告主在视频网站投放广告，不愿意付费的用户则需要观看广告内容。而为了吸引和争夺用户，浏览器公司无视视频网站的利益，不断提升广告屏蔽功能，这无疑是动了视频网站行业的奶酪，通过浏览器或路由器过滤页面广告功能所引发的不正当竞争问题频发。

现阶段，网络服务商还无法通过正常的市场竞争区分竞争手段的高低优劣，因此需要通过司法裁判对此做出规则的指引引领，本案的判决无疑将对市场发展方向及竞争规则的形成起到非常重要的作用。本案的判决结果虽然肯定了优酷网商业模式的正当性，视频网站或许可以暂时吃下一颗"定心丸"，但法院却没有忘记对于用户利益的考虑。一审法院判决认为，"虽然本院认定本案中合一公司的商业模式具有正当性，但不意味着确认该商业模式已经对消费者权益保护做了充分考量"。被告对猎豹浏览器开发设置过滤视频广告软件，一定程度上是为了迎合目前部分网络用户改变对优酷网视频广告过多、过长不良体验的需求。在现行法律法规及司法实践对某项市场行为尚无明确法律评价的情况下，要求市场经营者对其就某项用户需求进行开发经营从决策到实施过程中能完全明晰其行为的法律定性，存在一定的现实困难。

跳出已经生效的判决，视频网站应充分考虑如何将广告收费模式进一步创新，减少广告时长，提升广告质量，变换广告方式，迎合用户所需。另外，避免盲目争抢热点影视剧，多元化版权内容来源，降低版权费用，让影视剧作品回归理性价格。唯有如此，才能从根本上解决目前的无序竞争问题，让广大用户受益。

11. 北京聪明狗网络技术有限公司诉淘宝（中国）软件有限公司等不正当竞争纠纷案

【案件名】

北京聪明狗网络技术有限公司与淘宝（中国）软件有限公司不正当竞争纠纷

【案件编号】

（2017）京 0108 民初 3083 号（一审）

（2018）京 73 民终 326 号（二审）

【案情简介】

淘宝、天猫对"购物党"网站提供给用户下载的比价插件采取了屏蔽行为，构成了不正当竞争，"购物党"网站经营者北京聪明狗网络技术有限公司（以下简称"聪明狗公司"）将浙江淘宝网络有限公司、淘宝（中国）软件有限公司和浙江天猫网络有限公司分别诉至法院，要求立即停止不正当竞争行为，并赔偿 100 万元，海淀法院受理了该案。

聪明狗公司称，公司合法经营比价插件购物党，淘宝公司、天猫公司对该插件采取了屏蔽行为，导致网民在淘宝、天猫无法使用购物党比价插件，进而选择其他公司的比价插件，导致该公司用户流失，经济利益受损。

法院在裁判中首先肯定了比价工具的商业模式并不违反法律规定及公认的商业道德，因为其设置的价格对比、价格变动走势、用户评价等功能，有利于消费者在网购中作出最佳选择，促进经营者向市场提供质高价低的商品服务，符合《反不正当竞争法》的立法目的。但对于案涉具体购物党比价插件，法院考察了该插件在淘宝网运行的具体情况，认为：①相关标识直接展开并遮挡了淘宝网页中的相关内容，影响到淘宝公司的正常经营；②不当过滤搜索结果，擅自限制消费者接触更多商品、服务信息；③阻碍淘宝网相关商品、服务信息的展示，使淘宝公司的商业信誉受到损害；④向消费者展示的商品、服务信息不真实、不公允，不但损害了包括淘宝公司在内的众多经营者的合法利益，也无法满足消费者明明白白消费的需求，最终将破坏市场公平竞争的经营秩序。因此，法院最终认定被告的涉案行为构成不正当竞争。

【案件评价】

比价工具的商业模式具有正当性，出于消费者权益保护和市场公平竞争的考量，购物平台应当对消费者比价之后作出不同选择带来的市场机会或者市场利益的得失有合理的预期并予以一定程度的容忍。但其提供的服务必须谨慎适度，否则可能涉嫌不正当竞争。在判断比价工具是否构成不正当竞争时，法院重点关注以下几个方面。第一，是否有明确的区分标识。比价工具在运行过程中应向用户表明其插入的内容来源于比价工具自身而非购物平台，以免用户对相关服务来源产生混淆和误认。第二，作用方式是否合理。比价工具在购物网站拓展服务须谨慎适度，其所插入信息的位置和大小应当充分尊重网站自身内容的展示空间。第三，提供的信息是否真实公允全面。比价工具的基础价值在于便利消费者选择质优价低的商品，因此其提供的信息应当真实公允并应尽可能全面，仅客观中立地呈现信息，将最终选择权留给消费者。

12. 在饿了么诉美团"二选一"不正当竞争纠纷案

【案件名】

拉扎斯网络科技（上海）有限公司、上海拉扎斯信息科技有限公司诉北京三快在线科技有限公司、北京三快科技有限公司不正当竞争纠纷案

【案件编号】

（2020）鲁 02 民初 580 号

【案情简介】

两原告拉扎斯网络科技（上海）有限公司（以下简称"拉扎斯网络公司"）、上海拉扎斯信息科技有限公司（以下简称"拉扎斯信息公司"）

为"饿了么"平台的经营者。为广大商户和消费者提供在线外卖、新零售以及即时配送和餐饮供应链等业务，平台范围设计包括案涉地区在内的全国 2000 余个城市。商户在该平台的运营方式即为：商户通过入驻该平台并发布其商品，消费者则通过该"饿了么"平台下单订餐，平台管理的服务人员将订购的商品由商家向消费者配送。在此过程中，两原告平台根据商家交易订单的实际金额收取一定比例的平台费，即平台的交易额直接影响两原告的收入情况。两被告北京三快在线科技有限公司（以下简称"三快在线公司"）、北京三快科技有限公司（以下简称"三快公司"）为"美团外卖"平台的经营者，与两原告通过"饿了么"平台向消费者提供的服务范围类似，且服务范围同样包括案涉地区山东省青岛市即墨区。

原告调查发现，其经营的"饿了么"平台在入驻案涉地区后，被被告经营的"美团外卖"通过计算机软件系统进行检测，当发现该地区商户在入驻"美团外卖"之后又入驻"饿了么"平台时，被告会联系相关商户，若遭到拒绝，就利用其平台权限，通过改变平台商户配送范围、降低商户的曝光率、回收商户的优惠活动、强制商户参加优惠等方式进行惩罚，强迫该商户以删除菜单、关闭店铺、卸载软件等方式停止使用"饿了么"平台的服务，逼迫商户使用"美团外卖"的独家服务。原告认为，被告的行为损害了消费者的知情权和选择权，也对商户的正常经营产生影响，同时也阻碍原告在该地区公平竞争，对原告的经营造成实质损害。

【案件评价】

"二选一"是传统市场竞争中经营者经常用到的很普遍的竞争手段，其实质是经营者之间为了彼此利益的最大化而互相选择的结果。是商事活动中广泛运用的纵向限制，即两个企业间订立协议，其中一方对另一方承诺，在某个市场或者某个领域只与对方进行交易，而不与对方的竞争对手进行交易。随着高科技的发展，互联网经济与民众的日常生活也变得密不可分，电子商务的高速发展，使得各互联网电商平台间的竞争也日趋白热化，"二选一"行为在电子商务领域频繁上演，已逐步蔓延至电子商务市场的各个细分领域。而电商平台的"二选一"则是指某些电商平台对入驻商家同时在其他平台开店行为予以限制，如明确要求不能入驻其他平台，或虽未明确要求，但在商家同时选择其他平台时施以搜索降权、屏蔽店铺等限制措施。

"二选一"行为并不当然违法，其只有达到排除、限制竞争的效果才需要法律规制。电商平台实施的"二选一"行为虽然作为一种竞争手段会产生积极的正面影响，但不能否认其消极影响，尤其如本案中"美团外买"实施的通过限制平台内经营者的选择权来损害"饿了么"这一竞争对手的公平竞争，破坏市场正常经营秩序。

于本案而言，由于两被告采取计算机爬虫软件这一技术手段首先对跨平台商户进行筛选，之后又通过电商平台的后台管理权限对该类商户采取降低曝光率、回收优惠活动等方式损害跨平台商户的利益，迫使商户从"饿了么"平台退出，恶意损害"饿了么"的公平竞争权，严重损害"饿了么"在案涉市场的潜在利润，因此从主观方面的恶性、行为方式的技术性和损害结果的妨碍或破坏性等方面综合判定，两被告行为符合《反不正当竞争法》第十二条对互联网领域技术限制，尤其是软件之间互斥行为的规定。

在 2021 年，国务院反垄断委员会出台的《平台经济领域的反垄断指南》其中的第十五条第一款明确规定："要求平台内经营者在竞争性平台间进行'二选一'，或者限定交易相对人与其进行独家交易的其他行为。"作为判断是否属于平台经营者滥用市场支配地位，实施限定交易行为的考虑因素。自此在法律适用上，对网络平台实施的强制"二选一"行为有了较直接的规定。

二、域外案例

1. hiQ 诉领英（hiQLabs v. LinkedIn）案

【案件名】

hiQ Labs，Inc. v. Linkedin Corporation

【案件编号】

No.17-16783

【案情简介】

hiQ 实验室是一家以公共数据源为基础的数据分析公司，其主营业务是利用网络爬虫获取 LinkedIn（"领英"）等网站上公开的用户信息，结合自家算法，将生成的人力资源分析报告出售给企业。原告旗下共有两款产品 Keeper 和 Skill Mapper，分别用于企业防止员工流失和技能培训。被告领英是知名职场社交软件，其在全球已坐拥超 8 亿会员，因此服务器内储存了大量与用户相关的学历背景、工作经验、职位职称、技能证书等信息。

2017 年 5 月领英声称 hiQ 实验室违反了领英的用户协议并向原告发送

一封停止并终止函（cease-and-desist-letter），要求其停止访问和复制领英的用户数据。被告在函件中指出原告已违反了《计算机欺诈与滥用法》（CFAA，Computer Fraud and Abuse Act）、《数字千年版权法》（DMCA，Digital Millennium Copyright Act）、加州刑法典§ 502（c）和加州非法入侵的普通法，并已采取反制措施防止 hiQ 实验室访问和抓取领英数据库。对此，hiQ 实验室表示其有权访问领英的公共页面并基于加州法律向法院申请初步禁令，要求领英清除访问领英公共数据的技术障碍并撤回函件。

经加州北区联邦地区法院（一审）审理，裁定对领英发布初步禁令，禁止领英拒绝 hiQ 实验室访问领英会员的公开数据资料。领英遂上诉至美国第九巡回法院（二审）。2019 年 9 月第九巡回法院对地区法院的裁决表示认可，维持一审对 hiQ 实验室有利的裁决，允许 hiQ 实验室继续访问领英的公开数据库。2021 年 6 月美国最高法院批准了领英的复审令（Writ of Certiorari），撤销原判并要求第九巡回法院结合最新的 Van Buren v. United States 案判例重新审理（发回重审）。2022 年 4 月 18 日第九巡回法院发布重申判决，维持原判，不认定 hiQ 实验室抓取领英公开数据的行为违反了 CFAA 法案。2022 年 12 月，加州北区法院最终判定，永久禁止 HiQ 在 LinkedIn 上抓取或使用虚假账户。

【案件评价】

本案的争议焦点主要在于，抓取公开网站上的信息是否构成"未经授权访问"，网站能否组织防爬取的防御措施。基于此，有必要从数据爬取行为中的利益冲突与价值衡量出发，探讨网络数据爬取行为的合规边界。

数据被爬取方是通过经营获得用户的数据，而数据爬取方则是通过数据被爬取方的公开页面获得了用户数据，那么这些用户的数据归属权如何界定成为了难题。由于数据被爬取方对数据的控制是不可争辩的事实，因此，在对数据爬取行为进行利益衡量时可以从多重视角展开。

从数据爬取方的角度看，合规爬取行为至少需要满足两项条件，第一是获取数据来源的系统对公众公开，获取数据无需授权；第二是爬取技术具有正当性，爬取行为并非"搭便车"。

从数据被爬取方的视角看，数据爬取行为可能存在的违法性在于两点，第一是会侵犯用户的个人信息，违背隐私期待。第二企业在收集数据过程中投入了大量成本，可能会导致企业利益受损。数据背后关联着多个主体的利益，在司法实践中，利益衡量成为数据问题的重要思考路径。在判断数据爬取行为的多方利益过程中应警惕"信息垄断",以促进数据流动为宗旨,兼顾维护竞争秩序与保护企业的数据权益。

2. 德国脸书案

【案情简介】

Facebook 公司主要业务为开发和运营数字产品、线上服务和智能手机应用等,其核心产品是社交网络 Facebook.com。Facebook 的用户基础在全世界不断增加,2018 年德国的日活跃用户数为 2300 万,月活跃用户有 3200 万。

德国联邦反垄断局(FCO)对 Facebook 数据收集行为的调查始于 2016 年 3 月。2017 年 12 月,德国联邦反垄断局发布了关于 Facebook 案件的初步评估,初步认定 Facebook 的行为属于滥用支配地位。2019 年 2 月,德国联邦反垄断局再次发布了一项最终意见,禁止 Facebook 毫无限制地处理用户信息。Facebook 对德国联邦反垄断局的处罚决定不服上诉至杜塞尔多夫地区高等法院(DHRC),杜塞尔多夫地区高等法院认为,FCO 没有证明 Facebook 的主导地位与违反 GPPR 条款之间存在因果关系,且无论 Facebook 的行为是否符合数据保护法,都不可能构成对竞争法的侵犯。DHRC 下达了暂缓执行德国联邦反垄断局处罚决定的命令,Facebook 获得了临时救济。但终审法院德国联邦法院(FCJ)的高级竞争法委员会却坚持认为,Facebook 构成滥用行为是毋庸置疑的,并在一项裁决中推翻了 DHRC 的决定。FCJ 支持 FCO 的观点,但原因在于其将隐私作为一种基本的价值,以平衡利益来确定滥用(而不是直接违反数据保护),从而认为 Facebook 违反了受宪法保护的消费者"信息自决"的基本权利,由此构成滥用。具体而言,FCJ 认为,Facebook 的行为是剥削性的,因为它剥夺了消费者的真正选择,从而阻止了有需求的服务的出现。Facebook 应该允许用户在当前高度个性化的服务和基于用户选择在核心服务中披露的数据的不太个性化的服务之间进行选择。这也意味着,FCJ 认为违反 GDPR 与市场支配地位之间具有决定性影响。

2021 年 3 月 24 日。在关于案情的听证会上,DHRC 决定将 GDPR 合规性问题提交欧洲法院(ECJ)。而当且仅当争议问题具有决定性影响时,才能提交欧洲法院。这意味着,与预期相反,DHRC 也开始认为 GDPR 合规性问题对案件具有决定性意义,欧洲法院将决定 DHRC 提交的 GDPR 问题。

【案件评价】

本案是国内外典型的反垄断执法机构对企业滥用市场支配地位侵犯用户隐私的行为加以查处的案件，将隐私保护问题涵摄到反垄断法的视域之中，本案中，德国联邦反垄断局并不否认数据保护法在此类案件中的适用，但其同时又强调，一旦企业具有了市场支配地位，其利用市场支配地位侵害消费者个人数据的行为可能就构成一个竞争法的相关议题。

该案对于我国执法与司法实践也提供了更为宽广的思路与借鉴。我国国家市场监管总局发布的《禁止滥用市场支配地位行为规定》提及了在认定互联网等新经济业态经营者具有市场支配地位时，可以考虑"掌握和处理相关数据的能力"等因素，这对于数据型企业或者以数据为基础的商业模式都具有重大意义。我国互联网市场已经陷入白热化的激烈竞争。数据信息成为了数字时代重要的竞争资源，对于数据信息的深度开发与利用已逐渐成为企业发展与创新的重要策略。如何利用数据进行有效竞争，同时确保数据收集、使用行为的合法合规成为企业的重要课题。

3. 欧盟谷歌在线比价服务案

【案件名】

Google and Alphabet v Commission（Google Shopping）

【案件编号】

T-612/17

【案情简介】

谷歌公司是一家面向全球提供搜索服务的美国大型互联网企业，2004 年在欧洲范围内开始提供比价购物服务，但随后两年的经营效果却差强人意。2008 年，谷歌公司在欧洲市场开始转变策略，通过改变排名算法的方式，利用其在搜索引擎市场中的主导地位，向用户展示搜索结果页面信息时，将其旗下比价购物信息置于首页面的优先位置——Onebox框架，而将欧盟范围内竞争对手的比价购物信息置后。这一策略直接提升了谷歌比价购物服务的用户访问量，但却直接导致竞争对手处于不利地位。

2010 年 2 月，德国比价网站 Ciao 联合多家同类公司向欧委会发起针对谷歌公司的控诉，认为谷歌公司使用其搜索引擎优势推广自己的比价购物服务，损害了其他竞争对手的利益。同年 10 月，欧委会正式宣布开始对谷歌展开反垄断调查，基于以下三方面证据：第一，谷歌搜索业务在欧洲市场中占据绝对性的支配地位，甚至其市场份额超过在美国本土的影响。自 2008 年开始，谷歌在整个欧洲的市场份额高达 90%，在最低的捷克中也占有 79.7%的市场份额，当越来越多的用户选择使用谷歌搜索时，那么它的价值将随着用户人数的增多而不断提升，这样的网络效应会造成搜索市场产生较高的市场准入壁垒；第二，谷歌滥用了其在搜索市场中支配性的市场地位，这种行为严重破坏了原有的竞争秩序，谷歌的滥用行为最早是从 2008 年实施于在德国与英国，后来这一策略被复制于法国、荷兰、意大利、西班牙、捷克等地；第三，谷歌的违法行为对市场竞争产生了显著影响，自实施该策略以来，谷歌比价购物服务的访问量剧增，如在英国市场增长 45 倍，在德国增长 35 倍。2017 年 6 月 27 日，欧委会发布决定：认定谷歌滥用其在搜索引擎市场上的支配地位。

【案例评价】

根据欧委会的反垄断规则，企业拥有市场支配地位并不违法，但不管在其主管市场，抑或是其他市场，均不得滥用市场支配地位，实施限制竞争的行为。但是在谷歌比价购物案中，谷歌既充当了参赛者又充当了裁判员，于是也少不了在搜索业务中为自己加油助力，刻意把自己的产品摆在显要位置。为了说明谷歌比价购物滥用市场支配地位并削弱竞争效果，欧委会大致的论证思路如下：首先，论证谷歌旗下子公司，也就是该比价购物网站，它在相关词检索后会显示在优先于其他商家的位置，并且这种优越性也为其带来了明显的流量增值；其次，欧委会解释了消费者是如何从其搜索引擎上引流至其比价购物网站上的，为该购物网站提供了多数的流量来源，这样的思路解释了谷歌是如何通过搜索引擎市场影响比价购物市场的引流路径；最后，欧委会分析了这种行为潜在的反竞争效果，以及谷歌的做法实际上损害了其他比价购物网站的利益，产生了排挤其他比价购物网站的反竞争效果——这样就使得谷歌可以不用创新就可以保持其霸主地位，也从一定程度上减少了消费者因真正竞争而享有的选择和创新的权利。

购物比较市场（Comparison Shopping Market）与购物平台（Merchant Platform）的作用是不同的，购物比较市场旨在提供帮助消费者比价网上的产品或价格，并非将消费者引导至其平台本身的一些产品，谷歌的做法混淆了两者之间的联系。

在现有研究领域，针对商家的算法歧视问题常为人们所忽视，但算法歧视下的相关法律问题却值得我们所关切。基于排名算法所产生的搜索结果，对于消费者而言无疑是重要的，而对于商家而言，排名结果的顺序更是影响企业利润的命脉所在。在谷歌比价购物案中，谷歌针对旗下子公司以及其他比价购物平台所运用的两种不同的排名算法违反了欧盟反垄断法第 102 条款，最终受到来自欧盟的巨额罚款。谷歌比价购物案是现有较为典型的算法歧视案例，欧委会历经七年所抽取的海量数据最终得以证明谷歌采用的排名算法偏护自家比价购物平台，但这也间接表明认定算法歧视面临着举证困难的事实。反观国内如何拿捏其中的衡量标准，如何分析规制互联网垄断对本国自身产业政策的影响，谷歌案具有重要的参考价值。

4. 微软收购领英案

【案件名】

Case M.8124-Microsoft/Linked In

【案件编号】

Case M.8124

【案情简介】

微软是全球性科技公司，其产品包括个人电脑操作系统、办公软件、云计算服务等，领英则是一家职业社交网站。2016 年 10 月 14 日，欧盟委员会收到微软收购领英这一交易的反垄断申报，经审查 2016 年 12 月 6 日欧委会对该交易作出附条件批准的决定。该交易涉及多个反垄断司法辖区的申报，在欧委会作出决定前，该交易在美国、加拿大、巴西和南非已经被无条件批准。

除在线广告业务方面有少量重叠，微软与领英主要在互补性业务领域活动。欧委会基于欧盟竞争法，重点对三个市场进行了调查，欧盟竞争委员会首先确定了受数据聚集影响的相关市场范围；其次，分析数据在相关市场的作用方式，如在双方有重合的在线广告市场是否会产生横向非协调效应，在客户关系管理（CRM）软件解决方案市场是否会产生以数据作为投入品（原料）的纵向封锁效应；最后，在分析职业社交网络服务市场的混合效应时，考察微软将领英的功能接入 Office 系统后，是否会利用双方用户数据封锁其他职业社交网络服务商。最终欧委会在职业社交网络服务市场确定存在竞争问题。

欧盟竞争委员会认为，微软在合并后会把其在个人电脑操作系统市场和办公软件市场的市场力量传导至职业社交网络服务市场，由此封锁领英的竞争对手，对竞争造成损害。

【案件评价】

如今，数据的收集不再局限于搜索引擎、社交网络或在线广告，市场上出现了越来越多以收集和商业化使用数据为商业模式进而实现巨大收益的公司。随着物联网的深入发展，数据的收集、处理和商业化使用日渐成为理论与实务界关注的热点。

微软收购领英交易涉及全球多个反垄断司法辖区的申报，其中欧委会对该交易的审查最引人关注。这一关注很大程度上源于欧委会近年在互联网行业反垄断审查方面的积极态度。从该案最终的文书来看，就数据问题而言，欧委会的分析整体审慎，交易方的抗辩意见以及市场调研结果也予以充分的考量。该案集中体现了数据驱动型并购反垄断审查中涉及数据的相关问题点，比如基于数据作为原料的原理封锁问题，与数据驱动业务直接关联的隐私保护、网络效应、多归属、云计算等新兴问题在该案中也都有所体现。该案的救济措施涉及美欧并购审查中较少使用的行为救济，这也一定程度上体现了技术革新环境下新兴商业模式案件的反垄断救济中，行为救济可能会在更多的环境下发挥作用。

5. 高通案

【案情简介】

高通是美标的主要贡献者，拥有大量标准必要专利（SEP），是全球调制解调器芯片的主要供应商。三星、华为、苹果等原始设备制造商（OEM）向高通采购调制解调器芯片，将其用于可在各国无线网络内使用的蜂窝手机。为了提高专利的经济回报，高通创立了独特的"无许可-无芯片"商业模式，将签署专利许可协议作为向客户销售芯片的前提。在4G 时代，由 WCDMA 演进的 LTE 标准已成为蜂窝通信网络的主要标准，虽然高通在这两项标准开发中的贡献较低，但仍通过专利组合许可与费率捆绑行为，将其在 2G CDMA 标准中的影响力延续至 3G、4G 标准，对3G/4G 多模手机收取高达 5%的许可费，实施了一系列排斥竞争的行为。

自 2007 年以来，高通在移动通信市场上，利用其在标准必要专利许可（Standard Essential Patents，SEP）上的支配地位和基带芯片制造与供应上的支配地位的相互交叉传导的商业行为引起了一些国家和地区竞争执法机构的高度重视，在世界范围内掀起一股反高通滥用知识产权垄断的竞争执法新浪潮。

欧盟：2007 年，高通的专利许可行为违反 FRAND 承诺，违反了欧盟竞争法条款。2015 年，欧盟调查高通是否提供了排他性回扣以及实施了掠夺性定价。

韩国：2009 普遍使用的无线通信技术还仅限于 CDMA 及 GSM（全球移动通信系统）两种，高通已完全占据了 CDMA 专利市场及基带芯片市场，为维持其市场地位，高通采用收取歧视性专利费，提供附条件回扣的行为将竞争对手排挤出市场，最终 KFTC 对高通处以了约合 2.087 亿美元的罚金，针对高通的 3 种垄断行为进行了规制。

2016 年 3 月，KFTC 认定高通方面将调制解调器芯片组的供应和专利权挂钩，欺行霸市，垄断专利权，并开出史上最大金额的过万亿韩元罚单，责令改正。

美国：2017 年，指控高通利用其在基带芯片市场上的支配地位向手机制造商及弱势竞争者强加具有反竞争性的供应和许可条款。

【案件评价】

高通通过拒绝向竞争对手许可 SEP，将专利许可市场的垄断地位延伸至芯片市场，又通过独家交易、忠诚折扣、不忠惩罚等行为巩固其芯片市场的垄断地位，并通过"无许可-无芯片"政策和高许可费率实现经济回报最大化，这为高通提供了充足的研发资金，使其能够不断改进技术进而维持垄断地位，也有能力排除私人反垄断诉讼。

从商业角度来看，高通的一系列行为堪称完美，但从法律角度来看，高通已违背了专利法和反垄断法，阻碍了相关市场的创新与竞争。例如，美国一审法院的禁令可以有效打破高通维持垄断地位的"良性循环"链条，二审法院的判决则将竞争秩序与消费者利益置于不顾，难以令人信服。而美国司法部、国防部与能源部为实现遏制中国在 5G 领域影响力的政治目的，以"国家安全"为幌子公然干预案件的审理，要求对高通的垄断行为予以豁免，不顾全球消费者的利益，也违背了美国三权分立的宪法原则。

对此，中国一方面需要在国内法中加强标准必要专利反垄断工作，正确对待"无许可-无芯片"之类的商业行为，处理好 FRAND 承诺与反垄断法、合同法的关系问题，另一方面需要争取在国际贸易规则体系中的话语权，利用国际贸易规则打击贸易保护主义。

6. 美国 Uber 案

【案件名】

Sidecar v. Uber

【案件编号】

No. 18-cv-07440-JCS

【案情简介】

原告 SCInnovation, Inc.（Sidecar）是一家已停业的"交通网络公司"，通过智能手机应用程序为乘客和司机提供匹配乘客和司机的按需运输服务，也称为"网约车服务"。Sidecar 声称，被告 Uber 技术公司（UberTechnologies, Inc.）及其一些子公司（统称为 Uber）实施了掠夺性定价行为，此举导致其被排挤出网约车服务市场。

具体而言，Sidecar 称，由于网约车服务市场存在进入壁垒，Uber 自成立以来一直将价格设定在低于平均可变成本的水平，以努力实现"赢家通吃"的结果，特别是网约车服务市场具有较强网络效应，乘客更喜欢有大量司机的平台，而司机更喜欢有大量乘客的平台，两者数量递增使得司机将通过花费更少的时间等待乘客来赚取更多的钱，而如果乘客不需要等待那么长的时间，他们将获得更方便的服务。此外，该市场存在市场障碍和规模经济，能够在多个城市使用同一个应用程序将给客户带来好处，以及收集大量客户和司机使用这项服务的数据对网约车服务提供者有好处。Uber 在网约车服务市场的两个边市场都从事了掠夺性定价，既向司机提供高于市场的奖励，也向乘客提供低于市场的车费，至少在某些情况下，Uber 的打车定价低于支付给司机的成本，并在此过程中损失了数 10 亿美元。根据 Sidecar 的说法，Uber 的战略前提是建立垄断并获得超竞争性垄断定价的回报，以弥补早期的损失，Uber 将通过降低支付给司机的费用和提高乘客费用来弥补已经积累的损失。

Sidecar 根据谢尔曼法第 2 条（任何人垄断或企图垄断，或与他人联合、共谋垄断州际或与外国间的商业和贸易，将构成重罪。如果参与人是公司，将处以不超过 1000 万美元的罚款；如果参与人是个人，将处以不超过 35 万美元的罚款，或三年以下监禁。也可由法院酌情并用两种处罚）提起民事诉讼，具体诉求如下：①界定 Uber 在相关市场具有支配地位；②判断 Uber 实施低于其成本的定价；③确认 Uber 具有较大可能在后期运营中收回亏损；④要求 Uber 承担反垄断法上的民事侵权赔偿责任。

Uber 反驳了 Sidecar 的诉求，认为 Uber 在网约车服务市场实施的是正当竞争行为，不存在垄断以及掠夺性定价等违法行为，Sidecar 的诉求未能得到合理证据的支持。

对此，法院于 2020 年 1 月 17 日举行了听证会。基于下列原因，Uber 的诉求获得支持。

【案件评价】

透过美国法院对 Sidecar v. Uber 案的裁判，可以看出对平台经济领域掠夺性定价的反垄断分析，仍旧沿用传统的分析思路，即要历经相关市场界定、市场支配地位认定、竞争损害分析等步骤。总的来说，有如下四点有益启示。

首先，与互联网领域的反垄断所面临的疑难问题相同，如何认定平台经营者具有市场支配地位依然是该等案件中的一个瓶颈性问题。在该案中，针对该问题，被告 Uber 认为，Sidecar 没有充分解决网约车服务市场独有的双边市场问题，只是把分析重点放在乘客身上，而忽视了共生市场对司机的影响。它指出，在俄亥俄州诉美国运通公司案中，联邦最高法院认为，在信用卡公司强加给商家条款的背景下，法院应该将双边市场作为一个整体进行分析，因为网络效应可能导致市场一侧的供应减少，从而减少另一侧的需求。

其次，在该案裁判中，法院花费了很大的笔墨在 Uber 是否具有市场支配地位这一问题上，而对于掠夺性定价行为的认定则显得简略，更多的是提出了相应的分析思路，总体来说，法院认为掠夺性定价主要有两个构成要件：一个是以低于平均可变成本的价格销售商品或者提供服务，以此排挤竞争对手，另一个是待相关市场竞争被抑制后，行为人能够以涨价的方式收回其在低价竞争阶段所付出的成本。但值得思考的是，较之于美国反托拉斯法，我国《反垄断法》对不公平高价作了禁止性规定，且具有不少代表性案例，即便发生掠夺性定价，也能够通过后期对不公平高价行为的规制来遏制这一行为。

再次，除了《反垄断法》外，我国《价格法》《反不正当竞争法》也对低于成本销售行为作了禁止性规定，考虑到不同部门法设定的法律责任迥异，这很可能会带来执法冲突或者执法规避问题，极大增加法律适用的不确定性。市场监管总局最新发布的《价格违法行为行政处罚规定（修订征求意见稿）》第四条对《价格法》关于低价倾销的规定作了补充和细化，且大幅度提高了法律责任，规定：没有违法所得的，给予警告，可以并处违法行为发生期间销售额 1%以上 10%以下的罚款。尽管此举有助于灵活应对实践中不同类型的低于成本销售行为，强化对平台经济领域掠夺性定价的市场监管，但不同部门法的衔接及其适用问题仍然值得重视。

最后，尽管没有出现现实案例，但我国涉平台经济领域掠夺性定价的反垄断争议时有发生，移动支付、共享单车、网约车、外卖等领域皆有涉及，若是总结互联网平台涉足这些领域的竞争策略，无外乎通过持续"烧钱"提供价格优惠吸引用户使用，依靠资本投入抢占份额，待无力维持"烧钱"的中小平台经营者退出市场，赢者掌握了具有流量优势的网络入口并形成某种程度的垄断后，就转而提高使用费，以弥补损失并获得垄断利益。在强化平台反垄断的趋势背景下，平台经济领域掠夺性定价的反垄断不无可能，平台经营者需做好反垄断合规管理，避免卷入反垄断漩涡。

7. 谷歌安卓案

【案件名】

Google and Alphabet v. Commission　（Google Android）

【案件编号】

T-604/18

【案情简介】

2018 年 7 月，欧盟委员会裁定谷歌涉嫌"滥用 Android 操作系统扼杀竞争"违反了欧盟的规定。在最初的决定中，委员会表示，谷歌的做法限制了竞争，减少了消费者的选择，"自 2011 年以来凭借其在互联网搜索市场的主导地位，对 Android 设备厂商和移动运营商作出了一些非法限制"。

欧盟委员会当时称，该公司要求智能手机制造商在需要的情况下购买一批谷歌应用程序，并禁止他们销售 Android 系统改版的设备。被该捆绑包里含有 YouTube、Maps 和 Gmail 等 11 个应用程序，但监管机构将重点放在了谷歌搜索、Chrome 和 Play Store for apps 这三个市场份额最大的应用程序上。

最终，欧盟委员会对谷歌公司实施 43.4 亿欧元（50 亿美元）的处罚。这次处罚是欧盟委员会在 2017 年-2019 年间对谷歌进行的三次反垄断处罚之一，（三次总计超过 80 亿美元），也是欧盟有史以来对反竞争行为处以的最高罚款。

报道称，Android 系统作为最受欢迎的移动操作系统，欧洲 80% 的设备上都有安装，其市场占有率甚至超过了苹果 iOS。虽然这次罚款数额巨大，但批评人士指出，谷歌很容易负担得起，罚款对其扩大竞争没有多大作用。在这项裁决之后，谷歌也做出了一些改变来解决这些问题，包括让欧洲的安卓用户可以选择浏览器和搜索应用程序，并向设备制造商收取预装应用程序的费用。

【案件评价】

近几年来，反垄断浪潮正席卷全球，谷歌亦深陷反垄断漩涡。短短数月间，谷歌因与制造商的合同条款涉嫌滥用市场主导地位而收到韩国1.77 亿美元罚单；同时又因涉嫌强迫制造商预装谷歌应用程序而受到印度竞争委员会调查。由此可见，在互联网搜索市场长期占据着霸主地位的谷歌正成为执法的主要目标。

在此次上诉案件中，谷歌方辩称，其并不知与 Android 手机制造商签订的"营收共享协议"具有反竞争性质。然而实质上，作为反垄断罚单的常客，谷歌所惯用的是一种经典的诱导策略，已然构成实质性的排他。不管是设置默认搜索引擎，还是操纵在线广告市场，谷歌的种种行为均会对用户、广告商和市场竞争造成损害，长久下去将不利于良性竞争态势的构建。

在反垄断和反不正当竞争领域的强监管时代，谷歌也并不是唯一一个面临监管审查的科技巨头，此前亚马逊、苹果、Facebook 均先后接受过反垄断调查。调查仅是"开胃前菜"，整改才是关键，若各科技巨头依然采取法律边缘的竞争行为以维护自身的经济效益，充分竞争、自由正当的市场格局将会受到破坏，科技创新的苗头也会在此生长环境下受到扼杀。

8. 运通案

【案件名】

Ohio v. American Express Co.

【案件编号】

No. 16–1454.

【案情简介】

美国运通公司是一家信用卡公司，通过信用卡网络平台同时向消费者和商户提供信用卡服务，由此连接了商户和消费者两个群体。运通公司在初创阶段，为了跻身于已经被 Visa 和 Master Card 占据的信用卡市场，而采取了不同于前两者的商业模式——对商户收费偏高模式。即采取"偏斜定价策略",对那些对服务价格升降更为敏感的消费者,运通会鼓励他们进行消费,并承诺给予丰厚的奖励,如返还现金、旅行积分。在一定程度上,可以说运通公司对于消费者一侧实行的是"零价格"甚至是"负价格"。而对于商户则规定了较 Visa 和 Master Card 更高的服务费用。并且运通为了防止商户因为高中介费而在与消费者进行交易时劝阻消费者使用运通信用卡,转而使用对于商户收费更低的运通公司竞争对手的信用卡,运通公司要求商户与其签订"反转向条款",明确禁止商户实施上述的劝阻行为。由此便产生了争议——运通公司要求签订的"反转向条款"是否产生了限制竞争的效果从而违反了谢尔曼法?法官在对此进行裁判的过程中,对于证明路径产生了巨大的分歧,判断是否产生了限制竞争的效果时:①是否需要界定相关市场?②若需要界定相关市场,那么应当将信用卡平台连接的商户和消费者市场视为两个独立的市场还是一个相关市场?

其中多数法官认为应当界定相关市场,并且应当采用整全性的分析方法将商户和消费者市场认定为一个相关市场。值得注意的是,本案的多数派仅仅以 5∶4 的微弱优势取胜,争议很大。

【案件评价】

本案中,运通卡向商户和消费者提供"促成双方单一的、同时的交易"服务,分别构成了商户边市场和消费者边市场,由此可以认定运通卡形成了一个连接商户和消费者的交易型双边市场。其不同于传统的单边市场,在没有"反转向条款"约束的情况下,运通公司提高商户的服务价格而使运通卡的用户减少时,运通卡对于消费者的价值就会降低,运通卡的持卡人数也会降低;反之,运通卡降低对于商户的服务价格而令接受运通卡支付的商户增多时,运通卡对于消费者的价值就会增高,运通卡的持卡人数也会增加。

而且,运通案中就是通过对消费者提供零价格服务来吸引更多的消费者,对于商户则收取较之于其他信用卡公司高的服务费用。但是运通公司的策略最终成功的原因即在于——辅之以"反转向条款",它通过对于消费者实施优惠政策而将消费者一边用户锁定,再根据间接网络效应,自然将商户一边用户也留在了市场之内继续使用运通卡,从而实现运通利益最大化。由于这种偏斜性定价政策的特征,平台往往对于一边实行低价格,也就导致了将充分竞争市场内的市场价格作为基准价格的 SSNIP 测试方法的失灵，并进而影响了测定相关市场的准确性，构成了对于相关市场界定的障碍。

明显区别于单边市场，交易型双边市场的结构更为复杂、也更加困难，二者对于相关市场界定的方法不能直接等同——传统的相关市场界定方法似乎已经失灵。虽然美国运通案中，法官创造性地首次将双边市场理论引入案件裁判中，正确地界定了应当将两边的市场界定为一个相关市场。但是由于双边市场理论本身还具有一定的模糊性，其内容尚且存在许多有待商榷之处。对于我国反垄断司法实践来说，可以借鉴运通案中引入双边市场理论的做法，但适用时应当小心谨慎，并结合具体案件的情况做出正确判断。

9. 美国政府诉微软案

【案件名】

United States v. Microsoft Corp.

【案情简介】

1998 年，美国司法部部长和 20 个州的总检察官对微软提出反垄断诉讼，开始了"世纪末的审判"。司法部对微软提出 6 项指控：引诱网景公司（NETSCAPE）不与其竞争；与因特网服务商和在线服务商签订排他性协议；与因特网内容服务商签订排他性协议；在合同中限制电脑制造商修改和自定义电脑启动顺序和电脑屏幕；与 Windows95 捆绑销售因特网浏览器软件；与 Windows98 捆绑销售因特网浏览器软件。

1999 年 11 月 5 日，美国联邦地区法院法官汤姆斯·杰克逊就美国司法部指控微软公司触犯反垄断法一案公布了 207 页的事实认定书。认定书认定：微软在 PC 操作系统领域占据了垄断地位，并且利用这种垄断力量损害消费者的利益和打击竞争对手。其中列举了微软公司"垄断"市场的 3 条"罪状"：一是操作系统独占了巨大的市场份额；二是其他企业难以进入该市场；三是没有可替代 Windows 的商业操作系统。

美国联邦地区法院于 2000 年 4 月 3 日，判微软违反《谢尔曼法》，2000 年 4 月 28 日，美国司法部和 17 个州要求杰克逊将微软分割为两家公司，2000 年 5 月 24 日，杰克逊宣布不再就微软一案举行新的听证会，并要求司法部 26 日提出对微软的最终处罚建议，同时指令微软公司在司法部提交最终处罚建议后的两个工作日内作出答复。2000 年 6 月 7 日，美国联邦地区法院法官杰克逊对微软涉嫌垄断一案做出了拆分微软的一审判决。要求微软必须拆分为两个公司，一家经营 Windows 个人电脑操作系统，另一家经营 Office 等应用软件和包括 IE 浏览器在内的网络业务。下令该公司停止在 Windows95 的销售中捆绑 IE 浏览器的行为，不允许把捆绑 IE 作为 Windows95 许可协议的一个前提条件。不过法官拒绝了司法部对微软每日 100 万美元的罚款请求。

微软随后提出了延缓执行的请求。6 月 13 日，微软因延缓执行被驳回而向上诉法院提出了上诉，上诉法院接受了微软的上诉申请。2001 年 6 月，哥伦比亚特区联邦上诉法院驳回了杰克逊分割微软的判决，但维持了微软是一家违法垄断公司的判决。

最终这场持续四年之久、错综复杂的反垄断案最终以微软大获全胜而告终，同时，这一裁决也被美国司法部长称为消费者和企业的重大胜利。

【案件评价】

美国政府和 19 个州联合起诉微软公司一案是 20 世纪美国最大的反垄断诉讼，是一场涉及现代科技、市场机制、法律制度和政府反垄断政策的司法大战，案情空前复杂。尽管微软最终免遭分拆，逃过一劫，但这场官司涉及到的诸多复杂问题仍然值得思索和探讨。

在美国政府看来，一个建立在法治基础上的、适宜企业迅速发展的市场竞争环境，要比某一家超级垄断公司的成功或被拆散后的命运重要得多。微软案的难度在于，由于反垄断法本身的含糊性、不确定性以及现代科技和市场机制的高度复杂性，联邦司法部和联邦地方法院实际上并无足够的证据证明下列问题：微软被指控的行为究竟是合法还是非法？微软视窗捆绑浏览器究竟是造福于消费者还是限制了消费者的选择范围？对微软的处罚到底是适当还是过重？拆散微软将会促进竞争还是造成行业标准混乱？

微软在个人电脑操作系统领域形成的垄断实际上是因自由竞争、市场开拓、特殊机遇和技术领先而形成的一种自然垄断。依照反垄断法，美国境内的一家公司若占有某种产品 70% 以上的市场份额，即被认为具有市场垄断地位，但是一家公司因技术创新或机遇运气而在市场上取得自然垄断地位并不违法。

依照反垄断法，一家公司具有市场垄断地位并不违法，只有当一家公司利用垄断力量阻遏和打压竞争对手进入市场时才是违法。微软的致命把柄，实际上是利用视窗航空母舰的垄断地位为浏览器软件保驾护航，阻碍了技术创新者潜能的发挥。

在联邦地方法院庭辩过程中，微软的律师一再争辩说，反垄断法的宗旨是保护消费者的利益，而不是保护在市场竞争中败下阵来的企业，恰恰在这个问题上，控方根本就拿不出任何令人信服的证据来证明微软损害了消费者利益。实际上，由于微软视窗免费附带浏览器功能，迫使网景后来也停止对浏览器收费，大大降低了公众进入互联网的成本，在全球范围内促进了互联网的空前普及，并且使浏览器成为微软视窗不可缺少的标准附设。微软认为，在视窗上捆绑浏览器是一种功能的集成化，是扩大而不是限制消费者的选择范围。

根据美国学者、得克萨斯州大学经济系教授莱伯维兹（Stan J. Liebowiz）的追踪研究，微软公司并不是那种占据垄断地位之后便趁机抬高价格、销售劣质产品、任意伤害消费者的传统型垄断恶霸。恰恰相反，在微软占据垄断地位的文字处理和试算表等应用软件领域，反而出现了功能不断改善和售价大幅度降低的奇特现象。对于这种现象，莱伯维兹教授的解释是，潜在的竞争对手的威胁使微软始终如临大敌，不敢得意忘形。